LA
TERRE-SAINTE

PROPRIÉTÉ DES ÉDITEURS

UNE RUE DE JÉRUSALEM.

LA
TERRE-SAINTE

VOYAGE

DANS L'ARABIE PÉTRÉE, LA JUDÉE, LA SAMARIE
LA GALILÉE ET LA SYRIE

PAR

M. L'ABBÉ J.-J. BOURASSÉ

CHANOINE DE L'ÉGLISE MÉTROPOLITAINE DE TOURS, MEMBRE DE LA SOCIÉTÉ ARCHÉOLOGIQUE
DE TOURAINE

TOURS

A^d MAME ET Cie, IMPRIMEURS-LIBRAIRES

M DCCC LX

A LA MÉMOIRE

DE MON AMI

M. L'ABBÉ JACQUES-NOËL LEDUC

DOCTEUR EN THÉOLOGIE
CHANOINE HONORAIRE DE L'ÉGLISE MÉTROPOLITAINE DE TOURS

INTRODUCTION

Aucun pays du monde ne jouit d'une aussi juste célébrité que la Terre-Sainte. Dieu a voulu en faire le berceau et le premier théâtre de la vraie religion. C'est le pays des patriarches et des prophètes. Lorsque les temps furent accomplis, la plus pure des vierges, Marie y donna naissance au Sauveur. A Bethléem, nous entrons dans la grotte obscure témoin de cette nativité glorieuse. Nazareth conserve le souvenir de la sainte Famille, et montre encore l'emplacement de l'humble atelier consacré par le travail de Joseph et de l'Homme-Dieu. Toutes les villes de la Galilée rappellent les prédications et les miracles de Jésus-Christ. Jérusalem enfin, à l'ombre de la montagne des Oliviers, offre à la piété du chrétien Gethsémani, le Calvaire et le Saint-Sépulcre. Quels noms et quels souvenirs !

Au milieu des ruines qui couvrent cette terre jadis si florissante, aujourd'hui si désolée, nous pouvons évoquer la mémoire des héros de la croisade. Alors retentissent à notre oreille des noms tout français; nous reconnaissons avec bonheur et une certaine fierté que la Palestine, arrosée du sang de nos chevaliers, fut appelée avec raison *la France d'Orient*. Les exploits de nos ancêtres n'y sont point oubliés. Nous avons fourni à ces grandes expéditions d'outre-mer et des guerriers et des historiens. Ce n'est pas sans émotion, en face des remparts de Jérusalem, de Jaffa, de Ptolémaïs ou Saint-Jean-d'Acre, sur les bords du Jourdain, le long des rivages de Syrie et jusque sous les murs lointains de Damas, que l'on contemple les monuments de notre vaillance et de nos arts. Les forteresses, bâties par des mains françaises, sont encore couronnées de créneaux, et les églises présentent des fenêtres et des arceaux en ogive semblables à ceux qui parent les rives de la Seine et de la Loire. Afin que rien ne manque à ces réminiscences glorieuses, les plaines de Loubi et les échos du mont Thabor rententissent encore, pour ainsi dire, des cris de victoire des soldats de Junot, de Kléber, de Murat et de Bonaparte.

Si tous n'ont pas le bonheur de faire le pèlerinage de Terre-Sainte, tous du moins se plaisent à parcourir en imagination les saints lieux, et à se les représenter au moyen de descriptions fidèles. Nous espérons que les pages suivantes répondront à leur désir et à leur attente. Nous conduisons le lecteur dans tous les sanctuaires où la dévotion trouve à satisfaire de pieux sentiments et une juste curiosité.

Notre pèlerinage commence en Égypte, sur les bords de la mer Rouge, et se continue, à travers le désert de l'Arabie Pétrée, jusqu'au Sinaï, aux rivages du golfe Élanitique, aux ruines de Pétra, l'antique capitale des Nabathéens. En parcourant la Judée, la Samarie, la Galilée, la Syrie, nous visitons tous les sites historiques, nous nous arrêtons dans les villes et les bourgades importantes. Partout nous recueillons les traditions bibliques, et nous suivons avec amour les pas de Jésus-Christ. En Palestine, comme à Rome et dans tout le monde chrétien, nous avons reconnu que les croyances catholiques trouvent de nouveaux arguments, s'il en était besoin, pour confondre les prétentions des hérétiques modernes. Notre foi est victorieuse de toutes les attaques, parce qu'elle n'a subi aucune altération dans l'Église romaine, à travers tous les âges, en remontant jusqu'aux apôtres et à Jésus-Christ.

Pourquoi n'exprimerions-nous pas ici notre douleur et nos regrets en présence des vénérables sanctuaires de Terre-Sainte dont le schisme grec s'est emparé, malgré la possession séculaire et légitime des Latins? Depuis longtemps la jalousie des schismatiques travaille à priver les catholiques de la jouissance des saints lieux. Malheureusement, la justice turque est vénale, et les pachas donnent trop souvent raison au plus offrant. Derrière ces envahissements, réputés sans conséquence par beaucoup de personnes en Europe, se cachent de graves intérêts politiques que l'avenir dévoilera. Espérons que la France, la protectrice avouée des saints lieux, saura toujours sauvegarder nos droits.

Le lecteur s'apercevra aisément que nous avons évité dans cet ouvrage toute espèce de discussion scientifique. Nous avons préféré nous attacher constamment à reproduire des faits certains et reconnus. Quand il a fallu choisir entre deux opinions, nous avons adopté la plus vraisemblable, surtout si elle est admise par de savants écrivains. Les descriptions de lieux et de monuments, ainsi que les incidents de voyages, sont empruntés au journal manuscrit d'un *Voyage en Orient* rédigé par M. l'abbé Leduc. A deux reprises différentes, ce pieux savant, cet intrépide ecclésiastique, visita la Palestine et la Syrie. La connaissance des langues orientales et une longue étude de l'Écriture sainte l'avaient préparé à ces lointaines et périlleuses pérégrinations;

il avait recueilli de nombreux matériaux propres à perfectionner le cours d'Écriture sainte qu'il professait avec tant de distinction au grand séminaire de Tours. M. l'abbé Jacques-Noël Leduc est mort à Mariaco, village du Kurdistan, près de Ninive, à l'âge de 32 ans, le 1er septembre 1852.

L'ABBÉ J.-N. LEDUC.

ARABIE PÉTRÉE

CHAPITRE I

SINAÏ

Non moins que la terre de Chanaan, si fertile en miracles, les rivages de la mer Rouge, les montagnes du Sinaï, les déserts de l'Arabie Pétrée servirent de théâtre aux événements les plus mémorables de l'histoire du peuple de Dieu. Le voyageur conduit en Orient par l'attrait des pieux pèlerinages, l'amour de la science, le prestige des grands souvenirs, ou le charme du paysage et du climat, tourne involontairement son premier regard vers l'Égypte, le royaume des vieux Pharaons, où descendirent Abraham, Jacob et les chefs des tribus. L'Égypte restera toujours justement célèbre : elle est couverte de monuments antiques, dont les ruines gigantesques s'étendent jusque sous le ciel brûlant de la Nubie, derniers témoins d'une civilisation extraordinaire. Dans le récit des principaux faits de son histoire, rien ne manque à la mise en scène : importance des événements, caractère des personnages, retentissement des batailles, bouleversements d'empires, rois détrônés, villes pillées et détruites, pays dévastés, populations passées au fil de l'épée ou vendues en esclavage, tout ce qui émeut fortement le cœur et l'esprit des hommes. Durant la longue suite des âges, nous voyons apparaître les personnages les plus illustres : Moïse, Sésostris, Alexandre le Grand, les Ptolémées, Cléopâtre, Antoine, Octave et Pompée, les Grecs et les Romains, les Arabes, les Croisés et saint Louis, la fleur de la chevalerie française au moyen âge, et le plus fameux capitaine des temps modernes, Napoléon Bonaparte!

Qui de nous, au moment de ses premières études sur l'histoire du peuple de Dieu, n'a pas admiré les vertus de Joseph, le modèle de l'innocence, de la sagesse et de la grandeur d'âme, aussi bien dans les rangs méprisés des esclaves que sur les marches du trône? Qui n'a gémi sur le sort des enfants d'Israël condamnés aux travaux les plus pénibles par des princes jaloux, craintifs et ingrats? Nous étions indignés contre la loi tyrannique qui condamnait à la mort des enfants à peine entrés dans la vie? N'avons-nous pas suivi avec émotion le berceau fragile, tissu de branches de roseau, où la tendresse prévoyante et alarmée d'une mère avait déposé son fils, sur les bords du Nil? Cet enfant devait être un jour le libérateur et le législateur des Hébreux.

Après un intervalle de plus de trente-quatre siècles, nous allons marcher, pour ainsi dire, sur les pas de Moïse et des Israélites, en quittant l'Égypte pour entreprendre le voyage du Sinaï et de l'Arabie Pétrée. Après avoir suivi la route des Israélites à travers les montagnes et le désert, comme eux couchant sous la tente, bravant les dangers de ces solitudes effrayantes, nous entrerons en Palestine par la ville d'Hébron et la vallée de Mambré, toujours remplie du souvenir d'Abraham. Peu de voyageurs ont eu le courage d'entreprendre ce long voyage. Il faut avouer qu'on y est soumis sans cesse à de dures privations, et qu'aux fatigues du chemin se joignent des périls sans cesse renaissants.

Du Caire à Suez on compte trois journées de marche. Nous partons montés sur des chameaux, ces *navires du désert*, comme disent les poëtes, mais dont l'allure n'a rien de poétique. Nous traversons d'abord une contrée riche et cultivée. Des ruines, des tombelles, des monticules factices attestent le long séjour des hommes, et indiquent l'emplacement d'antiques cités. Matarieh, l'ancienne Héliopolis, la ville du Soleil, rappelle des souvenirs bibliques, pharaoniques et français. Il existe peu de sites en Égypte qui n'aient été signalés, il y a un demi-siècle, par la bravoure de nos soldats : le nom de Bonaparte y est toujours prononcé avec respect et une sorte de terreur superstitieuse. Bientôt nous touchons à la lisière du désert : d'un côté, des champs fertiles, des palmiers, des acacias, la verdure ; de l'autre côté, de vastes plaines arides et solitaires. Ce n'est pas sans un certain serrement de cœur et une vague appréhension mêlés de tristesse que l'on quitte le domaine de l'homme pour s'aventurer au milieu de régions désolées, où la nature paraît morte et se montre dépouillée de toute espèce d'ornements.

Suez, situé sur une langue de terre avancée dans la mer, a un aspect désagréable. C'est une ville malpropre, comme la plupart des villes d'Orient. Les Européens seuls, et surtout les Anglais, donnent du mouvement au port, toujours encombré de ballots de marchandises. La population est d'environ cinq mille âmes. Nul doute que l'avenir ne réserve opulence et prospérité à ce misérable amas de chaumières que le génie de la France destine à devenir un des grands ports du monde. L'isthme de Suez sera percé un jour, et l'Océan communiquera avec la Méditerranée. Le désert étonné verra passer les navires de l'Europe ; les projets de M. de Lesseps, contrariés un moment par la jalousie d'une nation rivale, seront exécutés à l'honneur éternel de la France.

Rien aujourd'hui n'est capable de piquer la curiosité du voyageur dans cette grosse et laide bourgade. Une légère éminence, non loin des rives de la mer Rouge, montre l'emplacement de l'antique Béelsephon, mentionnée dans le Pentateuque. Du haut de ce monticule la perspective est admirable. A vos pieds viennent mourir les flots de la mer Rouge ; en face, on a le désert arabique, borné par une chaîne de hautes montagnes dont les plus élevées sont le Serbal, l'Horeb et le Sinaï. Au midi se prolonge le golfe, resserré par les rochers brûlés de l'Égypte. Vers le nord s'ouvre une large vallée humide et sablonneuse, autrefois occupée par la mer, envahie encore quelquefois par les eaux lorsque les vagues sont poussées par les vents violents du sud. L'œil s'amuse quelques instants à regarder les coquillages mêlés au sable de la grève et à plonger dans les eaux bleuâtres et limpides de la mer : ces eaux semblent teintes en rouge, comme on sait, seulement à de rares époques, lorsqu'elles sont remplies de millions d'animalcules microscopiques de couleur purpurine : phénomène que les naturalistes ont observé dans toutes les mers échauffées par les rayons d'un soleil ardent, et que les anciens avaient observé uniquement sans doute dans celle qui baigne les côtes de l'Égypte et de l'Arabie. Mais bientôt l'esprit est absorbé dans d'autres pensées. Selon l'opinion la plus probable, Suez est le point où les Israélites, sous la conduite de Moïse, passèrent la mer à pied sec. Aussi, loin d'imiter les voyageurs qui, pour éviter quelques heures de fatigue, se font transporter à l'aide d'une barque de l'autre côté du golfe, vis-à-vis de Suez, nous n'hésitons pas un seul instant à remonter vers le nord, afin de traverser l'ancien lit de la mer. Partout ici l'on découvre les traces évidentes du séjour de l'onde amère. Des efflorescences salines recouvrent au loin le sable d'une couche brillante et légère, blanche comme la neige. Sous les pieds des chameaux, le sol détrempé se change en boue, et le chemin devient impraticable aux piétons. Il faut une heure et demie environ pour aller d'un bord à l'autre de l'ancien prolongement du golfe; et en plusieurs endroits on découvre les traces du canal qui jadis unissait les deux mers. Comment exprimer les sensations qu'on éprouve au milieu du lit aujourd'hui desséché de la mer, dans ce chemin qu'un miracle ouvrit autrefois aux Hébreux fugitifs? De là on aperçoit un tertre assez élevé, sur lequel se tenait Moïse, suivant la tradition, quand il étendit la main sur les flots, d'après l'ordre de Dieu, et sépara les eaux, qui s'amoncelèrent des deux côtés comme deux montagnes liquides. Il nous semblait être témoins de cette scène imposante dont les Écritures, à chaque page, exaltent les merveilles. On croit entendre dans le lointain les cris des soldats et le hennissement des chevaux de l'armée de Pharaon. Les Égyptiens n'étaient-ils pas assurés de prendre les fuyards, arrêtés par une barrière infranchissable, et de les ramener en captivité? Mais ici la main de Dieu frappe le roi d'Égypte, brise ses chariots de guerre, renverse les cavaliers et leurs chevaux, et les engloutit au fond de l'abîme. L'imagination montre d'un côté la terreur et le désespoir des Égyptiens, et de l'autre côté les transports des Israélites. A ce spectacle, l'esprit plein de ces grands souvenirs, nous redisons avec enthousiasme ces beaux vers de Racine :

> Que peuvent contre lui tous les rois de la terre?
> En vain ils s'uniraient pour lui faire la guerre :
> Pour dissiper leur ligue il n'a qu'à se montrer;
> Il parle, et dans la poudre il les fait tous rentrer.
> Au seul son de sa voix la mer fuit, le ciel tremble :
> Il voit comme un néant tout l'univers ensemble;
> Et les faibles mortels, vains jouets du trépas,
> Sont tous devant ses yeux comme s'ils n'étaient pas.

A peine arrivés sur la rive opposée, nous mettons

pied à terre, et nous ouvrons la Bible pour lire le récit de Moïse. Nous parcourons les pages magnifiques dans lesquelles l'auteur inspiré raconte toutes les circonstances du passage de la mer Rouge. Parvenu au Cantique consacré à célébrer la puissance de Dieu qui vient de délivrer son peuple, et dont Marie, sœur du prophète, au bruit des tambours et au milieu des pas cadencés d'une danse religieuse, faisait répéter les refrains aux femmes et aux enfants, nous déclamons à haute voix ces versets débordants de reconnaissance et d'allégresse. Nous aimons à réveiller les échos endormis, et à leur faire redire les louanges du Seigneur dans la même langue que jadis leur avaient apprise Moïse et la foule des Israélites. Les Arabes étonnés se rapprochent de nous. Ils écoutent avec attention et les nobles accents du poëte français et les stances sublimes du poëme hébraïque. Nous prononçons avec respect le nom de Moïse, *Mousé;* l'écho murmure le nom de Moïse, et nous continuons notre voyage.

Nous marchons sur un immense plateau de la plus affreuse aridité, à peine sillonné de légères ondulations de terrain, semé de cailloux et de quartiers de rocher. Nous côtoyons à distance la rive asiatique de la mer Rouge. Le soleil darde sur nos têtes ses rayons brûlants. Pas une goutte d'eau, pas le moindre arbuste; partout la triste image de la stérilité. On comprend aisément les murmures des Israélites en proie aux horreurs de la soif, sans pâturages pour leurs troupeaux.

Suez n'avait pas tardé à disparaître derrière nous. A droite, les montagnes d'Égypte, calcinées par la chaleur, abaissent leurs caps vers la mer : la lumière, réfléchie sur leurs pentes, se décompose en couleurs chatoyantes; à gauche, court une longue chaîne qui se relie aux montagnes de Tyh ou de l'Égarement.

La chaleur est accablante,

> Et toujours le soleil, couronné de splendeur,
> Poursuivant sa carrière, augmente son ardeur.

Chacun garde un morne silence. Enfin une charmante oasis nous montre dans le lointain le vert panache de palmiers élancés. Un léger nuage de vapeur se balance au-dessus dans les airs. Ce sont les Fontaines de Moïse. Au temps du prophète il y avait douze sources et soixante-douze palmiers. Les fontaines sont aujourd'hui les mêmes qu'autrefois, toujours abritées sous des palmiers vigoureux. Malheureusement l'eau est saumâtre, quoique limpide.

Rentrés dans le désert, nous parcourons le plateau, qui s'élargit de plus en plus jusqu'au pied des monts Mokatteb. Quelques buissons épineux, au feuillage pâle et cendré, offrent aux chameaux une pâture qu'ils recherchent avec avidité. Depuis le matin le vent souffle avec force. Tout à coup l'inquiétude se répand dans notre petite caravane : les animaux mêmes paraissent en proie à une frayeur extrême. Le soleil s'obscurcit; la nature entière se voile d'un crêpe funèbre. La tempête soulève des flots de poussière et chasse avec violence des nuages de sable fin qui remplissent l'atmosphère : c'est l'horrible *simoun*, qui a fait périr plus d'une caravane dans le désert. Il est impossible de lutter contre ce terrible météore : on voit à peine assez pour se conduire. Des tourbillons nous enveloppent en tournoyant, aveuglent et suffoquent. Nous nous arrêtons, et chacun s'abrite du mieux qu'il lui est possible contre ce souffle, que les Arabes, dans leur langage métaphorique, disent empoisonné. La respiration devient pénible et sifflante; les narines se gonflent et saignent. Le gosier se dessèche, et l'on éprouve toutes les tortures de la soif. Tout le monde connaît le sort de l'armée de Cambyse, roi de Perse, qui périt étouffée au milieu des sables de l'Éthiopie; mais le *simoun* n'a pas toujours la même impétuosité ni la même durée. A l'exemple des chameaux, nous nous couchons à terre, la face couverte d'un manteau, la tête tournée du côté opposé au vent. En quelques minutes nous sommes littéralement ensevelis sous le sable. Le tissu de nos vêtements se remplit de poussière; on aura une juste idée de ce terrible phénomène quand on saura que le sable pénètre jusque dans les sacs de voyage les mieux fermés. Peu à peu le calme renaît. La violence même de la tempête en abrége la durée. Le *simoun* ou *samoun* souffle assez fréquemment en Nubie, en Arabie, en Perse, et dans tous les vastes déserts de l'Afrique et de l'Asie. L'atmosphère s'embrase facilement dans ces régions dépourvues de fraîcheur et de végétation. La chaleur pénètre le sol à une faible profondeur, et se réfléchit dans la région moyenne de l'air : ce qui explique comment le thermomètre monte jusqu'à cinquante degrés et plus, même à l'ombre d'une tente. Lorsqu'un orage traverse ce ciel enflammé, les vents se déchaînent avec une furie inconnue sous la zone tempérée, poussent les couches mobiles du sable comme les vagues sur l'Océan, et lancent dans l'espace d'épais tourbillons de poussière. Malheur au voyageur sans abri surpris par la rafale! il meurt étouffé, et sa tombe reste ignorée au milieu du désert.

Notre caravane s'avance sur le plateau de Sarbout-el-Kadem, où l'antiquaire découvre des ruines intéressantes : débris considérables d'édifices publics et privés, tronçons de colonnes, blocs énormes couverts de sculptures. Plusieurs inscriptions en caractères hiéroglyphiques, dues au ciseau égyptien, révèlent l'origine de cet établissement depuis longtemps abandonné. Dans le Mokatteb, sur les rochers de Pharan et jusque dans le voisinage du Sinaï, on trouve d'autres inscriptions en caractères inconnus; les savants n'ont pas encore réussi à les déchiffrer, et ils continueront longtemps sans doute à exercer leur patience.

Dès qu'on s'engage dans les défilés des montagnes, le voyage n'a plus la même monotonie; mais il devient très-dangereux. Les sentiers sont difficiles et à peine tracés. Tantôt il faut descendre au fond d'une gorge obscure; tantôt il faut escalader les flancs abrupts de la montagne. Parfois on chemine en tremblant sur une corniche étroite, d'où le moindre faux pas peut vous faire rouler dans un précipice. Durant la saison des pluies, les torrents creusent des ravins qu'on a mille peines à franchir, ou entraînent des blocs énormes qui barrent le passage. En certains endroits la route est tellement encaissée entre des rochers à pic, que le ciel paraît comme un ruban bleu irrégulièrement découpé. Toutes ces montagnes sont formées de grès et de granit rougeâtres, et entremêlées de massifs de porphyre d'un rouge clair.

La vallée enfin s'élargit, et les premiers arbres de l'Ouadi-Pharan viennent égayer cette nature sauvage. Bientôt apparaissent de frais jardins, où se dressent et se pressent, au milieu de mille arbrisseaux, des palmiers, des acacias, des jujubiers, des tamarisques. Le voyageur français y distingue avec plaisir le pommier, cher aux Normands, le figuier, l'oranger, le citronnier, l'olivier, et même quelques treilles chargées de pampres et de grappes vermeilles. Des sources abondantes entretiennent partout la fraîcheur et la fertilité. Les cabanes et les tentes des Arabes sont dispersées dans un désordre pittoresque. Comme Jéthro, beau-père de Moïse, et comme les patriarches, la plupart des habitants de cette contrée sont pasteurs. Durant la belle saison, ils mènent paître leurs troupeaux dans les vallons du voisinage. Parfois ils s'aventurent dans le désert. En général ils sont robustes, fiers et jaloux de leur indépendance. Ils regardent avec défiance l'étranger qui visite leurs villages, et leur défiance se change aisément en hostilité. Leur vêtement consiste en une tunique de laine sans manches, à raies brunes et blanches; leurs sandales sont fixées sous le pied à l'aide d'un cordon de laine. Les femmes portent une longue robe de toile. Leur visage, à l'exception des yeux, est couvert d'une bande d'étoffe noire; elles jettent un ample voile blanc par-dessus leurs vêtements. La parure qu'elles affectionnent est un collier de verroteries bleues.

L'antique cité de Pharan ou Feyran, qui a donné son nom à cette charmante vallée, était assise au sommet d'un rocher isolé, au milieu de la vallée principale, en face d'une autre petite vallée encombrée d'acacias, dont le verdoyant parasol repose agréablement la vue. La ville ressemblait à l'aire d'un aigle, placée sur un pic inaccessible. Les abords en étaient défendus au moyen de remparts en briques, et de murs dont les fondations ressemblent aux constructions cyclopéennes. Rien de plus curieux que le site de Pharan, entouré de hautes roches granitiques, au-dessus desquelles le Serbal dresse sa tête toujours blanchie de neiges.

Quelle est l'origine de cette ville? on l'ignore. Peut-être était-ce un établissement chrétien? Les ruines qu'on y remarque offrent plus d'un trait de ressemblance avec celles des cités chrétiennes élevées, durant l'ère des persécutions, sur les pics et les versants des chaînes libyque et arabique. Quoi qu'il en soit, l'oasis de Pharan produit l'effet d'un jardin enchanté sur le voyageur venant d'Égypte, après quinze jours passés dans le désert. On y oublie promptement ses fatigues. Il n'y a plus, d'ailleurs, qu'une faible distance à parcourir avant d'arriver au monastère du Sinaï.

Dès qu'on est installé dans une cellule du monastère de Sainte-Catherine, au pied du mont Sinaï, l'esprit ne tarde pas à être pleinement occupé du souvenir des événements dont ce coin du monde fut le théâtre. Tout ce qui environne est propre à exalter l'imagination.

La presqu'île du Sinaï, resserrée entre les deux bras de la mer Rouge, présente un aspect et une conformation auxquels il n'existe rien de comparable en aucun autre pays. Du côté de l'occident, le géologue reconnaît des roches de formation primitive, soulevées par des feux souterrains et portant les traces de bouleversements effroyables. Vers l'orient, les marbres et les roches calcaires dominent. Nulle description ne peut donner une idée exacte du spectacle offert par ces rochers entassés les uns sur les autres dans une confusion inexprimable. « C'est comme une vaste mer, dit M. Léon de Laborde, qui, sous l'impulsion d'une tempête, envoie ses vagues jusqu'au ciel, et creuse entre elles de profonds abîmes. » Supposons que la mer ait été fixée dans cet état violent, et pétrifiée en masses de basalte, de granit et de porphyre, et nous aurons quelque idée du tableau qui se présente à la vue lorsqu'on est parvenu au sommet des montagnes les plus élevées, telles que le Sinaï, le Serbal, le Salef, le Ferah ou le Gounné, sur la chaîne de Tyh.

Le Sinaï, l'Horeb et le mont Sainte-Catherine sont, pour ainsi dire, trois cimes d'une seule et même montagne. Sur les versants du Sinaï, à l'est, s'étend le pays de Madian, où Moïse, fuyant la vengeance des Égyptiens, vint chercher un refuge. Pendant quarante années, Moïse conduisit les troupeaux de Jéthro dans ces vallées étendues à nos pieds, toujours fréquentées des Arabes nomades et pasteurs. Les pâturages, en effet, y sont excellents. A l'époque des pluies, l'eau descend des montagnes et séjourne au fond des vallées. Quand elle s'évapore aux premières chaleurs du printemps, elle donne naissance à des herbes abondantes. Un jour que le prophète avait mené son troupeau jusqu'au pied de l'Horeb, il aperçut au loin un buisson qui brûlait sans se consumer, et d'où jaillissait une flamme étincelante. Dieu parla à Moïse du milieu de ce buisson, et lui confia la mission de délivrer son peuple de la servitude d'Égypte. Alors commence une série de prodiges qui finira seulement sur le mont Nébo. L'année même de la sortie d'Égypte, la loi fut promulguée sur le Sinaï, au milieu de circonstances dont le souvenir est gravé en caractères ineffaçables et dans la mémoire et dans la conscience des hommes. Le Décalogue est le code de la morale divine. Jamais la sagesse humaine n'aurait réussi à formuler en dix articles et avec une égale précision tous les devoirs essentiels de l'homme envers Dieu, envers la société et envers lui-même.

Au fond d'une chapelle du monastère fondé par l'empereur Justinien, derrière le chevet de la basilique, on vénère le buisson ardent où Dieu manifesta sa présence et daigna s'entretenir avec son serviteur. Cette chapelle est très-ornée : on y admire de curieuses mosaïques, attribuées au vi[e] siècle, et semblables en tout aux plus anciennes mosaïques byzantines. Personne n'y pénètre sans avoir ôté sa chaussure. L'autel est surmonté d'une petite coupole, et le sol est recouvert de plaques d'argent. Il faut ajouter que l'église entière du couvent est fort remarquable. Quantité d'œuvres d'art la décorent, et l'on distingue des tableaux d'une haute antiquité. Les grandes mosaïques de l'abside, représentant Justinien, l'impératrice sa femme et les membres de la famille im-

LE MONT SINAI.

périale, méritent toute l'attention des archéologues; les figures passent pour des portraits ressemblants. La *Transfiguration de Notre-Seigneur*, tableau principal du sanctuaire, est comparable aux plus célèbres mosaïques de Constantinople, de Ravenne et de Venise. L'histoire de l'art gagnerait beaucoup si ces précieuses mosaïques étaient plus connues et reproduites par la gravure. Le monastère du Sinaï reçut sa consécration primitive sous le titre de *la Transfiguration*.

Après l'église, la bibliothèque mérite qu'on s'y arrête. Plût au ciel que les érudits pussent s'y arrêter plus longuement que pour satisfaire quelques moments de curiosité. Sur des rayons poudreux dorment d'assez nombreux manuscrits grecs, coptes, syriaques et arabes, dans lesquels probablement l'érudition européenne retrouverait plus d'une œuvre des saints Pères dont la science ecclésiastique déplore la perte. Mais l'ignorance et la jalousie rendent ces trésors inutiles : ces manuscrits ne sont jamais communiqués aux étrangers.

Tout le monastère, appartenant aujourd'hui aux Grecs schismatiques, est assez élégamment bâti et proprement disposé, ce qui n'est pas un médiocre éloge pour une habitation d'Orient. Il offre l'aspect d'une forteresse entourée de murailles hautes, épaisses et très-solides. On a pris toutes sortes de précautions pour le mettre à l'abri d'un coup de main; le voisinage des Arabes en a de tout temps fait sentir la nécessité. L'entrée ordinaire est à une grande élévation : on y parvient à l'aide d'un câble auquel on s'attache, et qui enlève le voyageur en s'enroulant autour d'une énorme poulie. Au niveau du sol il existe une porte cintrée ; mais elle est murée habituellement, et ne s'ouvre que dans de rares occasions. On démolit le mur à l'époque et au moment précis de la visite de l'évêque : on le reconstruit sur-le-champ. Des meurtrières sont destinées à faire peur, et dans un coin reposent inoffensifs deux petits canons rouillés.

Tous les étrangers n'ont pas le courage ou la force d'entreprendre l'ascension du Sinaï. Mais nous n'avons pas bravé les fatigues d'un long voyage pour nous résigner à voir de loin seulement cette célèbre et sainte montagne. Au point du jour nous partons accompagnés d'un jeune et robuste religieux qui doit nous servir de guide. Plusieurs petits Bédouins nous suivent dans l'espoir de gagner quelques pièces de monnaie. Un Arabe porte des provisions. La montée commence au sortir du monastère. Dans un premier élan, nous gravissons assez lestement un sentier rude, escarpé, semé de pierres ; mais notre empressement ne tarde pas à se modérer. La marche devient très-pénible ; et à une certaine hauteur un vent violent et froid contrarie nos mouvements. Nous sommes forcés de nous arrêter souvent pour prendre haleine. Les obstacles se multiplient ; il nous faut parfois ramper sur les mains et sur les genoux, en nous accrochant aux aspérités du rocher. En plus d'un endroit le passage est périlleux. Rien, du reste, n'est triste comme ces roches arides et déchirées. On aperçoit à peine çà et là de faibles traces de végétation.

On nous montre d'abord une espèce de chapelle formée de pierres entassées les unes sur les autres sans aucune liaison de ciment. Là, dit-on, vint se reposer la sainte Vierge fuyant vers l'Égypte. Cette prétendue tradition n'offre aucune vraisemblance. Il est probable que la sainte Famille suivit la route fréquentée. Comment d'ailleurs choisir pour lieu de repos un endroit presque inaccessible? Un peu plus haut s'ouvre la caverne dans laquelle vécut le prophète Élie, nourri miraculeusement par un corbeau qui lui apportait un pain chaque jour. Un petit plateau couvert d'herbes sèches nous invite à faire halte. Nous cédons volontiers à cette invitation, d'autant plus que le puits d'Élie fournit une eau limpide et excellente.

A partir de ce point l'ascension devient encore plus pénible. La force du vent et la vivacité du froid augmentent : dans les ravins ouverts au nord la neige ne fond jamais. A mesure que nous escaladons une cime, une autre se présente plus roide encore. L'œil fasciné croit que c'est la dernière; on redouble d'efforts : vaine attente; de nouveaux étages succèdent aux premiers. Le pic du Sinaï a un aspect effrayant : au-dessus de nos têtes se dressent des aiguilles de granit; à nos pieds s'ouvrent des abîmes sans fond; c'est à donner le vertige. Cependant nous grimpons avec persévérance. Enfin, grâce à Dieu, nous voilà au sommet. Nous touchons le *Rosch habar*, la tête de la montagne, où le Seigneur s'entretint avec Moïse et lui dicta les commandements. On se sent involontairement saisi d'une émotion profonde, en contemplant cette grande scène des plus grands événements. Du faîte de la montagne, le regard se perd dans une étendue immense, sans pouvoir se fixer autre part que sur des roches brisées. C'est un spectacle d'une horreur sublime. Le vent, qui souffle avec force, gémit d'une manière lugubre entre les rochers. Nous voyons la grotte irrégulière et peu profonde où se cacha Moïse tandis que Dieu passait, afin de n'être point opprimé de l'éclat de sa gloire. Ces rochers ont reflété les splendeurs de la majesté divine. Aux yeux de la foi, le Sinaï est une montagne sainte : on en visitera pieusement les sommets jusqu'à la fin des siècles. Aux yeux du voyageur indifférent, le Sinaï est une montagne semblable à tant d'autres montagnes d'un effet pittoresque, du haut de laquelle, à sept mille pieds au-dessus du niveau de la mer, on peut jouir d'une perspective sans limites.

Le mont Sainte-Catherine est plus haut que le Sinaï d'environ mille pieds; l'Horeb est beaucoup moins élevé. Nous en gravissons les pentes, nous arrêtant à tous les endroits consacrés par la tradition. Dans la vallée de Raphidim, on nous montre le rocher frappé par Moïse, et d'où jaillirent des eaux abondantes. C'est un bloc considérable de granit, isolé sur un sol sec et aride. Une large rigole, peu profonde, le sillonne de haut en bas. Les Arabes l'appellent aujourd'hui, comme au temps de Moïse, comme au temps de David, *la Pierre de la Tentation*, et l'entourent d'une espèce de vénération superstitieuse. Non loin de là, on remarque dans le rocher une légère excavation évidemment faite de main d'homme, et qui servit, dit-on, de moule à Aaron pour couler le métal du veau d'or. Sur la cime du mont Sainte-Catherine, on trouve les ruines d'une petite chapelle érigée jadis à l'endroit où les anges déposèrent le corps de la glorieuse vierge et martyre d'Alexandrie.

CHAPITRE II

DÉSERT. PÉTRA

En quittant le monastère Sainte-Catherine, nous ne pouvons détacher nos regards du Sinaï. L'aspect de la montagne sainte exerce sur nous une sorte de fascination. Nos guides ont reçu l'ordre de nous conduire à Akabah. Bientôt nous nous trouvons engagés au milieu de gorges étroites et de vallées déchirées par les torrents. Les versants orientaux du groupe sinaïtique sont encore plus affreux que ceux qui regardent l'occident. Dans les sentiers semés de cailloux, les chameaux trébuchent à chaque pas. Des vents furieux, à l'époque des équinoxes, bouleversent le sol, et rendent méconnaissables les chemins naguère fréquentés.

Aussi nos Arabes interrogent-ils sans cesse du regard, à quelque distance que la vue puisse s'étendre, rochers, collines et vallées. La solitude est profonde, aucun bruit que celui de notre petite caravane ne vient rompre le silence.

Après avoir longtemps erré dans un labyrinthe de passages resserrés, nous débouchons dans l'Ouadi-Ghazalet, *la Vallée de la Gazelle.* Derrière nous, au loin, le Sinaï dresse sa tête jusqu'au ciel : nous le saluons d'un dernier regard. La marche devient moins pénible; mais l'aridité est extrême : le manque d'eau nous fait beaucoup souffrir. Enfin, au détour d'un haut monticule, la mer au loin nous apparaît resplendissante. Le golfe oriental de la mer Rouge est presque inconnu des Européens : le commerce n'attire personne vers ces rivages inhospitaliers. Le golfe Élanitique, en outre, est dangereux pour les navires : des rochers madréporiques, cachés à fleur d'eau, forment des écueils difficiles à éviter.

Le matin, en pliant notre tente, nous sommes témoins d'un magique lever de soleil. L'obscurité règne encore, quand tout à coup le disque du soleil monte à l'horizon, radieux et lançant des traits de feu. L'aurore n'annonce pas son approche. Dans les climats chauds, il s'élance soudain dans le ciel, répandant des clartés éblouissantes. On comprend alors la beauté de la poétique comparaison du roi David, disant dans les Psaumes que *le soleil prend son essor comme un géant pour parcourir sa carrière.*

Les rives du golfe d'Akabah n'offrent aucune sécurité

aux voyageurs. Des Bédouins armés se cachent derrière les rochers, guettant leur proie, décidés à tuer, s'il le faut, afin de piller plus à l'aise. La moindre résistance est un signal de mort. Ils n'hésitent même pas à attaquer les caravanes, s'ils se croient les plus forts. Au milieu du désert, l'homme ne rencontre que des ennemis. Il faut se tenir sans cesse en éveil, et marcher les armes à la main. A la moindre alerte, au plus léger soupçon, on s'arrête et l'on se met en défense. Un tronc d'arbre renversé vous inquiète : on craint que la mort n'y soit en embuscade pour vous attendre et vous frapper. L'œil des Arabes est clairvoyant, et leur oreille fine. Il faut vivre parmi eux pour se faire une idée de la vigilance, de l'activité et des ressources qu'ils déploient.

Le paisible habitant de nos villes et de nos campagnes de France ne saurait imaginer cette vie continuelle d'inquiétudes et d'alarmes. Ici nulle sécurité ni le jour ni la nuit. La force seule impose le respect : le droit y est inconnu. Les vêtements les plus simples sont la meilleure sauvegarde contre la convoitise des Bédouins. Malheur aux imprudents qui se hasardent dans ces contrées sauvages en laissant paraître le moindre objet de luxe! ils seront victimes de la rapacité des voleurs. Si l'on vient à tomber sous la balle ou le poignard des assassins, le crime demeure ignoré et impuni.

Ces réflexions assiégeaient notre esprit tandis que notre caravane longeait le bord de la mer. Les précautions multipliées de nos guides n'étaient pas propres à nous en débarrasser. Enfin nous arrivons à Akabah. Quelques chétives cabanes à la porte desquelles s'étalent l'indigence et la malpropreté, une tour carrée servant de logement au gouverneur et à une bande de soldats indisciplinés, un beau bouquet de palmiers donnant abri à des hommes en guenilles, telle est la ville qui remplace l'antique et opulente cité d'Eziongaber, d'où Salomon envoyait ses navires à Ophir et jusqu'aux plages lointaines de l'océan Indien. La position de cette pauvre bourgade, où l'on compte à peine quatre cents habitants, sur les bords du golfe Élanitique, ne manque pas d'un certain charme et de pittoresque. La mer y est magnifique ; la rade paraît sûre et commode ; la végétation n'attend que la culture pour s'y épanouir ; les montagnes forment le fond du tableau. La nature y serait admirable, si les hommes y étaient moins dégradés.

Nous dressons nos tentes à l'ombre des palmiers. A peine installés, nous sommes exposés à la plus gênante importunité. Les uns après les autres, les Arabes viennent s'asseoir à l'entrée, examinent chaque objet, et nous accablent de questions. Tous veulent savoir d'où nous venons, où nous allons. Entre les demandes dictées par la curiosité, il n'est pas difficile d'en distinguer quelques-unes peu propres à nous rassurer sur la suite de notre voyage. La nuit, il nous fut impossible de goûter le moindre sommeil. De jeunes Arabes causaient, chantaient, dansaient, accompagnant leurs danses de contorsions et de cris effroyables. Dès le matin, nous levons notre tente sans bruit, et nous rentrons dans le désert. Nous ne sommes pas sans appréhension : *les fils d'Ismaël ont toujours la main levée contre tous.* Nos chameaux ont beau hâter le pas, déjà nous entendons les cris des Arabes et de sinistres rumeurs. En vain nos guides pressent la marche ; les voix se rapprochent de nous. Nos efforts seront inutiles : les Bédouins sont sur nos talons ; bientôt ils nous rejoignent, haletants, couverts de sueur et de poussière, leurs longs fusils sur l'épaule, l'œil étincelant, la menace sur les lèvres. Nous faisons bonne contenance, et l'on se met à parlementer. Ces brigands, qui pouvaient nous tuer, se contentèrent de nous rançonner.

Le désert, entre Akabah et Nakel, comme dans les autres directions, rappelle à chaque pas au voyageur, s'il pouvait l'oublier, qu'il est dans l'Arabie Pétrée. « Qu'on se figure un pays sans verdure et sans eau, un soleil brûlant, un ciel toujours sec, des plaines sablonneuses, des montagnes encore plus arides, sur lesquelles l'œil s'étend et le regard se perd sans pouvoir s'arrêter sur aucun objet vivant ; une terre morte, et, pour ainsi dire, écorchée par les vents, laquelle ne présente que des ossements, des cailloux jonchés, des rochers debout ou renversés, un désert entièrement découvert où le voyageur n'a jamais respiré sous l'ombrage, où rien ne l'accompagne, rien ne lui rappelle la nature vivante : solitude absolue, mille fois plus affreuse que celle des forêts ; car les arbres sont encore des êtres pour l'homme qui se voit seul. Plus isolé, plus dénué, plus perdu dans ces lieux vides et sans bornes, il voit partout l'espace comme son tombeau ; la lumière du jour, plus triste que l'ombre de la nuit, ne renaît que pour éclairer sa nudité, son impuissance, et pour lui présenter l'horreur de sa situation, en reculant à ses yeux les barrières du vide, en étendant autour de lui l'abîme de l'immensité qui le sépare de la terre habitée : immensité qu'il tenterait en vain de parcourir, car la faim, la soif et la chaleur brûlante pressent tous les instants qui lui restent entre le désespoir et la mort.

« Cependant l'Arabe, à l'aide d'un chameau, a su franchir et même s'approprier ces lacunes de la nature; elles lui servent d'asile, elles assurent son repos, et le maintiennent dans son indépendance. Mais de quoi les hommes savent-ils user sans abus? Ce même Arabe, libre, indépendant, tranquille et même riche, au lieu de respecter ces déserts comme les remparts de sa liberté, les souille par le crime; il les traverse pour aller chez des nations voisines enlever des esclaves et de l'or; il s'en sert pour exercer son brigandage, dont malheureusement il jouit plus encore que de sa liberté, car ses entreprises sont presque toujours heureuses. Malgré la défiance de ses voisins et la supériorité de leurs forces, il échappe à leurs poursuites, et emporte impunément tout ce qu'il leur a ravi. Un Arabe qui se destine à ce métier de pirate de terre s'endurcit de bonne heure à la fatigue des voyages; il s'essaie à se passer de sommeil, à souffrir la faim, la soif et la chaleur : en même temps il instruit ses chameaux, il les élève et les exerce dans cette même vue; peu de jours après leur naissance, il leur plie les jambes sous le ventre, il les contraint à demeurer à terre, et les charge, dans cette situation, d'un poids assez fort, qu'il les accoutume à porter, et qu'il ne leur ôte que pour leur en donner un plus fort; au lieu de les laisser paître à toute heure et boire à leur soif, il commence par régler leurs repas, et peu à peu les éloigne à de grandes distances, en diminuant aussi la quantité de la nourriture. Lorsqu'ils sont un peu forts, il les exerce à la course; il les excite par l'exemple des chevaux, et parvient à les rendre aussi légers et plus robustes. Enfin, dès qu'il est sûr de la force, de la légèreté et de la sobriété de ses chameaux, il les charge de ce qui est nécessaire à sa subsistance et à la leur; il part avec eux, arrive sans être attendu aux confins du désert, arrête les premiers passants, pille les habitations écartées, charge ses chameaux de son butin; et s'il est poursuivi, s'il est forcé de précipiter sa retraite, c'est alors qu'il développe tous ses talents et les leurs : monté sur l'un des plus légers, il conduit la troupe, la fait marcher jour et nuit, presque sans s'arrêter, ni boire ni manger : il fait aisément trois cents lieues en huit jours; et pendant tout ce temps de fatigue et de mouvement, il laisse ses chameaux chargés; il ne leur donne chaque jour qu'une heure de repos et une pelote de pâte : souvent ils courent ainsi neuf à dix jours sans trouver de l'eau, ils se passent de boire : et lorsque par hasard il se trouve une mare à quelque distance de leur route, ils sentent l'eau de plus d'une demi-lieue : la soif qui les presse leur fait doubler le pas, et ils boivent en une seule fois pour tout le temps passé et pour autant de temps à venir; car souvent leurs voyages sont de plusieurs semaines, et leur temps d'abstinence dure aussi longtemps que leurs voyages [1]. »

---

[1] Buffon. *Le chameau et le dromadaire*.

Longer l'Ouadi-Arabah et visiter les ruines de Pétra, aujourd'hui Carac, tel était notre dessein ; mais nos guides n'y voulurent jamais consentir. Ils ne pouvaient en entendre parler sans montrer tous les signes de la plus vive terreur. Nous étions sur un territoire ennemi; les Bédouins ne perdraient pas nos traces, ils nous suivraient à la piste; nous allions être exposés aux attaques de bandes organisées. Telles étaient leurs raisons; et notre récente aventure aux environs d'Akabah leur venait singulièrement en aide. Nous nous enfonçons de plus en plus dans le désert de Tyh, évitant les chemins fréquentés, choisissant les passages les plus dangereux. Le sol est semé d'ossements blanchis, et dans une vallée détournée gisent plusieurs squelettes de chameaux auxquels adhèrent des lambeaux de chair ; non loin nous apercevons le cadavre d'un homme à peine recouvert de quelques poignées de sable. La frayeur de nos guides ne connaît plus de bornes, et ce triste spectacle nous engage à redoubler de précautions. A la halte du soir, nous cachons nos tentes derrière un pli de terrain : point de lumière sous la tente, point de flammes au foyer. Nos armes restent près de nous, et pendant que la caravane se repose, l'un de nous fait sentinelle et veille toute la nuit.

Notre course dans le désert de Tyh devient très-monotone, sauf quelques alertes, qui réveillent notre attention. En approchant de Calaat-el-Nakel, le sol paraît moins aride. Après de longues journées de solitude et de chaleur accablante, nous jouissons de la vue des beaux arbres qui entourent le village. Çà et là des touffes verdoyantes, des arbrisseaux, des prairies, des troupeaux de moutons, des maisonnettes, des jardins : tel est l'aspect de Nakel. Une fontaine abondante a donné naissance à cette oasis et y entretient une fraîcheur agréable. Bientôt nous arriverons à Hébron ; encore quelques jours de fatigues, et nous entrerons dans la *Terre promise*. Mais comment se résigner à laisser Pétra à si peu de distance sans voir cette antique capitale des Nabathéens, la ville principale de la troisième Palestine, selon quelques auteurs, la capitale actuelle de l'Arabie Pétrée ? Nous aurons donc inutilement bravé tant de périls ; car le voyageur peut aisément gagner la frontière de la Palestine en suivant le chemin ordinaire à peu de distance de la Méditerranée.

Après mille hésitations, grâce à une somme assez considérable, argument auquel un Arabe ne sait guère résister, nous décidons enfin quelques habitants de Nakel à nous accompagner à Pétra. Nous prenons des provisions, et dès le point du jour nous changeons de direction. Les nouveaux guides, si braves au départ, semblent perdre de leur assurance à mesure que nous approchons du but. Non loin du mont Hor, où mourut Aaron, dans la vallée habitée jadis par les Iduméens, les Amalécites et les Moabites, réunis depuis en une seule peuplade, on rencontre des traces d'une civilisation éteinte : ce sont les ruines d'un grand édifice, servant probablement de forteresse avancée pour défendre l'accès de Pétra. A l'ouverture de la vallée, il y a de l'eau fraîche, quelques palmiers et les restes d'un caravansérail. Un peu plus loin, on entre dans une vallée remplie de lauriers-roses, et l'on approche de Pétra. « Nous tournons autour d'un pic surmonté d'un arbre isolé, dit M. de la Borde [1], dont nous avons vérifié en plus d'une occasion, sur les lieux, l'exactitude scrupuleuse. La vue est immense de ce point, la solitude affreuse; c'est une mer et ses vagues pétrifiées : c'est plus que cela, c'est un chaos. En continuant le sentier, nous apercevons devant nous le mont Hor, surmonté du tombeau d'Aaron, antique tradition conservée par un peuple si vieux, qu'il n'a plus que des impressions d'enfance ou des souvenirs de tant de siècles. Quelques excavations grossières et en ruines arrêtent le voyageur qui s'y intéresse, ne sachant ce que lui cache le rideau de rochers qui s'étend devant lui; enfin le sentier le conduit au haut d'un autre ravin, et ses yeux découvrent à l'horizon le plus singulier spectacle, le plus magnifique tableau que la nature dans sa création grandiose, les hommes dans leur ambition vaniteuse, aient légué à la curiosité des générations qui devaient suivre. A Palmyre, la nature annule les efforts des hommes par son immensité, par son horizon sans fin sur lequel se perdent quelques centaines de colonnes; ici, au contraire, elle semble s'être plu à encadrer de sa grandeur des constructions qui luttent non sans avantage avec elle, à mettre en harmonie la force et la bizarrerie de sa structure avec le grandiose et les conceptions variées de ces monuments des hommes. On hésite un moment auquel des deux on accordera son admiration : à la première, qui fixe l'attention par une ceinture de rochers grands et majestueux de formes et de couleur; aux se-

---

[1] *Voyage dans l'Arabie Pétrée.*

PÉTRA

conds, qui n'ont pas craint de mettre en regard de cette forte création le produit de leur génie. »

A Pétra, on trouve des tombeaux semblables à des palais, avec leurs colonnades, leurs statues, et tous les ornements d'une brillante architecture. Ici les morts sont mieux logés que les vivants. Le monument appelé Khasné-Pharaon, *le trésor du roi*, frappe le voyageur de surprise et d'admiration : c'est là que la mort a été logée avec le plus de magnificence. Toutes ces tombes superbes, qui font de la vallée de Pétra une imposante nécropole, n'ont point été outragées par le temps, et nous pouvons croire qu'elles ne se briseront qu'au bruit de la trompette du dernier jugement. Des ruisseaux bordés de lauriers-roses, beaucoup d'arbustes et de fleurs adoucissent les teintes sévères de l'Ouadi-Mousa, et mêlent les riantes images de la vie aux sombres images de la tombe.

« Au temps des croisades, Pétra fut une seigneurie française. Tous ces monuments merveilleux, auprès desquels aujourd'hui le voyageur le plus intrépide ne parvient qu'avec peine, étaient compris dans le domaine de nos chevaliers. L'Ouadi-Mousa, dont l'entrée est maintenant sévèrement gardée par le fanatisme des fellahs, était alors un lieu de promenade pour les compagnons de Renaud de Châtillon, et nos guerriers francs se donnèrent quelquefois sans doute le plaisir de la chasse autour du grand tombeau El-Deir ou du Khasné-Pharaon. Qui croirait que les chroniques contemporaines n'ont pas dit un mot des monuments de cette vallée? En 1183, quand Saladin passait comme la tempête sur les colonies chrétiennes, il entreprit vainement le siége de Carac; mais peu de temps après la place, manquant de vivres et de défenseurs, ouvrit ses portes aux musulmans. Saladin, en assiégeant Carac, voulut venger l'outrage que Renaud de Châtillon avait fait à l'islamisme, lorsque celui-ci s'était avancé jusqu'aux portes de la Mecque et de Médine. Un auteur arabe, Mogir-Eddin, nous apprend que dans cette expédition le dessein des chrétiens était de ravir les ossements de Mahomet à Médine, pour mettre fin aux pèlerinages des musulmans. Ce seigneur Renaud, qui fit transporter des navires à dos de chameau depuis Carac jusqu'à la mer Rouge, qui attaqua la religion du Croissant dans son sanctuaire le plus sacré, avait rempli du bruit de sa renommée toutes les contrées de l'Orient, et son souvenir se conserve peut-être encore sous les tentes de l'Arabe [1]. Le vaillant Renaud compromit souvent les intérêts chrétiens par sa bouillante ardeur; mais il couvrit ses fautes par l'héroïsme de sa mort. Fait prisonnier à la bataille de Tibériade, il refusa noblement de se racheter par l'apostasie, et ne tint nul compte des menaces de Saladin, qui le frappa de son sabre. Puis, à l'ordre du sultan, des soldats se jetèrent sur le chevalier sans armes, dont la tête alla rouler aux pieds d'un autre prisonnier chrétien, Guy de Lusignan. »

Après avoir satisfait notre curiosité, nous cherchons une retraite pour y passer la nuit. En arrivant à Pétra, nous avions payé un tribut au scheik. Cet impôt est supposé donner au voyageur droit à la protection du scheik

---

[1] Voyez Poujoulat, *Correspondance d'Orient*, tome IV. — *Bibliothèque des Croisades*, tome IV.

et des Arabes auxquels il commande. L'expérience ne tarda pas à nous apprendre quel compte il faut faire de la parole des Bédouins. A peine installés dans une grotte sépulcrale, nous sommes assaillis par une horde effrayante. Cent hommes armés de fusils, de sabres, de cimeterres, de poignards et de massues, profèrent contre nous menaces et imprécations. Les poignards affilés jettent des éclairs sinistres. Des mains vigoureuses brandissent le terrible yatagan. Quelques fusils s'abaissent et sont dirigés contre notre poitrine. Au milieu d'un concert de vociférations effroyables, nous cherchons à distinguer le scheik : il a disparu. Comment échapper à ces brigands, dont les yeux brillent comme ceux du chacal affamé? Nous faisons signe de la main; le silence s'établit aussitôt. Vous eussiez vu alors tous les regards fixes et toutes les mains tendues en avant : nous venions de montrer une bourse. Nous disons à haute voix que le scheik a reçu déjà une somme considérable, mais que, pour obtenir quelque repos, nous consentons à donner une nouvelle somme à titre de présent, à condition toutefois qu'ils se retireront sur-le-champ. La condition est acceptée; l'argent est compté. Alors commence une scène ignoble. Tous se ruent les uns sur les autres : c'est à qui aura la part la plus forte. Les querelles s'échauffent, des cris ils vont passer aux coups. Enfin ils s'éloignent, l'écho seul répète en murmurant les dernières rumeurs.

Nous étions sur le point de nous endormir, quand une autre bande se précipite à l'ouverture de la grotte, et renouvelle les mêmes gestes, les mêmes imprécations, les mêmes menaces. Nous regardons les mouvements des Bédouins sans avoir l'air d'y faire attention. Leur fureur s'accroît, et atteint promptement le dernier degré du paroxysme. Un Arabe d'une taille et d'une force extraordinaires s'avance et impose silence à la multitude. Il s'annonce comme étant le scheik, et réclame un tribut auquel est soumis tout étranger qui passe la nuit à Pétra. C'était un mensonge, et, sur un refus de notre part, le tumulte et l'agitation prennent un caractère tout à fait inquiétant. C'était une comédie sans doute ; mais tout semblait faire prévoir un dénoûment tragique. Nous remettons la somme réclamée : nouvelles disputes, nouvelles rixes. Voilà les Bédouins partis.

Enfin nous allons goûter un sommeil dont nous avons grand besoin. Une troisième fois les Bédouins reviennent à la charge. Que peut faire un voyageur seul, entouré de voleurs armés jusqu'aux dents? Se résigner à payer une troisième fois. C'est ce que nous conseillait la prudence. Ne doit-on pas encore s'estimer heureux de pouvoir soustraire quelque chose à la rapacité de gens sans foi ni loi, qui ne reculeraient pas devant l'assassinat? Quand on a été témoin et victime de pareilles violences, il est impossible d'en perdre jamais le souvenir. Le tableau tracé par Buffon de la férocité et de l'insatiable avidité des Arabes ne présente que des teintes adoucies. Quels trépignements de joie et de fureur autour d'une proie! Comme tous les regards étaient enflammés à la vue de quelques pièces d'or! Les vêtements en désordre, la barbe hérissée, les yeux remplis de feu et de sang, les lèvres frémissantes, la voix rauque, la respiration haletante, des mouvements convulsifs, le cliquetis des armes : quel horrible spectacle! ainsi doit être une vision de l'enfer !

Notre admiration du jour précédent, il faut l'avouer, s'était un peu refroidie. De grand matin nous jetons un dernier coup d'œil sur ces ruines si gracieusement encadrées dans la verdure. Pas un Arabe ne paraît à l'horizon. Ils se reposaient sans doute de leurs exploits nocturnes. Nous décampons au plus vite, et nous suivons l'Ouadi-Arabah. Tous les voyageurs et les géographes ont répété que cette vallée, resserrée comme un large canal entre les montagnes, était l'ancien lit du Jourdain, qui avait son embouchure dans la mer, à la pointe du golfe Élanitique, avant la terrible catastrophe qui bouleversa la Pentapole, détruisit Sodome et Gomorrhe. Quelques collines transversales contrarient cette opinion; car elles auraient barré le cours du fleuve. Peut-être cependant formaient-elles des cascades; peut-être aussi furent-elles soulevées par les feux souterrains qui ébranlèrent toute cette contrée, et creusèrent les abîmes de la mer Morte?

Notre voyage se continue sans nouvel incident. Nous ne tardons pas à reconnaître que nous avons quitté l'Arabie Déserte. Des bouquets de verdure, des arbres même, des pâturages reposent la vue. Fréquemment nous rencontrons des bergers, et nous nous croisons avec de petites caravanes qui vont d'un lieu à l'autre. Enfin nous respirons à l'aise : il y a si longtemps que nous n'avons vu d'hommes sans les craindre! Nous touchons aux frontières de la civilisation. Demain nous serons à Hébron.

HÉBRON.

JUDÉE

CHAPITRE III

HÉBRON

Aux portes d'Hébron, les Arabes du Sinaï et de Nakel, qui nous servent de guides, rencontrent une tribu amie. La reconnaissance est cordiale; joyeuse et bruyante. Au plaisir de trouver des frères se joint celui de terminer heureusement une course pénible, et nous pouvons ajouter largement payée, ce qui n'est pas indifférent pour des Arabes. On nous invite poliment à venir nous reposer sous la tente; et pendant que nous échangeons les salutations d'usage, on fait les apprêts du festin. Bientôt on annonce que tout est préparé : et chacun de nous se met à table, c'est-à-dire, s'assied à terre et prend part au repas.

Nous serions tentés de l'appeler repas homérique, si la terre que nous foulons et le voisinage de Mambré ne rappelaient Abraham et la vie des patriarches. Un agneau rôti fut servi tout entier, avec des pains cuits sous la cendre et du riz bouilli. Les invités sont assis en cercle, et au signal donné par le scheik, le festin commence. Ici la fourchette et le couteau sont des objets de luxe, et totalement inconnus. Chacun porte la main au plat, déchire la viande avec ses ongles et mange avec les doigts. Les Arabes sont fort adroits à ce genre de service : en un clin d'œil tout fut dévoré. Il faut qu'un Européen ait l'appétit aiguisé par un séjour prolongé dans le désert et par une abstinence forcée, pour surmonter le dégoût qu'inspirent la voracité et la malpropreté des Bédouins. Ce détail domestique de la vie patriarcale peut être poétique : il fut loin de nous séduire.

Les femmes arabes ne prennent jamais leurs repas en commun avec leurs maris, encore moins avec des étrangers. Elles restent enfermées dans un coin de la tente, silencieuses et presque immobiles : autre détail de mœurs domestiques qui n'excitera pas l'envie des Européennes. A ce propos nous pourrions entrer dans quelques développements sur le genre de vie des femmes arabes. Il vaut mieux se taire que de révéler les humiliations dont elles sont les victimes résignées. Il suffit d'entrevoir l'Orient pour comprendre quelle doit être la reconnaissance des femmes envers la religion chrétienne. Le Coran en a fait des esclaves; l'Évangile leur a rendu leur véritable dignité.

Jadis les Hébreux, allant à Pétra, suivaient les rives de la mer Morte, et passaient par Ségor, route inconnue aujourd'hui des Occidentaux, mais que les chevaliers des croisades ont parcourue plus d'une fois. Le chemin le plus fréquenté d'Hébron en Égypte passait à Bersabée, vers la pointe méridionale de la Palestine, et traversait ensuite le pays des Iduméens. Près de là se trouvait Gérare, où Abraham demanda l'hospitalité à Abimélech, et fit un traité d'alliance. Sur le bord du puits de Bersabée, le patriarche planta un bois et dressa un autel. A cette époque, le vrai Dieu n'avait pas d'autre temple que la terre, dont le firmament formait la voûte, dont les étoiles étaient le brillant luminaire. Bersabée et le désert qui l'entoure furent deux fois témoins du désespoir d'Agar. Punie un jour par Sara, sa maîtresse, l'orgueilleuse servante prit la fuite, et se dirigea vers l'Égypte, sa patrie. Elle avait trop présumé de ses forces : seule, elle devait traverser les immenses plaines de sable qui s'étendent jusqu'à la mer Rouge. Près d'une fontaine, une voix mystérieuse dit à la fugitive : « Retourne vers ta maîtresse, et humilie-toi sous sa main. Je multiplierai ta race, qui deviendra un peuple innombrable. Tu mettras au monde un fils, et tu l'appelleras Ismaël, parce que le Seigneur a entendu le cri de ton affliction. Ce sera un homme rude et farouche ; sa main sera contre tous, et la main de tous sera contre lui ; et il plantera ses pavillons en face de tous ses frères. »

Agar, en effet, devint mère d'Ismaël ; mais dès son enfance, Ismaël était impétueux et violent. Il se rendit coupable de mauvais traitements envers Isaac. Sara fit éclater ses plaintes; Abraham prit du pain et une outre pleine d'eau, qu'il mit sur l'épaule d'Agar, lui donna son fils et la congédia. L'historien Josèphe, écho de la tradition judaïque, nous assure qu'Abraham prit soin de la mère et du fils. Ismaël grandit dans le désert; il eut douze fils, chefs des douze tribus arabes.

Les voyageurs venant d'Égypte sont obligés de faire quarantaine à Hébron. Un médecin est chargé de les visiter. La crainte de la peste justifie suffisamment la sévérité des règlements de police. La ville actuelle d'Hébron est bâtie en amphithéâtre sur le penchant d'une colline. Elle est composée d'environ quatre cents maisons, et renferme une population de quatre à cinq mille âmes. Ni murailles ni tours ne défendent la cité : un château d'assez chétive apparence, résidence du gouverneur, y tient lieu de tout appareil militaire. La majorité de la population est mahométane; le reste appartient à la race israélite. Il n'y a point de chrétiens à Hébron. Les disciples du Coran, plus fanatiques ici peut-être qu'en aucun lieu du monde, n'y tolèrent pas la présence des disciples de l'Évangile. L'intérieur de la ville n'a rien d'attrayant. Si les rues ont été pavées, c'est sans doute au temps des rois de Juda, et depuis vingt-cinq siècles le pavé est dans le même état : on peut imaginer en quel état. Nulle ville d'Orient n'offre à l'étranger l'élégance, la symétrie, la propreté, l'ordre auxquels il est habitué en Europe. Tout est désordre sur la voie publique, sans parler des immondices. Ce pêle-mêle ne manque pas de pittoresque; mais le grotesque en prend trop souvent la place, et le dégoût en fait détourner les yeux.

Ici la pureté de l'air et l'abondance des vivres répandent sur tous les visages un air de santé et de bien-être. Les vallées sont couvertes de moissons, les coteaux se couronnent de vignobles, et la campagne produit les fruits les plus variés. On fabrique à Hébron des verroteries de toute espèce : les colliers et les bracelets de verre bleu vont parer le cou et les bras de toutes les femmes arabes dans les villes, au fond des moindres villages et jusque dans le désert. Les raisins secs constituent une branche de commerce assez considérable. Les raisins d'Hébron sont d'une grosseur prodigieuse et d'un goût exquis. Il n'est pas rare d'en rencontrer qui pèsent de cinq à six kilogrammes. C'est dans les environs que les envoyés de Josué coupèrent une grappe que deux hommes portèrent suspendue à un bâton pour la montrer aux Israélites. S'il faut ajouter foi aux traditions hébraïques, Noé aurait planté la première vigne sur les côteaux d'Hébron. Ses descendants n'imitent pas ici son exemple. Les mahométans ne font pas de vin : au temps de la vendange, les raisins sèchent au soleil, au lieu de passer dans les pressoirs.

La ville d'Hébron ne présente aucun édifice remarquable ; mais elle possède un monument du plus haut intérêt historique et religieux : les tombeaux des patriarches Abraham, Isaac et Jacob. Au IVe siècle, sainte Hélène, mère de l'empereur Constantin, fit construire une église au-dessus de la double caverne qui renferme les restes mortels des patriarches. Hébron devint un évêché durant les croisades, sous le titre de Saint-Abraham ; mais il ne subsista que vingt ans, la ville étant retombée au pouvoir des musulmans. Aucun chrétien ne peut visiter aujourd'hui la basilique, convertie en mosquée, ni pénétrer dans le sépulcre, qu'on pourrait comparer à une crypte. Plusieurs voyageurs ont failli perdre la vie en voulant tromper la vigilance des fanatiques qui en gardent l'entrée. Bien des années se passeront encore avant qu'on puisse en franchir le seuil impunément. Nous en emprunterons la description à Aly-Bey.

« Les sépulcres d'Abraham et de sa famille sont dans un temple qui était jadis une église grecque. Pour y arriver, on monte un large et bel escalier, qui conduit à une longue galerie, d'où l'on entre dans une petite cour; vers la gauche est un portique appuyé sur des piliers carrés. Le vestibule du temple a deux chambres, l'une à droite, qui contient le sépulcre d'Abraham, et l'autre à gauche, qui contient celui de Sara. Dans le corps de l'église, qui est gothique, entre deux gros piliers à droite, on aperçoit une maisonnette isolée, dans laquelle est le sépulcre d'Isaac, et dans une autre maisonnette pareille sur la gauche, celui de sa femme. Cette église convertie en mosquée a son *méhereb*, ou tribune pour la prédication des vendredis, et une autre tribune pour les *muddens* ou chanteurs. De l'autre côté de la cour est un autre vestibule, qui a également une chambre de chaque côté. Dans celle de gauche est le sépulcre de Jacob, et dans celle de droite celui de sa femme.

« A l'extrémité du portique du temple, sur la droite, une porte conduit à une espèce de longue galerie qui sert encore de mosquée; de là on passe dans une autre chambre, où se trouve le sépulcre de Joseph, mort en Égypte, et dont la cendre fut apportée par le peuple d'Israël[1]. Tous les sépulcres des patriarches sont couverts de riches tapis de soie verte, magnifiquement brodés en or; ceux de leurs femmes sont rouges, également brodés. Les sultans de Constantinople fournissent ces tapis, qu'on renouvelle de temps en temps. J'en comptai neuf l'un sur l'autre au tombeau d'Abraham. Les chambres où sont les tombeaux sont aussi couvertes de riches tapis; l'entrée en est défendue par des grilles en fer et des portes en bois plaquées en argent, avec des serrures et des cadenas du même métal; pour le service du temple, on compte plus de cent employés et domestiques. »

Il est aisé de voir d'après cette description, quoique incomplète, que la mosquée fondée par sainte Hélène fut restaurée par les Francs. Des portions de murailles sont attribuées au roi Salomon, par un auteur arabe cité dans l'*Histoire des Sultans*, de M. Quatremère. Ainsi ce sanctuaire vénérable, jusque dans la construction des murs, conserve le souvenir du plus puissant roi de Juda, de la mère du premier César chrétien, et des vaillants chevaliers des croisades. Ajoutons que ce fut, pour ainsi dire, à l'ombre du monument d'Hébron que Richard Cœur-de-Lion enleva aux Sarrazins la

---

[1] Il y a ici une erreur. Joseph fut enseveli à Sichem. (Josué, ch. xxiv, vers. 32.) Quelques auteurs croient que ce tombeau est celui d'Ésaü.

riche caravane d'Égypte ; elle était composée de quatre mille sept cents chameaux, et deux mille hommes l'escortaient.

A l'ouest d'Hébron, à deux kilomètres de distance, une mosquée bâtie au sommet d'une colline occupe la place où était la tente d'Abraham, à l'ombre du chêne sous lequel le saint patriarche, Père des croyants, servit le veau rôti, le pain cuit sous la cendre, le lait et le beurre, aux trois voyageurs descendus du Ciel. Après quarante siècles, des chênes croissent encore sur la montagne où s'élevait le chêne d'Abraham. N'est-ce pas une chose assez mystérieuse que de voir la nature s'associer en quelque sorte aux efforts de l'homme pour perpétuer le souvenir d'un passé si lointain?

Hébron est une des plus anciennes villes du monde. L'Écriture sainte nous apprend qu'elle fut fondée sept ans avant Tanis, capitale de la basse Égypte[1]. Après la conquête des Israélites, sous la conduite de Josué, elle fut assignée aux prêtres et déclarée ville de refuge. David y établit le siége de son royaume après la mort de Saül. Il y demeura sept ans et six mois, et, après le meurtre d'Isboseth, il y fut sacré roi en présence de toutes les tribus d'Israël. Ce fut à Hébron qu'Absalon arbora l'étendard de la révolte. Durant la captivité de Babylone, les Iduméens profitèrent de l'humiliation et de la faiblesse des Juifs pour s'en emparer. Cette ville enfin joua un rôle important sous les Machabées.

Voilà de magnifiques souvenirs historiques. La tra-

---

[1] Nombres, ch. XIII, vers. 23.

dition en rapporte beaucoup d'autres, auxquels l'antiquité avait ajouté foi, quoiqu'ils ne soient pas également certains. Ainsi, à la porte d'Hébron, on montre le *champ Damascène,* dont la terre rougeâtre servit à la création du premier homme [1]. L'Écriture ne nous fait pas connaître en quel lieu Adam fut formé du limon de la terre. Rien ne s'oppose à ce que Hébron ait été le berceau du genre humain. Les Orientaux partagent généralement cette croyance. Aussi professent-ils le plus grand respect pour cette terre, qu'ils viennent chercher de loin et qu'ils emportent dans tous les pays de l'Asie. Il est donc permis de croire que nous foulons ici le sol qui le premier a reçu l'empreinte du pied de l'homme. Les musulmans débitent à ce sujet une fiction curieuse. Ils disent que la poussière dont fut composé le corps du premier homme fut prise par l'ange de la mort aux quatre coins du monde, et qu'elle avait les quatre couleurs qui distinguent aujourd'hui les quatre grandes races du genre humain : blanche, jaune, rouge et noire [2]. On montre encore, aux environs d'Hébron, la contrée où Adam et Ève, chassés du paradis terrestre, se réfugièrent pour pleurer leur faute et faire pénitence. Les coteaux qui embellissent le paysage furent les premiers ornés de pampres et de grappes vermeilles. Trompé par la douceur du jus du raisin, Noé s'enivra

---

[1] On sait que le nom d'*Adam* signifie en hébreu *terre rouge.*

[2] La race *blanche* ou arabe-européenne, ou caucasique; la race *jaune* ou malaie; la race *rouge* ou américaine; la race *noire* ou éthiopique.

et s'endormit à l'ombre des térébinthes qui répandent une ombre si agréable dans les vallées d'Hébron.

Le voyageur chrétien ne manque pas de faire un pèlerinage au chêne de Mambré. C'est un chêne vert, arbre qui atteint de grandes dimensions dans les climats chauds. Saint Jérôme en parle avec admiration. Sur le même emplacement s'élève un arbre magnifique, ayant plus de dix mètres de circonférence; à trois mètres environ de hauteur, le tronc se divise en trois branches énormes, dont chacune ferait seule un grand arbre. Évidemment ce n'est plus le chêne d'Abraham, qui abrita les anges; mais c'est un rejeton de l'arbre qui prêta son ombrage au patriarche.

Nous ne quitterons pas le pays d'Hébron sans jeter au moins un regard sur les derniers débris d'une pauvre habitation. Trois fugitifs, un vieillard, une jeune femme et un petit enfant y cherchèrent un refuge en chemin vers l'Égypte. Votre cœur vous a fait deviner quelle est cette humble famille : c'est Joseph, Marie et Jésus; le juste craignant Dieu, la douceur virginale, et le Dieu fort caché sous les formes de l'enfance.

La distance d'Hébron à Jérusalem est d'environ vingt-cinq kilomètres; la difficulté des chemins en plusieurs endroits rend la marche lente et pénible : ordinairement on franchit cette distance en huit heures. Des ouvrages de géant rappellent le nom de Salomon. Trois grands bassins, creusés de main d'homme dans le roc vif, suivent la pente de la montagne. Ce sont d'immenses citernes à ciel ouvert, de dimensions différentes, et disposées de manière que les eaux se déversent du bassin supérieur dans le second, et de celui-ci dans le troisième. *Les piscines de Salomon,* non moins que les plus grands ouvrages des Romains, attestent la puissance et le génie d'un monarque illustre. Il faut avoir parcouru l'Orient, où l'eau est rare, et la sécheresse dévorante, pour comprendre l'utilité de ces vastes réservoirs. L'eau y était amenée à l'aide de quantité de rigoles creusées sur le flanc des montagnes, et n'était alimentée par aucune source vive : on n'y recueillait que l'eau du ciel. La piscine supérieure a environ cent trente-quatre mètres de longueur, la seconde, cent quatre-vingt-huit mètres, et la troisième, deux cent six mètres, sur une largeur moyenne de quatre-vingt-quatre mètres, et une profondeur variable de dix à quinze mètres. On a calculé qu'elles pouvaient contenir ensemble quarante-deux millions deux cent trente mille litres d'eau. Un aqueduc, dont des restes considérables subsistent encore, conduisait les eaux jusqu'à Jérusalem. A diverses reprises, le canal fut restauré; mais la barbarie est plus forte pour détruire que la civilisation pour édifier : depuis longtemps il est brisé. Les croisés, mourants de soif, durant le siége de Jérusalem, étaient obligés chaque jour d'envoyer chercher de l'eau aux piscines de Salomon.

A deux cents pas, au nord de la piscine supérieure, est la *fontaine scellée, fons signatus,* dans l'enfoncement d'une caverne. D'énormes pierres en ferment l'entrée, et la fontaine est aussi respectée aujourd'hui qu'à l'époque où Salomon y apposait son sceau royal. On y descend à l'aide d'un escalier d'une douzaine de marches, et on pénètre dans deux grottes voûtées dont les arceaux portent tous les signes d'une extrême antiquité. Du fond s'échappent trois sources abondantes, dont les eaux, conduites au moyen d'un canal taillé dans le roc, tombent dans un bassin voisin de la première piscine. De là elles étaient dirigées vers Jérusalem à l'aide d'un aqueduc qui longeait celui que nous avons mentionné précédemment. Un conduit de dérivation versait les eaux surabondantes dans les piscines de Salomon. On respire une fraîcheur délicieuse auprès de cette source abondante et limpide. La *fontaine scellée* est nommée dans le Cantique des cantiques, et chacun sait que la piété catholique, depuis les premiers âges du christianisme, l'a comptée au nombre des images symboliques de la sainte Vierge.

Non loin de là, d'anciens murs crénelés, probablement du temps des croisades, entourent une enceinte où la tradition rapporte que Salomon avait bâti un palais. Après avoir suivi un chemin aride, à travers des roches nues et calcinées, durant à peu près un kilomètre, le voyageur est surpris tout à coup le plus agréablement du monde. Une charmante vallée s'offre à ses yeux, tout émaillée de fleurs, embaumée des suaves émanations des fleurs et des fruits, remplie d'arbres vigoureux et de plantes sans nombre. Il y distingue le figuier, le pommier, l'oranger, le citronnier et le grenadier : on y recueille du blé, du riz et des légumes. Un ruisseau y entretient une fraîcheur continuelle, et serpente à l'ombre des saules et des arbres amis de l'humidité. C'est le *jardin fermé*, *hortus conclusus*, vanté dans les cantiques de Salomon. Là se rendait chaque jour, de grand matin, le roi, monté sur son char, entouré de ses gardes, et couvert de vêtements blancs, insigne de la dignité royale. Il s'était plu à y réunir les plantes les plus rares et les plus variées : l'odorat et la vue y étaient également flattés. Sous un ciel brûlant, et au centre des montagnes de la Judée, où la sécheresse fut toujours excessive, Salomon possédait un petit éden à la porte de Jérusalem. Depuis bien des siècles, la culture en est fort négligée, et malgré les ravages de la guerre, qui désole trop souvent ce pays, la nature y est constamment parée comme en un jour de fête. Ce vallon fortuné, de deux kilomètres environ de longueur, est entouré de hautes montagnes qui en font littéralement un *jardin fermé*. Ainsi, après tant de siècles, ces vallons racontent la gloire du fils de David, et au voyageur qui admire les larges piscines, les fontaines et les jardins, les habitants du pays crient à haute voix et avec une sorte d'emphase : Salomone !

Sur la colline voisine, des ruines assez considérables et des grottes sépulcrales indiquent l'emplacement de la cité d'Étham. Ce lieu rappelle un souvenir populaire. Samson, après avoir frappé et humilié les Philistins, vivait caché au fond des cavernes d'Étham. Ses ennemis ne pouvaient lui pardonner leurs défaites ; ils trouvèrent des partisans, c'est-à-dire des traîtres, dans les rangs des Israélites. Redoutant sa force et sa vengeance, trois mille hommes de la tribu de Juda, infidèles à l'honneur et à la patrie, se réunirent pour surprendre et pour livrer celui que Dieu avait établi le libérateur de son peuple. Samson, lié de grosses cordes, fut conduit vers les Philistins. Mais à la vue de ses adversaires, animé d'une énergie surnaturelle, le héros frémit et brise ses liens. Ses yeux lancent des éclairs, son sang bouillonne dans ses veines. Mais comment lutter sans armes contre des ennemis nombreux et préparés au combat? Il saisit à terre une mâchoire d'âne, et à l'aide de cette arme de nouvelle espèce, plus terrible qu'un lion, il tue mille Philistins. Non loin du champ de carnage coule la fontaine *Lechi*, ou *de la Mâchoire*, où le vainqueur vint se désaltérer.

Nous nous dirigeons vers Jérusalem par un chemin difficile, que la tradition appelle *la voie de Salomon*. Le chemin ordinaire passe à Bethléem. Au prix de quelques fatigues, nous gagnons plusieurs heures : nous avons hâte de saluer la ville sainte et de nous prosterner au tombeau de Jésus-Christ. La vigne et le figuier couvrent çà et là le penchant des collines. Des bouquets d'oliviers mêlent leur pâle verdure à la teinte rougeâtre des coteaux. Enfin, au delà d'une dernière montagne, apparaît Jérusalem!

CHAPITRE IV

JÉRUSALEM

AUTHENTICITÉ DES SANCTUAIRES CHRÉTIENS

E n entrant à Jérusalem, nous étions tellement absorbés dans les souvenirs et les impressions que la vue des Saints Lieux éveille au fond des cœurs chrétiens, que nous ne songions pas à regarder les rues que nous avions à traverser pour arriver au couvent des Pères de Terre-Sainte. Nous touchions enfin au terme tant désiré de notre pèlerinage. Il nous était donné de marcher sur ce sol foulé jadis par les pieds des patriarches, des prophètes, des apôtres et de Jésus-Christ. Encore quelques instants et nous aurons le bonheur de nous agenouiller à l'endroit même où fut plantée la croix du Rédempteur, sur cette terre arrosée de son sang; nous irons prier dans cette grotte pleine de mystères, témoin des humiliations d'un Dieu victime de la mort, et des gloires de ce même Dieu vainqueur du trépas, ressuscitant par sa propre vertu, trois jours après le supplice du Calvaire. L'Europe autrefois s'émut et se mit en armes pour faire la conquête de ce *tombeau glorieux*, et l'arracher aux mains des infidèles. Ces rues sombres et étroites virent passer les phalanges de la croisade; des milliers de pèlerins les ont parcourues avant nous; des pèlerins sans nombre les traverseront encore. Qui sait si un jour Dieu, touché des larmes et des soupirs de ses serviteurs, ne rendra pas aux chrétiens cette ville sanctifiée par les travaux, les prédications et les souffrances de son Fils!

Le jour commence à baisser lorsque nous franchissons le seuil du monastère; c'était au milieu du mois de mars. Bientôt une obscurité profonde nous environne; nous distinguons à peine les bâtiments de l'église du Saint-Sépulcre. Les Pères Franciscains nous accueillent avec une bienveillance toute fraternelle. A ces témoignages touchants et empressés nous reconnaissons les disciples de saint François d'Assise qui nous ont accordé, il y a quelques mois, une hospitalité vraiment chrétienne en Égypte, au Caire, et jusque dans les régions brûlantes voisines de l'Abyssinie.

Quelles pensées viennent assaillir l'esprit, et quels tableaux viennent se peindre dans l'imagination, la première nuit que l'on passe à Jérusalem! Malgré les fatigues d'un long voyage, le sommeil ne peut clore les yeux ni engourdir la mémoire, tant le cœur est vivement ému. A quelques pas de la pauvre cellule que la charité monastique vient d'ouvrir au pèlerin, s'opérèrent les mystères les plus redoutables et les plus consolants à la fois !

Les Franciscains, dans leurs résidences de Syrie, d'Égypte et de tout le Levant, se montrent constamment et partout les dignes héritiers de la foi, de la piété, du zèle évangélique et des vertus de leur saint fondateur. Aucune difficulté n'effraie leur courage, aucun obstacle n'arrête leur dévouement, aucune barrière n'est aussi durable que leur persévérance. La persécution, les souffrances, les privations, les outrages ne sauraient refroidir leur pieuse ardeur : beaucoup de leurs frères ont été assez heureux pour cueillir la palme du martyre. Le Gardien est un modèle des vertus chrétiennes et monastiques : simplicité, douceur, humilité, patience inaltérable, obligeance toujours gracieuse, foi vive et agissante, sérénité qu'aucun nuage ne vient troubler. Depuis la bulle de Grégoire IX, en 1230, qui leur confie la garde et le soin des Saints-Lieux, les Frères-Mineurs ont été fidèles à leur poste. Leur histoire est la même que celle des vénérables sanctuaires qu'ils n'ont jamais abandonnés. Leurs jours de triomphe ou de revers sont communs. Les uns en même temps que les autres souffrirent les insultes et les violences des fanatiques auxquels la Providence, dans ses décrets impénétrables, a livré la possession de cette contrée. Leur conduite serait propre à exercer la plus heureuse influence sur l'esprit des hérétiques et des schismatiques qui accourent à Jérusalem de tous les pays du monde, et même sur les infidèles, si les préjugés leur permettaient d'ouvrir les yeux et de comprendre les salutaires enseignements du catholicisme.

Les portes de l'église du Saint-Sépulcre ne s'ouvrent ordinairement que vers cinq à six heures du matin. Parfois, cédant à leur caprice, et comme pour faire sentir le joug aux chrétiens, les Turcs, qui en sont les maîtres, les laissent assez longtemps fermées; mais chez eux l'amour de l'argent triomphe du mauvais vouloir. Comme ils perçoivent un tribut des chrétiens qui pénètrent dans l'enceinte sacrée, ils ne tardent guère à les ouvrir, surtout à l'époque des pèlerinages et à l'approche de la semaine sainte. Nous courons avec empressement vers cet auguste sanctuaire; nous jetons, sans y regarder, dans la main des musulmans, l'impôt qu'ils réclament; et nous nous prosternons le front contre terre, dans ce lieu sanctifié par les souffrances et la mort de Jésus-Christ. Un cœur chrétien resterait-il froid en présence des souvenirs du Calvaire et du Tombeau? Les larmes coulaient malgré nous : douces larmes, expression d'un sentiment indéfinissable. Jamais prières ne furent plus consolantes. Ici on vient puiser cette force chrétienne qui fait regarder l'accomplissement du devoir comme la première condition du bonheur ici-bas, inspire le mépris des choses terrestres et périssables, excite la charité envers le prochain, donne naissance aux œuvres de miséricorde, produit l'indulgence envers tous les hommes et exalte le dévouement. La foi entr'ouvre le ciel et nous montre le terme de nos espérances. Pour le chrétien, la croix est l'emblème du sacrifice et l'étendard du vrai progrès. Il n'y a pas en effet de progrès véritable pour celui qui ne crucifie pas ses mauvaises inclinations, c'est-à-dire qui ne triomphe pas de ses passions déréglées pour acquérir la perfection morale. Quel est le chrétien qui, dans un moment de fervente prière et d'oubli du monde, n'a pas éprouvé d'une manière que notre parole serait impuissante à exprimer, cette pieuse ardeur et ces élancements de l'âme vers Dieu? Quel est celui qui n'a pas eu l'assurance alors que sa demande était exaucée? Dans une prière commune, nous embrassions nos parents, nos bienfaiteurs et nos amis. Nous adressions des vœux pour la France, cette contrée vers laquelle tous les catholiques d'Orient tournent leurs yeux et leurs espérances, comme vers leur protectrice et leur plus ferme appui.

Le temps coulait avec rapidité pendant que nous étions plongé dans nos méditations. Il fallut rentrer au monastère, après avoir jeté un coup d'œil sur l'ensemble de l'édifice. Plus d'un voyageur sceptique, les protestants surtout, ont mis en doute l'authenticité des Lieux-Saints. Les ennemis de la tradition catholique pouvaient-ils renoncer à leurs habitudes de négation devant ces monuments vénérables de la foi chrétienne? Mais la Providence a voulu, pour la consolation des fidèles, que les obscurs souterrains des catacombes de Rome gardassent fidèlement les traces ineffaçables des croyances et des pratiques de l'Église naissante, pour la confusion des hérétiques modernes, et que les traditions de la Palestine fussent entourées de preuves plus solides et plus nombreuses qu'aucun autre fait historique du monde.

Il est infiniment pénible au pèlerin catholique qui visite ces saints lieux d'être continuellement armé contre le doute, l'incrédulité et la discussion, au lieu de s'abandonner tout entier aux douces impressions de son âme; comme le voyageur qui parcourt le désert, il doit porter cent fois la main à ses armes pour repousser les attaques incessantes des ennemis qui l'entourent. Les débris de vingt peuples, qui n'ont jamais quitté la ville sainte, se disputent depuis bientôt deux mille ans la possession d'un tombeau[1]. Leur témoignage a plus de poids que les doutes de quelques voyageurs venus d'Occident qui vont vite, étudient peu, examinent légèrement, et savent à peine bégayer les langues de l'Orient.

« Les premiers voyageurs, dit M. de Chateaubriand, étaient bien heureux; ils n'étaient point obligés d'entrer dans toutes ces critiques : premièrement, parce qu'ils trouvaient dans leurs lectures la religion qui ne dispute jamais avec la vérité; secondement, parce que tout le monde était persuadé que le seul moyen de voir un pays tel qu'il est, c'est de le voir avec ses traditions et ses souvenirs. C'est en effet la Bible et l'Évangile à la main que l'on doit parcourir la Terre-Sainte. Si l'on veut y porter un esprit de contention et de chicane, la Judée ne vaut pas la peine qu'on l'aille chercher si loin. Que dirait-on d'un homme qui, parcourant la Grèce et l'Italie, ne s'occuperait qu'à contredire Homère

---

[1] Mgr Mislin. *Les Saints Lieux*, tom. II, p. 220.

et Virgile? Voilà pourtant comme on voyage aujourd'hui : effet sensible de notre amour-propre, qui veut nous faire passer pour habiles en nous rendant dédaigneux[1]. »

Depuis l'ascension du Sauveur jusqu'au moment où nous traçons ces lignes, les chrétiens n'abandonnèrent jamais Jérusalem. Au moment où Titus s'emparait de cette ville et détruisait le Temple, Eusèbe nous apprend que les fidèles, sous la conduite de Siméon, leur évêque, se retirèrent au delà du Jourdain, afin de laisser passer la colère de Dieu et *ces jours mauvais* prédits par Jésus-Christ. Jusqu'au règne d'Adrien, trente évêques se succédèrent sur le siége de Jérusalem : tous étaient Juifs d'origine, connaissant bien, par conséquent, leur pays et les monuments qui en font la gloire. Que ces évêques et que les fidèles juifs comme eux aient pu perdre le souvenir de l'emplacement du Golgotha, du jardin de Joseph d'Arimathie, de la grotte de Gethsémani, des traces douloureuses de la passion de Jésus-Christ, il serait absurde de le supposer. Ignore-t-on que les ruines du Temple, fumantes encore, couvraient le mont Moriah; que des pans de muraille laissés debout par Titus, *comme un monument d'épouvante pour la postérité,* devaient les diriger dans leurs recherches, si toutefois ils avaient pu hésiter un seul instant? Qui croira que des hommes toujours prêts à verser leur sang pour la foi chrétienne, n'aient eu nul souci de garder les traces sacrées du Sauveur

---

[1] *Itinéraire de Paris à Jérusalem.*

et aient oublié si vite le chemin du Calvaire et du Sépulcre ?

Lorsque l'empereur Adrien, en 134, voulut détourner les chrétiens de fréquenter des lieux si vénérables, et qu'il y fit dresser les statues de Jupiter et de Vénus, il constatait par cela même la véritable place que la piété ne devait pas tarder à reconnaître et à purifier. Les idoles d'Adrien tombèrent; Constantin et sainte Hélène, sa mère, bâtirent les monuments qui, restaurés, augmentés, reconstruits, sont arrivés jusqu'à nous à travers les siècles. Ainsi la jalouse impiété des tyrans a servi elle-même à conserver des souvenirs que la religion devait rendre impérissables.

La seule objection spécieuse contre l'authenticité des Saints-Lieux était fondée sur l'emplacement de l'église du Saint-Sépulcre, située dans l'enceinte de la ville actuelle de Jérusalem; tandis que l'Évangile et tous les documents de l'histoire nous apprennent que les exécutions capitales et les sépultures devaient avoir lieu hors des murailles. Cette difficulté devait bientôt s'évanouir. Prise et ruinée plusieurs fois, la ville s'est déplacée. Des recherches savantes ont confirmé ce fait, et en ces derniers temps des découvertes dues à l'archéologie ont mis à découvert les restes des murailles primitives, en dehors desquelles se trouve le Calvaire. « La tradition sur l'emplacement du saint Sépulcre me paraît digne de foi, et l'église du Saint-Sépulcre marque la place qui s'appelait Golgotha. » Tel est le sentiment d'un auteur protestant, Schultz, consul de Prusse à Jérusalem.

Les musulmans eux-mêmes ont toujours été d'accord avec les chrétiens sur l'authenticité de nos sanctuaires. Nous ne pouvons résister au désir de citer un passage de l'historien arabe Emad-Eddin, tiré de la *Bibliothèque des Croisades*[1]. Cet auteur raconte la prise de Jérusalem par Saladin, en 1187, et nous montre les chrétiens forcés d'abandonner la cité sainte. Les larmes, dit-il, coulaient de leurs yeux *comme les pluies descendent des nuages.* « Quelques zélés musulmans, continue l'historien, avaient conseillé à Saladin de détruire cette église (du Saint-Sépulcre), prétendant qu'une fois que le tombeau de Jésus serait comblé et que la charrue aurait passé sur le sol de l'église, il n'y aurait plus de motif pour les chrétiens d'y venir en pèlerinage; mais d'autres jugèrent plus convenable d'épargner ce monument religieux, parce que ce n'était pas l'église, mais le Calvaire et le tombeau qui excitaient la dévotion des chrétiens, et que lors même que la terre eût été jointe au ciel, les nations chrétiennes n'auraient pas cessé d'affluer à Jérusalem. Ils firent observer que lorsque le calife Omar, dans le premier siècle de l'islamisme, se rendit maître de la ville sainte, il permit aux chrétiens d'y demeurer, et respecta l'église du Saint-Sépulcre. »

Il faut convenir d'ailleurs que défendre l'authenticité des sanctuaires de Jérusalem est une question purement historique, et que la religion n'y est pas autrement intéressée. Nous allons vénérer à Jérusalem, non pas une froide pierre, mais les vestiges de celui qui

---

[1] IVe partie, p. 214.

est venu sauver et régénérer le monde. Les montagnes de la Judée parlent assez haut et un langage assez éloquent à celui qui a des oreilles pour entendre et un cœur pour sentir. Ne savons-nous pas que sur les sommets qui dominent ces ruines et ces rues désolées fut consommé le grand sacrifice?

Dès que la religion chrétienne, longtemps persécutée, put respirer en paix sous le règne réparateur de Constantin, Jérusalem, dont le nom même était effacé par celui d'Ælia, que lui avait imposé l'empereur Adrien, reprit une certaine splendeur. On devine aisément que les saints Lieux en furent la cause. Un prince chrétien pouvait-il souffrir que le Calvaire et le tombeau de Jésus-Christ fussent déshonorés par les superstitions idolâtriques? Le temps des impures idoles était enfin passé; leurs temples s'écroulaient dans toutes les provinces de l'empire.

« L'empereur, dit Eusèbe de Césarée, ordonna que les édifices consacrés au culte des démons fussent démolis et que les débris en fussent dispersés. Il voulut même qu'on emportât au loin la terre souillée par des libations et des sacrifices impies. Cet ouvrage s'exécuta avec le plus vif empressement. Quelles ne furent pas la surprise et la joie de tous en voyant reparaître le très-saint et très-auguste Tombeau d'où le Sauveur sortit glorieux et ressuscité [1]! »

En même temps Constantin écrit à Macaire, évêque de Jérusalem, une lettre qui nous a été conservée par

---

[1] Euseb. *Vita Constantini*, lib. III.

l'historien de ce prince, dans laquelle il lui annonce le projet d'ériger un temple magnifique au-dessus du saint Sépulcre. Il le charge en même temps de veiller à ce que *ces édifices surpassent en grandeur et en beauté tout ce qu'il y a de plus grand et de plus beau dans le reste du monde.* Dracilien, gouverneur de la province, reçoit ordre de réunir les ouvriers les plus habiles, de fournir les sommes nécessaires à la dépense et d'envoyer à Jérusalem les colonnes, les marbres les plus rares et les ornements les plus précieux.

Les desseins de l'empereur furent mis à exécution sur-le-champ, et pour manifester aux yeux de l'univers quelle importance on attachait à la construction de cette basilique, la pieuse mère du prince, sainte Hélène, quoique âgée alors de quatre-vingts ans, se rendit sur les lieux et pressa les travaux avec le plus grand zèle. Rien ne fut épargné. Les matériaux de prix, les pierres, le marbre, le bois de cèdre, le bronze, l'argent et l'or furent prodigués. Le travail se continuait le jour et la nuit au chant des cantiques sacrés. L'évêque de Jérusalem encourageait sans cesse les ouvriers, tous chrétiens, tous animés des mêmes sentiments. La pieuse impératrice répandait des largesses à pleines mains, désirant voir promptement achevée une entreprise à laquelle elle portait le plus vif intérêt. Jamais palais des princes de la terre ne fut bâti avec autant d'enthousiasme que la basilique du Saint-Sépulcre. Les fidèles en suivaient le progrès avec une sorte de sollicitude. Après une si longue attente et de si pénibles humiliations, ils voyaient enfin se réaliser la prédiction du prophète Isaïe annonçant que le sépulcre du Sauveur serait environné de gloire : *Et sepulcrum ejus erit gloriosum.*

Enfin, l'an 335, on célébra la dédicace de ce temple auguste. On le salua du titre de *Martyrium*, TÉMOIGNAGE, parce que ce lieu portait véritablement *témoignage* à la divinité de Jésus-Christ et de la religion qu'il est venu établir sur la terre. « Ce temple, dit saint Cyrille, douze ans après sa consécration, ne porte pas le nom d'église comme les autres; mais il est appelé Témoignage, selon l'accomplissement des prophéties[1]. » Six années entières avaient été employées à la construction, et la cérémonie de la dédicace s'accomplit au milieu d'un concours extraordinaire d'évêques et de fidèles, accourus de tous les pays voisins. Les écrivains contemporains nous ont transmis à ce sujet des récits où se peignent leurs sentiments d'admiration et de reconnaissance. Les évêques furent reçus à Jérusalem, par Marien, aux frais du trésor public. Tout fut digne de la piété et de la munificence impériales. On distribua aux pauvres d'abondantes aumônes. L'autel parut orné de riches tentures, de meubles précieux, où reluisaient l'or et l'argent, où étincelaient les pierreries. Quelques-uns des présents offerts par Constantin étaient encore l'objet de l'admiration plusieurs siècles après. La cérémonie fut relevée en outre par plusieurs discours pompeux, où les orateurs expliquèrent les Écritures, sans omettre les louanges du prince auquel on devait

---

[1] S. Cyrillus, *Cateches*. XVI.

toutes ces magnificences. La dédicace de ce temple dura huit jours, mais les cantiques sacrés qu'on fera retentir sous ces voûtes n'auront plus de fin.

Les historiens du temps ont décrit la basilique de la Résurrection : nous leur emprunterons les principaux traits de leur récit, résumés par l'auteur de *l'Histoire générale de l'Église*[1]. La grotte du tombeau fut entourée de colonnes élégantes et enrichie d'ornements précieux. Avant de pénétrer dans l'enceinte sacrée, il fallait passer du portique en un vaste parvis, bordé sur trois côtés de larges galeries, et terminé à l'orient par la façade du temple. Chacun admirait les nobles proportions de l'édifice et la somptuosité des décorations. Au premier aspect, on comprenait que la puissance impériale ne s'était pas proposé en vain d'ériger un magnifique monument. Aucune dépense n'y fut épargnée, et les artistes les plus renommés y mirent la main. L'intérieur était incrusté des marbres les plus variés et les plus rares. L'extérieur était bâti en pierres taillées et jointes avec tant d'artifice, que la perfection du travail causait autant de surprise que le choix des matériaux. La voûte était formée d'un lambris en bois de cèdre sculpté et resplendissant de dorures. Les bas côtés formaient deux galeries à double étage, dont les plafonds étaient également enrichis d'or. Trois portes s'ouvraient sur le parvis. Après avoir franchi le seuil de la basilique, on voyait une colonnade en demi-cercle, composée de douze hautes colonnes, dont chacune portait l'image

---

[1] Vid. *Les plus belles Églises du monde*, p. 8.

d'un des Apôtres, et dont les chapiteaux étaient ornés de grandes coupes d'argent : c'était le sanctuaire. A l'autre extrémité des bâtiments, en deçà des parvis et du portique, régnait une avant-cour accompagnée de deux galeries latérales. On y entrait par une première porte donnant sur la place publique, où se tenait le marché. De là le regard plongeait jusque dans la profondeur du sanctuaire, à travers mille ornements qui brillaient du plus vif éclat; personne ne contemplait cette perspective enchantée sans éprouver un saisissement religieux qui approchait du ravissement.

Autour de cette basilique, que les écrivains ecclésiastiques des âges postérieurs appellent encore le lieu de la Passion, le Golgotha, le Saint-Sépulcre, l'église de Sainte-Croix, le monument de la Résurrection, une nouvelle ville ne tarda pas à s'élever : le nom de Jérusalem fut remis en honneur et celui d'*Ælia Capitolina* ne tarda pas à tomber : on en retrouve néanmoins quelques traces encore aujourd'hui parmi les tribus arabes, qui désignent parfois Jérusalem sous le nom d'*Ilia*. Il est impossible maintenant de se faire une juste idée de l'enthousiasme qui transportait les populations chrétiennes de la Syrie. Qu'on songe aux longues années de proscription qui avaient affligé le nouveau peuple de Dieu, qu'on mette en regard les triomphes de la croix, et l'on pourra se figurer l'étonnement et l'allégresse qu'ils ressentirent. A partir de cette époque, Constantin défendit que la croix servît d'instrument de supplice : la croix devait rester à jamais l'emblème du salut des hommes!

Dans les fouilles qui furent faites autour du Calvaire, sainte Hélène trouva la vraie croix au fond d'une grotte faisant jadis partie d'une carrière abandonnée. On découvrit en même temps le titre, la lance et les clous ; mais l'incertitude était extrême, parce que les croix des larrons étaient enterrées au même endroit. Comme on sait, les Juifs avaient coutume de mettre en terre les instruments employés au supplice des criminels[1]. Sainte Hélène consulta l'évêque Macaire, qui ordonna des prières publiques. Enfin, dans un élan de foi, qui devait avoir bientôt sa récompense, l'évêque de Jérusalem eut recours à la toute-puissance de Dieu pour reconnaître la vraie croix. Nous emprunterons le récit du prodige à un historien contemporain.

« En ce temps-là, dit Rufin, il y avait à Jérusalem une femme de qualité, connue de la ville entière, et réduite à l'extrémité par une violente maladie. L'évêque et l'impératrice se dirigèrent vers sa maison, accompagnés d'une grande multitude de peuple. Macaire se mit à genoux près du lit de la malade et s'écria : « Dieu puissant, qui avez daigné sauver le genre humain par le supplice de la croix, enduré par votre Fils unique, et qui avez allumé dans le cœur de votre servante l'ardent désir de retrouver l'instrument sacré auquel le salut du monde a été suspendu, faites-nous connaître d'une manière évidente laquelle de ces trois croix a

---

[1] Lapis quo quis lapidatur, lignum in quo suspenditur, gladius quo decollatur, et sudarium quo strangulatur, simul cum eo (vel prope eum) sepelitur.

servi au triomphe du Sauveur, et permettez que cette femme, que les douleurs de l'agonie retiennent ici couchée sur son lit de souffrance, revienne à la vie des portes de la mort, aussitôt que le bois salutaire l'aura touchée[1]. »

Les croix furent successivement approchées de la malade. A l'attouchement de la dernière, elle fut guérie sur-le-champ et se trouva assez forte pour se joindre au pieux cortége, louant et glorifiant le Seigneur, qui avait daigné manifester sa vertu en sa personne. Les chrétiens, comme les disciples au temps de la vie mortelle de Jésus, bénissaient Dieu et chantaient sa miséricorde.

L'impératrice partagea le bois de la vraie croix en plusieurs fragments. Le plus considérable fut déposé dans la basilique du Saint-Sépulcre ; un autre fut envoyé à Constantinople, où l'empereur le reçut avec tous les signes du respect et de la piété; le troisième fut destiné à Rome, et placé dans l'église que cette pieuse princesse y fonda sous le nom de *Sainte-Croix en Jérusalem*, où elle existe encore aujourd'hui, ainsi que le titre qui avait été attaché au sommet de la croix du Sauveur.

Le monument de la piété impériale subsista plusieurs siècles dans toute sa magnificence, visité de nombreux pèlerins. En 614, Chosroës, roi des Perses, à la tête d'une nombreuse armée, augmentée de vingt-six mille Juifs, ne respirant que la haine du nom chrétien, s'empara de la ville de Jérusalem. On dit que quatre-

---

[1] Rufinus, *Addit. ad Hist. Eusebii*, cap. III.

vingt-dix mille chrétiens perdirent la vie en cette occasion. L'église du Saint-Sépulcre fut pillée et profanée ; la vraie croix fut emportée par les vainqueurs, et le patriarche Zacharie emmené en captivité. Quatorze ans plus tard, l'empereur Héraclius fit replacer la croix dans son sanctuaire.

Ces calamités n'abattirent pas le courage des fidèles. Modeste, d'abord abbé du couvent de Théodose, ensuite successeur de Zacharie, sur le siége patriarcal de Jérusalem, entreprit de restaurer l'église du Saint-Sépulcre. Il ne s'adressa pas en vain à la générosité des chrétiens de la Palestine. Les aumônes furent abondantes. Dès que le patriarche d'Alexandrie eut appris qu'on se disposait à entreprendre ce noble travail, avec une munificence toute princière, il envoya mille ouvriers à ses frais avec des sommes considérables, exprimant ses regrets de ne pouvoir mettre lui-même la main à l'exécution de ce saint ouvrage.

En 637, le calife Omar se rendit maître de Jérusalem. Il laissa aux chrétiens l'exercice de leur culte ; mais l'histoire nous apprend qu'à partir de cette époque, les chrétiens eurent à souffrir mille avanies de la part des musulmans. Deux fois le feu fut mis à l'église du Saint-Sépulcre ; le patriarche Jean périt dans un de ces incendies. Le calife Hakem, au commencement du xie siècle, à l'instigation des Juifs, fit dévaster la basilique. Mais nous sommes à la veille de voir les saints Lieux retomber en la possession de mains chrétiennes. Le xie siècle ne finira pas avant que les croisés fassent flotter sur les murs de Jérusalem leurs étendards victorieux. Ce fut le 15 juillet 1099 que les croisés s'emparèrent de la ville sainte; au milieu des rues on entendait retentir ces paroles du prophète Isaïe : *Vous qui aimez Jérusalem, réjouissez-vous avec elle!*

Hélas! un siècle ne s'était pas écoulé, et les chrétiens étaient forcés d'abandonner la Terre-Sainte. Depuis lors, le Saint-Sépulcre fut dévasté et restauré à diverses reprises. L'ensemble du monument resta le même jusqu'à l'année 1808, que les Grecs, dans leur jalousie insensée contre les Latins, y mirent le feu au milieu de la nuit du 11 au 12 octobre. La coupole et les lambris, en bois de cèdre, furent consumés, et plusieurs chapelles perdirent leurs ornements. A la faveur de l'incendie, les tombes de Godefroi de Bouillon et de Baudouin, les héros de la croisade, furent profanées et détruites. Mais ce crime ne profita pas aux coupables, comme ils l'avaient espéré. « On sait, dit M. Eugène Boré, comment l'incendie dévora toute la partie du temple occupée par ces audacieux profanateurs, et comment il respecta, à la grande admiration de tous, les autres parties appartenant à nos religieux surpris et consternés; on eût dit d'un jugement du feu, ménagé par le Christ, sur les légitimes gardiens de son tombeau [1]. »

---

[1] E. Boré, *Question des Lieux saints.*

LE SAINT-SÉPULCRE (VUE EXTÉRIEURE).

CHAPITRE V

JÉRUSALEM

LE SAINT-SÉPULCRE

E vaste monument qui recouvre aujourd'hui le tombeau du Sauveur est composé en réalité de trois églises : celle du Saint-Sépulcre, celle du Calvaire et celle de l'Invention de la Sainte-Croix. Ces trois édifices, longtemps séparés, furent réunis sous un toit commun à l'époque des croisades, grâce à des travaux assez considérables. Ainsi s'explique l'irrégularité du plan. L'œil cependant y reconnaît sans peine la forme générale de la croix latine, avec deux absides, l'une à l'occident, où se trouve le saint tombeau, recouvert de la grande coupole, et entouré de chapelles; l'autre à l'orient, précédée de l'ancien chœur des chanoines du Saint-Sépulcre, et s'ouvrant par cinq arcades, autour de l'autel appelé le *Saint des saints*. Un déambulatoire accompagne cette abside, et donne accès à trois petites chapelles semi-circulaires. On reconnaît ici la main des croisés et l'influence latine. Cette disposition de l'abside orientale rappelle la forme de toutes nos églises françaises du xiie siècle; il n'y a pas jusqu'à l'existence des trois chapelles absidales qui ne nous reporte vers nos constructions religieuses, au moment où l'ogive commençait à se montrer à côté du plein cintre.

L'examen attentif du plan général de l'église du Saint-Sépulcre donne l'explication d'une disposition que nous avons observée plus d'une fois dans des édifices de la plus grande importance en France et en Allemagne, sans en connaître l'origine. Citons seulement les cathédrales de Nevers, de Besançon, de Verdun, de Worms et de Mayence. Ces beaux édifices furent fondés dans le cours du xiie siècle, et, d'après le modèle du Saint-Sépulcre, ils présentent deux absides aux extrémités du vaisseau principal. L'architecte a voulu consacrer ainsi le souvenir des grands voyages d'outre-mer. En étudiant l'histoire particulière des églises que nous venons de nommer, on reconnaîtra sans doute les évêques ou les personnages qui, de retour de la Palestine, auront commandé ces magnifiques ouvrages et introduit en Occident une forme d'architecture qui avait vivement ému leur imagination sur les saints Lieux.

Le chœur des chanoines appartient aujourd'hui aux Grecs, qui l'appellent Catholicon. Il est surmonté d'une coupole dont le centre passe à leurs yeux pour être celui de la terre. Cette croyance, du reste, est ancienne, et chez les chrétiens d'Orient, c'est une opinion depuis longtemps accréditée que Jérusalem est au centre de la terre, et que le Calvaire forme le point précis de ce centre. Ils auraient raison, si, au lieu d'attacher à certaines expressions des livres saints une signification grossière, ils y attachaient seulement un sens mystique et moral. Le Calvaire, en effet, est le point vers lequel toutes les nations tournent leurs regards : là s'est opéré le salut du genre humain. La croix est le terme de l'ancien monde et le point de départ d'un monde nouveau. Les popes grecs de Jérusalem, possédant à peine les connaissances géographiques de leurs compatriotes au temps du voyage fameux des Argonautes, ont placé un petit globe au milieu du chœur de l'église, et ils le font voir aux pèlerins, moyennant finance; ils l'appellent le *nombril de la terre*. Il n'est guère de voyageur qui ne se procure la satisfaction de regarder *in umbilico terræ;* nous n'avons pas regretté les quelques pièces de monnaie que nous avions à payer.

Non loin de la porte principale, ouverte au midi, et à l'entrée du bas côté méridional, se trouvent les degrés qui mènent au Calvaire. Cette seconde église est pour ainsi dire à deux étages. Le rez-de-chaussée forme la chapelle d'Adam : au viiie siècle, au temps du pèlerinage de l'évêque Arculfe, on y célébrait l'office des morts. A l'entrée de cette chapelle, on voyait, avant le funeste incendie de 1808, les tombeaux des rois chrétiens, notamment ceux de Godefroi de Bouillon et de Baudouin, son frère. Ces vaillants chevaliers, auxquels leur bravoure et leur sagesse méritèrent la couronne du royaume chrétien de Jérusalem, dormaient sous une simple pierre, à quelques pas du saint Sépulcre, dont ils semblaient encore les gardiens. Godefroi de Bouillon est le premier qui reçut cet honneur, et qui fut enseveli à l'intérieur de l'église. L'historien des croisades, Guillaume de Tyr, rapporte ce fait avec une simplicité pleine de grandeur : *Sepultus est vero in ecclesia dominici Sepulcri, sub loco Calvariæ ubi passus est Dominus.* Son tombeau était surmonté d'une pierre tombale prismatique, portée sur quatre petites colonnes, dans le genre de celles que les archéologues ont signalées assez fréquemment dans nos églises françaises du xiie siècle [1]. Sur un des côtés de la pierre on avait gravé l'épitaphe suivante :

HIC JACET INCLYTUS DUX GODEFRIDUS DE BULION
QUI TOTAM TERRAM ISTAM
ACQUISIVIT CULTUI CHRISTIANO ;
CUIUS ANIMA REGNET CUM CHRISTO. AMEN.

« Ici repose le célèbre duc Godefroi de Bouillon, qui acquit toute cette contrée à la religion chrétienne; que son âme règne avec Jésus-Christ. »

Sur le tombeau de Baudouin on lisait cette inscription.

REX BALDUINUS, JUDAS ALTER MACHABEUS,
SPES PATRIÆ, VIGOR ECCLESIÆ, VIRTUS UTRIUSQUE,
QUEM FORMIDABANT, CUI DONA TRIBUTA FEREBANT
CEDAR ET ÆGYPTUS, DAN AC HOMICIDA DAMASCUS,
PROH DOLOR ! IN MODICO CLAUDITUR HOC TUMULO.

---

[1] Voyez *Abécédaire ou Rudiments d'Archéologie*, par M. de Caumont, tome I, p. 157.

« Le roi Baudouin, autre Judas Machabée, espoir de la patrie, appui de l'Église, vaillant soutien de l'une et de l'autre, devant lequel tremblaient en lui payant tribut, Cédar et l'Égypte, Dan et l'homicide Damas, hélas! est enfermé dans cet étroit tombeau. »

A côté des deux héros gisent Baudouin II, Foulques d'Anjou, Baudouin III, Amaury, Baudouin IV et Baudouin V. « Ces cendres sont des cendres françaises, dit M. de Chateaubriand, et les seules qui soient ensevelies à l'ombre du tombeau de Jésus-Christ. Quel titre d'honneur pour ma patrie [1]! »

Pourquoi ces tombeaux ne seraient-ils pas relevés à l'endroit où on les a vus durant sept siècles? L'Europe, en payant ce dernier tribut d'admiration à leur gloire, trouverait ainsi l'occasion de stigmatiser la conduite des schismatiques; les Grecs n'ont pas rougi de porter une main sacrilége sur le monument de ces princes, dont la mémoire a toujours été respectée même de leurs ennemis. Le sentiment chrétien recevrait une juste satisfaction.

Les rois chrétiens recevaient la couronne au saint Sépulcre; ils allaient ensuite l'offrir à Dieu sur le Calvaire : coutume bien digne des sentiments de ce prince chevaleresque qui ne voulait pas porter une couronne d'or sur sa tête en un lieu où Jésus-Christ avait eu son chef couronné d'épines. « Costume est en Hiérusalem, dit le continuateur de Guillaume de Tyr, quant le roi

---

[1] *Itinéraire de Paris à Jérusalem.*

prent corone au Sepulcre, il la porte en son chief de ci au temple ou Iesucrist fut offert: la si offre sa corone. »

La tradition des Juifs, aussi difficile à combattre qu'à prouver en ce point, veut que le Calvaire ait été le lieu de la sépulture d'Adam. Les premiers Pères de l'Église se sont rendus l'écho de cette croyance. Nous citerons ici un passage seulement emprunté à saint Basile. « On conserve dans l'Église, dit-il, une antique tradition qui nous apprend que l'ancienne Judée fut habitée par Adam; le premier homme et le premier pécheur s'y réfugia au sortir du paradis de délices, afin d'adoucir un peu la perte des biens dont il venait d'être privé. Ce fut aussi la Judée qui reçut la dépouille mortelle du premier homme, après qu'il eut satisfait pleinement à la sentence de condamnation portée contre lui. Sa tête fut ensevelie en un lieu qu'on appela naturellement *Cranion*, ou *Calvaire* (ou le lieu du Crâne), parce que ce fait dut nécessairement frapper très-vivement les hommes de cette époque. Noé n'ignorait pas où était le tombeau du chef et du père du genre humain. Cette tradition, grâce à lui, se répandit partout. Ce fut là, sur le lieu du Calvaire, que notre Seigneur souffrit pour frapper la mort dans son origine même [1]. — « Le sang du Christ, ajoute saint Épiphane, coula sur le tombeau du premier homme pour lui procurer, ainsi qu'à toute sa race, l'espérance de la vie éternelle [2]. »

---

[1] S. Basil. *in Isaiam*, cap. xv.

[2] Epiphan. *Pana.* xlvi. — Cfr. Origen. *Tractat.* xxxv *in Matth.* — S. Ambros. *ad Luc.* xxiii. — S. Aug. *Sermo* lxxi *de Tempore*.

On monte au Calvaire à l'aide d'escaliers assez escarpés, qui ont de douze à dix-huit marches. Plusieurs des degrés, comme ceux de la *Scala-Santa*, à Rome, ont été usés sous les genoux des pèlerins. La plate-forme a environ quinze mètres carrés; elle est divisée en deux parties, formant deux chapelles, l'une où Jésus fut attaché à l'arbre de la croix; l'autre où la croix fut plantée. A côté du Calvaire, et en dehors de ces deux sanctuaires, est la chapelle de *Notre-Dame des Douleurs*. La sainte Vierge se tenait en cet endroit, avec saint Jean et les saintes femmes, tandis que l'on crucifiait le Sauveur. Près de l'excavation pratiquée dans le rocher pour recevoir le pied de la croix, commence une fissure large et profonde, qui se continue jusqu'au bas du Calvaire. Suivant la tradition, c'est un des rochers qui se fendirent à la mort de Jésus-Christ. Saint Cyrille de Jérusalem le croyait au IVe siècle, et montrait ce déchirement extraordinaire en preuve des mystères qui s'accomplirent sur cette montagne. La science moderne n'a pas démenti la tradition, et un auteur contemporain rapporte les paroles d'un naturaliste anglais et protestant, que l'on ne soupçonnera pas de crédulité. Addisson raconte que ce savant, chemin faisant vers l'église du Saint-Sépulcre, tournait en ridicule les récits des prêtres catholiques. Mais à l'aspect de ces ruptures du rocher, qui croisent les veines, au lieu de suivre le lit de la pierre, comme cela a lieu dans les tremblements de terre, il s'écria : *Je commence à être chrétien*[1].

---

[1] Addisson, *De la Religion chrétienne*, tome II.

A l'exception de deux ou trois points, le Calvaire est recouvert en entier de marbres précieux. C'était le seul moyen de le protéger contre la ferveur inconsidérée des pèlerins : à force d'en ôter des parcelles, ils auraient fini par emporter la montagne entière. La dévotion, d'ailleurs, s'est plu à embellir ces sanctuaires augustes. Les voyageurs conduits au Calvaire par la curiosité et non par la religion, seuls peuvent avoir le triste courage de regretter que ces lieux ne soient pas toujours dans le même état que du temps de Ponce-Pilate. La vue de cette roche nue et déchirée serait sans doute plus frappante ; mais la piété pouvait-elle se résigner à laisser dans un abandon voisin de la profanation le sol arrosé du sang de Jésus-Christ ?

Derrière l'abside orientale, entre deux chapelles latérales, s'ouvre la porte qui conduit à l'église Sainte-Hélène, et à la grotte de l'Invention de la Sainte-Croix. On y descend au moyen de vingt-huit marches. Tous les caractères d'une architecture très-ancienne y sont apparents.

En traversant le chœur des chanoines pour aller au Sépulcre, la mémoire nous met sous les yeux un tableau touchant de la piété de nos ancêtres, à l'époque où les chrétiens étaient maîtres de Jérusalem. Un auteur contemporain raconte dans les *Assises de Jérusalem*, que *quant on chantoit messe de la Resurrexion, li diacres, quand il chantoit l'Evangile, si se tournoit vers le mons de Calvarie quant il disoit* CRUCIFIXUM : *après si se tournoit vers le monument quant il disoit* RESURREXIT, NON EST HIC ; *si monstroit au doit :* ECCE LOCUS UBI POSUERUNT eum ; *et puis si se retournoit au livre, si pardisoit son évangile.* »

Le saint Tombeau est à quarante pas environ du Golgotha. Il est au milieu de la grande coupole, et recouvert d'un édicule en marbre blanc et jaune. A l'intérieur, il est divisé en deux parties : le vestibule ou chapelle de l'Ange, et la chambre sépulcrale. Une pierre placée vers le milieu indique la place où se tenait l'ange lorsqu'il dit aux saintes femmes portant des parfums : « Ne craignez point ; je sais que vous cherchez Jésus qui a été crucifié. Il n'est pas ici ; il est ressuscité, comme il l'avait prédit. Voici le lieu où il était placé[1]. » Cette chapelle est carrée, ayant un peu plus de trois mètres en tout sens. Jusqu'au temps de Constantin, c'était une grotte naturelle ; elle fut alors changée. Courbez un peu la tête, et vous entrez dans le Sépulcre. A droite, cette table de marbre blanc recouvre le tombeau de Jésus-Christ. Quatre personnes peuvent se tenir à genoux dans cette étroite enceinte. La voûte et les parois sont revêtues de marbre ainsi que le tombeau. Quantité de lampes d'or et d'argent brûlent nuit et jour dans ce sanctuaire : plusieurs portent des fleurs de lis.

Vers le milieu du xvie siècle, le monument qui abrite le saint Sépulcre tombait en ruines. Le pape Jules III ordonna au P. Boniface, préfet apostolique, alors gardien des saints Lieux, de le reconstruire. L'empereur Charles-Quint donna des sommes considérables pour aider à l'exécution de ce noble ouvrage. En 1555,

---

[1] S. Matth., cap. xxviii.

les travaux furent entrepris et conduits avec zèle, et bientôt, dit le pieux Franciscain, « le sépulcre de notre Seigneur s'offrit à découvert à nos yeux, tel qu'il avait été taillé dans le roc. On y voyait peints deux anges, dont l'un portait un écriteau avec ces mots : *Il est ressuscité; il n'est plus ici.* L'autre, montrant au doigt le sépulcre, tenait cette inscription : *Voici le lieu où ils l'ont placé.* Ces deux tableaux, dès qu'ils furent au contact de l'air, tombèrent en poussière. La nécessité nous ayant forcés à soulever une des tables d'albâtre que sainte Hélène y avait fait placer pour recouvrir le sépulcre, afin qu'il fût possible d'y célébrer la sainte messe, nous vîmes à découvert ce lieu ineffable où notre Seigneur reposa durant trois jours. Ce lieu, où l'on distinguait encore dans tous ses contours des traces du sang de notre Sauveur, mêlé aux aromates qui servirent à l'embaumer, offrait à nos yeux comme l'image d'un soleil resplendissant. A cette vue, nous poussâmes de pieux gémissements, des larmes de joie s'échappèrent de nos yeux, nos lèvres baisèrent avec amour ces restes vénérés et divins. Tous ceux qui étaient présents, et le nombre en était grand, car il y avait une foule de chrétiens des nations de l'Orient et de l'Occident, ne pouvaient contenir les transports de leur tendresse à la vue de ce divin trésor ; les uns versaient un torrent de larmes, les autres faillirent en perdre la vie, si grand était l'enthousiasme, l'espèce d'extase, de sainte stupeur qui régnait dans toute l'assemblée[1]. »

---

[1] Cette lettre est rapportée en entier par Quaresmius, tome II.

Au fond de la grande rotonde et vers l'occident, est un tombeau antique ; c'est celui de Joseph d'Arimathie. Il est évidemment antérieur à la construction de l'église, et remonte à l'époque judaïque. Il consiste en une chambre carrée creusée dans le roc, sans autre ornement qu'une lampe qu'y entretiennent les Syriens. La disposition intérieure de ce monument funèbre aide à comprendre celle du saint Sépulcre ; et son existence en prouve l'authenticité.

Comme à l'époque où Deshayes représentait Louis XIII et la France en Palestine, l'église du Saint-Sépulcre est occupée par toutes les nations chrétiennes, à quelque communion qu'elles appartiennent. Les catholiques y ont les droits principaux, et, à proprement parler, les seuls droits légitimes ; mais la jalousie des Grecs schismatiques les a éloignés de plusieurs sanctuaires. Il n'est pas de fourberies et même, au besoin, de violences auxquelles les Grecs n'aient recours pour dépouiller les Latins ; et comme avec de l'argent on peut tout obtenir des Turcs, les schismatiques profitent des circonstances critiques au milieu desquelles se trouvent parfois les catholiques pour faire reconnaître et consacrer leurs usurpations. Depuis des siècles, la France est la protectrice avouée des catholiques et de leurs droits en Orient. Cette généreuse nation ne permettra pas que de perfides adversaires y consomment notre ruine. Que personne ne l'oublie, à côté des questions purement religieuses se placent

---

Elle est citée et reproduite en grande partie par Mgr Mislin, *Les Saints Lieux*, tome II, parmi les notes, p. 570.

d'autres questions non moins importantes. De graves événements s'accompliront en Orient dans un avenir plus ou moins rapproché. Si la Russie soutient les Grecs de son or, c'est qu'elle prépare de loin des projets d'envahissement. Chacun sait comment, il y a quelques années à peine, la question des *saints Lieux* donna naissance à une guerre gigantesque : personne n'oubliera nos exploits en Crimée, nos luttes héroïques et la prise de Sébastopol !

« On compte à l'intérieur de l'église du Saint-Sépulcre, dit Deshayes, huit nations différentes.

« La première est celle des Latins ou Romains, que représentent les religieux Cordeliers. Ils gardent le saint Sépulcre, le lieu du mont Calvaire, où notre Seigneur fut attaché à la croix, l'endroit où la sainte croix fut trouvée, la pierre de l'Onction, et la chapelle où notre Seigneur apparut à la Vierge après sa résurrection.

« La seconde nation est celle des Grecs, qui ont le chœur de l'église où ils officient, au milieu duquel il y a un petit cercle de marbre, dont ils estiment que le centre soit le milieu de la terre.

« La troisième nation est celle des Abyssins ; ils tiennent la chapelle où est la colonne d'*impropère*. » Les Arméniens en ont chassé les Abyssins depuis longtemps.

« La quatrième nation est celle des Cophtes, qui sont les chrétiens d'Égypte ; ils ont un petit oratoire proche du saint Sépulcre.

« La cinquième est celle des Arméniens ; ils ont la chapelle de Sainte-Hélène, et celle où les habits de notre Seigneur furent partagés et joués.

« La sixième nation est celle des Nestoriens ou Jacobites, qui sont venus de Chaldée et de Syrie; ils ont une petite chapelle proche du lieu où notre Seigneur apparut à la Madeleine en forme de jardinier, qui pour cela est appelée *la chapelle de Madeleine*. » Les Jacobites n'ont plus rien dans l'église.

« La septième nation est celle des Géorgiens, qui habitent entre la mer Majeure et la mer Caspienne; ils tiennent le lieu du mont Calvaire où fut dressée la croix, et la prison où demeura notre Seigneur, en attendant qu'on eût fait le trou pour la placer. » Les Géorgiens ont été dépossédés par les Grecs.

« La huitième nation est celle des Maronites, qui habitent le mont Liban; ils reconnaissent le pape comme nous faisons, comme le chef de toute l'Église[1].

« Chaque nation, outre ces lieux que tous ceux qui sont dedans peuvent visiter, a encore quelque endroit particulier dans les voûtes et dans les coins de cette église qui lui sert de retraite, et où elle fait son office selon son usage: car les prêtres et religieux qui y entrent demeurent d'ordinaire deux mois sans en sortir, jusqu'à ce que du couvent qu'ils ont dans la ville, on y en envoie d'autres pour servir en leur place. »

Les louanges de Dieu ne sont interrompues ni le jour ni la nuit dans l'église du Saint-Sépulcre. Quantité de

---

[1] On peut consulter sur les saints Lieux une espèce de statistique publiée en 1847, en français et en italien, par le chev. Artaud de Montor, sous ce titre: *Considérations sur Jérusalem et le Sépulcre de J.-C.*

lampes y brûlent continuellement. « Les prêtres chrétiens des différentes sectes, dit M. de Chateaubriand, habitent les différentes parties de l'édifice. Du haut des arcades, où ils se sont nichés comme des colombes, du fond des chapelles ou des souterrains, ils font entendre leurs cantiques à toutes les heures du jour et de la nuit: l'orgue du religieux latin, les cymbales du prêtre abyssin, la voix du caloyer grec, la prière du solitaire arménien, l'espèce de plainte du moine cophte, frappent tour à tour ou tout à la fois votre oreille. Vous ne savez d'où partent ces concerts; vous respirez l'odeur de l'encens sans apercevoir la main qui le brûle : seulement vous voyez passer, s'enfoncer derrière des colonnes, se perdre dans l'ombre du temple, le pontife qui va célébrer les plus redoutables mystères aux lieux mêmes où ils se sont accomplis. »

En examinant attentivement l'extérieur de l'église du Saint-Sépulcre, des yeux accoutumés aux observations archéologiques reconnaissent sans peine, outre le plan de l'édifice primitif, les murs et fragments dus à sainte Hélène. Le travail des Francs est plus apparent encore. A la façade, c'est-à-dire à l'entrée principale, du côté du midi, on distingue tous les caractères de notre architecture française au xiie siècle. L'ogive accompagne le plein cintre, et l'un et l'autre sont couverts d'ornements variés. C'est évidemment le génie et la main de l'Occident. Au xiie siècle, les croisés ont transporté leurs arts en Orient; ils ne les ont pas empruntés à ces contrées depuis longtemps sorties de la voie du progrès. La science a fait justice de l'erreur prétendant que l'ar-

LA TERRE-SAINTE.

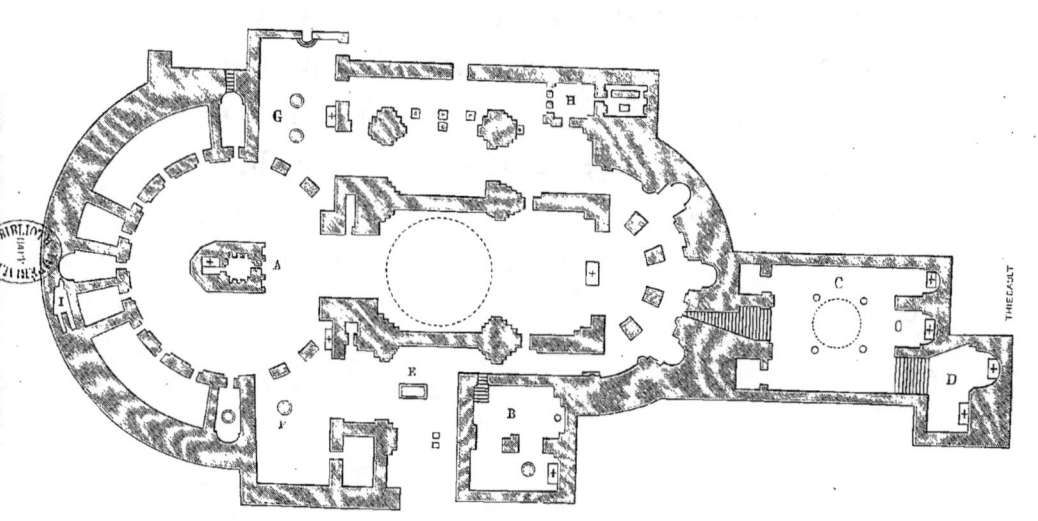

PLAN DU SAINT SÉPULCRE.

chitecture à ogives est née en Orient, et que les croisades en rapportèrent les éléments en Europe. L'arc ogival n'est qu'un élément du vaste système de construction qui constitue le *style ogival;* ce système, auquel nous devons les magnifiques cathédrales d'Amiens, de Reims, de Chartres, de Paris, de Bourges, de Salisbury, de Lincoln et la Sainte-Chapelle, est d'origine chrétienne. Les deux portes de l'église du Saint-Sépulcre, dont une est murée actuellement, sont en ogive et ornées d'archivoltes délicatement travaillées. Le linteau sert de champ à un bas-relief finement sculpté, où, malgré quelques mutilations, on aperçoit l'entrée triomphante de Jésus-Christ à Jérusalem, au milieu de la multitude tenant des palmes à la main. Deux fenêtres à plein cintre sont décorées de colonnettes, de moulures nombreuses et de feuillages.

CHAPITRE VI

JÉRUSALEM

LE CALVAIRE — STATIONS

Chaque samedi, durant le carême, à deux heures après midi, les religieux de Terre-Sainte font une procession solennelle dans l'église du Saint-Sépulcre, et se dirigent vers tous les sanctuaires consacrés aux souvenirs de la Passion. Nous nous empressons de nous joindre au pieux cortége. Nous marchons derrière le consul de France ; dix Français se joignent à nous : nous sommes les représentants de la France. Deux jeunes Anglais catholiques, récemment convertis, représentent l'Angleterre. Plusieurs Italiens, des Espagnols, des Autrichiens, des Russes ferment la marche. On nous donne à chacun un cierge allumé, et la procession commence au chant du *Vexilla Regis prodeunt.* Ce chant grave, ces paroles touchantes, cette pieuse cérémonie près du Calvaire, tout contribue à produire sur le cœur une impression profonde : quelques-uns des assistants sont émus jusqu'aux larmes.

En indiquant chacune des stations, nous compléterons la description que nous avons donnée dans le chapitre précédent, et nous aurons fait connaître aussi exactement que possible, et l'ensemble du monument, et les chapelles principales. Nous suivrons ensuite la *voie douloureuse* à travers les rues de Jérusalem, et nous dirons en quelques mots où se trouvent maintenant les reliques de la Passion. Serait-il possible à un chrétien de venir à Jérusalem sans avoir l'esprit, la mémoire et le cœur remplis de ces grands souvenirs et des sentiments qu'ils inspirent?

La première station se fait devant l'autel qui renferme la *colonne de la flagellation.* C'est un tronçon de colonne en porphyre rougeâtre. On sait qu'il existe deux colonnes dites de la flagellation; l'une se conserve à Rome dans la basilique de Sainte-Praxède, l'autre à Jérusalem. La première provient du prétoire, la seconde de la maison de Caïphe. On en montre des fragments en plusieurs églises : les Franciscains en ont donné à plusieurs souverains; à Saint-Marc de Venise, on en possède un morceau assez considérable.

La procession se dirige de là vers la *prison de notre Seigneur.* C'est une chapelle étroite et obscure bâtie sur le lieu où la tradition rapporte que Jésus fut placé et gardé par les soldats tandis qu'on faisait les apprêts du supplice. La dénomination sous laquelle elle est connue pourra sembler impropre. En cet endroit, il n'y avait pas sans doute de prison publique; mais les chrétiens y honorent le lieu où le Sauveur s'arrêta quelques instants avant de monter au sommet du Calvaire. Cette chapelle appartenait autrefois aux Géorgiens: aujourd'hui les Grecs la possèdent.

Quelques pas plus loin est la chapelle de la *division des vêtements*. Selon la coutume, les vêtements des condamnés étaient abandonnés aux soldats et aux bourreaux. Ce fut l'empereur Adrien qui abolit cet usage, et défendit aux soldats de prendre les dépouilles des victimes de la justice. Saint Jean rapporte dans son Évangile les détails de cette scène. « Les soldats, après avoir crucifié Jésus, prirent ses vêtements et en firent quatre parts, une pour chaque soldat. Ils prirent aussi sa tunique. Or la tunique était sans couture, et d'un même tissu depuis le haut jusqu'au bas. Ils se dirent donc les uns aux autres : Ne la coupons pas, mais tirons au sort à qui elle appartiendra : afin que cette parole de l'Écriture fût accomplie : Ils ont partagé mes vêtements entre eux, et ils ont tiré ma robe au sort[1]. »

La quatrième station a lieu dans la chapelle de l'*Invention de la Sainte-Croix*. On traverse d'abord l'église Sainte-Hélène, et on descend dans la grotte profonde où la croix demeura enfouie durant trois siècles : elle est en partie creusée dans le roc vif. Ce sanctuaire appartient aux catholiques.

---

[1] Évang. selon S. Jean, ch. xix, vers. 23 et 24.

On s'arrête pour la cinquième station dans l'église Sainte-Hélène. Là se tenait en prières la pieuse impératrice pendant qu'on cherchait la croix du Sauveur. Cette grande chapelle est carrée; elle a environ quinze mètres de long sur autant de large. On y reconnaît tous les signes d'une très-antique construction. C'est la partie de l'édifice primitif qui a éprouvé le moins de changements : elle est souterraine, comme la grotte de l'*Invention*. Les Grecs et les Arméniens la possèdent actuellement.

Quand on est remonté dans l'église supérieure, on rencontre à gauche la chapelle de la *colonne d'Impropère, columna Improperiorum*. Sur l'autel de cette petite chapelle on aperçoit un fragment de la colonne de marbre gris sur laquelle le Sauveur était assis dans le prétoire lorsque la soldatesque l'abreuva d'outrages. C'est sur ce trône d'humiliation que les Juifs le frappèrent, le couvrirent de crachats, entourèrent sa tête d'une couronne d'épines, lui mirent à la main un sceptre de roseau, jetèrent sur ses épaules un manteau de pourpre. Ils fléchissaient le genou devant lui en se moquant, et le saluaient par dérision du nom de roi des Juifs [1]. Cet oratoire appartenait jadis aux Abyssins; les Grecs s'en sont emparés.

La procession monte alors les degrés du Calvaire. Le sommet du Golgotha, après les transformations qu'a subies le sol voisin à l'époque de la construction de la basilique constantinienne, est à cinq mètres environ

---

[1] Évang. selon S. Matth., ch. xxviii.

au-dessus du niveau du tombeau de notre Seigneur. La plate-forme supérieure présente une surface d'environ quinze mètres carrés ; elle est divisée en deux parties : La *chapelle du Crucifiement,* du côté méridional, où Jésus fut attaché à la croix, et la *chapelle de la Plantation de la croix.* C'est ici que fut consommée l'œuvre de la rédemption des hommes. La station se termine en cet endroit de la manière la plus touchante. Le prêtre récite en forme d'antienne les dernières paroles de la Passion selon saint Luc, ET HÆC DICENS, [HIC] EXPIRAVIT. En prononçant ces mots à demi-voix, il se prosterne ainsi que tous les assistants. Quels sentiments remplissent notre âme en baisant ce sol arrosé du sang du Juste! Ce petit coin de terre est vraiment la porte du ciel! Lorsque Jésus fut élevé en croix, il avait le dos tourné à Jérusalem et la face dirigée vers l'Occident. Les Pères de l'Église ont tous remarqué ce fait comme plein de mystères et glorieux pour nous. La chapelle du Crucifiement est aux catholiques; l'autre appartient aux Grecs. Les Géorgiens en furent longtemps les maîtres; *mais comme on exigeait d'eulx grande somme de deniers, ils furent, à grand regret, contraints de l'engager aux Grecs.*

Dès qu'on est descendu du Calvaire, on rencontre à une faible distance *la pierre de l'onction.* C'est là que Joseph d'Arimathie et Nicodème, suivant la coutume des Juifs, couvrirent d'aromates le corps de Jésus, après l'avoir descendu de la croix. Cette pierre est actuellement cachée sous une table de marbre rougeâtre. Les historiens des croisades nous apprennent qu'elle était placée au centre d'une petite église dédiée à sainte Marie, et que cette petite basilique, de même que plusieurs autres oratoires, furent démolis lorsque tous les saints Lieux furent compris dans une même enceinte [1]. L'entrée actuelle de l'église du Saint-Sépulcre est dans le voisinage de *la pierre de l'onction*. Là se fait la neuvième station.

La dixième a lieu au saint tombeau, dont la procession fait d'abord trois fois le tour. Du temps de saint Cyrille, ce lieu était encore un jardin, comme au temps de la Passion. L'endroit où le corps du Sauveur a reposé est devenu un autel. Nous pouvons dire que c'est l'autel par excellence, avec celui du Calvaire. Dans cette obscure chambre sépulcrale s'est opéré le plus grand miracle : Jésus est sorti plein de vie de ce tombeau, vainqueur de la mort et de l'enfer. C'est le seul tombeau, avec celui de la sainte Vierge, qui n'auront rien à rendre au dernier jour. Il est plus facile de comprendre de quels sentiments le cœur est rempli dans cet auguste sanctuaire que de les exprimer. Écoutons les paroles d'un de nos plus célèbres écrivains. « Je restai, dit M. de Chateaubriand, près d'une demi-heure à genoux dans la petite chambre du saint Sépulcre, les regards attachés sur la pierre, sans pouvoir les en arracher. L'un des religieux qui me conduisait demeurait prosterné près de moi, le front sur le marbre; l'autre, l'Évangile à la main, me lisait, à la lueur des lampes, les passages relatifs au saint tombeau. Entre chaque verset il récitait une prière :

---

[1] Extra prædictæ Resurrectionis ecclesiæ ambitum erant oratoria valde modica. (Guillelm. Tyr., VIII, 3.)

« Seigneur Jésus-Christ, après avoir été déposé de la croix, vous avez été reçu entre les bras de votre douce mère, et vous avez voulu, à la dernière heure, que votre corps privé de vie reposât dans ce monument. » Tout ce que je puis assurer, c'est qu'à la vue de ce sépulcre triomphant je ne sentis que ma faiblesse, et quand mon guide s'écria avec saint Paul : *O mort, où est ta victoire? ô mort, où est ton aiguillon?* je prêtai l'oreille comme si la mort allait répondre qu'elle est vaincue et enchaînée dans ce monument. »

La résurrection de Jésus-Christ est le fondement de nos croyances et de nos espérances. Aussi la Providence a voulu que nul fait historique ne présentât le même caractère d'authenticité. Des preuves de tout genre se réunissent pour le démontrer avec une évidence plus éclatante que la lumière du soleil. La résurrection du Sauveur sera l'éternelle réponse que le christianisme fera aux incrédules et aux infidèles. *Cette race maudite demande un prodige, et il ne lui en sera pas donné d'autre que celui du prophète Jonas,* dit Jésus-Christ, faisant allusion à sa mort et à sa sortie glorieuse du tombeau.

La onzième station se fait à l'endroit où Jésus ressuscité apparut à Marie-Madeleine. Lisons le récit touchant de l'évangéliste. « Marie était debout près du sépulcre, les yeux inondés de larmes. Les anges lui dirent : Femme, pourquoi pleurez-vous? Elle leur répondit : Parce qu'ils ont enlevé mon Seigneur, et je ne sais où ils l'ont mis. En disant ces paroles elle se tourna, et vit Jésus debout; mais elle ignorait que ce fût Jésus. Le Sauveur lui dit : Femme, pourquoi pleurez-vous? qui cherchez-vous?

Croyant que c'était le jardinier, elle lui dit : Seigneur, si c'est vous qui l'avez enlevé, dites-moi où vous l'avez mis, et je l'emporterai. Jésus lui dit : Marie ! Celle-ci se retourna et s'écria : Rabboni, c'est-à-dire, mon maître [1] ! » L'endroit où se tenait notre Seigneur est marqué par une incrustation de marbre dans le pavé, ainsi que la place où se trouvait Marie-Madeleine.

La douzième et dernière station se fait à la chapelle de la sainte vierge Marie, où une pieuse tradition rapporte que le Christ ressuscité apparut d'abord à sa mère. Saint Ambroise s'est rendu l'interprète de la croyance d'un grand nombre de Pères et d'écrivains ecclésiastiques en disant que Marie fut le premier témoin de la résurrection de son divin fils [2]. Là se trouvait la maison de Joseph d'Arimathie, où l'on pense que la sainte Vierge attendait l'accomplissement des prophéties. Plus tard, le patriarche de Jérusalem avait coutume d'aller en ce même lieu la veille de Pâques, pour entonner le chant d'allégresse en l'honneur de la Mère de Dieu, que l'Église salue en ce jour *Reine du ciel :* REGINA COELI, LÆTARE, ALLELUIA. La chapelle de l'*Apparition* appartient aux Latins.

Aucun pèlerin ne visite Jérusalem sans parcourir la *voie douloureuse*, c'est-à-dire le chemin que Jésus parcourut depuis le palais de Pilate jusqu'au Calvaire. La distance est d'un kilomètre environ. Des fragments

---

[1] Évang. selon S. Jean, ch. xx, vers. 11 et suiv.

[2] Vidit Maria resurrectionem Domini, et prima vidit et credidit. (*De Virg.*, lib. III.)

de colonnes marquent chacune des stations du *chemin de la croix*. Trahi par un de ses apôtres, renié par un autre, abandonné de tous, gardé comme un criminel, Jésus est d'abord conduit chez Anne et chez Caïphe. La maison de Caïphe est située aujourd'hui hors de la porte de Sion, et convertie en un couvent appartenant aux Arméniens. Dans l'église, et près de l'autel, on montre le lieu où Jésus était attaché durant cette longue nuit d'humiliations. La tradition ne pouvait pas errer sur cet emplacement; sainte Hélène y fit bâtir au IIIe siècle une petite basilique connue plus tard sous le titre *de Saint-Sauveur*. A deux pas de là était un oratoire appelé *Gallicantus*, le chant du coq, et *Galiceinte* par les Français du XIIe siècle. « Avoit un moustier de saint Pierre en Galiceinte, dit le rédacteur des *Assises de Jérusalem*; en tel moustier estoit une grotte parfonde, la ou on disoit que saint Pierre se mussa, quant il ot Jhesucrist renoié et oï le coq chanter, et la il ploura[1]. »

Le vendredi matin, on conduisit Jésus de la maison de Caïphe au prétoire, chez le gouverneur romain, Ponce-Pilate. Le prétoire était situé au coin nord-ouest de la galerie extérieure du temple. On en voit les restes non loin de la mosquée d'Omar, et une partie du palais a fait place à une caserne turque. Ponce-Pilate, dont le nom est resté pour qualifier la lâche condescendance des juges, avait succédé à Valérius Gratus comme gouverneur de la Judée. C'était une créature de l'indigne Séjan, qui alors était tout-puissant à Rome. Son admi-

---

[1] Tome II, p. 531.

nistration, qui dura onze ans, est appelée tyrannique par les auteurs juifs; Josèphe nous le peint comme un homme emporté et avide. Deux ans après la mort de notre Seigneur, il fut destitué par Vitellius, alors gouverneur général de Syrie, et envoyé à Rome pour se justifier devant l'empereur. Exilé par Caligula à Vienne dans les Gaules, d'où il était originaire, il se tua de désespoir [1].

Apprenant que Jésus était de Galilée, Pilate le renvoya devant Hérode, tétrarque de cette province; celui-ci venait d'arriver à Jérusalem. Le Romain était bien aise de se débarrasser de cette affaire; mais le Juif, trompé dans son attente, car il désirait voir Jésus pour être témoin d'un miracle, le revêtit d'une robe blanche en signe de folie, et le fit reconduire chez Pilate. Le palais d'Hérode était proche du prétoire, et bâti sur la colline d'Acra. On montre, en face du prétoire, le lieu de la flagellation. La chapelle bâtie autrefois en cet endroit tombait en ruines; elle a été restaurée en 1838 aux frais du duc Maximilien de Bavière. C'est dans le prétoire que Jésus fut couronné d'épines, comme nous le lisons dans l'Évangile selon saint Marc. La plupart des voyageurs ont cherché aux environs de Jérusalem l'arbrisseau épineux dont les branches servirent à la cruauté des soldats pour faire la couronne d'épines. Il n'y a guère à hésiter. On employa les branches d'une espèce de nerprun connu des botanistes sous le nom de *rhamnus* ou de

---

[1] *Hist. génér. de l'Église*, liv. I. — Mgr Mislin, *Les Saints Lieux*, tome II, p. 206.

paliurus spina Christi. Cette plante a des rameaux très-flexibles, armés d'épines nombreuses et fort aiguës; elle croît en abondance dans les haies et les lieux abandonnés.

A cent pas environ des ruines du prétoire, en avançant vers le Golgotha, on remarque au-dessus de la rue une galerie couverte ayant une double fenêtre. C'est de là, selon la tradition, que Pilate, désirant exciter la compassion des Juifs, leur montra Jésus couvert de blessures, le visage ensanglanté, la tête couronnée d'épines, tenant en main un sceptre de dérision, et ayant sur les épaules un manteau de pourpre. VOILA L'HOMME, *Ecce homo*, leur dit-il; mais loin de calmer leur fureur, ce triste spectacle ne fit que l'augmenter. La foule impitoyable s'écria : « Qu'il soit crucifié. — Quel mal a-t-il fait? » demanda Pilate. La multitude répondit par une immense clameur : « Qu'il soit crucifié. » Enfin Pilate, voulant satisfaire le peuple, fit apporter de l'eau et se lava les mains en disant : « Je suis innocent du sang de ce juste. » Et tout le peuple cria : « Que son sang retombe sur nous et sur nos enfants. » Alors Pilate le leur livra pour être crucifié [1].

C'était un usage chez les Juifs de se laver les mains en public quand on voulait témoigner qu'on n'avait pris aucune part à un meurtre. « Lave tes mains, Pilate, dit M. Dupin; elles sont teintes du sang innocent! Tu l'as octroyé par faiblesse : tu n'es pas moins coupable que si tu l'avais sacrifié par méchanceté! Les générations l'ont

---

[1] Évang. selon S. Matthieu, ch. XXVII.

redit jusqu'à nous : le Juste a souffert sous Ponce-Pilate : *Passus est sub Pontio Pilato* ¹. »

Au sortir du prétoire, Jésus fut chargé du bois de la croix ; *et portant sa croix, il sortit*, dit saint Jean dans ce langage laconique si justement admiré chez les historiens de la passion. La rue est en pente, jusqu'à l'entrecroisement de celle qui commence à la porte de Damas, autrefois porte d'Éphraïm. Sur la gauche, en descendant, Jésus rencontra sa mère, qui ne s'était pas éloignée des lieux où se passait ce drame cruel. A la vue de son fils portant le bois du sacrifice, sanglant et défiguré, qui lui fit un salut en passant, Marie tomba comme demi-morte. Quoi de plus touchant que cette rencontre ! Il n'en est pas fait mention dans l'Évangile ; mais plusieurs saints Pères en ont parlé. N'est-il pas certain, en effet, que la sainte Vierge suivait les traces de son divin fils, puisque quelques instants plus tard nous la trouvons sur le Calvaire au pied de la croix ? Autrefois, une église s'élevait en ce même lieu, sous le vocable de Notre-Dame-des-Douleurs et confiée à la garde de religieuses ².

Au bas de cette rue, accablé du poids de la croix, épuisé par la perte de son sang et par la souffrance, le

---

¹ Quaresmius, tome II, p. 209.

² *Jésus devant Caïphe et Pilate*, par M. Dupin aîné. — Dans cet ouvrage excellent et curieux publié en 1828, M. Dupin, procureur général, discute le jugement de Jésus-Christ sous les rapports de la procédure, des dépositions des témoins et de l'application de la loi. Cet ouvrage a été réimprimé dans les *Démonstrations évangéliques* éditées par M. l'abbé Migne, tome XVI, page 730 et suiv.

Sauveur tomba pour la première fois. Une colonne en marbre rouge et brisée, à moitié enfoncée en terre, marque ce lieu à la dévotion des fidèles. On croit que c'est ici que les Juifs forcèrent Simon le Cyrénéen à porter la croix avec Jésus. Simon revenait de la campagne et entrait en ville, sans doute par la porte d'Éphraïm. La compassion qu'il témoigna envers l'innocente victime lui valut l'insigne honneur d'aider à porter l'instrument du salut. Oh! trois fois heureux l'homme qui mérita de marcher aux côtés de Jésus montant au Calvaire! Bienheureuses aussi les pieuses femmes qui versaient des larmes en regardant passer le lugubre cortége! Le Sauveur, au milieu de tant d'humiliations, rencontrait des cœurs compatissants. Attendri de ces pleurs et de ces gémissements : « Filles de Jérusalem, leur dit-il, ne pleurez pas sur moi; mais pleurez sur vous-mêmes et sur vos enfants. » Dans cette même rue, qui monte assez rapidement, demeurait Bérénice, qui vint, touchée d'un sentiment de pitié, essuyer avec un linge le visage de Jésus-Christ. La face du Sauveur resta empreinte sur le linge, et les chrétiens désignèrent plus tard sous le nom de Véronique et l'image miraculeuse, et la sainte femme qui la reçut en récompense de sa foi et de son dévouement. Aujourd'hui cette précieuse relique est gardée dans la basilique de Saint-Pierre à Rome, sous le nom de *Volto santo.* Il existe plusieurs copies de la *Véronique* de Rome; les savants jésuites d'Anvers, connus sous le nom de Bollandistes, en ont longuement parlé dans les *Acta Sanctorum* [1].

---

[1] *Acta SS.*, mens. maii, tome VII, p. 356.

Au haut de la rue s'ouvrait la porte Judiciaire, dont on aperçoit encore les ruines. Ici finissait la ville au temps de notre Seigneur. Le Golgotha ou le lieu du Calvaire commence à cet endroit : c'était la place des exécutions. C'est aujourd'hui une partie de la cité et le lieu le plus vénérable de la terre. A partir de l'emplacement de cette porte on perd la trace de la voie douloureuse, et à quelques pas plus loin se trouve l'église du Saint-Sépulcre, qui renferme les lieux où se consommèrent les grands mystères. « Si ceux qui lisent la passion dans l'Évangile, dit M. de Chateaubriand, sont frappés d'une sainte tristesse, qu'est-ce donc que d'en suivre les scènes au pied de la montagne de Sion, à la vue du temple, et dans les murs de Jérusalem ? »

C'est ici le lieu de parler des reliques de la passion de Jésus-Christ, et de donner quelques détails historiques sur ces objets précieux. La piété catholique s'en est disputé la possession au moyen âge; nous savons dans quels sanctuaires ils sont placés de nos jours. Leur authenticité ne laisse rien à désirer : des documents historiques nombreux, à l'abri de la critique, en attestent l'entière certitude.

Lorsque sainte Hélène eut retrouvé la vraie croix, elle en envoya un fragment à Constantinople et un autre à Rome. La portion la plus considérable du bois sacré fut enfermée dans une châsse d'argent et gardée à Jérusalem, près du Saint-Sépulcre, sous les yeux du patriarche. Les pèlerins accouraient de tous les pays du monde pour la vénérer. Grâce à une libéralité qui cependant devait avoir des bornes, plusieurs personnes de distinction en reçurent alors des parcelles assez notables. Enlevée par Chosroës et restituée par Héraclius, cette insigne relique resta dans le même sanctuaire, jusqu'au temps à jamais déplorable où les sectateurs de Mahomet se rendirent maîtres de Jérusalem. En vue de soustraire à la profanation ce bois teint du sang de Dieu, les chrétiens partagèrent la vraie croix en plusieurs fragments, dont s'enrichirent successivement la plupart des églises du monde. Telle est l'origine de quantité de parcelles conservées chez tous les peuples catholiques.

La basilique de *Sainte-Croix en Jérusalem*, fondée par sainte Hélène, dans son palais de Rome, jadis occupé par Héliogabale *in agro Sessoriano*, possède encore le morceau de la vraie croix, don de l'impératrice. L'église métropolitaine de Paris en conserve trois fragments, dont le plus ancien lui fut envoyé au commencement du xiie siècle par le prêtre Anseau, chanoine de Notre-Dame de Paris, que les croisades conduisirent à Jérusalem; il devint chanoine et grand-chantre de l'église patriarcale du Saint-Sépulcre. La croix d'Anseau fut sauvée en 1793, grâce à l'influence d'un commissaire de la section de la Cité, qui obtint du comité révolutionnaire la permission de la conserver. Une autre portion notable de la croix fut déposée par saint Louis dans la Sainte-Chapelle du palais, en 1241. Le roi de France l'avait obtenue de Baudouin de Courtenay, empereur de Constantinople, ainsi que la couronne d'épines et plusieurs autres reliques. Le troisième fragment est connu sous le nom de *Croix de la Princesse Palatine*.

Cette croix avait été léguée, en 1684, à l'abbaye de Saint-Germain-des-Prés, par la princesse Anne de Gonzague de Clèves, dont Bossuet prononça l'oraison funèbre. La princesse palatine l'avait reçue en présent de Jean Casimir, roi de Pologne, lequel l'avait tirée du trésor de sa couronne. Le reliquaire qui la renferme, orné de diamants et d'améthystes, porte une inscription grecque indiquant que cette croix a appartenu à l'empereur Manuel Comnène. L'église Saint-Marc de Venise conserve une croix portée jadis par l'empereur Constantin. L'hospice de Baugé, près d'Angers, possède un beau fragment de la vraie croix apporté de Terre-Sainte, au temps des croisades, et déposé d'abord dans l'abbaye de Boissière; il en existe également dans le trésor de la cathédrale de Sens et dans celui de la collégiale d'Aix-la-Chapelle. Il serait facile de continuer cette énumération; ce que nous venons de dire suffit pour montrer avec quel soin l'histoire s'est plu à enregistrer la transmission de ces reliques sacrées.

Le titre de la croix retrouvé par sainte Hélène, en 326, subsiste à Rome, dans la basilique de Sainte-Croix. C'est une tablette de bois, blanchie avant de recevoir l'inscription en lettres hébraïques, grecques et latines. Les caractères ont été tracés au vermillon. La première ligne, écrite en hébreu, est aujourd'hui presque entièrement effacée. La seconde et la troisième sont à peu près complètes; elles sont écrites de gauche à droite, afin de correspondre aux mots hébraïques qui s'écrivent de cette manière. Le premier mot a disparu, la tablette ayant été rongée par la vétusté. On lit aisément : Ναζαρενους β (Βασιλεὺς). — NAZARENVS RE [x] [1].

NAZAPENGL

NAZARENVSRE

Quant aux clous trouvés avec la vraie croix, au nombre de quatre, deux sont conservés à Notre-Dame de Paris, un à Monza, et un à Rome. Plusieurs églises prétendent posséder des clous de la croix : ce sont probablement des *reliques sanctifiées*, c'est-à-dire des objets ayant touché aux véritables reliques ou dans la composition desquels on en a fait entrer une parcelle. Ainsi s'explique la multiplicité de certaines reliques, comme les vêtements de notre Seigneur et de la sainte Vierge. L'éponge et la sainte lance sont gardées à Rome.

[1] On peut consulter à ce sujet l'ouvrage du P. Honoré Nicquet, S. J. *Titulus* S. *Crucis*, seu Historia et mysterium tituli S. Crucis D. N. J. C., libri duo. — Paris, 1648. In-8°.

JÉRUSALEM. — VUE GÉNÉRALE DE LA VILLE ET DES ENVIRONS.

CHAPITRE VII

JÉRUSALEM

ÉTAT ACTUEL DE LA VILLE

L e couvent de Saint-Sauveur, où nous sommes logés, occupe un des points les plus élevés de Jérusalem. Du haut des terrasses on jouit d'une vue admirable. Le regard embrasse une partie de la ville et se promène sur les dômes, les mosquées, les minarets qui dominent les autres édifices et donnent de loin à la cité une apparence de grandeur et de magnificence. Cet aspect pittoresque, il faut en convenir, est supérieur à la réalité. Dès qu'on pénètre dans les rues, Jérusalem se montre ce qu'elle est en effet, une ville de ruines et de décombres. Les vallées profondes de Josaphat, de Gihon et de Gehenne entourent le plateau sur lequel la ville est bâtie. L'enceinte renferme plusieurs collines de hauteur différente, dont les principales sont Sion, Acra et Moriah ; de légères éminences contribuent à rendre le sol inégal. Quoique située sur un point élevé, Jérusalem est dominée par le sommet des montagnes voisines. Pour en découvrir l'ensemble, il faut être au haut du mont des Oliviers. Nous en emprunterons la description poétique à l'auteur du *Voyage d'Orient*.

« Chaque pas, dit-il, que l'on fait en gravissant la montagne des Oliviers, découvre un quartier, un édifice de plus de Jérusalem. On pourrait à la lettre en compter toutes les maisons. Au delà des deux mosquées et de l'emplacement du temple, la ville sainte tout entière s'étend et jaillit, pour ainsi dire, devant vous, sans que l'œil puisse en perdre un toit ou une pierre, et comme le plan d'une ville en relief que l'artiste étalerait sur une table. Cette ville, non pas comme on nous l'a représentée, amas informe et confus de ruines et de cendres, sur lesquelles sont jetées quelques chaumières d'Arabes ou plantées quelques tentes de Bédouins, non pas comme Athènes, chaos de poussière et de murs écroulés, où le voyageur cherche en vain l'ombre des édifices, la trace des rues, la vision d'une ville, mais ville brillante de lumière et de couleurs, présentant noblement aux regards ses murs intacts et crénelés, sa mosquée bleue avec ses colonnades blanches, ses milliers de dômes resplendissants, sur lesquels la lumière d'un soleil d'automne tombe et rejaillit en vapeur éblouissante; les façades de ses maisons teintes, par le temps et par les étés, de la couleur jaune et dorée des édifices de Pœstum et de Rome; ses vieilles tours, gardiennes de ses murailles, auxquelles il ne manque ni une pierre, ni une meurtrière, ni un créneau ; et enfin, au milieu de cet océan de maisons et de cette nuée de petits dômes qui les recouvrent, un dôme noir et surbaissé, plus large que les autres, dominé par un autre dôme blanc : c'est le Saint-Sépulcre et le Calvaire; ils sont de là confondus et comme noyés dans l'immense dédale de dômes, d'édifices et de rues qui les environnent. Voilà la ville du haut de la montagne des Oliviers. Elle n'a pas d'horizon derrière elle, ni du côté de l'occident, ni du côté du nord. La ligne de ses murs et de ses tours, les aiguilles de ses nombreux minarets se découpent sur le bleu d'un ciel d'Orient, et la ville, ainsi portée et présentée sur son plateau large et élevé, semble briller encore de toute l'antique splendeur de ses prophéties, ou n'attendre qu'une parole pour sortir tout éblouissante de ses dix-sept ruines successives. et devenir cette *Jérusalem nouvelle, qui sort du désert brillante de clarté.*

« C'est la vision la plus brillante que l'œil puisse avoir d'une ville qui n'est plus; car elle semble être encore et rayonner comme une ville pleine de jeunesse et de vie : et cependant, si l'on y regarde avec attention, on sent que ce n'est plus en effet qu'une belle vision de la ville de David et de Salomon. Aucun bruit ne s'élève de ses places et de ses rues; il n'y a plus de routes qui mènent à ses portes de l'orient ou de l'occident, du midi ou du septentrion; il n'y a que quelques sentiers serpentant au hasard entre les rochers, où l'on ne rencontre que quelques Arabes demi-nus, montés sur leurs ânes, et quelques chameliers de Damas, ou quelques femmes de Bethléem ou de Jéricho, portant sur leurs têtes un panier de raisins d'Engaddi, ou une corbeille de colombes qu'elles viennent vendre le matin sous les térébinthes, aux portes de la ville.

« A gauche de la plate-forme du temple et des murs de Jérusalem, la colline qui porte la ville s'affaisse tout à coup, s'élargit, se développe à l'œil en pentes douces, soutenues çà et là par quelques terrasses de pierres roulantes. Cette colline porte à son sommet, à quelques cents pas de Jérusalem, une mosquée et un groupe d'édifices turcs, assez semblables à un hameau d'Europe couronné de son église et de son clocher. C'est Sion ! c'est le palais ! c'est le tombeau de David ! »

C'est précisément à l'endroit où nous venons de nous arrêter qu'était placé Jésus-Christ lorsqu'il pleura sur la ville coupable. De là, entouré de ses disciples, il contemplait le temple dont il annonçait la ruine prochaine, prédisant les signes effroyables qui devaient précéder cette grande calamité.

Il est difficile aujourd'hui de savoir quelle était la population de l'ancienne Jérusalem. Les auteurs profanes qui en ont parlé se contentent de mentionner la population agglomérée durant un siége ou pendant la guerre ; ils ne disent rien de celle qui y résidait habituellement. Personne n'ignore que, dans ces terribles circonstances, les villes fortifiées servaient de refuge ; tous les hommes d'une contrée en état de porter les armes s'y rendaient, emmenant avec eux leurs femmes, leurs enfants, et emportant leurs richesses.

Tacite évalue à six cent mille hommes le nombre de ceux qui soutinrent le siége dirigé par Titus. Josèphe assure que, durant ce siége, onze cent mille individus perdirent la vie ; à la prise de la ville, quatre-vingt-dix-sept mille furent faits prisonniers : ce qui donne un chiffre total de douze cent mille.

Lorsque Alexandre le Grand fit son entrée à Jérusalem, s'il faut en croire l'historien Josèphe, il y avait cent cinquante mille habitants. L'an 175 avant Jésus-Christ, quand le roi Antiochus prit la ville, quatre-vingt mille hommes périrent en trois jours ; on fit quarante mille prisonniers ; quatre-vingt mille hommes furent vendus comme esclaves : ce qui porte le chiffre de la population à deux cent mille.

A l'époque des grandes fêtes judaïques, Jérusalem et les lieux voisins regorgeaient d'hommes. Sous Cestius, pour les fêtes de Pâques, il y avait à Jérusalem deux millions sept cent mille hommes, sans compter les étrangers. Toute cette multitude inondait les rues, les places publiques, les portiques des édifices, les terrasses des maisons, la campagne, et passait les jours et les nuits sous des tentes ou à la belle étoile.

Moins d'un siècle après la victoire de Titus, la Judée devint le théâtre d'une révolte insensée et de nouveaux désastres. L'empereur Adrien choisit Jules Sévère pour ministre de sa colère et de sa vengeance. Le général accomplit les ordres de son maître avec une cruauté qui fait frémir. Cinq cent quatre-vingt mille hommes furent passés au fil de l'épée. Qui pourrait compter le nombre des malheureux morts de faim et de misère ?

Telle était l'horreur qu'inspirait alors le nom juif, que ces infortunés trouvaient à peine un maître qui consentît à les acheter. Ceux qui n'avaient pas atteint l'âge de dix-sept ans furent mis à l'encan avec les femmes : on en donnait trente pour un denier. Le sang du Juste avait été vendu trente deniers à Jérusalem ! Quelle punition ! Ainsi s'accomplit la malédiction de Dieu. Jamais, depuis cette époque néfaste, les Juifs ne se réunirent en corps de nation. De nos jours encore, malgré l'abolition de l'esclavage, l'adoucissement des mœurs, l'affaiblissement des préjugés, les Juifs, dispersés sur la face de toute la terre, souvent comblés de richesses, n'ont pas réussi à détruire la barrière qui semble les séparer du reste des hommes.

Aujourd'hui la population de Jérusalem est d'environ quinze mille habitants, dont cinq mille mahométans, sept mille Juifs et trois mille cinq cents chrétiens. Ces derniers se divisent ainsi : deux mille grecs, mille catholiques, trois cent cinquante Arméniens, et environ deux cents Cophtes, Syriens et Abyssins. Le nombre des pèlerins de toutes les communions qui viennent annuellement à Jérusalem varie entre quatre mille et dix mille.

Le commerce est à peu près nul à Jérusalem. Les Juifs habitent le quartier le plus malpropre, entre le mont Sion et l'emplacement du temple. Les maisons qu'ils occupent sont tellement petites et serrées, les rues si étroites, que si la population de la ville était également pressée dans les autres quartiers, elle serait au moins de cent mille habitants. Les Juifs de Jérusalem sont la plupart étrangers : beaucoup n'y viennent que dans leur vieillesse, espérant reposer après leur mort au milieu de leurs pères, et avoir un tombeau dans la vallée de Josaphat. Quelques-uns sont très-riches, quoique tous portent les marques extérieures de la misère. Tous sont exposés aux avanies que les Turcs ne leur épargnent guère. Ils sont résignés, et souffrent sans se plaindre. Proscrits et persécutés dans le pays de leurs ancêtres, leur propre pays, ils baissent la tête, viennent pleurer le long des murailles qui servaient jadis de fondements au temple de Salomon, et attendent, la Bible à la main, la venue d'un libérateur, descendu au milieu de leurs aïeux il y a dix-huit siècles et demi.

Les Arméniens et les Grecs ont à Jérusalem le caractère qu'on leur connaît ailleurs. Ils sont industrieux, actifs, entreprenants. Les pèlerins paient une espèce de tribut à leur savoir-faire, tant ils sont adroits à placer des objets de dévotion souvenirs des sanctuaires de la cité sainte. Les grecs sont d'ailleurs peu scrupuleux dans le choix des moyens propres à satisfaire leur avidité, accroître leur influence, et faire, au détriment de leurs voisins, de perpétuels envahissements. On reconnaît sans peine, en quelque pays qu'on les rencontre, les descendants de ces Grecs du Bas-Empire dont la mauvaise foi est restée proverbiale. Celui qui traite avec eux doit se rappeler que la défiance est la mère de la sûreté. Ils se montrent toujours et partout jaloux des Latins. Leurs empiétements dans tous les sanctuaires de la Palestine sont une cause permanente de démêlés, dont ils sortent habituellement avec profit, à l'aide d'intrigues, de fourberies et de l'or de leurs coreligionnaires schismatiques. Quand ils ont besoin d'un titre pour soutenir leurs prétentions, ils le fabriquent; et plus d'une fois on les a convaincus du crime des faussaires. Rien cependant ne saurait rebuter leur persévérance. Dix fois déboutés de leurs prétentions, ils reviennent dix fois à la charge, et, si l'on n'y fait attention, ils finissent par réussir. Leur quartier est dans le voisinage du Saint-Sépulcre. Quelques-uns de leurs évêques ne manquent pas d'instruction; mais le peuple croupit dans la plus déplorable ignorance.

Les Arméniens se sont établis sur le mont Sion. Ils demeurent par conséquent en dehors des remparts de la cité actuelle. Leur quartier est plus propre et mieux bâti que les autres. Comme les Israélites, les Arméniens n'ont pas de patrie; ils se fixent partout où ils espèrent s'enrichir. Généralement répandus dans les vastes contrées soumises à la puissance ottomane, ils ont le talent d'exploiter avantageusement les besoins, les goûts et les fantaisies des populations qu'ils visitent.

Le quartier des musulmans s'étend sur le mont Moriah et la colline d'Acra. On reconnaît à chaque pas que les Turcs sont les maîtres. C'est une race inquiète, abâtardie, jalouse, orgueilleuse, ne voulant supporter aucune autorité, incapable d'ailleurs de comprendre la liberté et d'en jouir. Les sectateurs du Coran affectent un souverain mépris pour le reste des hommes. S'ils sentent parfois la supériorité des autres, s'ils la voient d'une manière évidente chez les Francs, ils font semblant de la dédaigner; ils redoublent alors de hauteur et d'arrogance; ils font peser davantage le joug de leur aveugle tyrannie. Combien de fois ne les a-t-on pas vus dans les rues et jusque dans les maisons insulter impunément les Juifs et les chrétiens. La justice chez eux a deux poids et deux mesures. L'Arabe est bien supérieur au Turc en intelligence, en finesse, en énergie, en ressources de tout genre. Le Turc en Orient n'a plus que le prestige du conquérant, et ce prestige s'est bien affaibli depuis un demi-siècle. Encore vingt-cinq ans, et nous ne savons s'il existera encore. Les derniers événements de la Crimée ont paru raffermir la puissance ottomane près de s'écrouler ; mais ils auront un retentissement que personne au monde ne pouvait prévoir. Le fanatisme musulman se réveille ; il a senti son humiliation. Mais il a beau faire ; il est vaincu. Le règne du Croissant aura bientôt cessé. La Croix reprendra un jour son empire, et protégera dans ces belles contrées de l'Orient les progrès de la civilisation chrétienne.

La première condition de la civilisation est le respect des lois. Or, en Judée, à Jérusalem comme dans les autres villes, comme à la campagne, le droit n'existe pas. La force seule est respectée. Le commerce a besoin de sécurité ; le Turc et l'Arabe à l'envi pillent les voyageurs. Des caravanes nombreuses ont peine à se défendre contre la violence et la rapacité des disciples de Mahomet. Comment l'agriculture pourrait-elle prospérer dans un pays où il faut semer, moissonner et garder ses récoltes le fusil à la main ? Il n'y a ni chemins, ni canaux, ni relations établis pour faciliter les échanges et favoriser l'industrie. Aussi Jérusalem n'offre-t-elle aux regards attristés que l'aspect de la misère.

Tout dans ce malheureux pays est une cause de division, les croyances religieuses aussi bien que les habitudes. Les mahométans chôment le vendredi, les juifs le samedi, et les chrétiens le dimanche.

L'enceinte actuelle de Jérusalem est à peu près carrée, et se développe sur une étendue de plus de quatre kilomètres. Les murailles ont été restaurées au xvie siècle; ce qui n'empêche pas à un œil exercé de distinguer, à l'aide des caractères archéologiques, le travail de tous les âges. Des tours en assurent la solidité; mais ces remparts ne seraient pas assez forts pour résister aux coups de l'artillerie.

Que dirons-nous maintenant de l'intérieur de Jérusalem? Souvent nous en avons parcouru les rues et visité les édifices; toujours nous sommes rentrés le cœur attristé à la vue des ruines et des décombres. On devine à l'aspect de ces débris une splendeur évanouie. Chaque pierre, pour ainsi dire, porte la trace des calamités qui ont pesé sur cette malheureuse cité, et rappelle les révolutions qui l'ont tant de fois bouleversée. La plupart des rues sont étroites, tortueuses et désertes; quelques-unes sont voûtées, obscures, encombrées d'animaux et d'immondices; toutes sont mal pavées, quand elles sont pavées. Les villes d'Orient, où la chaleur décompose rapidement les substances végétales et animales, devraient être propres et ouvertes aux vents. Il n'en est rien; toutes étalent une malpropreté que nous, habitants des villes d'Occident, avons peine à nous figurer. Les chiens seuls, en dévorant les charognes sur le pavé, font disparaître quelques immondices. Ces chiens du reste sont vagabonds ; ils n'appartiennent à personne, s'établissent dans chaque rue, où ils naissent, vivent et meurent. Aussi les maladies épidémiques font-elles de fréquentes apparitions dans ces villes, où elles emportent des milliers de victimes.

Dans les quartiers les plus fréquentés, de pauvres boutiques étalent les objets nécessaires à la vie. Le luxe y est inconnu, et il ne faut pas se montrer difficile si l'on tient à faire des emplettes. En général les maisons sont basses, carrées, ayant de rares ouvertures. La porte est si basse, qu'il faut se baisser en entrant. S'il y a des fenêtres, elles sont constamment fermées au moyen de treillis, comme dans les temps les plus reculés. Les toits sont en terrasse ; ils ne sont pas entièrement plats, comme en Syrie ; chaque maison est surmontée au centre d'une espèce de dôme haut de deux à trois mètres. Pour éviter tout accident, les terrasses sont bordées d'un mur à hauteur d'appui, c'est-à-dire élevé jusqu'à la poitrine d'un homme. C'est là qu'on se retire pour jouir de la fraîcheur de l'air, le soir et le matin. On y couche durant la belle saison enveloppé d'une couverture à cause de l'humidité de la nuit. Là seulement on respire librement et on se soustrait aux malignes influences de l'air infect qui remplit les rues et les misérables échoppes qui les bordent. Sur les terrasses de leurs maisons les Juifs dressent des tentes à la fête des Tabernacles, à l'imitation de leurs ancêtres. Ils y viennent faire leurs prières et leurs ablutions. Les musulmans y montent également pour accomplir leurs devoirs religieux. Cette disposition des maisons, qui semble si étrange aux Européens, accoutumés à habiter des appartements spacieux et aérés, est commandée par le climat de la Palestine. Le toit en terrasse conserve un peu de fraîcheur à l'intérieur des chambres; autrement la chaleur y serait insupportable. Les Israélites n'ont pas changé cette coutume, qui existait en Palestine avant eux, comme on en peut juger par l'histoire de Rahab et des espions de Josué. Du temps de notre Seigneur, elle était en vigueur, et elle a persévéré jusqu'à nos jours.

Les habitudes de l'Europe se retrouvent seulement dans les hôtels du patriarche latin, des consuls et de quelques autres personnages constitués en dignité. Le couvent des Pères de Terre-Sainte ressemble aux monastères d'Espagne et d'Italie : tout y respire la simplicité et la pauvreté monastiques. Il est vrai que, malgré le manque de ressources, mais avec un zèle tout apostolique, les religieux de Saint-François ont réussi à conserver la foi à plus de quatre mille catholiques en Terre-Sainte, et à ramener dans le sein de la véritable Église des milliers de schismatiques et de frères égarés ; tandis que l'évêque protestant établi à Jérusalem depuis 1840, dans le but avoué de travailler à la conversion des juifs, disposant de ressources considérables, a vu sa mission frappée d'une complète stérilité. Depuis une dizaine d'années, le souverain Pontife a fixé à Jérusalem la résidence d'un patriarche latin. Mgr Valerga est à la tête des fidèles de Palestine. Pie IX ne pouvait envoyer un plus digne successeur aux confesseurs de la foi qui ont illustré le siége de Jérusalem par leur courage, leur science, leur dévouement, leur zèle et leurs vertus.

Revenons à nos remarques sur Jérusalem ; nous devons ajouter que le terrain sur lequel la ville est bâtie appartient presque en entier aux mosquées et aux églises. La propriété particulière y est extrêmement restreinte. Aussi, par suite des héritages, la moindre parcelle du sol est-elle réclamée par quantité de personnes. Il en résulte que la moindre acquisition est presque impossible. D'ailleurs, il faut le dire, Jérusalem pour beaucoup d'habitants n'est qu'un lieu de passage ; si nous l'osions, nous dirions un lieu d'exil. Ceux qui viennent y résider plantent leur tente du mieux possible, aspirant au moment où ils pourront la replier et regagner la patrie. L'Européen a les yeux sans cesse tournés vers l'Occident ; les pachas et les Turcs retournent à Damas ou à Constantinople ; l'Arabe revient au désert. La ville de David n'a plus de peuple : on y rencontre des hommes venus de tous les coins du monde, attirés par des motifs de religion, de politique ou de simple curiosité. Aucun lien ne les unit ensemble. Au premier signal chacun se disperse, et cède la place à de nouveaux venus, lesquels, un jour, imiteront leur exemple.

Durant les sécheresses prolongées, le manque d'eau occasionne les plus grandes privations sous un ciel de feu, et plus encore peut-être à Jérusalem qu'en aucun lieu du monde, à cause de l'aridité du sol. Nous n'avons vu qu'un cours d'eau vive au pied de la colline d'Ophel : c'est la fontaine de Siloé. L'eau coule avec lenteur et irrégularité ; elle remplit peu à peu un large réservoir où les femmes viennent puiser. Elle est un peu saumâtre. Voici l'origine de cette fontaine : La source est souterraine et sort de la colline du temple; on y descend à l'aide de deux rampes, dont la première, assez large, a dix-huit marches; la seconde, plus étroite, en a quatorze. Au fond, un bassin de cinq mètres environ de longueur sur deux mètres de largeur reçoit l'eau, qui s'épanche tranquillement. On appelle cette source la fontaine de la Vierge-Marie, parce que la sainte Vierge y venait puiser de l'eau à Jérusalem. Un canal souterrain d'environ cinq cent quatre-vingts mètres conduit l'eau à la fontaine de Siloé, vers un endroit plus accessible aux habitants. Plusieurs personnes ont exploré ce canal dans toute son étendue. Il est d'un travail grossier, et on croit qu'il est plus ancien que le règne de Salomon.

On a découvert récemment deux puits donnant une eau limpide et excellente : ils sont situés au fond de souterrains, dont un s'ouvre près de la porte de Damas. Il ne paraît pas douteux que l'antiquité judaïque en ait connu et pratiqué plusieurs du même genre; mais depuis longtemps la trace en est perdue. Les eaux nécessaires au service du temple, à la consommation ordinaire des habitants, et aux approvisionnements du peuple à l'époque des fêtes, étaient amenées en ville au moyen d'aqueducs, ou conservées dans de vastes citernes couvertes. Les pluies abondantes de l'hiver emplissaient les citernes; il pleut rarement en été. Salomon avait fait creuser les grandes piscines, connues toujours sous le nom d'*Étangs de Salomon*, dont nous avons parlé précédemment, et bâtir de magnifiques aqueducs destinés à amener jusque sur le mont Moriah les eaux de la *fontaine scellée*, et au besoin celles des réservoirs.

On retrouve en plus d'un endroit les restes des aqueducs et la trace des travaux considérables qu'il fallut exécuter aux abords de la ville, à travers un pays accidenté. L'Écriture fait mention des aqueducs en plusieurs passages [1]; mais cette ressource manquait parfois aux habitants, et les canaux furent coupés plus d'une fois en temps de guerre. Les citernes fournissaient en toute occasion une eau saine et abondante; en cas de nécessité, on descendait aux puits souterrains, où l'on puisait des eaux meilleures encore. Il suffit d'avoir quelque idée de l'aridité des environs de Jérusalem pour comprendre le supplice de la soif auquel furent soumis les croisés pendant la durée du siége. Chaque jour il leur fallait envoyer à de longues distances des hommes qui n'apportaient souvent au camp qu'une eau fangeuse, pleine de vers et de sangsues. Autrefois les Romains avaient éprouvé les mêmes souffrances [2].

Sous le temple règnent d'immenses souterrains. Des éboulements ont bouché plusieurs de ces excavations, œuvres de géants; la défiance des conquérants a fermé les autres; elles sont à peu près inaccessibles, à cause des craintes superstitieuses des Turcs. Il paraît toutefois que les Arabes en connaissent encore les principales issues, car durant les derniers soulèvements contre Ibrahim-Pacha ils pénétrèrent dans la ville à l'im-

---

[1] IV Reg., xviii, 17. — Is., xxxvi, 2. — Is., vii, 3. — IV Reg., xx, 20. — II Paralipom., xxxii, 30.

[2] Ut plurimum vero laborabant aquæ inopia Romani, quam et putidam, et longo ex intervallo petere cogebantur; Judæi autem per cuniculos subterraneos multum poterant. (Dion, lib. lxvi, § 4.)

proviste et à couvert. A l'époque du siége de Jérusalem par Titus, les Juifs faisaient par là des sorties furieuses, ordinairement couronnées de succès. C'est également au fond de ces réduits secrets qu'ils cachaient leurs trésors au moment du danger, et qu'ils cherchaient eux-mêmes un dernier asile, quand tout espoir semblait perdu. Des écrivains ont affirmé, avec quelque probabilité, que de grandes richesses y sont enfouies. Nul doute qu'un jour ces conduits souterrains ne soient explorés. La cupidité n'y découvrira peut-être aucun trésor; mais la science archéologique s'y enrichira certainement d'observations curieuses.

CHAPITRE VIII

JÉRUSALEM

RÉSUMÉ HISTORIQUE

'HISTOIRE ne nous fait rien connaître de l'origine et de la fondation de Jérusalem. Cette ville est mentionnée pour la première fois dans le livre de Josué; à l'époque du partage de la Terre promise entre les douze tribus, elle était occupée par les Jébuséens, descendants de Jébus, fils de Chanaan. Plus tard elle appartint à la tribu de Juda; mais les Jébuséens, peuplade belliqueuse, réussirent à se maintenir dans la citadelle bâtie sur le mont Sion, d'où ils inquiétaient les habitants du voisinage. A peine assis sur le trône, David résolut de les en chasser. Confiants dans la solidité de leurs remparts et dans la position de leur cité, qu'ils croyaient inexpugnable, les fils de Jébus se moquaient des préparatifs de leurs adversaires ; ils leur firent dire que pour les repousser il suffirait de leur opposer les aveugles et les boiteux. Afin d'exciter l'ardeur de ses troupes, David promit de mettre à la tête de l'armée celui qui entrerait le premier dans la place : Joab eut ce périlleux honneur. Maître de cette importante position, le roi en fit la capitale de son royaume et l'augmenta considérablement. L'antique Jérusalem était fort petite ; la ville nouvelle, bâtie sur le mont Sion, fut appelée la *ville de David*. Là, s'élevèrent le palais du prince et le temple du Seigneur. La vallée de Mello séparait la cité des Jébuséens de celle de David, elle fut en partie comblée et nivelée par les soins de David et de Salomon. Manassé agrandit l'enceinte, et les Machabées y firent de nouvelles additions ; de nouveaux agrandissements s'opérèrent sous le règne d'Agrippa, au témoignage de l'historien Josèphe : en sorte que la ville n'avait jamais été si grande que lorsqu'elle fut attaquée et détruite par les Romains.

Le palais de David couvrait le sommet de la montagne de Sion. « Séjour plein de charmes, dit un écrivain moderne, d'où la vue, à l'est, plongeait sur la vallée de Josaphat et s'étendait jusqu'au Jourdain, à travers la cime déchirée des collines : séjour d'inspiration sainte, qui dominait le cours du Siloé aux flots poétiques, et qui entendit tant de fois des accords si doux et si sublimes que nul écho sur la terre n'a répété de plus admirables concerts ¹. » La grandeur véritable des princes ne doit pas se mesurer à l'étendue et au nombre des provinces soumises à leur pouvoir, mais à la sagesse de leur gouvernement et au caractère de leurs institutions. Rien n'a manqué à la grandeur de David, devenu tout à coup d'humble berger guerrier intrépide et victorieux, chef à la fois prudent et hardi, cœur généreux et magnanime, esprit élevé, législateur habile, génie poétique et inspiré, roi glorieux et respecté.

Salomon recueillit, avec l'héritage de David, l'honneur qui survit à un règne long et prospère; sous sa direction, le royaume de Judée atteignit au plus haut degré de splendeur et de puissance. Salomon rendit Jérusalem une des plus brillantes villes de l'Orient : la renommée en répandit la gloire dans tout l'univers. Naturellement porté vers la magnificence, il ouvrit à son pays le commerce du monde; ses vaisseaux sillonnaient la Méditerranée; il leur ouvrit un port à la pointe du golfe arabique de la mer Rouge, à Eziongaber; les caravanes trouvèrent un entrepôt à Palmyre, sur le chemin de Babylone et de Ninive. Mais il réserva ses principales ressources pour la construction du temple. La quatrième année de son règne commencèrent les premières opérations de cette grande entreprise. Des milliers d'ouvriers taillaient la pierre et le bois dans les montagnes. Apportés à Jérusalem, les matériaux se trouvaient préparés d'une façon si précise, qu'ils étaient disposés sans peine et sans la moindre hésitation. Pendant toute la durée des

---

¹ *Jérusalem et la Terre-Sainte*, par M. l'abbé G. D., p. 113.

travaux, on n'entendit à Jérusalem ni les coups de marteau ou de cognée, ni le bruit d'aucun instrument [1]. D'énormes blocs de granit, de porphyre et de marbre formèrent les fondations; les murs furent construits avec un soin extrême, et les charpentes furent composées des bois aromatiques et indestructibles empruntés au Liban. Rien ne fut ménagé dans l'exécution de ce noble édifice, qui couvrait une partie du mont Moriah. On l'entoura d'une triple enceinte, réservée, la première aux étrangers, la seconde aux Israélites, la troisième aux Lévites. Des galeries couvertes s'étendaient régulièrement au dedans de chaque enceinte. Au centre s'élevait le temple proprement dit, renfermant l'arche d'alliance. Ce sanctuaire était décoré avec un luxe éblouissant. Les lambris, de cèdre, étaient revêtus de lames d'or; les murailles étaient ornées de moulures et de sculptures variées, imitant des feuillages, des fleurs et des fruits. Le pavé était de marbre précieux et couvert d'or. Partout resplendissaient les matériaux les plus précieux, rehaussés de l'éclat des métaux et travaillés avec toutes les délicatesses de l'art. Sept années entières furent employées à l'exécution de ce bel ouvrage, et la dédicace en fut célébrée avec une solennité extraordinaire, au milieu d'un immense concours de peuple. Dieu manifesta par des prodiges que cette œuvre lui était agréable, et qu'il habitait vraiment ce temple.

Nous ne donnerons pas une description plus détaillée du temple de Salomon; nous ne dirons rien des magni-

---

[1] III Reg., vi.

ficences de son palais, qu'il mit treize ans à bâtir et à décorer. On peut juger de la perfection à laquelle les arts étaient alors parvenus en Palestine, d'après une œuvre qui a joui constamment chez les Hébreux de la plus haute réputation, le trône de Salomon. L'Écriture affirme que rien de semblable n'a été fait dans le monde [1]. Il était d'ivoire et revêtu d'or pur; on y montait à l'aide de six degrés; le dossier était rond, et deux bras soutenaient le siège. Douze lions d'or, un de chaque côté des six degrés, en faisaient le principal ornement [2]. Nous savons, en outre, qu'en Judée les ouvriers qui travaillaient l'or et l'argent, et qui s'appliquaient aux travaux les plus délicats, étaient tous de condition libre, différents en cela de ceux qui fleurirent plus tard à Rome et en Grèce. Ajoutons qu'ils n'ignoraient pas les procédés usités chez les Phéniciens et les Égyptiens, et que les arts acquirent de bonne heure un rare degré d'avancement chez ces peuples.

Suivant quelques auteurs, la piscine probatique ou de Bethsaïde montre dans sa construction quelques restes des édifices du règne de Salomon. Le bassin n'a pas moins de cinquante mètres de longueur sur quinze mètres de largeur; la profondeur en est inconnue, car il est presque entièrement comblé depuis longtemps. Les murs sont bâtis de grosses pierres reliées entre elles à l'aide de crampons de bronze. En plusieurs endroits,

---

[1] II Reg., x, 20.

[2] Jer., xxiv, 1; xxix, 3. — II Reg., xxiv, 14.

les appareils de moyenne dimension reçurent des enduits solides de ciment, que le temps a durcis et qui passent pour être imperméables. Ces magnifiques débris, ainsi que d'autres qui subsistent des murs inférieurs du temple, suffisent à l'archéologue pour lui donner à comprendre que les grands et beaux édifices salomoniens ressemblaient, sous plus d'un rapport, aux bâtiments gigantesques dus aux Égyptiens, aux Hellènes et aux Pélages. Des blocs énormes, taillés plus ou moins régulièrement, étaient posés par larges assises, sans liaison de mortier, et recevaient une solidité à toute épreuve de leur assemblage et du poids de leur masse. Ce genre de bâtisse, dont on observe les analogues à Balbek et à Palmyre, exigeait l'emploi de forces herculéennes. Nous savons comment les Égyptiens remuaient et entassaient ces pierres gigantesques; les Israélites ne connaissaient pas d'autres procédés. Les architectes se servaient de machines intelligentes, c'est-à-dire qu'ils faisaient agir dans un but commun des milliers d'hommes à la fois. Ainsi s'explique le nombre des ouvriers destinés à porter les matériaux du temple; soixante-dix mille hommes étaient occupés à ce travail.

Il ne peut entrer dans le plan de cet ouvrage d'exposer toutes les vicissitudes auxquelles la ville de Jérusalem fut soumise durant la longue suite des siècles : il faudrait écrire un livre entier. Plus d'une fois elle eut à subir toutes les horreurs d'une ville prise d'assaut, notamment de la part de Sésac, roi d'Égypte, et de Nabuchodonosor, roi d'Assyrie. Alexandre le Grand y fit son entrée l'an 328 avant la naissance de Jésus-Christ; après la mort de ce prince, la Judée demeura sous la domination des rois grecs d'Égypte. Antiochus le Grand conquit la Syrie et la Judée; ce prince traita les Juifs avec bienveillance et leur accorda des priviléges. Mais Antiochus Épiphane, frère et successeur de Séleucus, exerça contre eux tous les raffinements de la cruauté. Après avoir commis les exactions les plus odieuses par le ministère d'Apollonius, courtisan plein de bassesse, il fit dresser au milieu du temple la statue de Jupiter Olympien. Les sacrifices furent interrompus, et Jérusalem fut presque entièrement abandonnée des habitants. La persécution fit des victimes à jamais célèbres, telles que le vieil Éléazar, les sept frères Machabées et leur mère héroïque. Alors la résistance s'organise contre la tyrannie; et Judas Machabée, aidé de ses frères, délivre sa patrie de l'oppression. Plus tard des divisions sanglantes consommeront la perte de l'indépendance du peuple juif, les Romains se rendront maîtres de la Judée. Mais les temps sont accomplis; le sceptre est sorti des mains de Juda; les soixante-dix semaines d'années prédites par le prophète Daniel sont écoulées; le Messie va enfin paraître : JÉSUS naît de la Vierge Marie !

Hérode, ayant obtenu du sénat romain le titre de roi grâce au crédit de Marc-Antoine et de César, affecta de signaler son règne en bâtissant de somptueux édifices à Jérusalem et dans plusieurs autres villes de Palestine. Il restaura les murs de Jérusalem et rebâtit le temple. Dix années furent consacrées à ce dernier travail. Le palais d'Hérode était sur le mont Sion. A peine quelques débris informes marquent-ils aujourd'hui l'emplacement de ces superbes édifices. Soixante-dix ans après la naissance de Jésus-Christ, Titus, ministre de la vengeance de Dieu, fit le siége de Jérusalem et ruina la ville de fond en comble. C'est durant ce siége mémorable que se passa une scène affreuse dont le récit glace encore d'effroi ceux qui le lisent. Pressée par la faim, une mère égorgea son enfant, le fit rôtir et en mangea la moitié. Attirés par l'odeur, des soldats affamés menacent cette femme si elle ne découvre ses provisions. « Je vous en ai gardé une part, » dit-elle d'un ton lugubre, en leur présentant ce qui restait de son effroyable festin. « C'est mon fils, continua-t-elle d'une voix altérée; c'est moi qui l'ai tué. Vous pouvez bien en manger après moi : êtes-vous plus délicats qu'une femme ou plus tendres qu'une mère? » Les soldats restèrent frappés de stupeur. Ils sortirent en frissonnant; à cette triste nouvelle la ville entière resta muette d'épouvante et d'horreur. Les Romains eux-mêmes furent consternés.

Afin de s'emparer du temple, où une résistance désespérée se prolongeait encore, le général romain fit mettre le feu aux portes. La flamme gagna rapidement les galeries et dévora les appartements des prêtres et des lévites. Titus avait ordonné d'épargner le sanctuaire; mais un soldat prit un tison allumé et le jeta à travers une fenêtre. Le feu s'allume aussitôt de toutes parts et avec une violence extrême. Les flammes ont bientôt enveloppé tout l'édifice, qui ne tarde pas à s'abîmer avec fracas, au milieu de tourbillons de fumée. Au pétillement de l'incendie se joignent les cris des combattants et mille clameurs confuses, que répètent les échos des montagnes. Des monceaux de cadavres jonchent les rues et les places publiques. Les soldats romains marchent sur les morts et les mourants, à la poursuite de ceux qui fuient : ils s'arrêtent épuisés de lassitude. Sur les ruines fumantes de Jérusalem on passe la charrue, et le vainqueur fait semer du sel sur l'emplacement du temple en signe de malédiction. Ainsi s'accomplirent les prédictions du Sauveur pleurant sur Jérusalem, ville ingrate et coupable : des monuments somptueux qui en faisaient l'orgueil il ne resta pas pierre sur pierre, et cette superbe cité ne fut plus qu'un froid et silencieux tombeau !

Après la ruine de Jérusalem, les chrétiens n'abandonnèrent pas les Saints-Lieux. Quarante évêques en occupèrent successivement le siége épiscopal depuis saint Jacques jusqu'à Macaire, sous le règne de Constantin. Nous avons raconté précédemment l'histoire de l'établissement des sanctuaires du Saint-Sépulcre, du Calvaire et de l'Invention de la Sainte-Croix. Les chrétiens respirèrent en paix quelque temps; mais ils étaient à la veille de voir fondre de nouvelles calamités sur la Judée. Un prince apostat entreprit de donner un éclatant démenti à la parole de Jésus-Christ, qui avait prédit qu'*il ne resterait pas pierre sur pierre* des bâtiments du temple. Julien donna des ordres pour que le temple fût reconstruit sur le premier emplacement. La direction des travaux fut confiée au comte Alypius d'Antioche. Les Juifs applaudirent à ce beau projet; déjà ils insultaient les chrétiens, et, joignant la menace aux injures, ils ne parlaient que vengeance, meurtre et pillage. L'ouvrage fut entrepris avec enthousiasme; les femmes mêmes voulurent porter la terre dans les pans de leurs robes. Cependant saint Cyrille, évêque de Jérusalem, regardait ces préparatifs d'un œil tranquille, assuré que les efforts des hommes seraient vains, et qu'un apostat n'aurait pas assez de puissance pour faire mentir la Vérité éternelle.

Soudain un tremblement de terre arrête les travailleurs, comble les fondations et bouleverse les matériaux. Des globes de feu, ou, pour employer les expressions d'un historien contemporain, d'effroyables tourbillons de flammes, par des élancements répétés, sortent des fondements, brûlent les ouvriers et rendent la place inaccessible. Ainsi, repoussés opiniâtrément par le feu, ils furent forcés d'abandonner l'entreprise [1]. Tel est le récit d'Ammien Marcellin, auteur païen et ennemi du christianisme. Nous devons à d'autres écrivains la narration de circonstances remarquables. Le phénomène se renouvela plusieurs fois le même jour et les jours suivants. Le feu consuma les instruments de travail qui se trouvèrent sur la place, et envahit un bâtiment voisin, mais séparé, où d'autres outils avaient été mis en réserve. Au moment où les Juifs accoururent en foule pour se rendre compte de l'accident et porter secours, la flamme jaillit de toutes les ruines et roula par-dessus comme un fleuve, dont les flots ardents tuèrent ceux

---

[1] Ammien Marcellin, *Hist.*, liv. xxiii. — Ruffin, Théodoret, Socrate et Sozomène racontent le même fait et de la même manière dans leurs histoires. — Les Pères de l'Église contemporains en ont également parlé.

qui s'approchèrent trop près. Le miracle était manifeste ; aussi plusieurs païens, et même des Juifs, en furent-ils si vivement frappés, qu'ils ne balancèrent pas à embrasser le christianisme.

Ce prodige a été dénaturé, comme il fallait s'y attendre, par les incrédules de tous les âges. Nous trouvons leurs explications résumées dans une note ajoutée au texte de l'*Histoire de la décadence et de la chute de l'empire romain*, par l'anglais Gibbon. La traduction de cet ouvrage et la note sont dues à M. Guizot [1]. Après avoir décrit les souterrains creusés dans la montagne au-dessous du temple, il ajoute : « Il est probable que la plupart de ces souterrains étaient des restes du temps de Salomon, où l'on avait coutume de travailler beaucoup sous terre : on ne peut guère leur assigner une autre date. Les Juifs, en revenant de l'exil, étaient trop pauvres pour entreprendre de pareils travaux, et, quoique Hérode, en reconstruisant le temple, ait fait creuser quelques souterrains [2], la précipitation avec laquelle cette construction fut achevée ne permet pas de croire qu'ils appartiennent tous à cette époque. Les uns étaient des cloaques et des égouts ; les autres servaient à recéler les immenses trésors que Crassus avait pillés cent vingt ans avant la guerre des Juifs, et qui sans doute avaient été remplacés depuis. Le temple fut détruit l'an 70 de Jésus-Christ ; les tentatives de Julien pour le rétablir et le fait rapporté par Ammien coïn-

---

[1] Tom. IV, p. 401. Paris, 1828.
[2] Josèphe, *Antiq. jud.*, xv, 11, 7.

cident avec l'an 363 ; il s'était donc écoulé entre ces deux époques un intervalle d'environ trois cents ans, pendant lequel les souterrains, obstrués par les décombres, avaient dû se remplir d'air inflammable. Les ouvriers employés par Julien arrivèrent, en creusant, dans les souterrains du temple ; on dut prendre des torches pour les visiter ; des flammes subites repoussèrent ceux qui approchaient, des détonations se firent entendre, et le phénomène se renouvela chaque fois que l'on pénétra dans de nouvelles cavités. »

Ces suppositions ne feront illusion à personne. On connaît assez aujourd'hui les effets du gaz carbonique et des gaz inflammables accumulés dans les souterrains, lorsqu'on en approche un flambeau. Mais ces effets ne sont en aucune manière comparables à ceux que nous venons de faire connaître. Les anciens, d'ailleurs, n'ignoraient pas ces phénomènes, et les ouvriers de Julien n'auraient pas été découragés par quelques explosions accidentelles.

Vers la fin du IVe siècle, au moment où les Barbares se disposaient à prendre et à piller Rome, tandis que saint Jérôme habitait Bethléem, la ville de Jérusalem avait acquis de l'importance, grâce aux nombreux pèlerins qui y affluaient de toutes les parties du monde chrétien. Le luxe et les plaisirs y avaient pénétré à la suite de la multitude. « Jérusalem, écrit saint Jérôme, est une grande ville, qui a un conseil public, une cour, des officiers, des comédiens, des bouffons et tout ce qu'on trouve dans les autres villes : une foule tumultueuse et un concours d'hommes de tous les pays. »

Deux siècles après les jours de deuil commencent ; ils continuent encore à présent. Chosroès envoie une armée formidable en Palestine. Les Lieux-Saints sont profanés, la vraie croix est emportée, le patriarche conduit en captivité, Jérusalem livrée au pillage, les édifices sont renversés. Pour comble de malheur, non-seulement des milliers de chrétiens furent massacrés, mais encore quantité de fidèles faits prisonniers étaient achetés par les Juifs, qui prenaient un barbare plaisir à les torturer et à leur arracher la vie.

La victoire d'Héraclius répara, autant qu'il était possible, ces affreuses calamités. On vit rentrer à Jérusalem le patriarche Zacharie, prélat vénérable par son âge, ses vertus et sa sainteté : il marchait pieds nus, portant sur ses épaules, jusqu'au Calvaire, le bois précieux de la croix enlevé aux infidèles. Sept ans s'étaient à peine écoulés depuis ce triomphe, que l'Orient entier tremblait et s'inclinait devant les farouches légions du trop fameux calife Omar. Héraclius abandonna la Syrie, et Jérusalem fut forcée d'ouvrir ses portes au vainqueur. Les fanatiques sectateurs du Coran étaient maîtres des lieux si chers à la piété des disciples de l'Évangile. Omar toutefois respecta l'église du Saint-Sépulcre. A la place du temple, il résolut d'élever une des plus brillantes mosquées de l'islamisme. Ce monument, connu depuis sous le nom de *mosquée d'Omar*, est presque aussi sacré pour les musulmans que ceux de Médine et de la Mecque.

Depuis cette époque néfaste, les cloches sont muettes dans la ville sainte, aucune cérémonie religieuse n'est publique, les chrétiens sont obligés de cacher la croix, les évangiles et tous les pieux emblèmes qui font notre gloire. Le croissant domine au milieu de cette terre sanctifiée, patrie des patriarches, des prophètes et de Jésus-Christ! Les mahométans font endurer mille avanies aux chrétiens; ils les contraignent à porter une marque de servitude; ils n'omettent aucun moyen de les humilier; ils ne leur ménagent nul outrage.

La renommée de Charlemagne fit luire aux yeux des chrétiens quelques éclairs d'espérance. Hélas! ces lueurs furent en effet fugitives comme l'éclair. Aaron-al-Raschild, le plus grand calife de la dynastie d'Abbas, envoya des présents à l'empereur d'Occident, en lui demandant son amitié. Il lui offrit en outre le patronage des Lieux-Saints, en lui faisant remettre les clefs du Saint-Sépulcre, du Calvaire et un étendard. Ces échanges de politesse avaient lieu en 799. Un siècle après, le vaste empire des Abbassides s'écroulait. La Palestine passa sous l'autorité des califes fatimites, établis en Égypte. Jérusalem eut à souffrir un surcroît de persécutions, et les bourreaux, pour le malheur des chrétiens, ne manquèrent jamais au fanatisme des musulmans. La population chrétienne fut écrasée d'impôts; quantité de sanctuaires furent changés en étables; l'église du Saint-Sépulcre fut profanée, pillée et dévastée.

Romain Argyre, empereur de Constantinople, obtint du sultan du Caire, successeur du barbare Hakem, l'autorisation de restaurer le sanctuaire élevé sur le tombeau de Jésus-Christ. Ce travail s'exécutait au moment où les plaintes des pèlerins eurent un premier écho dans les cœurs chrétiens de l'Occident. Le joug du despotisme le plus intolérant accablait les fidèles ; ceux-ci n'obtenaient la permission de prier sur le saint tombeau et sur le Calvaire qu'au poids de l'or et au prix des humiliations les plus amères. De retour au sein de leur patrie, ils redisaient avec larmes en France, en Italie, en Allemagne, les souffrances de leurs frères d'Orient. Ils n'avaient pas à faire beaucoup d'efforts pour exciter la compassion. Une fidèle peinture des douleurs et des abaissements des enfants de l'Église ; l'orgueil et la cruauté des infidèles ; la profanation des lieux consacrés par la vie, les miracles, la passion, la résurrection d'un Dieu ; la désolation de Jérusalem : tout contribuait à rendre ce tableau émouvant. Que de fois les regards de la chrétienté s'étaient portés déjà vers la Palestine, théâtre des grands mystères de notre religion ! Combien de nobles cœurs battaient vivement à la pensée des humiliations de la croix ! Que de chevaliers avaient déjà rêvé la conquête et la délivrance des Saints-Lieux !

Les Turcs Seldjoucides, en s'emparant de Jérusalem et de la Syrie, aggravèrent encore le fardeau déjà trop pesant. C'est alors que la voix de Pierre l'Ermite retentit en accents irrésistibles. Le souverain Pontife fait un appel à la foi et à la bravoure ; au cri mille fois répété : *Dieu le veut ! Dieu le veut !* les croisés se précipitent vers l'Asie.

Godefroy de Bouillon dresse ses tentes sur une hauteur, en face de la porte de Damas ; Tancrède établit son camp non loin du Golgotha ; Raymond de Toulouse se place devant la porte de Jaffa et sur la montagne de Sion. Les croisés sont épuisés par les fatigues, les privations et la maladie. Des milliers de soldats chrétiens ont trouvé leur tombeau dans l'Asie Mineure, decimés par le fer de l'ennemi, la disette et l'influence homicide du climat. Chose horrible à dire ! la perfidie des Grecs, l'apostasie et la trahison de quelques misérables, l'incapacité de plusieurs chefs dont l'audace était la seule qualité, l'indiscipline d'une foule d'aventuriers, ont préparé et occasionné ces malheurs. Mais, à la vue de Jérusalem, l'ardeur, qui n'est pas éteinte, s'enflamme jusqu'à l'enthousiasme. Encore quelques efforts, et le tombeau de Jésus-Christ va être arraché aux infidèles. Les préparatifs de l'assaut sont terminés sur-le-champ; mais que peut le courage seul contre des murs solidement bâtis, derrière lesquels se cachent des ennemis bien armés et aguerris? Du haut des remparts, on accable les chrétiens de flèches, de pierres; on lance des traits enflammés; on verse de l'eau et de l'huile bouillantes sur ceux qui s'avancent trop près. Il faut se résigner à faire le siége en règle. Les travaux en sont dirigés avec habileté, et la ville se trouve pressée de toutes parts. La bravoure des chevaliers francs ne s'étonne d'aucun obstacle, ne s'arrête devant aucune difficulté; mais comment lutter contre les chaleurs dévorantes du mois de juillet, sous un ciel sans nuages, durant de longues journées de fatigues, pendant des nuits sans rosée, sur un sol sans ombrages et sans eau? La soif leur fait éprouver d'affreux supplices; il faut aller jusqu'à douze kilomètres de distance pour se procurer un peu d'eau, et quelle eau! Les bêtes de somme périssent d'épuisement; les chevaux, couchés dans la poussière et haletants, perdent leur vigueur, et ces fiers coursiers, accoutumés à voler au combat, n'ont plus la force de se lever au son du clairon. Enfin, le vendredi 15 juillet 1099, après un assaut furieux, les chevaliers chrétiens entrent dans Jérusalem, à trois heures après midi, à l'heure même où Jésus-Christ expira sur la croix pour la rédemption des hommes.

Les princes et les chevaliers font à l'envi des prodiges de valeur. La résistance est opiniâtre; les Sarrasins se laissent massacrer sur la brèche, et ne reculent pas. Un gentilhomme nommé Létholde saute le premier sur la muraille; il est bientôt suivi d'une foule de braves. L'heure de la victoire enfin a sonné : les chrétiens se précipitent dans la ville par-dessus les murailles, et les portes sont ouvertes à la multitude. Dans le premier enivrement du succès, les soldats se livrent à un massacre général; le sang coule à flots; le vainqueur lui-même en est saisi d'horreur. Vingt mille Sarrasins perdirent la vie.

Quelques moments après cette horrible boucherie, les croisés, offrant un spectacle plus digne de leurs croyances et des douces maximes de l'Évangile, quittèrent leurs armes et leurs habits ensanglantés, se lavèrent les mains, prirent des vêtements modestes, et marchèrent vers l'église du Saint-Sépulcre les yeux mouillés de larmes. Huit jours après cette heureuse conquête Godefroy, d'un consentement unanime, fut élu roi du royaume chrétien de Jérusalem. Godefroy de Bouillon n'était pas le plus puissant des princes enrôlés sous la bannière de la croix; mais c'était un des seigneurs les plus accomplis, alliant la pratique des vertus chrétiennes à la bravoure et à la prudence, habile dans les exercices militaires, propre au commandement, sachant faire observer la discipline. Sa justice et sa probité égalaient sa droiture et son désintéressement. Ses ennemis mêmes appréciaient ses qualités, et tous rendaient hommage à sa vertu. C'était la plus noble personnification du chevalier de la croisade. Dès qu'il fut élu, on le conduisit avec pompe à l'église du Saint-Sépulcre pour le couronner; mais il protesta hautement qu'il ne consentirait jamais à porter une couronne d'or dans un lieu où Jésus-Christ fut couronné d'épines. « C'est pourquoi, dit Guillaume de Tyr, historien de la croisade et un des pieux pèlerins d'outre-mer, quelques personnes qui n'ont pas su reconnaître le vrai mérite ont hésité à inscrire le nom de Godefroy dans la liste des rois de Jérusalem. Pour nous, il nous paraît non-seulement avoir été roi, mais encore le meilleur des rois, la lumière et le modèle de tous les autres [1]. »

Hélas! un siècle n'était pas écoulé, et les Saints-Lieux retombaient sous la domination des infidèles. Après la funeste journée de Tibériade, Saladin vint mettre le siège devant Jérusalem. L'attaque fut vive, et la résistance opiniâtre. Dans des sorties fréquentes les assiégés firent des prodiges de valeur; mais la trahison paralysait leurs efforts. Découragés par la criminelle conspiration

---

[1] Guillaume de Tyr, liv. ix.

de faux frères qui avaient formé le projet de livrer une porte aux Sarrasins, les chrétiens demandèrent et obtinrent une capitulation. Saladin accorda la vie aux habitants moyennant une rançon de dix pièces d'or pour les hommes, de cinq pour les femmes, et de deux pour les enfants. Les gens de guerre purent sortir en armes. Toutes les portes de la ville furent fermées, à l'exception d'une seule, par où sortirent les vaincus. Le patriarche, suivi du clergé, portant les vases sacrés; la reine, accompagnée des principaux barons et chevaliers; les femmes, tenant leurs enfants entre leurs bras et poussant des cris lamentables; des hommes, ayant abandonné ce qu'ils avaient de plus précieux pour porter sur leurs épaules des vieillards, des malades et des infirmes; les guerriers, la tête basse et les yeux en larmes: tout ce lugubre cortége défila devant Saladin. L'émir fut ému à ce spectacle; il ne refusa pas son admiration à ces traits d'héroïque dévouement et à cette douleur navrante; il fit distribuer des aumônes aux indigents et renvoya sans rançon des milliers de malheureux trop pauvres pour payer la taxe de la capitulation; enfin il permit à dix chevaliers de l'Hôpital de rester à Jérusalem pour soigner les malades.

Alors Saladin entra dans la ville en triomphe. Les musulmans poussaient de bruyantes et joyeuses acclamations. Ils conseillaient au sultan de démolir l'église du Saint-Sépulcre; mais, à l'exemple du calife Omar, Saladin ordonna de conserver ce sanctuaire. La mosquée d'Omar, dédiée au culte du vrai Dieu par les croisés, fut rendue aux superstitions de l'islamime. On brisa les autels et les statues, on effaça les peintures, et les versets du Coran remplacèrent les psaumes de David et les sublimes prières de la liturgie catholique. La croix en cuivre doré qui surmontait la coupole et dominait toute la contrée fut renversée et mise en pièces. Ces tristes événements se passaient en 1187.

Les croisades poussèrent encore durant de longues années vers les côtes de Syrie l'élite de la chevalerie d'Occident. Les prouesses de Richard Cœur-de-Lion sont assez connues; la vaillance et la sagesse du roi saint Louis auront un long retentissement dans l'histoire; mais la perte de Jérusalem est consommée. Depuis la fin du xiie siècle jusqu'à nos jours les chrétiens n'en seront plus les maîtres. « Nos braves chevaliers, nos intrépides soldats, les fils de la France, dit un écrivain moderne, n'ont pas porté les armes depuis lors ni monté la garde à la porte du Saint-Sépulcre. »

Disons cependant, comme une suprême consolation, que la France est restée la protectrice avouée et reconnue des Saints-Lieux. Ce noble rôle convenait à la fille aînée de l'Église, à cette nation magnanime dont les drapeaux seront à jamais le symbole de l'honneur.

CHAPITRE IX

JÉRUSALEM

MONUMENTS ET RUINES

La ville de Jérusalem, dont nous venons d'esquisser rapidement l'histoire, offre à l'intérieur des remparts une foule de monuments ou de débris auxquels se rattachent les plus beaux noms et les plus grands souvenirs de l'histoire sacrée. Nous avons déjà suivi en pèlerins la *voie douloureuse* et les lieux consacrés par la passion de Jésus-Christ. Consignons ici quelques observations d'antiquaire, et jetons un dernier coup d'œil sur tant de ruines vénérables. L'archéologue éprouve dans ses pérégrinations bien des jouissances inconnues aux voyageurs ordinaires. Chaque pierre, pour ainsi dire, a son langage et rend un témoignage historique. Les édifices portent inscrite sur le front la date de leur construction, et jusque dans les moindres ornements ils montrent le nom et la main de l'artiste. Les réparations les moins importantes ont un cachet qui en indique l'âge et l'origine. Ainsi se distinguent les influences antiques, égyptiennes, phéniciennes ou judaïques, des influences grecques, romaines, bysantines ou latines du moyen âge. La science archéologique offre un moyen sûr de contrôler les traditions. Plus d'une fois nous avons eu l'occasion de redresser des récits pleins d'une singulière exagération, et nous avons reconnu, dans des monuments prétendus de Constantin, des édifices dus aux Français des croisades.

Commençons par la montagne de Sion. Sion! c'est le lieu des inspirations du Roi-Prophète; c'est un lieu sanctifié par la présence du Sauveur. Cette montagne, comme aspect, peut être comparée au mont Aventin, à Rome. Elle est couverte de ruines antiques; les édifices qu'on y aperçoit aujourd'hui sont plus ou moins modernes. Au sommet s'élevait jadis le palais de David; à présent une mosquée recouvre son tombeau, et tout autour se groupent quelques maisons turques. L'ensemble présente de loin une certaine ressemblance avec un hameau d'Europe surmonté de son église et de son clocher. « Ce lieu, dit l'auteur des *Méditations poétiques*, est doublement sacré pour moi, dont David, ce chantre divin, a souvent touché le cœur et ravi la pensée. C'est le premier des poëtes du sentiment; c'est le roi des lyriques. Jamais la fibre humaine n'a résonné d'accords si intimes, si pénétrants et si graves. Jamais la pensée du poëte ne s'est adressée si haut et n'a crié si juste. Jamais l'âme de l'homme ne s'est répandue devant l'homme et devant Dieu en expressions et en sentiments si tendres, si sympathiques, si déchirants. Tous les gémissements du cœur humain ont trouvé leurs voix et leurs notes sur les lèvres et sur la harpe de cet homme. Et si l'on remonte à l'époque reculée où de tels chants retentissaient sur la terre; si l'on pense qu'alors la poésie lyrique des nations les plus cultivées ne chantait que le vin, l'amour, le sang et les victoires des muses et des coursiers dans les jeux d'Élide, on est saisi d'un profond étonnement aux accents mystiques du Roi-Prophète, qui parle au Dieu créateur comme un ami à son ami, qui comprend et loue ses merveilles, qui admire ses justices, qui implore ses miséricordes, et semble un écho anticipé de la poésie évangélique, répétant les douces paroles du Christ avant de les avoir entendues.

« J'aurais, moi, humble poëte d'un temps de décadence et de silence, j'aurais, si j'avais vécu à Jérusalem, choisi le lieu de mon séjour et la pierre de mon repos précisément où David choisit le sien, à Sion. C'est la plus belle vue de la Judée, de la Palestine et de la Galilée. Jérusalem est à gauche, avec le temple et les édifices, sur lesquels les regards du roi pouvaient plonger sans être vu. Devant lui des jardins fertiles, descendant en pentes mouvantes, le pouvaient conduire jusqu'au fond du lit du torrent, dont il aimait l'écume et la voix. Les figuiers, les grenadiers, les oliviers, l'ombragent; c'est sur quelques-uns de ces rochers suspendus au-dessus de l'eau courante, c'est dans quelques-unes de ces grottes sonores, rafraîchies par l'haleine et le murmure des eaux, c'est au pied de quelques-uns de ces térébinthes, aïeux du térébinthe qui me couvre, que le poëte sacré venait sans doute attendre le souffle qui l'inspirait si mélodieusement.

« Le palais de David plonge ses regards sur la ravine alors verdoyante et arrosée de Josaphat; une large ouverture dans les collines de l'est conduit, de pente en pente, de cime en cime, d'ondulation en ondulation, jusqu'au bassin de la mer Morte, qui réfléchit là-bas les rayons du soir dans ses eaux pesantes et épaisses, comme une épaisse glace de Venise qui donne une teinte mate et plombée à la lumière qui l'effleure. Ce n'est point ce que la pensée se figure, un lac pétrifié dans un horizon triste et sans couleur. C'est ici un des plus beaux lacs de Suisse ou d'Italie laissant dormir ses eaux tranquilles entre l'ombre des hautes montagnes d'Arabie, qui s'étendent, comme les Alpes, à perte de vue derrière ses flots, et entre les cimes élancées, pyramidales, coniques, légères, dentelées, étincelantes, des dernières montagnes de la Judée. »

Le tombeau de David, construit par Salomon sur le mont Sion, était d'une grande magnificence; il existait encore à l'époque de la première prédication chrétienne; saint Pierre, parlant aux Juifs du roi David, leur dit : « Et son sépulcre est parmi nous jusqu'à ce jour [1]. » Du temps de saint Jérôme il subsistait encore [2]; mais déjà aux sou-

---

[1] *Act. Apost.*, II, 29.

[2] S. Hieron., *Epist. ad Marcellam*.

venirs historiques se mêlaient des contes ridicules. Les musulmans professent la plus grande vénération pour ce tombeau, et chaque année le sultan envoie de Constantinople de riches tapis destinés à être étendus dessus. Jusqu'à ce jour l'accès du caveau sépulcral était sévèrement interdit aux chrétiens; les musulmans, une fois chaque année, ôtaient la pierre qui en ferme l'entrée pour jeter les présents venus de Constantinople. Quelques voyageurs plus heureux que nous ont été assez favorisés pour entrer dans ce sépulcre. Nous en empruntons la description au livre du vénérable abbé de Sainte-Marie-de-Deg, en Hongrie [1].

« Nous descendîmes, par un escalier qui n'a que six ou huit marches, dans des chambres basses et voûtées qui doivent se trouver, autant que j'ai pu en juger, exactement au-dessous de l'église de l'Institution de l'Eucharistie, dont elles ne sont que la crypte ou église souterraine. Après avoir passé le vestibule, on arrive dans la partie qui correspond à la nef unique de l'église supérieure; mais ici la nef est divisée d'abord en deux, dans le sens de la longueur, par des supports en pierre assez massifs qui au milieu soutiennent les voûtes. La dernière moitié de cet espace, ou plutôt la dernière partie, car elle est plus petite que la première, en est séparée par une cloison transversale, et elle est elle-même divisée par une autre cloison, qui s'appuie sur celle-ci à angle droit, et forme deux chambres à l'extrémité méridionale de la crypte. On y entre par celle de

---

[1] *Les Saints Lieux*, tome II, p. 361.

droite; le tombeau occupe presque entièrement celle qui est à gauche.

« Lorsque nous fûmes entrés dans la chambre de droite, que j'appellerai la chambre du *Mihrab*, parce que c'est là que se trouve la *niche de la prière*, il s'éleva deux difficultés. La première fut celle des indispensables pantoufles. Le cheik la trancha fort judicieusement, en disant que, puisque nous avions pénétré jusque dans ce sanctuaire avec notre chaussure, nous pouvions y rester. La seconde était plus grave encore : il s'agissait de savoir si on nous laisserait pénétrer dans la chambre du tombeau. Le lieu où nous nous trouvions était fort obscur, la chambre voisine l'était plus encore : on ne voyait, à travers le grossier grillage qui nous en séparait, qu'un bout de tapis, qui ne pouvait satisfaire notre curiosité. Kiamil-Pacha fit observer au cheik que c'était pour *voir* le tombeau que nous étions venus. Le cheik fit chercher les clefs, et il nous ouvrit la porte de fort bonne grâce. Kiamil-Pacha se prosterna un moment, porta à la bouche et au front les franges du tapis qui recouvrait le tombeau, et nous laissa tout examiner à loisir.

« Nous avions devant nous un sarcophage d'environ sept pieds de hauteur et du double de longueur. Il est couvert de sept tapis fort riches. Le tapis supérieur est en soie bleue, avec des raies larges plus foncées; il est tout couvert de textes du Coran. Au milieu du sarcophage, il y a en outre une pièce d'étoffe carrée richement brodée et à franges d'or : elle porte aussi des textes du Coran, dont les lettres sont brodées en or. Tout cela a été donné par le sultan Abdul-Medjid. Le second tapis est bleu clair, avec des fleurs brodées en argent. Les autres sont usés et moins riches. Au plafond est suspendu un dais en soie rayé en blanc et en bleu. Le cheik qui m'accompagnait relevait les coins du tapis pour que je pusse toucher le sarcophage ; mais je ne sentais que la toile qui l'enveloppe à plusieurs doubles, et je ne pouvais que difficilement juger de la forme et de la matière du tombeau. Le cheik, remarquant que je n'étais pas encore satisfait, prit courage, et souleva tous les tapis par devant, là où il y avait le plus de jour. Je vis donc à nu toute la partie du devant du sarcophage, qui me parut être en marbre grisâtre non poli.

« Je fis l'inspection des murs. Ils sont couverts de carreaux en faïence de couleur blanche avec des dessins bleus. Des lampes en cuivre sont placées çà et là autour du tombeau. C'est là tout ce que j'ai pu remarquer dans ce local étroit et obscur, en m'aidant d'une bougie ; certainement rien n'y rappelle l'antiquité. Pour conserver quelque crédit à ce tombeau, les musulmans font bien de le soustraire à tous les regards [1]. »

Au-dessus du tombeau de David s'élève l'église du Cénacle, construite, d'après les ordres de sainte Hélène, à l'endroit où le Sauveur célébra la dernière cène et institua l'Eucharistie. Quoiqu'on y remarque des restes très-anciens, il est probable que les murailles les plus vieilles datent seulement du temps de cette pieuse impé-

---

[1] Le tombeau qui est au Louvre n'est pas celui de David, quoiqu'on l'ait affirmé, mais sans raisons suffisantes.

ratrice et ne remontent pas à l'édifice primitif, renversé probablement par Titus. Quoi qu'il en soit, c'est en ce lieu que le Sauveur, la veille de sa passion, donna la plus éclatante preuve de son amour envers les hommes. L'église fut rebâtie par les Latins, et Guillaume de Tyr nous apprend qu'elle fut concédée par Godefroy de Bouillon à un prieur et à des chanoines réguliers de Saint-Augustin, avec des revenus considérables, à la condition qu'ils entretiendraient cent cinquante chevaliers pour la défense du saint Sépulcre.

Lorsque les Franciscains s'établirent à Jérusalem, leur première résidence fut sur le mont Sion et dans un monastère voisin du Saint-Cénacle. Mais en 1561, les Turcs chassèrent les enfants de saint François, et s'emparèrent de la basilique. Depuis trois siècles et demi ces bâtiments ont continué d'être occupés par les musulmans.

La maison où vécut la sainte Vierge après la descente du Saint-Esprit, et où il est probable qu'elle mourut, était attenante au Cénacle. Nous y reviendrons en parlant des monuments consacrés par le souvenir de la Mère de Dieu.

A quelques pas de l'endroit où nous sommes, voici la *tour de David*. Relevée à la suite de divers accidents, cent fois réparée, rebâtie par Hérode, qui lui donna le nom de son ami Hippicus, couronnée de créneaux et de mâchicoulis par les Pisans au moyen âge, occupée par les princes de la croisade, habitée aujourd'hui par les soldats turcs, elle domine fièrement non-seulement la citadelle et les bâtiments du voisinage, mais encore la

LA TOUR DE DAVID.

ville et les collines environnantes. La base, composée d'énormes blocs en bossage, remonte à la plus haute antiquité.

Non loin de là Hérode avait fait construire un palais somptueux. Si vous voulez en reconnaître au juste l'emplacement, regardez le temple protestant nouvellement érigé aux frais de l'Angleterre. Il faut convenir que le protestantisme anglo-prussien, voulant élever un monument religieux sur ce sol consacré par tant de souvenirs religieux, et marqué de tous côtés des vestiges de Jésus-Christ et des apôtres, a fait un singulier choix, en préférant un lieu qui ne rappelle que la cruauté, la débauche et la honte. La chaire protestante se dresse à l'endroit où Hérode se moqua du Christ. Les disciples de Luther et de Calvin se font gloire de mépriser nos traditions, même les plus respectables. N'est-ce pas par une dérision de la Providence qu'ils ont adopté pour la célébration de leur froide liturgie et la prédication d'un christianisme mutilé, un endroit souillé par l'orgie et maudit par toutes les populations chrétiennes qui sont venues depuis des siècles à Jérusalem? Écoutons les paroles d'un écrivain protestant de l'Allemagne : « Le palais d'Hérode, avec tous les édifices d'Agrippa, avec les citernes et les jardins qui l'entouraient, a entièrement disparu ; un seul témoin oculaire en fait mention, c'est Josèphe, l'historien juif. Aucun pèlerin ne demande en passant où étaient ces salles magnifiques dans lesquelles des centaines de convives venaient s'asseoir à la table d'Hérode; mais l'amour du dernier venu des générations présentes demande avec un tendre empressement le lieu où Jésus mangea l'Agneau pascal avec ses disciples et célébra la sainte cène [1]. »

Au delà du temple protestant, sous un passage voûté, d'informes débris d'antiques constructions indiquent la prison où fut enfermé saint Pierre, et d'où l'ange du Seigneur le délivra miraculeusement. Un couvent de moines syriens occupe la place de la maison de Marie mère de Jean surnommé Marc, dans laquelle saint Pierre se retira au sortir de la prison, et où il trouva les fidèles de Jérusalem en prières pour demander à Dieu sa délivrance. Malheureusement les Syriens jacobites n'ont pas conservé la foi de saint Pierre dans son intégrité, et ne sont pas soumis au successeur du prince des apôtres; ils sont engagés dans les erreurs de Nestorius et d'Eutychès.

Les Arméniens possèdent un vaste emplacement, jusqu'à la porte de Sion. Comme nous l'avons dit précédemment, le quartier des Arméniens, *Hâreth-el-Arman*, est le plus riche et le plus propre de Jérusalem. Les Arméniens se vantent à juste titre d'avoir les édifices les mieux bâtis et les plus somptueux : il n'y a que la mosquée d'Omar qui ait la prééminence. La maison du grand prêtre Anne est convertie en un couvent de religieuses. Non loin s'étendent les bâtiments du monastère des religieux : c'est le plus grand et le plus beau qu'il y ait en Palestine. On dirait un palais plutôt qu'un cloître. Une cour intérieure s'étend entre les bâtiments et l'église, et un vaste jardin entoure toutes

---

[1] Dr Von Schubert, *Reise in das Morgenland*, tome II, p. 546.

les constructions. L'église, construite et décorée avec magnificence, est dédiée à saint Jacques le Majeur, frère de saint Jean l'Évangéliste, mis à mort d'après le commandement d'Hérode-Agrippa. Le plan est à trois nefs; les murs sont ornés de peintures murales, et au centre se dresse majestueusement une haute et large coupole. Une chapelle indique le lieu où l'apôtre fut décapité. Le corps de saint Jacques fut dans la suite transporté à Compostelle, en Galice. C'est à la catholique Espagne qu'est due la construction de cette riche et élégante basilique. Les légitimes possesseurs de ce sanctuaire ont été dépouillés par les Arméniens, qui, malgré la douceur trop vantée de leur caractère, se sont associés en plus d'une occasion aux envahissements des Grecs schismatiques.

Près de la porte de Sion, non loin du quartier des Juifs, au pied des murailles, on aperçoit quantité de misérables cabanes en terre; ce sont les huttes des lépreux, que les Arabes, dans leur langue expressive et poétique, appellent les *demeures des malheureux*. Elles sont habituellement occupées par quinze à vingt infortunés qui vivent misérablement du produit des aumônes. Rien de plus affreux que la lèpre : c'est la plus horrible des maladies qui affligent l'humanité. De là les précautions prises en tout temps pour se préserver du contact des lépreux; car ce mal épouvantable se communique aisément. On a beaucoup disserté sur les causes de cette maladie, et plusieurs savants observateurs l'ont comparée au mal dont le libertinage est la source. La peau est le siége le plus apparent de la lèpre; elle devient rude, calleuse, insensible, et se couvre d'ulcères rongeants. La voix devient rauque; les yeux sont rouges, brillants et enflammés; le visage se charge d'éruptions, de tumeurs dégoûtantes; la respiration est pénible et brûlante; les pieds se gonflent, et tout mouvement est douloureux. A l'intérieur, le sang se décompose, et la circulation devient lente et pénible. Les facultés intellectuelles ne souffrent souvent aucune atteinte; parfois, elles sont comme engourdies, et le lépreux tombe dans une espèce d'idiotisme. Lorsque la maladie est invétérée, elle est incurable; si on la soigne dès l'apparition des premiers symptômes, on peut la guérir. Mais à Jérusalem, aujourd'hui comme jadis, on abandonne à leur triste sort les individus qui en sont atteints. Ils languissent ainsi quelquefois durant de longues années, leurs membres se détachent et tombent les uns après les autres, et on peut dire qu'ils assistent tout vivants au lugubre spectacle de la décomposition de leur propre corps.

La lèpre était assez répandue en Europe au moyen âge; on prétend qu'elle avait été importée chez nous de l'Orient. Dans toutes nos provinces, la piété et la charité chrétiennes avaient fondé et doté des *léproseries* ou *ladreries;* les lépreux y trouvaient les consolations et les adoucissements qu'une compassion ingénieuse pouvait leur procurer. Ces hôpitaux étaient placés sous l'invocation de saint Lazare. En Asie, surtout en Chine, en Tartarie et au Japon, la lèpre fait encore de nombreuses victimes. La viande de porc est interdite aux malades, dont elle aggrave les souffrances et enve-

LA TERRE-SAINTE. p. 155.

MOSQUÉE D'OMAR.

nime le mal : c'est pour cela qu'elle était réputée immonde chez les Juifs, et qu'elle leur fut interdite si sévèrement par Moïse.

Sur le mont Moriah se développe la vaste esplanade où se dresse la mosquée d'Omar, et où se trouvent d'autres édifices : c'est l'*espace sacré*. Jusqu'à ces dernières années, aucun chrétien n'y pouvait pénétrer sans s'exposer à être maltraité, et même à perdre la vie, tant le fanatisme était prompt à s'exalter. On cite le nom de quelques rares voyageurs qui, à l'aide d'artifices et de déguisements, réussirent à entrer dans la fameuse mosquée. Actuellement, grâce aux événements qui viennent de s'accomplir en Crimée, les dignitaires turcs se montrent plus tolérants, et déjà quantité de voyageurs ont profité de ces bonnes dispositions pour visiter en détail tout l'*espace sacré*. Cette visite toutefois se fait encore assez rapidement; il serait difficile de se livrer à une étude suivie et des monuments et des ruines qui y touchent; mais, ce n'est pas douteux, les savants réussiront un jour à décrire, à mesurer et à dessiner tout ce qui leur paraîtra digne d'intérêt pour l'histoire, la science de l'antiquité ou les beaux-arts.

Au milieu de la plate-forme et sur le point culminant est bâtie la mosquée, à laquelle on arrive au moyen de huit escaliers de marbre. Le bâtiment de la mosquée est octogone, surmonté d'une coupole d'environ quatorze mètres de diamètre. A l'extérieur, les murs sont recouverts de carreaux de faïence peints de diverses couleurs et ornés d'arabesques ou d'inscriptions tirées du Coran. Sous le rapport de l'architecture, cet édifice n'est pas sans mérite. On y entre par quatre portes ouvertes à l'orient, à l'occident, au nord et au midi; « chacune, dit le P. Roger, ayant son portail bien élabouré de moulures, et six colonnes avec leurs pieds-d'estail et chapiteaux, le tout de marbre et de porphyre. » Cette espèce de portique, placé en avant des façades principales, donne à l'ensemble des bâtiments de la légèreté et de l'élégance. La grande coupole repose sur quatre piliers et douze colonnes formant une enceinte circulaire au centre de la mosquée. Les colonnes sont antiques, en marbre et d'ordre corinthien; elles proviennent de quelque édifice d'origine grecque, et elles ont été transportées à Jérusalem par ordre des sultans. Les emprunts de ce genre ont eu lieu fréquemment à toutes les époques de la décadence des arts. Une seconde rangée de piliers et de colonnes forme une nef assez étendue; une autre nef existe entre ces piliers et la muraille; les deux nefs suivent la disposition générale de l'octogone. Dans la mosquée il n'y a pas d'autres ornements que des arabesques de couleurs variées, des textes du Coran en lettres d'or et une quantité de lampes.

La coupole recouvre *la Pierre*, *el-Sachrah* (la Roche). A peine maître de Jérusalem, le calife Omar avait demandé aux Juifs ce qu'était devenue la pierre qui servit d'oreiller à Jacob dans sa vision miraculeuse. On lui montra l'emplacement du temple de Salomon. Indigné de le trouver couvert d'immondices, le calife prit de la terre et des immondices dans un pan de sa robe et les porta au loin. Les gens de sa suite s'empressèrent d'en faire autant, et le lieu fut bientôt nettoyé. Pour rendre cette pierre plus sainte, les sectateurs du Coran prétendent que Mahomet y mit le pied en venant par les airs de la Mecque à Jérusalem. Ils montrent l'empreinte du pied du prophète de l'islam ; mais il faut avoir beaucoup de bonne volonté pour y reconnaître une marque distincte. Les mahométans débitent mille fables au sujet de cette pierre. Ils disent, par exemple, qu'un jour le prophète, ayant fait sa prière près de *la Roche,* monta au ciel, et que celle-ci le suivit. En approchant du paradis, la pierre poussa des cris de joie [1]. Mahomet lui ordonna de se taire et de retourner à l'endroit d'où elle était venue. Elle descendit aussitôt ; mais elle demeura suspendue à quatre pieds de terre. Cette position merveilleuse effrayait tellement les femmes, que le sultan Sélim, par compassion, lui fit mettre des supports. *El-Sachrah,* ajoutent-ils, est une des roches du paradis ; celui qui prie sur cette pierre devient innocent comme il l'était le jour de sa naissance, eût-il commis les plus grands crimes.

Près de la porte de l'occident il y a une autre pierre de moindre dimension et en marbre noir. « En cette pierre, dit le P. Roger, il y a vingt-trois trous, où il semble qu'autrefois il y ait eu des clous, comme de fait il en reste encore deux. Savoir à quoy ils servoient, je ne le sais pas : même les mahométans l'ignorent ; quoiqu'ils croient que c'étoit sur cette pierre que les prophètes mettoient les pieds lorsqu'ils descendoient de

---

[1] Les auteurs arabes disent que la Roche, el-Sachrah, faisait entendre ce cri répété : *Lou, lou, lou, lou,* en signe d'allégresse.

cheval pour entrer au temple, et que ce fut sur cette pierre que descendit Mahomet quand il fit le voyage du paradis pour traiter d'affaires avec Dieu. »

Le calife Omar n'eut pas le temps d'achever la mosquée el-Sachrah. En 686, le calife Abdel-Melek rebâtit cet édifice sur un plan bien différent du premier : il consacra à cette œuvre le tribut de l'Égypte durant sept années. Des tremblements de terre firent tomber ce nouveau monument, et dans la suite il fut reconstruit, mais avec moins de magnificence. En 1060, une partie de la couverture s'affaissa, accident que les musulmans regardèrent comme de mauvais augure, et comme annonçant les calamités qui allaient fondre sur l'empire de Mahomet.

Les croisés, maîtres de Jérusalem en 1099, trouvèrent de grandes richesses accumulées dans la mosquée el-Sachrah. Un des premiers soins de Godefroi de Bouillon fut de la purifier et de la consacrer au culte du vrai Dieu. En 1136, elle fut dédiée solennellement par un légat du pape Innocent II sous le vocable de temple du Seigneur, *templum Domini*. Des chanoines furent chargés d'y célébrer l'office divin, et les chrétiens y vinrent en foule, attirés par le souvenir de l'ancien temple de Salomon et du temple nouveau consacré par la présence de Jésus-Christ. Les rois chrétiens eurent leur palais dans le voisinage, et les chevaliers du Temple occupaient des bâtiments qui en formaient, pour ainsi dire, une dépendance. Les Templiers tirèrent leur nom de cette circonstance : leur nombre s'éleva jusqu'à trois cents, et ils bâtirent à leur usage une église détruite par Saladin en 1187.

JÉRUSALEM. — REMPARTS ET ÉGLISE DE LA PRÉSENTATION.

Au sud de la grande esplanade se trouve la mosquée el-Aksa. Cet édifice présente à l'intérieur les dispositions de la basilique chrétienne. Il remplace en effet une église due à la piété et à la munificence de l'empereur Justinien. En 530, ce prince fit bâtir à Jérusalem, dans le portique de Salomon, une basilique superbe dédiée à la sainte Vierge sous le titre de *la Présentation*. L'historien Procope nous en a laissé la description [1]. Les fondements furent établis d'un côté sur des rochers, de l'autre côté sur des galeries souterraines, les mêmes qu'on appelle aujourd'hui *étables de Salomon*. A l'époque de la conquête des Sarrasins, l'église de la Présentation subit plusieurs changements; elle est à sept nefs, séparées par quarante colonnes et plusieurs piliers; les colonnes ont été arrachées à des monuments antiques. Au milieu est une coupole couverte en plomb. L'édifice a environ quatre-vingt-cinq mètres de longueur du nord au midi, sur cinquante-cinq mètres de largeur.

Les descendants schismatiques des Grecs, qui fondèrent à Jérusalem tant de beaux monuments religieux, possèdent encore dans la ville sainte dix monastères d'hommes et trois couvents de religieuses. Ici on voit évidemment que l'esprit de vie a quitté ceux qui ont rompu les liens de l'unité catholique. Les moines grecs schismatiques languissent dans l'ignorance et l'oisiveté. On ne rencontre point dans leurs cloîtres, comme dans nos antiques abbayes, ces âmes ardentes, ces cœurs trempés fortement, accoutumés à porter le joug sa-

---

[1] Procopius, *de Ædificiis Justiniani*, v, 6.

lutaire de la discipline : hommes de piété, de dévouement et de science ; orateurs éloquents, professeurs érudits, écrivains habiles, maîtres de la vie spirituelle, modèles de toutes les vertus chrétiennes. La profession monastique des schismatiques est stérile : on l'a dit avant nous; ni l'apôtre, ni le saint, ni le savant, ni l'artiste ne sortent plus de ces clôtures, où l'homme s'endort dans une perpétuelle enfance. Il en est de même des couvents de femmes ; les religieuses ne sont pas astreintes à la clôture, et elles ne se livrent point à l'exercice des œuvres de charité, comme les admirables filles de Saint-Vincent-de-Paul et la plupart des religieuses françaises.

A quelques pas d'ici le contraste est frappant : de pieuses sœurs de Saint-Joseph-de-l'Apparition sont venues de France à Jérusalem occuper la place trop longtemps vacante des religieuses Bénédictines, des chanoinesses de Sainte-Anne et des filles de Sainte-Marie. Elles dirigent des écoles de filles et apprennent à ces jeunes âmes des vertus peu connues des femmes de l'Orient. De cet asile sortiront des femmes modestes, instruites, accoutumées aux travaux domestiques, qui feront de plus en plus apprécier les bienfaits du catholicisme et son heureuse influence au sein de la famille, dans ces régions où le rôle de la femme est tant avili.

Un hôpital catholique a été récemment fondé. Il est pauvre, et cependant on y soulage déjà beaucoup de misères. Une quinzaine de malades sont reçus et soignés dans des salles dont la propreté fait tout le luxe, mais avec ces attentions dévouées et délicates qui sont un des fruits de la piété catholique. Les consultations sont gratuites, ainsi que la distribution des remèdes. Aussi la porte de cet Hôtel-Dieu est-elle chaque matin assiégée d'une foule de malheureux.

Terminons en disant quelques mots d'un établissement destiné à faire refleurir un jour l'Église de Jérusalem, aujourd'hui désolée : c'est le séminaire créé par le patriarche latin, Mgr Valerga, et dirigé par plusieurs prêtres français et italiens. De jeunes lévites y reçoivent l'instruction, et sont formés de bonne heure à la pratique des vertus ecclésiastiques. Quelle puissance d'action le clergé indigène n'aura-t-il pas au milieu des populations dont il sera sorti, dont il connaîtra parfaitement le langage, les habitudes et les besoins? Comment ne pas concevoir de belles espérances? La terre des miracles sera encore fertile en prodiges de grâces et en fruits de sainteté.

CHAPITRE X

LA SAINTE VIERGE A JÉRUSALEM

En sortant de Jérusalem par la porte de Jaffa, on trouve une grande piscine appelée *Piscine supérieure*, et connue des croisés sous le nom de *Lac du Patriarche*. Elle est située à une faible distance de la ville, dont elle est séparée par le *Champ du foulon*. Les eaux y sont renouvelées seulement à l'époque des pluies d'hiver. Le bassin fut agrandi par le roi Ézéchias. De là Rabsacès, un des chefs de l'armée assyrienne, dans son fol orgueil, vomit des menaces contre les habitants de Jérusalem et des blasphèmes contre Dieu. En ce même endroit, l'ange exterminateur, en une seule nuit, tua cent quatre-vingt-cinq mille hommes de l'armée de Sennachérib [1]. Mais ces souvenirs sinistres s'effacent devant des souvenirs glorieux. Au sommet de la colline de Gihon, Salomon fut sacré roi par ordre de David, son père. Salomon, prince pacifique, était la figure du *Prince de la paix*, en qui et par qui toutes choses devaient être restaurées. Du haut de ces monticules, Isaïe fit entendre la plus célèbre des prophéties. « Voici, dit-il, qu'une vierge concevra et enfantera un fils, et elle l'appellera Emmanuel [2]. »

Lorsque les temps furent accomplis, l'aurore du *Soleil de justice*, la Vierge Marie naquit à Jérusalem, à l'ombre, pour ainsi dire, des murs du Temple. Une tradition constante, appuyée sur le témoignage d'un grand nombre de Pères, nous apprend que saint Joachim et sainte Anne, parents de la sainte Vierge, possédaient et habitaient une maison voisine de la piscine probatique. Saint Jean Damascène, qui connaissait parfaitement le pays, et qui parcourut plus d'une fois les lieux les plus célèbres de la Palestine, parle de la *Maison probatique* de saint Joachim, et l'Église romaine, dans le Bréviaire, a reçu et reproduit ce texte.

Quelques passages des premiers écrivains ecclésiastiques donnent à penser que les parents de la sainte Vierge, d'une naissance illustre, d'une piété plus remarquable encore, ne vivaient pas dans l'indigence, mais dans une heureuse médiocrité. Chassés de Jérusalem, comme beaucoup d'autres citoyens, par suite des mal-

---

[1] IV Reg., xix, 35.

[2] Is., vii, 3, 14.

heurs qui donnèrent naissance à la guerre héroïque des Machabées, leurs pères avaient choisi la ville de Nazareth comme lieu de refuge, sans abandonner entièrement leur modeste logis de Jérusalem. Cette maison, sans doute, était petite et simple, et on réussirait sans peine à la rebâtir en imagination, soit d'après les descriptions que nous avons des habitations communes de Jérusalem, soit même d'après la disposition des maisons actuelles. Ces pieux époux étaient dans une affliction profonde, parce que leur union avait été stérile, et qu'ils étaient avancés en âge. Chez les Israélites, surtout au temps où vivait sainte Anne, la stérilité était un opprobre. L'attente du Messie agitait tous les cœurs; chaque famille espérait le voir naître dans son sein. Les malheurs de la nation, l'interprétation des prophéties, des bruits généralement répandus dans tout l'Orient, donnaient l'assurance que ce grand événement ne tarderait pas à se réaliser. Enfin les vœux de ces cœurs chastes et fervents sont exaucés. Quoique déjà refroidie par la vieillesse, comme une autre Sara, sainte Anne donne le jour à celle qui deviendra la mère du nouvel Isaac.

Il n'est guère possible de mettre en doute le lieu de naissance de la sainte Vierge : en est-il de même de celui où s'accomplit le mystère de l'immaculée Conception? Par un privilége que réclamait la maternité divine, et en vertu des mérites et de la rédemption du Sauveur, Marie fut préservée de la tache originelle au premier moment de son existence. Certains auteurs ont prétendu que cette faveur insigne lui fut accordée dans la maison de Nazareth; d'autres pensent que la maison

ÉGLISE SAINTE-ANNE.

probatique fut le sanctuaire témoin de cette merveille [1]. Quoi qu'il en soit, la demeure des vertueux époux fut de bonne heure transformée en église sous le vocable de Sainte-Anne. La première construction en est attribuée à sainte Hélène ou à l'empereur Justinien. Les pèlerins affluaient à cette basilique, et beaucoup de malades, après avoir invoqué sainte Anne, allaient chercher le remède à leurs maux en se plongeant dans les eaux de la piscine.

Maîtres de Jérusalem, les musulmans changèrent cette église en école publique; elle garda cette destination durant plusieurs siècles. Mais comme la tradition chrétienne ne varia jamais sur l'origine de la basilique primitive, à peine maîtres de la ville, et les premiers embarras de l'occupation passés, les croisés s'empressèrent de rebâtir le temple de sainte Anne. L'édifice nouveau porta tous les caractères d'élégance et de légèreté qui distinguent les constructions françaises du xiie siècle. Mille ornements sculptés embellissaient les murs extérieurs; à l'intérieur, des peintures murales représentaient les principaux faits historiques relatifs à saint Joachim, à sainte Anne et à la sainte Vierge. On sait que le xiie siècle, en Occident, a vu peindre dans nos églises des tableaux sans nombre, où la naïveté gracieuse de la composition égale l'harmonie des couleurs. Les peintures consacrées à honorer la Mère de Dieu l'em-

---

[1] Ecclesia sub titulo B. Annæ, matris sanctissimæ Deiparæ, dicata, pulchra et spatiosa est. Subtus eam sacellum est ubi cubiculum fuisse dicitur in quo concepta et in lucem edita creditur B. Virgo Maria. (Quaresmius, *Elucidar. Terræ Sanctæ*, tome II, page 104.)

portent sur les autres par un charme particulier. L'art catholique a été merveilleusement inspiré partout où il a célébré la gloire de la Vierge, quelle que soit la forme des œuvres qu'il ait employée, poésie, sculpture, peinture, ciselure, broderie, émail, vitrerie. Les peintures de l'église Sainte-Anne ont à peine laissé de faibles traces; elles s'étaient assez bien conservées sous une couche de chaux, jusqu'au milieu du xviie siècle. Les schismatiques achevèrent alors la destruction commencée par le fanatisme musulman. Elles revivront bientôt, grâce à la piété chrétienne; nous espérons même qu'une main française conduite par un cœur français tiendra le pinceau dans la restauration de cette intéressante décoration.

Pendant la durée du royaume chrétien de Jérusalem, des religieuses de l'ordre de Saint-Benoît gardaient le sanctuaire de Sainte-Anne, et y célébraient l'office divin. En 1104, la reine, épouse de Baudouin Ier, y prit le voile. La régularité régna toujours dans ce monastère, grâce à la protection de la sainte Vierge ; et lorsque les Sarrasins reprirent Jérusalem, ces saintes femmes, redoutant avec raison les insultes grossières des sectateurs du Coran, se portèrent à un acte de courage héroïque, en se mutilant le visage.

Près de la porte de Josaphat, dit le rédacteur des *Assises de Jérusalem*, il y avait *une abbaye de nonnains; si avoit nom Sainte-Anne*. L'église avait trois nefs, et se terminait du côté de l'Orient par une abside semi-circulaire. Le portail principal s'ouvrait à l'ouest; les religieuses entraient par une porte latérale qui communiquait avec le cloître. Au centre de l'édifice s'élevait une coupole : disposition admirable déjà en vigueur un siècle auparavant dans un grand nombre d'églises françaises. Le couvent ressemblait aux établissements du même genre en Europe. Une cour carrée s'étendait entre les bâtiments, et des galeries en forme de cloîtres facilitaient l'abord aux salles communes et aux cellules des religieuses. Le jardin était rempli d'arbres, au milieu desquels on en distinguait un d'un port majestueux, dont le tronc portait les signes d'une extrême vétusté : la tradition disait qu'il avait été planté et arrosé de la main de la sainte Vierge, tradition charmante, qui associe le nom de Marie, mère sans cesser d'être vierge, à un arbre couvert de fruits et de fleurs. C'est à Marie seulement qu'on peut appliquer avec vérité cette devise si connue : *En elle le fruit ne détruit pas la fleur*.

Quel séjour pouvait être plus favorable à la piété que ce monastère, où tous les souvenirs charmaient l'esprit et le cœur des saintes filles qui l'habitaient? Elles y foulaient le sol que jadis foula le pied virginal de Marie ; elles respiraient le même air ; leurs yeux contemplaient les paysages que ses regards avaient contemplés. Les vertus monastiques y semblaient plus faciles à pratiquer : la chaste image de Marie se montrait de tous côtés, pour ainsi dire, entourée d'un cortége angélique.

Depuis deux siècles environ le monastère et l'église sont abandonnés, et tombent en ruines. Quelques malheureux parfois y cherchent un asile au milieu des décombres. Les pèlerins cependant n'en ont jamais oublié le chemin : ils aiment encore à venir invoquer la protection de la Mère de Dieu sur ces débris et dans ces lieux consacrés par sa présence. Les Franciscains, moyennant des sommes d'argent assez considérables, obtiennent la permission de célébrer les saints mystères deux fois par an dans les grottes souterraines, aux fêtes de sainte Anne et de la Nativité de la sainte Vierge. Les catholiques de Jérusalem se pressent en foule dans ces étroits et obscurs souterrains. A cause de l'accumulation des ruines à l'extérieur et de la disposition primitive des lieux, l'endroit où l'on a toujours cru que la sainte Vierge vint au monde est une espèce de grotte qui formait la crypte de l'église des religieuses Bénédictines. On y descendait à l'aide d'un escalier dont l'entrée se trouvait dans l'église. Des peintures murales en recouvraient les parois. Près de là on vénérait l'emplacement des tombeaux de saint Joachim et de sainte Anne, où leurs corps reposèrent avant d'être transférés dans le sépulcre de Gethsémani.

On peut se faire une idée de la désolation de cet antique établissement d'après la courte description que nous venons de tracer. Mais, aux yeux de la foi, ce lieu a toujours une valeur inestimable. Le sultan lui-même l'a compris, puisqu'il en a fait don à l'empereur Napoléon III. Le 1er novembre 1856, Kiamil-Pacha, gouverneur de Jérusalem, en a fait la remise solennelle à M. de Barrière, consul de France. Tous les cœurs catholiques se sont émus en apprenant que le sanctuaire de Sainte-Anne appartenait à une nation chrétienne. En France, nous avons tous éprouvé un légitime sentiment d'orgueil à la pensée que ces lieux, consacrés par de si augustes souvenirs, seraient placés désormais sous la protection de notre drapeau. Le vénérable patriarche latin de Jérusalem a conçu à cette occasion des espérances qui se réaliseront un jour, s'il plaît à Dieu. Déjà on peut prier à la *Maison probatique de Joachim*, sans craindre les effets de l'intolérance musulmane; bientôt la basilique aura repris sa splendeur des anciens jours.

Depuis sa naissance jusqu'à l'époque glorieuse de la visite de l'ange et de l'incarnation, la Vierge Marie vécut dans le silence, la modestie et la sainteté, appliquée aux humbles occupations de son état. Un voile mystérieux la dérobe à nos regards. La Providence a voulu que celle qui devait être exaltée au-dessus de toutes les femmes et proclamée bienheureuse par toutes les générations passât ses jours dans la retraite, ignorée des hommes, connue seulement de Dieu et des anges, pour donner une leçon et un modèle aux personnes de son sexe.

A peine âgée de deux à trois ans, s'il faut en croire une pieuse tradition, déjà douée d'une raison supérieure, et prévenue de la grâce d'en haut, Marie résolut de se consacrer entièrement à Dieu. A l'exemple des parents de Samuel, Joachim et Anne offrirent leur fille au Temple, afin qu'elle servît au ministère de la maison de Dieu parmi les veuves et les vierges. *Transplantée dans le Temple*, dit saint Jean de Damas, *Marie s'y développa comme un olivier fertile devant le Seigneur*. L'Église a adopté cette tradition en instituant la fête de la *Présentation de la sainte Vierge;* nous honorons dans cette solennité la Vierge immaculée, éloignée des bruits du monde, séparée du commerce des hommes, afin de se préparer dans la pratique de toutes les vertus, dès l'âge le plus tendre, à la grande mission à laquelle Dieu la destine.

L'empereur Justinien fit élever une magnifique basilique sous le titre de *la Présentation* sur l'esplanade du mont Moriah, en un lieu nommé le Portique de Salomon. Cette église subsiste encore; mais elle a été transformée en mosquée sous le nom d'el-Aksa. Nous en avons parlé dans le chapitre précédent. Nous avons également indiqué déjà trois autres sanctuaires consacrés à la sainte Vierge : l'église Notre-Dame-des-Douleurs, voisine du prétoire, où Jésus, en suivant la voie douloureuse, rencontra sa sainte mère et la salua en passant; la chapelle du Calvaire, à laquelle on arrive par des degrés placés en dehors de l'église du Saint-Sépulcre, où se tenait la sainte Vierge, avec saint Jean, lorsque le Sauveur, suspendu à l'arbre de la croix, recommanda sa mère à son disciple bien-aimé, et, dans la personne de ce dernier, la donna à tous les chrétiens comme mère adoptive; enfin la chapelle de l'Apparition, appartenant aux religieux Franciscains, où Jésus-Christ ressuscité se montra d'abord à sa mère. La sainte Écriture n'a pas mentionné tous ces faits; mais la tradition en a gardé le souvenir. Dans le silence que gardent nos livres saints touchant la sainte Vierge, c'est une consolation pour les chrétiens de connaître d'une manière aussi sûre qu'on peut historiquement le désirer, quelques-uns des lieux où s'arrêtèrent les pas de l'auguste Vierge. La mémoire du cœur est fidèle; elle garde impérissable le souvenir des bienfaits : comment les premiers chrétiens auraient-ils oublié si vite la Mère du Sauveur, que l'Église catholique se plaît toujours à saluer des doux noms d'Avocate, de Refuge, de Secours, de Consolatrice, de Reine et Mère de miséricorde?

Chaque année, dit l'évangéliste, Marie venait à Jérusalem pour la célébration des grandes fêtes judaïques; elle s'y rendait sans doute plusieurs fois par an, et elle y restait sept jours entiers, suivant la prescription de la loi. Rien ne nous empêche de croire que la sainte famille habitait alors la maison que la Vierge dut recevoir en héritage de ses parents, et que Jésus-Christ y demeura fréquemment, même à l'époque de sa prédication publique. Après l'ascension du Sauveur, Marie habita une maison attenante au Cénacle. Elle se trouvait en prière avec les Apôtres lorsque le Saint-Esprit descendit sous la forme de langues de feu, le jour de la Pentecôte. C'est là, suivant l'opinion la plus accréditée et la plus probable, et non à Éphèse, qu'elle rendit le dernier soupir. Les écrivains ecclésiastiques des premiers âges n'hésitent pas à ce sujet; et lorsque Juvénal, évêque de Jérusalem, écrit à l'empereur Marcien et à l'impératrice Pulchérie, il constate la tradition généralement répandue qui affirme que la sainte Vierge est morte sur le mont Sion, qu'elle fut ensevelie à Gethsémani, où l'on honore son tombeau. La mort, il est vrai, n'a pu retenir captive dans ses liens celle qui mérita de devenir la mère de l'Auteur de la vie, et les chrétiens vénèrent l'endroit où ses restes mortels ont reposé quelque temps. Si l'on accepte le témoignage d'André, archevêque de Crète, auteur respectable et qui semble bien renseigné, puisqu'il habita Jérusalem, nul doute n'est possible : au huitième siècle, époque à laquelle il écrivait, on montrait, sur le mont Sion, la maison dans laquelle Marie expira en présence des apôtres et des disciples, maison depuis convertie en église et fréquentée par un grand nombre de pèlerins [1]. Plusieurs historiens, en outre, mentionnent une petite chapelle voisine de l'habitation de la Vierge, où saint Jean avait coutume de célébrer les saints mystères.

En descendant au fond de la vallée où roule le torrent de Cédron durant la saison des pluies, on passe un pont d'une seule arche, et l'on se trouve au pied de la montagne des Oliviers. A quelques pas, vers la gauche, est l'entrée de l'église souterraine qui renferme le tombeau de la sainte Vierge. Ce sanctuaire est désigné sous divers titres par les écrivains catholiques : église de Gethsémani, église Notre-Dame-*in-valle-Josaphat*, le *Moustier de madame sainte Marie*, le *Sépulcre de la Vierge, Mère de Dieu*, et l'*église de l'Assomption* : dénominations toutes justes et véritables, puisque la sainte Vierge fut déposée dans le sépulcre, mais en sortit glorieuse sans éprouver les atteintes de la corruption.

La grotte sépulcrale, précédée d'un portail en style ogival, ouvrage de la main des croisés, est accessible au moyen d'un escalier en marbre de quarante-sept degrés. Des excavations latérales renferment les tombeaux de saint Joachim, de sainte Anne et de saint Jo-

---

[1] Andr. Cret., *Orat. in Dormitionem B. M. V.*

seph. Ces tombeaux appartenaient autrefois aux catholiques ; ils leur ont été enlevés par les Grecs. L'église souterraine est en forme de croix latine, avec absides semi-circulaires aux deux extrémités. Elle a trente-deux mètres de longueur, sur sept mètres environ de largeur. Le sépulcre de la sainte Vierge, creusé dans le roc, comme celui de notre Seigneur, est enfermé dans un petit monument ou chapelle en marbre blanc qui a deux entrées. Les Grecs célèbrent leurs offices sur la table de marbre placée sur le tombeau, et qui sert d'autel. C'est là que jadis les catholiques célébraient les saints mystères. S'ils peuvent y pénétrer aujourd'hui, c'est grâce à un firman de 1852 ; encore sont-ils obligés de n'y aller qu'à la suite des Grecs et des Arméniens, et d'enlever après la célébration de la messe tous les objets qui ont servi au culte. Ainsi, à cause des empiétements des schismatiques et de la vénalité des représentants de l'autorité musulmane, toutes les sectes chrétiennes possèdent un autel propre dans cette église : Grecs, Arméniens, Abyssins, Jacobites ; les mahométans même y ont un lieu de prière. Les catholiques seuls en sont, pour ainsi dire, exclus, quoique les *Capitulations attestent que ce lieu de pèlerinage est la propriété des Francs.*

Au-dessus de cette grande crypte, les siècles de foi élevèrent une magnifique basilique. Les uns en font remonter l'origine au temps de sainte Hélène ; les autres l'attribuent, avec plus de vraisemblance, au ve siècle. Ruinée et restaurée plusieurs fois, par suite des révolutions, elle était entièrement détruite lorsque les croisés se rendirent maîtres de Jérusalem. De tristes débris en indiquaient seuls l'emplacement. Le premier prince chrétien du nouveau royaume de Jérusalem, Godefroi de Bouillon, y fonda une abbaye dont la juridiction s'étendit sur toute la vallée de Josaphat. C'était le *Moustier de madame sainte Marie*, nommé dans les *Assises de Jérusalem*. La reine Mélisende, femme de Baudouin III et régente du royaume, rebâtit ou agrandit ce temple; elle y fut ensevelie sous un superbe mausolée de marbre. Quand les Sarrasins reprirent la cité sainte, le couvent et l'église furent démolis; les pierres servirent à fortifier les remparts de la ville. Hélas! tous les souvenirs de la croisade se rattachent à des ruines.

Aux yeux du chrétien, Marie est le type de la femme régénérée. C'est la nouvelle Ève, parée de grâces et de vertus, honorée des plus sublimes priviléges, comblée de faveurs célestes, élevée au plus haut degré de gloire par la maternité divine. En elle la dignité de la femme, si avilie sous le paganisme et surtout en Orient, a été pleinement restaurée. A mesure que l'Évangile étendit sa douce influence, la femme chrétienne reprit naturellement les droits que la Providence lui accorda dès l'origine. La pratique constante et libre de ses devoirs, son dévouement, sa vigilance, ses vertus domestiques, ses mœurs pures et austères, son action si puissante sur la première éducation des enfants formèrent autour d'elle comme un rempart fondé sur l'estime, la confiance et le respect. Le monde étonné contempla le spectacle nouveau de la mère chrétienne. Dans les lieux où vécut la Vierge mère, l'abaissement des femmes paraît plus humiliant que partout ailleurs. Quand on a longtemps vécu au sein de la civilisation chrétienne, on sent vivement l'état d'abjection auquel elles sont descendues par suite des habitudes dégradantes de l'islamisme.

Dans toute la Syrie, les femmes sont assujetties à une réclusion presque perpétuelle. Lorsqu'il leur est permis de sortir, elles sont soumises à des conditions gênantes qui ne leur laissent jamais oublier un seul instant leur dépendance. Les femmes chrétiennes seules jouissent de quelque liberté, quoique cette liberté ne puisse être comparée à celle des Européennes. En Palestine et jusqu'au fond du désert, elles ont toutes l'habitude de se farder. Elles se teignent les sourcils et les cils en noir, afin de faire paraître leurs yeux plus grands et plus vifs. Elles se teignent également les ongles et la paume de la main. Ces recherches d'une coquetterie étrange et presque barbare étaient en usage dès la plus haute antiquité. Job avait donné à une de ses filles le nom de Keren-Appouch (*Cornu Stibii*), qui servait à désigner le vase dans lequel les femmes gardaient le fard. En Égypte des habitudes semblables n'ont jamais cessé d'exister ; on a trouvé dans des sarcophages antiques et près des momies le fard avec des aiguilles en bois et des pinceaux en roseau pour l'appliquer. « Il faut convenir, dit un voyageur moderne racontant ce trait de mœurs, que si les femmes de ce temps-là avaient la prétention de se farder dans l'autre monde, elles portaient la coquetterie encore plus loin que les femmes d'aujourd'hui. »

CHAPITRE XI

LE MONT DES OLIVIERS

ENVIRONS DE JÉRUSALEM

ORTONS de Jérusalem et parcourons les environs de cette ville ; ils ne sont pas moins célèbres que les monuments de la cité sainte : le mont des Oliviers, Gethsémani, la vallée de Josaphat, Betphagé, Béthanie, noms avec lesquels la lecture des livres sacrés nous a familiarisés dès notre enfance. Comme les murs de Rome et des antiques cités de la Grèce, les remparts de Jérusalem ont été vingt fois renversés et vingt fois rebâtis. A leur ombre s'accomplirent mille prodiges de valeur. Le pied de ces vieilles murailles fut souvent arrosé de sang et de larmes, et entendit des gémissements, des cris de désespoir ou des accents de triomphe. Au sommet flottèrent des drapeaux de toute couleur, à la suite de révolutions ou de conquêtes; la croix y brilla, ainsi que les lis de France. Aujourd'hui, hélas! le croissant les domine : au lieu du symbole éclatant du progrès et de la civilisation, c'est l'emblème de la superstition et de la barbarie.

En face des murs de Jérusalem, nos ancêtres des croisades, comme les pèlerins de tous les âges, s'écriaient les yeux en pleurs, dans leur pieux enthousiasme : *Cité captive, qui brisera tes chaînes? qui te délivrera du joug de la servitude, ô ville des patriarches, des prophètes et du Seigneur?* Le Tasse, dans son poëme immortel, peint admirablement cette grande voix qui s'échappe au même instant de toutes les poitrines :

> Ecco da mille voci unitamente
> Gerusalemme salutar si sente [1].

Les remparts qui forment l'enceinte actuelle de Jérusalem datent seulement du xvie siècle; ils sont l'ouvrage de Soliman fils de Sélim. Le travail moderne, commencé vers 1530, fut achevé promptement. Des inscriptions turques indiquent en termes emphatiques en quoi consiste l'œuvre du calife; de curieux débris d'époques diverses épars çà et là apparaissent comme les témoins des gloires d'un autre âge. Les remparts sont couronnés de créneaux, et fortifiés à des distances inégales de tours et de bastions. Tout cet ensemble, vu de loin, est imposant et pittoresque; l'appareil militaire n'a rien d'ef-

---

[1] *Gerus. lib.*, cant. III, ott. 3.

frayant ; quelques Turcs étendus nonchalamment à terre et fumant de longues pipes sont ici les héritiers de ces fiers Sarrasins dont nos chroniques d'outre-mer vantent si fort l'ardeur chevaleresque et le courage indomptable. Quoique les murailles de Jérusalem soient dans un bon état de conservation, elles ne tiendraient pas longtemps devant l'attaque d'une armée européenne. Elles suffisent, en Orient, pour mettre les habitants à l'abri d'un coup de main de la part des Bédouins. A l'époque où la France remportait en Égypte et en Syrie des victoires si éclatantes, mais si infructueuses, Bonaparte eût la pensée d'y conduire ses soldats. Nul doute que le drapeau tricolore ne se fût déployé alors au-dessus de la coupole du Saint-Sépulcre, comme il avait flotté au sommet des pyramides; mais la Providence ne permit pas que les Saints-Lieux tombassent au pouvoir d'une armée dont la révolution avait altéré les sentiments religieux. A leur bravoure et à leur impétuosité les musulmans eussent aisément reconnu les fils des héros de la croisade ; auraient-ils reconnu les descendants de ces guerriers francs armés pour la croix, et courant au combat en criant : *Notre-Dame* et *Saint-Denis?*

Il faut environ une heure et demie pour faire le tour des remparts de Jérusalem. L'enceinte moderne n'est pas moins étendue que celle d'autrefois, même si l'on se reporte à l'époque la plus florissante de l'histoire judaïque ; mais elle a changé de direction. Elle renferme aujourd'hui le Calvaire, et laisse en dehors une partie de la montagne de Sion. Tout le monde sait qu'au temps où le Sauveur mourut sur la croix, le Calvaire était hors de la ville, et que Sion en formait un des quartiers les plus renommés. La nouvelle circonscription, tracée par l'empereur Adrien, fut suivie par Soliman. D'ailleurs, l'enceinte primitive a laissé des traces suffisantes pour confirmer le témoignage de l'histoire. Les murs de Jérusalem, formant un carré irrégulier, tournent leurs faces principales assez exactement vers les quatre points cardinaux. Ils ont une élévation moyenne de douze à quinze mètres et une épaisseur de deux à trois mètres. Certains voyageurs n'ont pas dédaigné de compter leurs pas en faisant le tour de la ville : ils en ont compté quatre mille six cent trente.

Cinq portes seulement s'ouvrent dans les murs de Jérusalem :

La porte de Jaffa, au couchant ;

La porte de Damas, au nord ;

La porte Saint-Étienne, à l'orient ;

La petite porte, au sud ;

La porte de Sion.

Autrefois il y en avait un grand nombre ; les autres ont été murées. Quelques poternes, en outre, facilitaient les communications entre la ville et la campagne ; elles ont été closes également. On ne saurait prendre trop de précautions dans un pays où ne règne jamais une entière sécurité. Parmi les portes anciennes nous mentionnerons uniquement la *porte Dorée* (porta Speciosa), que les croisés français appelaient les *portes Oires*. Jésus-Christ entra par cette porte à Jérusalem, le jour de son triomphe, aux acclamations répétées de l'*Hosanna*, au milieu d'une foule innombrable qui escortait le *Roi pacifique*, prédit par les prophètes. Tous tenaient à la main des rameaux en signe de joie. Les disciples jonchaient le chemin de feuillages et étendaient leurs vêtements à terre. Les échos redisaient *Hosanna au Fils de David*. A l'époque où Jean d'Ibelin rédigeait les *Assises de Jérusalem*, *les portes Oires* étaient *desmurées* deux fois l'an, à la *pourcession le jour de Pâques flories, pour ce que Ihesuscrist y passa a cel jour*, et à la fête de l'Exaltation de la sainte Croix, parce que le patriarche rentra par cette porte chargé du précieux fardeau de la vraie croix, que l'empereur Héraclius venait de reconquérir sur les Perses.

Les musulmans ont muré très-solidement cette porte, persuadés, suivant une de leurs traditions, que les chrétiens doivent y passer pour s'emparer de Jérusalem et en rester à jamais les maîtres. Des croyances de ce genre sont généralement répandues en plus d'une contrée soumise actuellement à l'empire turc. Les sectateurs de Mahomet n'ont pas confiance eux-mêmes dans la perpétuité de leur domination. Ils montrent à Constantinople, comme à Jérusalem, dans les remparts, la porte qui s'ouvrira d'elle-même lorsque les chrétiens victorieux viendront reprendre possession d'un sol qui leur appartient. « Les Turcs sont seulement campés en Europe : » personne n'ignore cette phrase d'un écrivain célèbre. Le jour où ils seront forcés de lever leur camp d'Europe, l'Asie sera ébranlée, et la Syrie ne tardera pas à redevenir entièrement chrétienne. Alors nous repasserons sous les *portes Oires*, comme sous un arc de triomphe.

Notre excursion aux environs de Jérusalem commence au sortir de la porte de Jaffa. Nous descendons dans la vallée de Gihon, ou *Vallée de la grâce*. A droite, nous apercevons les derniers débris d'un aqueduc bâti ou restauré par Ézéchias et réparé, sous la domination romaine, par Ponce-Pilate. Les Romains, en tout pays du monde, ont été grands bâtisseurs d'aqueducs. La vallée de Gihon débouche dans celle de Hennon ou de la Géhenne. Celle-ci est profonde, étroite, obscure, encombrée d'arbrisseaux, d'oliviers et de grenadiers. Moloch y reçut plus d'une fois des Israélites un culte abominable. Moloch était l'idole du soleil. On lui offrait des enfants qu'on faisait passer par le feu. Des auteurs prétendent que cette cérémonie consistait à faire passer les enfants par-dessus la flamme; d'autres assurent que ces enfants passaient entre deux feux; d'autres enfin affirment qu'ils étaient consumés entièrement. Peut-être ces trois modes d'offrande étaient-ils usités en même temps. Suivant l'opinion la plus vraisemblable, la statue de Moloch était de bronze, assise sur un trône de même métal, surmontée d'une tête de bœuf, avec une couronne royale ou sidérale, emblème des rayons du soleil, les bras étendus en avant, comme pour embrasser quelqu'un. Lorsqu'on voulait lui immoler un enfant, on entretenait un grand feu autour de la statue jusqu'à ce que le métal fût rougi par la chaleur. Alors on plaçait la pauvre petite victime entre les bras de l'idole, où elle se débattait quelques instants dans les plus affreuses convulsions. Bientôt les chairs étaient consumées, et tout disparaissait dans le brasier. Durant cet horrible sacrifice, le bruit des tambours et d'autres instruments bruyants étouffait les cris de l'infortuné, que les yeux d'un père et d'une mère devaient contempler sans répandre une larme. Ce qui étonne, c'est que les Juifs étaient fort enclins au culte de Moloch. Salomon lui-même éleva un temple à Moloch; Achaz et Manassé faisaient passer leurs enfants par le feu. Ces horreurs expliquent pourquoi cette vallée était regardée comme l'image de l'enfer. Les supplices des damnés peuvent-ils être comparés plus justement qu'aux holocaustes affreux de la vallée de Géhenne?

Il paraît qu'à une époque reculée, les flancs abrupts de cette vallée servirent à la sépulture des Israélites. On assure aussi qu'on jetait au fond les immondices de la ville : c'était comme la voirie de Jérusalem. En plusieurs circonstances, afin de purger l'air des exhalaisons pestilentielles qui s'en échappaient, on fut contraint de brûler les cadavres d'animaux qui s'y trouvaient amoncelés.

Sur les pentes de la même colline se trouve le champ du potier, *Haceldama*, ou le *Champ du sang*, qui fut acheté des deniers de la trahison de Judas pour servir à la sépulture des étrangers. Saint Jérôme connaissait ce champ, qu'on a continué de montrer aux voyageurs. Les religieux de Saint-Jean avaient coutume d'y ensevelir les pèlerins francs morts à Jérusalem. Les Arméniens y ont enterré leurs morts jusqu'à ces derniers temps. Lorsqu'on en remue la terre, on y trouve quantité de fragments de poterie. Le sol porte encore témoignage en faveur du texte évangélique : c'est bien toujours le *Champ du potier*.

Le mont Sion se dresse abrupt à gauche, surmonté de la tour de David. Un peu plus loin viennent se réunir les vallées de la Géhenne et de Josaphat. Celle-ci descend vers la mer Morte, et sert de lit au torrent de Cédron. Pendant la majeure partie de l'année le torrent est à sec; des graviers et des cailloux roulés en marquent le cours. Durant la saison des pluies et à la suite des orages, les eaux s'accumulent au fond de la vallée et roulent avec fracas dans les ravins les plus affreux qu'on puisse imaginer, vers le couvent de Saint-Sabas. Selon saint Jérôme, *Cédron* signifie *triste*. Jamais dénomination ne parut plus juste. Qui peindra la tristesse profonde qui règne constamment le long des rives du Cédron? C'est là que pleura David en fuyant devant un fils révolté. Là passa Jésus durant cette nuit obscure témoin des agonies d'un Dieu et de la trahison d'un apôtre. La vallée de Josaphat semble avoir été de tout temps un lieu de sépulture. Au lieu des richesses toujours renaissantes du feuillage et des fleurs, on n'y découvre que les trophées de la mort. La végétation y est remplacée par des pierres sépulcrales : tout y présente l'image de la désolation. Les tombes qui jonchent le sol recouvrent les restes mortels de Juifs de tous les temps : tombes antiques, tombes fermées d'hier. Vers cette funèbre vallée, où dorment leurs pères, les Juifs, disséminés sur la surface du monde entier, tournent leurs regards à la fin de leur vie. Des vieillards se mettent en route pour aller finir leurs jours à Jérusalem, dans l'espoir de reposer à l'ombre de Jérusalem. Des hommes dans la vigueur de l'âge n'hésitent pas à renoncer aux douceurs d'une existence assurée et même opulente, afin de pouvoir mêler leurs ossements à ceux de leurs ancêtres, au sein de cette terre des miracles. Les tombeaux se pressent à côté les uns des autres; ils couvrent le *mont du Scandale*, s'étendent le long du Cédron, et remontent derrière ceux d'Absalon, de Zacharie et de Josaphat, jusqu'au chemin de Béthanie. Le village de Siloé en est entièrement entouré.

Écoutons la parole du prophète Joël : « Que tous les peuples, dit le Seigneur, viennent se rendre à la vallée de Josaphat; j'y paraîtrai assis sur mon trône pour y juger tous les peuples, qui y viendront de toutes parts[1]. » D'après ce passage s'est établie la croyance que la grande scène du jugement dernier se passera dans la vallée de Josaphat. Quelle que soit l'interprétation du texte de Joël, le chrétien ne saurait penser à ce solennel jugement sans être saisi d'effroi. J'avoue qu'en visitant la vallée de Josaphat, heurtant à chaque pas, pour ainsi dire, contre une pierre sépulcrale, mon âme était absorbée dans la pensée de ce grand jour de colère (*dies iræ, dies illa*), où la justice de Dieu sera manifestée avec un appareil terrible aux yeux du genre humain. Mon regard errait de tombe en tombe; il s'arrêta sur un tertre dont la terre avait été remuée la veille. La fosse était courte et étroite : on y avait déposé le corps d'un enfant, pauvre créature qui venait de passer du berceau dans la tombe. Sur le sol on apercevait l'empreinte des pieds et des genoux de sa mère. Ce spectacle m'attendrit jusqu'aux larmes. Je m'assis sur une roche, et je m'abandonnai

---

[1] Joel, cap. III, vers. 12.

sans réserve aux impressions qui remplissaient mon cœur.

Trois monuments antiques attirent surtout l'attention des voyageurs : le tombeau du roi Josaphat, qui a donné son nom à la vallée, et ceux de Zacharie et d'Absalon. Le tombeau de Josaphat consiste en une chambre sépulcrale dont la disposition rappelle les salles mortuaires des hypogées d'Égypte. Il en est de même du monument d'Absalon. L'Écriture nous apprend qu'il fut bâti par le fils de David dans la vallée royale, afin de perpétuer sa mémoire. Le corps du prince rebelle fut enseveli dans une fosse recouverte d'un monceau de pierres, au milieu d'une forêt, au delà du Jourdain. Quelques-uns ont cru que David, si affligé de la mort d'Absalon, fit transporter la dépouille mortelle de l'infortuné dans la tombe préparée de son vivant. Quoi qu'il en soit, les antiquaires n'hésitent pas à reconnaître dans ce monument l'œuvre de ce prince coupable [1]. C'est un bloc de rocher détaché de la montagne, creusé et orné de la main des hommes. L'édicule est monolithe; la pyramide qui le surmonte est seule composée de plusieurs pierres. Si l'on y aperçoit des colonnes ioniques portant une frise dorique, il ne faut pas oublier que ces deux ordres d'architecture prirent leur origine en Égypte. Souvenons-nous également que la découverte récente des ruines de Ninive a jeté quelque lumière sur les premières ébauches de ces ordres, qui avaient leurs caractères distinctifs avant d'être usités chez les Grecs. La tradition judaïque n'a pas varié sur

---

[1] De Saulcy, *Histoire de l'art judaïque*, p. 223 et suiv.

la destination de ce mausolée; aujourd'hui encore les Juifs, en passant près du tombeau d'Absalon, ne manquent pas d'y jeter une pierre en signe de mépris et d'horreur.

Le tombeau de Zacharie n'est pas sans analogie avec les précédents. Il est taillé dans la roche vive, orné de colonnes grossières aux angles et recouvert d'un comble en forme de pyramide. Nous ne devons pas omettre de mentionner une crypte voisine, à laquelle se rattache le souvenir de saint Jacques.

La vallée de Josaphat sépare le mont des Oliviers de la ville de Jérusalem. Le mont des Oliviers! il n'est pas de chrétien qui ne prononce ce nom avec émotion. Des bouquets de ces arbres au maigre et pâle feuillage en couvrent les pentes, mêlés à quelques arbrisseaux d'une végétation chétive. Sept ou huit oliviers d'une dimension prodigieuse portent tous les signes d'une extrême vieillesse. De pieux voyageurs n'ont pas fait difficulté de croire qu'ils abritèrent sous leurs rameaux le Sauveur à l'heure solennelle de sa prière et de son agonie. « Ces oliviers sont au nombre des plus gros arbres de cette espèce que j'aie jamais rencontrés; la tradition fait remonter leurs années jusqu'à la date mémorable de l'agonie de l'Homme-Dieu, qui les choisit pour cacher ses divines angoisses. Leur aspect confirmerait au besoin la tradition qui les vénère; leurs immenses racines, comme les accroissements séculaires, ont soulevé la terre et les pierres qui les recouvraient, et, s'élevant de plusieurs pieds au-dessus du niveau du sol, présentent au pèlerin des siéges naturels, où il peut s'agenouiller ou s'asseoir

MONT DES OLIVIERS.

pour recueillir les saintes pensées qui descendent de leurs cimes silencieuses. Un tronc noueux, cannelé, creusé par la vieillesse, s'élève en large colonne sur ces groupes de racines, et, comme accablé et penché par le poids des jours, s'incline à droite ou à gauche et laisse pendre ses vastes rameaux entrelacés, que la hache a cent fois retranchés pour les rajeunir. Ces rameaux, vieux et lourds, qui s'inclinent sur le tronc, en portent d'autres plus jeunes qui s'élèvent un peu vers le ciel, et d'où s'échappent quelques tiges d'une ou de deux années couronnées de quelques touffes de feuilles, et noircies de quelques petites olives bleues, qui tombent, comme des reliques célestes, sur les pieds du voyageur chrétien [1]. »
— « Si ce ne sont pas les mêmes troncs, ajoute le même écrivain, ce sont probablement les rejetons de ces arbres sacrés. Mais rien ne prouve que ce ne soient pas identiquement les mêmes souches. J'ai parcouru toutes les parties du monde où croît l'olivier ; cet arbre vit des siècles, et nulle part je n'en ai trouvé de plus gros, quoique plantés dans un sol rocailleux et aride. J'ai bien vu, sur le sommet du Liban, des cèdres que les traditions arabes reportent aux années de Salomon. Il n'y a rien d'impossible ; la nature a donné à certains végétaux plus de durée qu'aux empires. »

Nous touchons à la grotte de Gethsémani, où Jésus-Christ vint prier plus d'une fois, et où enfin il accepta le calice qu'il allait bientôt épuiser jusqu'à la lie. Tout pèlerin en tout temps est venu prier dans cette grotte

---

[1] M. de Lamartine, *Voyage en Orient*, tome I.

consacrée par les prières, les larmes et les sueurs d'un Dieu. Jamais le moindre doute n'est venu inquiéter la piété chrétienne. « Une vallée, dit un poëte, ne s'efface pas comme une rue, et le moindre rocher dure plus que le plus magnifique des temples. » La grotte de Gethsémani, taillée dans le roc, s'ouvre près du *Tombeau de la Vierge;* on y communiquait même autrefois au moyen d'un couloir maintenant fermé. Plusieurs autels sont creusés dans la roche vive. C'est un des sanctuaires les plus pauvres qu'il y ait au monde; nulle part les sentiments que la foi seule inspire ne sont plus vifs et plus pénétrants. A quelques pas en dehors on montre la place où Judas trahit son maître par un baiser.

Un peu plus haut, un sentier rude conduit à l'endroit où se tenait Jésus lorsqu'il regardait en pleurant la ville coupable, dont il annonçait la destruction prochaine. Le cardinal Baronius, dans ses Annales, remarque que Titus planta d'abord ses tentes à l'endroit même où le Sauveur avait prédit la ruine de Jérusalem : circonstance frappante, qui met en évidence l'accomplissement de cette triste prophétie.

Plus haut encore sont les tombeaux des prophètes; les Juifs prétendent que plusieurs rois y reçurent la sépulture. Le vestibule, en rotonde, a sept mètres de diamètre; il donne accès à plusieurs couloirs souterrains, dont la disposition, avec leurs niches destinées à recevoir des cercueils, offre plus d'un trait de ressemblance avec les catacombes de Rome. L'historien Josèphe désigne ce monument funéraire sous le nom de *Peristereon,* qui rappelle le *Columbarium* des Romains. Tout indique que cette hypogée remonte à la plus haute antiquité, sans qu'on sache exactement pourquoi elle se nomme le Tombeau des prophètes. Quand on examine les cavernes sépulcrales des peuples les plus anciens, on est surpris d'y trouver les mêmes distributions et presque les mêmes ornements, dans les montagnes de la Judée, en Égypte, dans l'Étrurie et la haute Italie. Plus les hommes sont près de leur berceau, plus ils prennent soin de leur tombe : pourquoi ne verrait-on pas dans ce fait, avec plusieurs antiquaires, une des traditions des peuples primitifs indiquant une commune origine? Beaucoup d'autres excavations sépulcrales, aux environs de Jérusalem, présentent des dispositions analogues. « Pour les anciens, dit Mgr Mislin, les cellules funéraires étaient comme des nids, d'où les âmes, après y avoir laissé leur enveloppe corporelle, s'envolaient dans la patrie sous la forme d'oiseaux [1]. » Durant les premiers âges du christianisme, la plupart de ces cavités, creusées pour la demeure des morts, servirent de retraite à de pieux anachorètes fuyant le monde. Dès le ive siècle, les solitaires du mont des Oliviers étaient nombreux. Saint Jérôme nous apprend qu'ils occupaient leurs loisirs à copier les ouvrages des écrivains les plus renommés; et il ajoute qu'à sa demande ils lui firent une excellente copie des Dialogues de Cicéron [2]. C'est là que Rufin composa les *Vies des Pères*, monument impérissable de la ferveur cénobitique au ve siècle. Un chroniqueur français du

---

[1] *Les Saints-Lieux*, tome II, p. 478.
[2] S. Hieron., *Comm. in Ephes.*, vi.

XIIIe siècle nous raconte que de son temps *au Val de Josaphat avoit hermites.*

Continuons notre ascension de la montagne des Oliviers. Au-dessus des curieux monuments qui viennent de fixer notre attention, on a marqué l'endroit où, suivant une pieuse tradition, les apôtres, avant de partir pour la conquête spirituelle du monde, composèrent le premier symbole de la croyance chrétienne. Plusieurs cependant ont pensé que le Symbole des apôtres fut rédigé dans le Cénacle. « Tandis que le monde entier adorait à la face du soleil mille divinités honteuses, dit M. de Chateaubriand [1], douze pêcheurs cachés dans les entrailles de la terre dressaient la profession de foi du genre humain, et reconnaissaient l'unité du Dieu créateur de ces astres à la lumière desquels on n'osait encore proclamer son existence. Si quelque Romain de la cour d'Auguste, passant auprès de ce souterrain, eût aperçu les douze Juifs qui composaient cette œuvre sublime, quel mépris il eût témoigné pour cette troupe superstitieuse ! Avec quel dédain il eût parlé de ces premiers fidèles ! Et pourtant ils allaient renverser les temples de ce Romain, détruire la religion de ses pères, changer les lois, la politique, la morale, la raison, et jusqu'aux pensées des hommes. »

Après avoir accompli sa mission divine, Jésus-Christ, accompagné de ses apôtres et d'une foule de disciples, franchit une dernière fois les pentes de la montagne des Oliviers. Saint Ambroise fait la remarque qu'il suivit le

[1] *Itinéraire de Paris à Jérusalem.*

chemin de Gethsémani, chemin de douleur, avant d'arriver au sommet de la montagne, afin de nous montrer quelle voie nous devons suivre pour monter au ciel avec lui [1]. Le jour du triomphe était enfin arrivé ; l'Église était constituée. La religion chrétienne allait commencer le cours de ses merveilleuses destinées. Le Sauveur avait donné ses suprêmes instructions, que le Saint-Esprit allait bientôt confirmer ; il étendit ses bras et ses mains, comme pour répandre de plus abondantes bénédictions sur ceux qui le suivaient ; tout à coup il s'éleva dans les airs par la vertu de sa propre puissance, et alla prendre possession de son trône à la droite du Père. En quittant la terre, Jésus laissa l'empreinte de ses pieds profondément gravée sur le sol. Saint Jérôme, saint Augustin, Sulpice-Sévère, saint Paulin de Nole, le vénérable Bède, et beaucoup d'autres écrivains ecclésiastiques des temps les plus reculés, se sont rendus l'écho de cette croyance. Une froide critique a contesté l'authenticité de cette empreinte. Qu'importe ? c'est bien là que le Sauveur posa ses pieds pour la dernière fois. Comme tous les pèlerins, je me suis agenouillé, et j'ai dévotement baisé ces pas qui rappellent ici la présence de l'Homme-Dieu [2].

---

[1] S. Ambros., lib. IV in Luc.

[2] Il est bon de noter ici que ce sont surtout les protestants qui combattent les traditions de l'Orient. Mais leur scepticisme produit un triste effet sur l'esprit des Orientaux, accoutumés à respecter les traditions toujours vivantes parmi eux. Après tout, quand il s'agit de faits de ce genre, où la foi n'est point engagée, à quoi bon disputer le mètre à la main, pour contrarier une croyance de tant de siècles, et entrer en contestation avec les habitants du pays pour quelques centimètres ?

L'impératrice sainte Hélène fit bâtir en ce lieu une basilique sous le titre de l'Ascension. La voûte qui la surmontait resta ouverte à l'endroit même où Jésus traversa triomphalement les airs. De pieux narrateurs assurent que cette voûte ne put être fermée, malgré les efforts de l'architecte. Cette église fut reconstruite par le saint patriarche Modeste, au viie siècle. A l'époque du royaume chrétien de la croisade, le temple de l'Ascension appartenait à des chanoines réguliers de l'ordre de Saint-Augustin. La chute de ce royaume fut le signal de la destruction du monument et de tant d'autres non moins respectables. Toutefois, l'édicule qui recouvre les pas du Sauveur fut conservé. Aujourd'hui les Turcs ne font pas difficulté de l'ouvrir aux pèlerins, moyennant un léger tribut. Chaque année les catholiques de Jérusalem viennent y célébrer l'office le jour de l'Ascension.

Après avoir satisfait notre dévotion, nous nous dirigeons vers l'orient jusqu'à la distance d'environ cent cinquante mètres. On nous avait promis un des plus beaux points de vue du monde; jamais promesse ne fut mieux réalisée. Un magnifique panorama se déroule sous les yeux aussi loin que le regard peut atteindre, et au loin l'horizon disparaît au milieu de légères vapeurs bleuâtres. Vers le nord, les montagnes d'Éphraïm, à peine éclairées, vont se confondre avec l'Hébal et le Garizim, au centre de la Samarie, où s'étend la ville de Naplouse. A l'orient, la vue passe par-dessus des montagnes arides pour aller se perdre délicieusement dans la vallée du Jourdain, dont le cours trace comme une longue ligne de verdure à travers le désert. D'un autre côté, au fond

JÉRUSALEM (VUE PRISE DU MONT DES OLIVIERS)

d'un bassin bordé de montagnes brûlées par un soleil toujours ardent, dort la mer Morte, aux eaux lourdes, réfléchissant la lumière, comme un lac de plomb fondu. Au delà les montagnes de l'Arabie, d'un aspect sinistre, se découpent sur le ciel, sans porter la moindre trace de végétation. On distingue, dans un lointain immense, le Nébo, du haut duquel Moïse contempla la terre promise sans pouvoir y entrer. Enfin, vers l'occident, on découvre toute la vallée de Josaphat, dont chaque monument funèbre apparaît distinctement. La ville de Jérusalem étale tous ses édifices et montre, pour ainsi dire, toutes ses maisons. Quel spectacle ! quels souvenirs ! Avec quelle avidité et quelle émotion le regard se promène de la citadelle de David à l'esplanade du Temple, de Sion au Calvaire ! Une chose pourtant attriste profondément : la croix ne domine pas cette scène imposante.

CHAPITRE XII

VALLÉE DE JOSAPHAT

Nous avons souvent parlé dans les chapitres précédents des tombeaux placés autour de Jérusalem ; nous avons encore à décrire les *Tombeaux des Rois*. Les Juifs ont professé de tout temps un grand respect pour la sépulture des morts ; plus encore que les autres peuples de l'antiquité, ils se plurent à déployer une pompe extérieure aux obsèques de leurs proches et à décorer leurs tombes : usage qui prit son origine dans leur croyance à l'immortalité de l'âme. Rendre les honneurs de la sépulture à son père défunt, était réputé chez eux le premier devoir de la piété filiale.

Ensevelir les morts était une pratique religieuse à laquelle les hommes pieux se dévouaient, même au péril de leur vie, comme on le voit par l'exemple de Tobie. Jamais on ne refusait un sépulcre, même à l'étranger mort dans la misère et l'abandon, ni aux ennemis tués les armes à la main. La privation de la sépulture était un opprobre. Aussi les prophètes menacent-ils les méchants, comme d'un châtiment affreux, d'être laissés sans sépulture après leur mort, ou d'avoir leurs tombes profanées et leurs ossements dispersés [1].

Les anciens Israélites se creusaient des tombeaux dans les rochers, auprès des arbres, dans leurs jardins, le long des chemins les plus fréquentés, à l'intérieur des villes, au sommet des montagnes, dans les lieux déserts. Joseph d'Arimathie avait préparé son tombeau dans le roc, près de sa maison et dans son jardin : c'est là que fut enseveli le corps du Sauveur. Lazare avait sa tombe à Béthanie, non loin de l'habitation où il demeurait avec ses sœurs Marthe et Marie. Rachel fut enterrée sur le chemin de Bethléem à Jérusalem. Débora, nourrice de Rébecca, fut déposée à l'ombre d'un arbre. Le tombeau de Samuel fut établi dans sa maison; celui des Machabées est à Modin, au sommet d'un monticule. Les grands patriarches et prophètes Moïse, Aaron et Josué furent ensevelis sur des montagnes. Tout le monde connaît la caverne de Mambré, où reposent les restes mortels d'Abraham.

La fosse où l'on plaçait la dépouille mortelle des

---

[1] Jerem., VIII, 2, et XXII, 18, 19.

hommes célèbres était recouverte d'une simple pierre funéraire, comme celle des gens du peuple, sans épitaphe, sans ornements, sans inscription. Le souvenir des vertus et des services rendus à la patrie suffisait pour protéger la mémoire des défunts contre l'oubli et les injures du temps. Chaque génération répétait leurs noms avec respect et les transmettait à la postérité la plus reculée.

Quiconque touchait à un tombeau contractait une souillure légale. C'est pourquoi les Juifs avaient l'habitude de blanchir à la chaux les pierres funéraires et les quartiers de roche, à l'entrée des grottes sépulcrales. Chaque année, le mois qui précède les fêtes de Pâques, on renouvelait cette opération. Notre Seigneur faisait allusion à cette coutume lorsqu'il reprochait aux pharisiens de ressembler à des *sépulcres blanchis* au dehors et remplis d'impuretés au dedans. Ajoutons que, chez les Juifs, le corps des défunts, enveloppé dans un linceul, était entouré de bandelettes. Lorsqu'il était placé dans la fosse, la tête était soulevée sur un sac plein de terre. S'il était déposé dans une caverne sépulcrale ou tombeau de famille, il occupait une chambre à part fermée par un quartier de rocher, ou une espèce de niche, ou il était mis sur le sol. Avant de clore la tombe, les parents du défunt lui adressaient en suprême adieu ces paroles : *Vade in pace* (va en paix), que les chrétiens répètent toujours sur la fosse entr'ouverte, comme un souhait du repos éternel du paradis.

Les tombeaux de la vallée de Josaphat s'étendent sur les collines du voisinage jusqu'au village de Siloan, dont

VALLÉE DE JOSAPHAT.

ils forment comme la ceinture funèbre. Située vis-à-vis de la fontaine qui lui donne son nom, cette bourgade est peuplée de Bédouins fanatiques, vivant du produit de l'agriculture et plus encore de brigandage. Leurs habitations, moitié bâties en pierres, moitié creusées dans la roche vive, peuvent être regardées comme des cavernes de voleurs. Ces Arabes pilleurs sont en guerre ouverte avec le genre humain. Malheur au voyageur téméraire qui s'engage la nuit au milieu de ces huttes sauvages sans une bonne escorte! Plus d'un étranger a payé de sa vie son imprudence. De nos jours leur caractère féroce est un peu modéré par l'autorité turque ; mais leur penchant à l'indiscipline et à la violence les a divisés eux-mêmes en deux camps opposés. Ils sont au nombre d'environ douze cents habitants, et souvent ils succombent victimes de rixes intestines.

Un autre village plus intéressant pour le voyageur chrétien est celui de Béthanie, situé à l'orient de Jérusalem, à une distance de trois kilomètres environ, sur le chemin de Jéricho. Béthanie est nommée plus d'une fois dans l'Évangile. Jésus aimait à s'y reposer, au sein d'une pieuse famille. Lazare, Marthe et Marie eurent souvent le bonheur de jouir de son entretien. Lazare mérita le titre d'*ami* de Jésus, et ses sœurs furent comblées de bénédictions. Un jour que le Sauveur était au delà du Jourdain avec ses apôtres, Marthe et Marie le firent prévenir que Lazare était gravement malade. *Cette maladie ne va point à la mort*, répondit Jésus-Christ; *elle servira à manifester la gloire de Dieu et de son Fils*. Deux jours après il dit à ses disciples que Lazare est endormi, et qu'il veut aller l'éveiller [1]. Il voulait dire qu'il était mort, et qu'il le ressusciterait. Depuis quatre jours déjà Lazare est au tombeau lorsque Jésus arrive à Béthanie. Beaucoup de Juifs sont réunis, partageant le deuil de la famille. A la vue des deux sœurs fondant en larmes, et qui, usant d'une sainte familiarité, disent en lui adressant de doux reproches : *Seigneur, si vous aviez été ici, mon frère ne serait pas mort;* Jésus pleure, *frémit en lui-même,* et se fait conduire à l'entrée du sépulcre. Dès qu'on a roulé la pierre qui en ferme l'entrée, il s'écrie : *Lazare, sortez dehors.* Aussitôt le mort se lève, et vient à la porte du sépulcre le corps entouré de bandelettes et le visage couvert d'un suaire. Tous étaient dans la surprise et l'admiration. Ce miracle fit grande impression sur les personnes qui en furent témoins, et plusieurs crurent à la divinité de Jésus. La tradition, au rapport de saint Épiphane, tient que Lazare était âgé de trente ans lorsque Jésus-Christ le ressuscita, et qu'il vécut trente ans encore.

Ce prodige est un des plus mémorables que le Sauveur ait opérés. Aussi mit-il le comble à la gloire de Jésus et à la haine de ses ennemis. C'est à la suite de cette résurrection, dont la renommée entretint toute la Judée, que ces derniers conçurent le projet de mettre à mort le *grand Prophète* dans lequel leur aveuglement ne permettait pas de reconnaître le Messie promis à leurs pères. Ainsi, la merveille qui aurait dû naturellement ouvrir leurs yeux ne servit qu'à épaissir les ténèbres.

---

[1] Joan., xi.

La multitude cependant garda une impression durable du fait éclatant qui s'était accompli à Béthanie; elle suivit Jésus lors de son entrée triomphante à Jérusalem, rendant hautement témoignage à sa puissance et à sa vertu.

« Les preuves de ce miracle, dit un auteur protestant, sont toutes dans le récit; c'est le plus grand miracle, c'est aussi le plus circonstancié. Une simple lecture entraîne la conviction ; on sent que l'exégèse est inutile, et qu'un jugement droit suffit [1]. »

Béthanie s'appelle aujourd'hui Lazarieh ou el-Azarieh : c'est un très-pauvre village habité par une trentaine de très-pauvres familles. Quelques ruines, les souvenirs et une position pittoresque y attirent toujours l'étranger. Le regard s'arrête d'abord sur les débris encore considérables d'un édifice d'origine antique portant les traces d'une reconstruction franque, et connu vulgairement sous le nom de château de Lazare. Au temps du royaume chrétien c'était un couvent fondé par la reine Mélisende, femme du roi Baudouin III. La première abbesse de cette maison, soumise à la règle de Saint-Benoît, fut Yvette, sœur de la reine, religieuse au monastère de Sainte-Anne, à Jérusalem. Le couvent de Béthanie était fortifié, entouré de murailles et de fossés profonds. Cet appareil militaire autour d'une maison de paix s'explique assez par l'état de guerre continuel dans lequel on vivait alors. En cas d'alerte, les religieuses se retiraient à Jérusalem. Les infidèles ont détruit le cou-

---

[1] *Dictionnaire de la Bible*, édition Migne, 1846, tome III, col. 76.

vent de Béthanie, comme tant d'autres établissements chrétiens.

Le sépulcre de Lazare est creusé profondément dans le roc. On descend d'abord à l'aide d'un escalier de vingt-quatre marches dans une espèce de vestibule, long de trois mètres et large de deux mètres. La voûte est en ogive, et date évidemment du temps des croisades. C'est une chapelle où l'on voit l'autel le plus modeste qui puisse être imaginé ; c'est une énorme pierre à peine dégrossie qu'on dit être celle qui fermait l'entrée du tombeau de Lazare, et qui fut enlevée sur l'ordre de Jésus. Un couloir étroit conduit, au moyen de six degrés, dans le caveau où *dormit* Lazare. Cette chambre sépulcrale fort petite n'a guère que deux mètres de long sur autant de large. Elle est surmontée d'une voûte ogivale, comme le vestibule, exécutée par les chrétiens, probablement au xiie siècle. La surface intérieure du rocher a également disparu derrière un revêtement de pierres appareillées construit à la même époque.

Entre Béthanie et Jérusalem existait jadis le bourg de Bethphagé, caché, pour ainsi dire, à l'ombre de la montagne. Ici, les ruines mêmes ont péri : il ne reste plus trace de l'antique village. Quelques figuiers sauvages de la plus chétive apparence indiquent l'emplacement de Bethphagé, dont le nom en hébreu signifie *Maison des figuiers*. Ici Jésus-Christ, assis sur une humble et pacifique monture, commença sa marche triomphale vers Jérusalem. Autrefois, le dimanche des Rameaux, les chrétiens parcouraient en procession le même chemin sur les traces, pour ainsi dire, du Sauveur; le prêtre, revêtu des ornements sacerdotaux, était monté sur un âne; les fidèles portaient des palmes à la main, étendaient leurs vêtements et des feuillages sur le chemin, et répétaient à l'envi de joyeuses acclamations.

En quittant Jérusalem par la porte de Damas, on trouve à un demi-kilomètre de la ville les tombeaux des rois. Tous les voyageurs ont parlé de ces cryptes curieuses. Nous les avons visitées après tant d'autres. Ici, comme partout, nous avons vu des fleurs le long des sentiers qui mènent aux palais de la mort. Ces superbes témoins des grandeurs et des misères humaines gardent le silence. La mémoire des hommes a souvent des défaillances inexplicables. En vain des monarques puissants ont-ils employé tous leurs soins à se faire des mausolées d'une taille gigantesque, afin de survivre à la mort. Ces tombes fastueuses sont vides et muettes, et les érudits se disputent pour savoir à qui les attribuer. A qui furent destinés les *tombeaux des rois?* Par qui furent-ils creusés et ornés à grands frais? Il faut bien en convenir, on l'ignore.

Dans son *Itinéraire de Paris à Jérusalem*, M. de Chateaubriand en a donné une description exacte. Tout récemment, M. de Saulcy en a tracé le plan et laissé une description très détaillée dans l'*Histoire de l'art judaïque* [1]. Nous reproduirons ici les lignes de l'*Itinéraire*, les longues dissertations de M. de Saulcy étant spécialement destinées aux savants.

« En sortant de Jérusalem par la porte d'Éphraïm,

---

[1] Le même auteur en a publié le plan et une première description dans le *Voyage autour de la mer Morte et dans les terres bibliques*, tome II, p. 219 à 281.

on marche pendant un demi-mille sur le plateau d'un rocher rougeâtre où croissent quelques oliviers. On rencontre ensuite au milieu d'un champ une excavation assez semblable aux travaux abandonnés d'une ancienne carrière. Un chemin large et en pente douce vous conduit au fond de cette excavation, où l'on entre par une arcade. On se trouve alors au milieu d'une salle découverte taillée dans le roc. Cette salle a trente pieds de long, sur trente pieds de large, et les parois du rocher peuvent avoir douze à quinze pieds d'élévation.

« Au centre de la muraille du midi vous apercevez une grande porte carrée d'ordre dorique, creusée de plusieurs pieds de profondeur dans le roc. Une frise un peu capricieuse, mais d'une délicatesse exquise, est sculptée au-dessus de la porte : c'est d'abord un triglyphe suivi d'une métope ornée d'un simple anneau; ensuite vient une grappe de raisin entre deux couronnes et deux palmes. Le triglyphe se représente, et la ligne se reproduisait sans doute de la même manière le long du rocher; mais elle est actuellement effacée. A dix-huit pouces de cette frise règne un feuillage entremêlé de pommes de pin et d'un autre fruit que je n'ai pu reconnaître, mais qui ressemble à un petit citron d'Égypte. Cette dernière décoration suivait parallèlement la frise, et descendait ensuite perpendiculairement le long des deux côtés de la porte.

« Dans l'enfoncement et dans l'angle à gauche de cette grande porte s'ouvre un canal où l'on marchait autrefois debout, mais où l'on se glisse aujourd'hui en rampant. Il aboutit par une pente assez roide, ainsi que dans la grande pyramide, à une chambre carrée creusée dans le roc avec le marteau et le ciseau. Des trous de six pieds de long sur trois pieds de large sont pratiqués dans les murailles, ou plutôt dans les parois de cette chambre pour y placer des cercueils. Trois portes voûtées conduisent de cette première chambre dans sept autres demeures sépulcrales d'inégale grandeur, toutes formées dans le roc vif, et dont il est difficile de comprendre le dessin, surtout à la lueur des flambeaux. Une de ces grottes, plus basse que les autres, et où l'on descend par six degrés, semble avoir renfermé les principaux cercueils. Ceux-ci étaient généralement disposés de la manière suivante : le plus considérable était au fond de la grotte, en face de la porte d'entrée, dans la niche ou dans l'étui qu'on lui avait préparé; des deux côtés de la porte deux petites voûtes étaient réservées pour les morts les moins illustres, et comme pour les gardes de ces rois qui n'avaient plus besoin de leur secours. Les cercueils dont on ne voit que les fragments étaient de pierre et ornés d'élégantes arabesques.

« Ce qu'on admire le plus dans ces tombeaux, ce sont les portes des chambres sépulcrales; elles sont de la même pierre que la grotte, ainsi que les gonds et les pivots sur lesquels elles tournent. Presque tous les voyageurs ont cru qu'elles avaient été taillées dans le roc même; mais cela est visiblement impossible, comme le prouve très-bien le P. Nau. Thévenot assure qu'en grattant un peu la poussière on aperçoit la jointure des pierres, qui y ont été mises après que les portes ont été posées avec les pivots dans les trous.

« J'ai cependant gratté la poussière, et je n'ai point vu ces marques au bas de la seule porte qui reste debout : toutes les autres sont brisées et jetées en dedans des grottes.

« En entrant dans ces palais de la Mort, je fus tenté de les prendre pour des bains d'architecture romaine, tels que ceux de l'antre de la Sibylle, près du lac Averne. Arculfe, qui les a décrits avec une grande exactitude, avait vu des ossements dans les cercueils. Plusieurs siècles après, Villamonty trouva pareillement des cendres qu'on y cherche vainement aujourd'hui. »

Nous devons ajouter que l'entrée des caveaux mortuaires des rois était soigneusement cachée. Cette précaution rappelle celle des Pharaons d'Égypte à masquer la porte de leur nécropole. Nous avons peine à nous faire une juste idée du luxe de précautions déployé à l'ouverture de ces souterrains funèbres. D'énormes pierres, assujetties en plusieurs sens, devaient être roulées pour en dégager l'issue, et par derrière s'ouvrait un puits large et profond où le violateur des tombeaux courait risque d'être précipité dès le premier pas. La porte en pierre était disposée de façon à s'ouvrir quand on la poussait du dehors; elle se fermait ensuite d'elle-même, et nulle force humaine n'eût réussi à la faire céder à l'intérieur. Vains soucis! ces tombes royales, profanées depuis des siècles, sont accessibles à tout venant, et l'Arabe, en y cherchant parfois un refuge, se rit des soins jaloux qui avaient espéré les clore à jamais!

M. de Saulcy croit que ce vaste monument funéraire était destiné à la sépulture de David, de Salomon et des rois leurs successeurs. Il admet en conséquence que, dès l'époque de David et de Salomon, beaucoup des éléments de l'architecture grecque proprement dite étaient employés à Jérusalem, avec des ornements de l'art hébraïque. Cette opinion, soutenue avec vivacité, a été combattue avec une vivacité égale. Jusqu'à présent la démonstration ne paraît pas achevée. Espérons qu'un jour l'érudition moderne donnera la solution de cet intéressant problème d'archéologie hébraïque.

CHAPITRE XIII

SOUVENIRS FRANÇAIS DES CROISADES A JÉRUSALEM

Souvent, en parcourant la ville et les environs de Jérusalem, nous avons évoqué le souvenir des croisades. Des ruines d'un aspect grandiose, des traditions toujours vivantes, les vallons, les collines, tous les postes de guerre redisent les combats et les hauts faits des chevaliers. En ce pays, il n'est pas nécessaire de chercher la gloire de la France ; on la trouve partout. Ce n'est pas pour rien que les Arabes répètent que notre ombre est grande sous le soleil. En Orient, le nom de Français est et sera toujours synonyme de vaillance et de loyauté. L'âme des grandes expéditions chrétiennes d'outre-mer fut celle de la France catholique, fille aînée de l'Église. La mémoire en sera éternelle; tout ce qui rappelle ces luttes héroïques est attribué aux Francs. En tout temps, la France a été la protectrice des Saints-Lieux. Plaise au Ciel qu'elle mérite à jamais ce titre glorieux !

Plus d'une fois déjà, dans le cours de notre récit, nous avons prononcé le nom des chevaliers des croisades; souvent encore il se présentera sur nos lèvres dans la suite de notre voyage : pouvions-nous résister au plaisir de consacrer quelques pages à ces héros, l'honneur éternel de la religion, de la patrie et de la chevalerie ?

A la suite des malheurs qui désolèrent l'Europe à la fin du xe siècle et au commencement du xie, les regards inquiets se portèrent vers la contrée d'où nous est venu le salut. Tous les yeux et tous les cœurs se dirigeaient vers Bethléem, le Calvaire, le Saint-Sépulcre. Jérusalem est la cité du pardon et de la réconciliation. Le nom sacré de Jérusalem retentissait au pied des autels et du haut de la chaire, dans les cloîtres et au foyer domestique. Qui pourrait redire aujourd'hui les sentiments qui agitaient alors les consciences? En 1054, Litberg, évêque de Cambrai, partait en pèlerinage vers Jérusalem à la tête de trois mille de ses diocésains. Cette pieuse caravane, à travers des chemins inconnus, dans des pays hostiles, périt de faim et de misère; sa foi ne chancela pas un instant. L'évêque de Cambrai pria dans les sanctuaires de la ville sainte, revit presque seul l'Europe, et encouragea d'autres à entreprendre ce lointain voyage. Dix ans après son retour, sept mille pèlerins des contrées voisines, et cinq évêques à leur tête, suivirent le chemin de leurs devanciers. Cette expédition rencontra des périls de toute espèce; les Arabes, en armes, rendaient les chemins impraticables. La route de Jérusalem allait être fermée. Le calife Hakem avait rouvert l'ère des persécutions; Jérusalem gémissait sous le joug de la plus dure servitude. Les chrétiens, soumis aux traitements les plus cruels, jetaient des regards suppliants vers leurs frères de l'Occident. Mille rumeurs confuses, plus tristes les unes que les autres, circulaient en Europe. On voyait les saintes reliques foulées aux pieds, les temples les plus augustes profanés, le tombeau du Christ déshonoré, les hommes passés au fil de l'épée, les femmes esclaves, les enfants condamnés à une vie d'abjection. A ces lugubres tableaux le cœur était vivement ému, les yeux se mouillaient de larmes, des sanglots éclataient, les chevaliers portaient involontairement la main sur la garde de leur épée. Quand du haut du Siége apostolique retentit la voix de l'austère Grégoire VII, cinquante mille hommes répondirent à son appel. Cependant ce saint pontife n'eut pas le bonheur de voir partir les guerriers de la première croisade; les dernières années de sa vie se passèrent au milieu d'agitations, et il mourut en 1085, emportant dans la tombe la certitude que ses grands desseins seraient un jour réalisés. « Ce n'était, dit M. le marquis de Pastoret, ni aux pontifes ni aux hommes d'Italie que le Seigneur avait réservé cette grande mission de rejeter sur l'Orient étonné des armées aussi nombreuses que celles dont l'Orient avait plus d'une fois inondé l'Europe. Nos Français en eurent le hasardeux honneur, nos Français, qui vont toujours devant tous et au-devant de tout[1]. »

A la voix d'Urbain II et de Pierre l'Hermite trois cent mille hommes prirent la croix, et parmi eux Godefroi, Eustache et Baudouin de Bouillon, descendants de Charlemagne; l'illustre évêque Adhémar; Raymond de Saint-Gilles, comte de Toulouse; Hugues le Grand, frère du roi Philippe; Robert de Normandie, et tant d'autres[2]. Ces sages et vaillants chefs furent devancés par une foule éperdue, qui se mit en marche sous la conduite de Pierre l'Hermite et de Gautier Sans-Avoir : troupe ardente et indisciplinée, menée par des guides inhabiles et inexpérimentés, et qui ne laissa sur le chemin de la Judée qu'une trace sanglante et des ossements sans sépulture.

A travers mille dangers et mille obstacles, la grande armée commandée par les princes de la croisade était enfin arrivée en Palestine; malgré les pertes effroyables qu'elle avait éprouvées, grâce à la perfidie des Grecs, elle touchait au but du pèlerinage. Nulle ville maintenant ne faisait détourner ses regards. On avait hâte d'arriver à Jérusalem. Tancrède marchait toujours le premier. Deux jours après avoir quitté Emmaüs, le bouillant Tancrède s'arrête tout à coup; au revers d'une colline de sable rougeâtre et sans verdure il aperçoit Jérusalem. C'était le 10 juin 1099. Il saute à bas de son

---

[1] *Instructions à l'usage des voyageurs en Orient.* Paris, 1856, p. 9. Nous avons puisé plus d'une fois dans ce trop court volume de 138 pages in-8°.

[2] Ad Alexim, Constant. imperat., Urbani II Epist.

cheval, se met à genoux, et tend les bras vers Jérusalem. Comment dépeindre l'enthousiasme de ces ardents soldats? Ils ne peuvent se rassasier de contempler les murs de cette ville; chacun répète à l'envi : Jérusalem! Jérusalem!

Le siége commença sur-le-champ. Nous n'avons pas ici à redire les alternatives de succès et de revers qui signalèrent ces jours glorieux. « Celui qui commandait à Jérusalem, dit M. de Pastoret, s'appelait *la Gloire de l'Empire*. Ni l'empire, ni sa gloire ne purent résister à l'impétuosité des attaques : un jour vint où, si l'on en croit les écrivains de l'Orient, le soleil s'éclipsa, la terre trembla couverte de ténèbres, et les étoiles s'agitèrent. C'était le vendredi 15 juillet de l'année 1099 ; et ce vendredi, à l'heure même où notre Seigneur avait expiré sur la croix, Jérusalem fut prise. C'est un de nos Français qui le premier en franchit les remparts. Depuis quatre siècles et demi le croissant y régnait; le croissant tomba, et l'étendard qui flotta le premier en sa place fut un étendard de France. »

Le royaume chrétien de Jérusalem s'organisa promptement à la manière féodale. Le sol fut divisé; les hauteurs se couronnèrent de châteaux et de forteresses : il y eut des princes, ducs, comtes et barons ayant un titre et un nom empruntés aux villes et aux bourgades de la Palestine; des évêchés, des abbayes, des monastères et des prieurés s'établirent de tous côtés. C'était une prise de possession générale. Qui n'eût alors présagé au nouvel empire des années longues et prospères?

Tout menacés qu'ils furent dans leur courte existence,

les rois de Jérusalem fondèrent des monuments ; ils eurent leurs institutions et leurs lois ; les arts fleurirent. Selon le langage des poëtes, leurs pieds pesèrent assez sur le sol pour y laisser une empreinte ineffaçable.

A Jérusalem, l'église bâtie sur le saint Sépulcre et sur le Calvaire, que nous autres Français aurions le droit d'appeler française et royale, si elle n'était universelle, est l'ouvrage de Godefroi, qui la commença sans avoir le bonheur de la finir. Non loin de la mosquée d'Omar, devenue le Temple, parce qu'elle s'élève sur l'esplanade du temple de Salomon, la milice qui s'illustra sous le nom de chevaliers du Temple eut son siége principal à côté du palais des rois chrétiens. Plusieurs belles arcades, d'une architecture à moitié monastique, à moitié militaire, remontent aux premières années du XIIe siècle.

Les Templiers prirent naissance en 1118, et eurent pour premier grand maître Hugues de Payens, originaire de Touraine [1]. Ces chevaliers, *moines par les pratiques, soldats par les actions* [2], avaient pour but de protéger les pèlerins, et se consacraient à la défense des Saints-Lieux contre les infidèles. Le roi Baudouin II leur accorda plusieurs priviléges. Les chevaliers du Temple portaient un habit blanc, avec une croix rouge [3]. Leurs exploits furent sans nombre. Bientôt leur milice, augmentée de brillantes recrues, s'étendit de tous côtés

---

[1] M. Lambron de Lignim, *Mémoires de la Société Archéologique de Touraine.*

[2] Pierre le Vénérable, *Epist. ad Hebr.*, 1150.

[3] La croix fut ajoutée par le pape Eugène III, en 1146.

en Orient et dans tous les royaumes chrétiens de l'Europe. Leur symbole, *un serpent dévorant un enfant*, jetait partout l'épouvante et inspirait le respect. Mais ils ne surent pas résister aux influences énervantes de l'Asie, et leur emblème gnostique cachait le secret des passions humaines. L'histoire doit un juste tribut d'admiration à leur vaillance; mais elle ne peut laisser ignorer que leur chute fut un châtiment.

A côté d'eux, les chevaliers de Saint-Jean-de-Jérusalem montraient avec fierté leur *croix pattée en champ de gueules*. Ceux-ci restèrent français jusqu'à leur dernier jour. « Des bords escarpés de Malte aux sables de Damas, du delta du Nil au fond de la Circassie, tout redit leurs combats et leur grandeur. Partout ils seront en communauté de gloire avec la patrie; et même quand les désastres de la guerre les auront exilés au milieu des flots de la Méditerranée, devenue leur domaine, le guidon à la croix blanche laissera encore au-dessous de ce ciel, au-dessus de ces mers, la trace étincelante de leurs exploits et de notre passage [1]. »

La seconde croisade conduisit à Jérusalem le roi de France. L'entrée de Louis VII à Jérusalem fut solennelle. Les prêtres chantaient des cantiques, le peuple portait des palmes, l'air retentissait d'acclamations joyeuses. Des rêves d'espérance bercèrent alors toutes les imaginations. On résolut de prendre Damas, le boulevard de l'islamisme, alors comme aujourd'hui, dans cette partie de l'Orient. La France avait les honneurs de cette expé-

---

[1] *Instructions à l'usage des voyageurs en Orient*, pages 40, 41.

dition; c'est assez dire que de nobles actions s'y accomplirent en foule. Mais la division se mit entre les chefs, division funeste qui causa tous nos maux en Palestine. On murmura plus d'une fois le mot de trahison. Il fallut lever le siége, renoncer à des projets longuement caressés, retourner en arrière. Cette retraite fut une calamité; mais ce n'était que le prélude d'une retraite plus douloureuse encore. Le découragement s'empara des âmes. L'empereur Conrad reprit sur-le-champ le chemin de l'Europe. Louis VII voulut encore aller à Jérusalem, où il célébra les fêtes de Pâques. Puis il s'embarqua pour l'Italie, regagna son royaume, et, disent les historiens, ne tourna jamais plus ses regards vers l'Orient. *Nostre sire Diex*, est-il écrit dans les grandes chroniques de France, *qui bien voit cler en totes besoignes, n'avoit pas voulu recevoir a gré cette emprinse et pelerinage* [1].

La conséquence fatale des discordes intestines ne devait pas tarder à être tirée par la suite des événements. Saladin avait fait ses premières armes parmi les défenseurs de Damas; il allait frapper de terribles coups sur le royaume chrétien. Le sultan avait toutes les qualités d'un soldat et d'un capitaine; jamais cependant il n'aurait réussi à vaincre les chevaliers de la croix, si de funestes jalousies, en les affaiblissant, n'eussent rendu leur défaite inévitable. « Jérusalem en effet semblait toucher à ses derniers jours. Ses vassaux, ses rois, ses mœurs orientales, ses ambitions européennes avaient précipité la cité sainte de revers en revers. Aux champs de Tibé-

---

[1] *Grande chronique des faiz du roi Louis septième*, ch. IV.

riade, *les fils du paradis et les enfants du feu avoient vuidé de nouveau leur sanglante querelle;* et le roi de Jérusalem, et son frère, et le grand maître du Temple, et Renaud de Châtillon, le plus illustre des aventuriers, étaient entre les mains des musulmans[1]. » Un désastre plus grand encore était à la veille de frapper les chrétiens. Jérusalem tomba au pouvoir des infidèles !

La *France d'Orient,* suivant l'expression de M. le marquis de Pastoret, demanda secours à la France d'Occident. Guillaume archevêque de Tyr, l'historien des guerres saintes, accourut en Europe, et fit retentir partout les accents de sa mâle éloquence. Il montrait le sultan vainqueur, Sion captive, la vraie croix profanée. Sa parole était pleine de larmes et de menaces. Son enthousiasme enflamma tous les cœurs : la troisième croisade fut décidée.

L'oriflamme de Saint-Denis se déploya de nouveau sur les plages de la Syrie. Philippe-Auguste et Richard Cœur-de-Lion étaient le bras de cette grande entreprise. C'étaient deux guerriers intrépides, deux fiers chevaliers, deux rivaux, hélas ! Français et Anglais, partageant les mêmes sentiments religieux, également braves, s'apprêtaient à frapper un de ces grands coups qui ont un long retentissement dans l'histoire. Les soldats n'avaient d'autre jalousie entre eux que celle de la gloire.

La lutte commença sous les murs de Ptolémaïs. Cent combats et cent victoires remirent cette ville sous notre

---

[1] Instruct. déjà citées.

puissance [1]. Le premier des chefs croisés qui, au jour de l'assaut, franchit le rempart, était Albéric Clément, maréchal de France, le plus ancien de ceux qui aient porté ce titre. Le premier qui entra dans la ville vaincue était Guillaume des Barres, la fleur des chevaliers, celui qui, vingt ans après, devait, auprès du roi, chevaucher dans les plaines de Bouvines.

La victoire aurait dû être le signal de la résurrection du royaume de Jérusalem; elle ranima des haines à peine assoupies. Philippe-Auguste et Richard échangèrent des paroles hautaines, des menaces peut-être. Le roi de France quitta l'Asie, rapporta l'oriflamme à Saint-Denis, laissant la Palestine en proie à toutes les passions.

Richard Cœur-de-Lion resta deux années encore sur ces champs de bataille toujours ouverts, guerroyant sans cesse, faisant chaque jour briller cette intrépidité dont l'Asie n'a pas perdu le souvenir. « O Dieu, dit un historien arabe, quels hommes que ces hommes d'Europe! quel courage et quel mépris de la mort! Mais le roi anglais, comme il était plus qu'un homme et plus qu'un courage! »

Désormais Jérusalem ne nous appartiendra plus; les pèlerins y pourront entrer sans armes et venir prier au Saint-Sépulcre. Plus tard cependant la France reparaîtra sur les rivages de la Palestine. Nos chevaliers et nos soldats, conduits par saint Louis, ne seront pas infé-

---

[1] On compte quatre-vingts combats et neuf batailles qui se livrèrent près de la ville de Ptolémaïs.

rieurs aux chevaliers et aux soldats de Godefroi de Bouillon. Après les désastres essuyés en Égypte, Louis IX ne perdit pas courage. Il demeura deux ans à Ptolémaïs, fortifiant les places de Tyr, Acre, Joppé, Césarée, Caïpha. Saint Louis désirait vivement voir Jérusalem. Il vit Cana, le Carmel, le mont Thabor, le Jourdain, Nazareth; mais Jérusalem, qu'il appelait de tous ses vœux, il ne l'aperçut jamais, pas même de loin et du haut des montagnes qui l'entourent. Enfin, comme autrefois Philippe-Auguste, *jetant sa cotte d'armes devant ses yeux en pleurs, beau sire Diex*, dit-il, *je te prie donc que tu ne me souffres de voir la cité sainte, puisque je ne la saurois délivrer des mains de tes ennemis* [1]. Blanche de Castille venait de mourir; saint Louis quitta les bords de la Syrie, et toucha la terre de France le 11 juillet 1254.

L'influence française dans ces contrées arrosées de notre sang se fit sentir autant par nos institutions que par nos armes. L'érudition a mis en lumière, il y a quelques années, un des documents les plus instructifs que les croisades nous aient laissés : ce sont les *Assises de Jérusalem*, rédigées ou colligées par Jean d'Ibelin, et publiées par M. le comte Beugnot. Il y eut au XIIe siècle, en Orient, des communes fermées de murs, des bourgeoisies, des juridictions distinctes, soit pour les personnes, soit pour le commerce; une *haute cour dont le souverain était gouverneur et justicier*. Durant ces années continuellement agitées par la guerre, le développement des lois était lent et pénible. Notre admiration doit être

---

[1] Joinville, *Vie de saint Louis*, p. 276.

plus vive en examinant l'organisation d'un code si habilement conçu et disposé. Les lois sont les droits du faible, et alors on n'avait affaire qu'au plus fort. Les mœurs restèrent rudes et austères, jusqu'à ce que les passions de l'Asie eussent amolli les caractères et corrompu les cœurs. Une chronique italienne, probablement copiée d'un auteur français [1], entre dans des détails propres à faire connaître la vie particulière des chevaliers et des soldats de la croisade. « En ce temps la vie était simple, la femme et le mari mangeaient dans la même écuelle; l'usage des couteaux à table était encore inconnu. On avait un ou deux pots par famille, deux ou trois fois par semaine de la viande fraîche, le reste du temps des légumes, et à souper des viandes froides; peu de vin, car il y avait peu de caves et des greniers peu spacieux. Pendant le repas du soir, des torches ou lanternes, tenues par les serviteurs ou pages, éclairaient la table, car on ne connaissait pas l'usage de la chandelle. Les hommes portaient des bonnets de mailles de fer et des robes de peaux ou de laine foulée; les femmes, des tuniques pareilles, même au jour du mariage, car on ne mettait ni or ni argent sur les habits, et les femmes ne recevaient presque rien en dot. Pour les jeunes filles, qui jusqu'au jour des noces habitaient chez leurs parents, elles n'avaient qu'une tunique de laine, avec un manteau de lin assorti, et sur la tête point ou presque point d'ornements. La gloire des hommes était d'être toujours à

---

[1] Ricobaldi Ferrariensis *Compil. Chronol. Muratori*, tome IX, pages 247 et 248; voy. Instruct. déjà citées.

cheval et bien armés; celle des nobles, d'avoir beaucoup de forteresses; celle des villes, de fortes tours et de bons remparts. »

Il est vrai d'ajouter que ces habitudes étaient celles de la vie intérieure, et non celles des solennités, des fêtes d'apparat. Le palais des empereurs, la cour des rois, le château des seigneurs, le logis des bourgeois étalaient de plus riches habits, de belles étoffes, des bijoux, des vases d'or et d'argent, des tapis, des mets recherchés, et mille autres objets que le luxe du temps permettait de se procurer. Ordinairement tout respirait la simplicité, et, il faut le dire, une simplicité qui nous étonne aujourd'hui. Ainsi, on mettait de la paille fraîche sur le pavé de la chambre du roi. Plus d'un chambellan, plus d'un aumônier qui couchait par terre dans la chambre royale dut s'applaudir de ce luxe utile. Quelle impression le spectacle du luxe oriental ne dut-il pas produire sur l'imagination de ces hommes, seigneurs et gens du peuple, accoutumés à des usages qui durent alors leur paraître privations et pauvreté! Les croisés français emportèrent et gardèrent longtemps sans doute les souvenirs de la Champagne, de la Bourgogne, des rives de la Loire, de la Seine et du Rhône; ils vécurent en Asie, et moururent comme des Français. Mais leurs fils, tout en regardant de loin la France, vécurent trop souvent comme les Asiatiques, et ceux qui regagnèrent le manoir paternel y transportèrent certaines habitudes funestes contractées sur la terre étrangère.

Plus d'un historien a regardé ces importations comme un bienfait, c'est-à-dire comme un des stimulants de l'industrie, du commerce et des arts de l'Occident. Nous n'arrêterons pas nos regards à des considérations d'une importance secondaire. Les croisades ont été la source d'avantages bien plus considérables et par conséquent plus dignes d'attention. « N'apercevoir dans les croisades, dit M. de Chateaubriand, que des pèlerins armés qui courent délivrer un tombeau en Palestine, c'est montrer une vue très-bornée en histoire. Il s'agissait non-seulement de la délivrance de ce tombeau sacré, mais encore de savoir qui devait l'emporter sur la terre ou d'un culte ennemi de la civilisation, favorable par système à l'ignorance, au despotisme, à l'esclavage, ou d'un culte qui a fait revivre chez les modernes le génie de la docte antiquité, et aboli la servitude. Il suffit de lire le discours du pape Urbain II au concile de Clermont, pour se convaincre que les chefs de ces entreprises guerrières n'avaient pas les petites idées qu'on leur suppose, et qu'ils pensaient à sauver le monde d'une inondation de nouveaux Barbares.

« Les croisades, continue le même écrivain, en affaiblissant les hordes mahométanes au centre même de l'Asie, nous ont empêchés de devenir la proie des Turcs et des Arabes. Elles ont fait plus : elles nous ont sauvés de nos propres révolutions ; elles ont suspendu, par la *paix de Dieu*, nos guerres intestines.

« J'ajouterai qu'il ne faut pas omettre la renommée que les armes européennes ont obtenue dans les expéditions d'outre-mer. Le temps de ces expéditions est le temps héroïque de notre histoire. Tout ce qui répand du merveilleux sur une nation ne doit point être méprisé par cette nation même. On voudrait en vain se le dissimuler, il y a quelque chose dans notre cœur qui nous fait aimer la gloire; l'homme ne se compose pas absolument de calculs positifs pour son bien et pour son mal, ce serait trop le ravaler. C'est en entretenant les Romains de l'*éternité* de leur ville qu'on les a menés à la conquête du monde, et qu'on leur a fait laisser dans l'histoire un nom éternel. »

LA TERRE-SAINTE.

CHAPITRE XIV

BETHLÉEM

Huit kilomètres environ de Jérusalem et au centre d'un pays fertile et bien cultivé, la petite ville de Bethléem est assise au sommet d'une colline assez élevée. Quelques maisons se groupent sur les pentes du coteau et se tournent vers le soleil levant et au midi. C'était un village à l'époque de la naissance du Sauveur; les croisés y trouvèrent une population considérable; dans le cours du XVIIe siècle, il y avait à peine cent cinquante maisons; en 1834, Ibrahim-Pacha détruisit tout un quartier; actuellement on y compte trois mille habitants. Bethléem est le lieu de la sépulture de Rachel, la patrie de Booz, la demeure de Ruth, la ville de David et le berceau de Jésus-Christ. Là vécut et mourut l'austère saint Jérôme, et les vénérables matrones romaines, derniers rejetons des Scipions et des Gracques, qui étonnèrent le monde du spectacle de leurs vertus. En 1110, les croisés y établirent un évêché, dont les derniers souvenirs, réfugiés à Clamecy, sur une terre française, ont disparu dans la tourmente révolutionnaire.

Nous nous dirigeons vers Bethléem à la fin du mois de mars. Les premiers souffles du printemps ont réveillé la nature. Après les pluies torrentielles de l'hiver, les rayons du soleil de l'Orient échauffent promptement la terre. Comment dépeindre la perspective joyeuse qui se déroule sous nos yeux au sortir de Jérusalem, la ville des ruines? Mille fleurs étalent leurs bouquets et répandent leurs parfums. Nous remarquons de charmants œillets sauvages de couleur violette, qui nous rappellent les élégantes fleurs rustiques aimées de la reine Claude et si communes en Touraine sur la lisière des bois, des anémones rouges et des fleurs jaunes sans nombre; les oliviers et les figuiers, aussi vigoureux qu'en aucun lieu de la Palestine. De tous côtés les arbres y balancent leurs panaches verdoyants. Qui ne reconnaîtrait *Ephrata*? Ce nom, dans la langue hébraïque, signifie *fertilité*, et il appartient à Bethléem. Sur les pentes des collines, des terrasses s'étagent comme des jardins suspendus. La végétation paraît en des endroits qui sembleraient à jamais frappés de stérilité. Ici l'industrie de l'homme a vaincu la nature. Des murs en pierres sèches grossièrement bâtis retiennent les terres que les pluies tendent à entraîner au fond des vallées. Des hommes courageux, qu'aucun obstacle ne rebute, taillent patiemment le rocher au ciseau, forment une espèce de large sentier, et y transportent de la terre : encore une parcelle conquise sur un sol ingrat. Chaque année ces champs suspendus, pour ainsi dire, au flanc des montagnes, se couvrent de riches moissons de froment et d'orge. Ainsi, et mieux cultivés encore, devaient se montrer jadis les coteaux de la Judée, aujourd'hui si arides et si tristes. Quand la main de l'homme cesse de travailler, le désert ne tarde pas à tout envahir.

Depuis la porte de Jaffa ou de Bethléem, la route que nous suivons est très-belle, si on la compare aux chemins tortueux à peine tracés, souvent coupés par les torrents, et qui font le désespoir des voyageurs. Autrefois elle était entièrement pavée et bien entretenue. Plus d'un historien, par suite d'une exagération facile à comprendre dans des régions ordinairement brûlées par le soleil, nous la représente comme agréablement ombragée, bordée de rosiers, de vignes et de plantes odoriférantes : pour eux c'était une allée de jardin et un chemin du paradis.

Nous ne devons pas omettre de signaler un point de la route consacré par le souvenir du prophète Élie, et d'où l'on jouit d'une perspective admirable. De là on aperçoit l'église de Bethléem, où Jésus est né, le dôme du Saint-Sépulcre, où il a souffert, et le sommet de la montagne des Oliviers, d'où il est monté au ciel. De là encore la vue s'étend sur ces montagnes de la Judée si souvent traversées par Jésus-Christ et par les apôtres.

Grâce à une heureuse exception, la population de

Bethléem est presque entièrement chrétienne, et les catholiques y sont en majorité. Les habitants se livrent à l'agriculture, ou s'occupent à confectionner des objets de piété, tels que chapelets, croix, médaillons en bois d'olivier ou en nacre de perle. Les bas-reliefs ou les gravures qu'ils exécutent ne manquent pas d'un certain charme; c'est la reproduction de compositions simples n'ayant souvent d'autre mérite aux yeux des artistes que de conserver la tradition de types antiques. Il est vrai que les chrétiens de Bethléem travaillent peu pour les artistes, et beaucoup pour les pèlerins.

La France exerce une influence particulière à Bethléem, et notre consul y est toujours accueilli avec honneur et sympathie. Nous n'avons pas tardé à éprouver que les Français y sont l'objet d'une préférence marquée. Cette distinction, à laquelle un étranger est toujours sensible, a son origine dans de vieux souvenirs que plusieurs siècles de malheur n'ont point effacés. Sur cette terre de la *France d'Orient*, Bethléem est presque une ville française. Ici les hommes ont un caractère naturellement expansif, des habitudes douces et polies, des mœurs hospitalières; les femmes jouissent d'une plus grande liberté qu'ailleurs. Elles sortent fréquemment, et partout on les rencontre vêtues du même costume, c'est-à-dire portant une robe bleue, une tunique rouge et un long voile blanc sur la tête. Tel est le costume probable de la sainte Vierge, et, en le donnant aux figures de la Mère de Dieu, les peintres du moyen âge étaient plus fidèles qu'ils ne le croyaient peut-être aux convenances historiques. Ce qui frappe plus encore dans une ville d'Orient, c'est qu'elles sont très-respectées. N'oublions pas qu'elles sont chrétiennes, et que la vertu leur a justement mérité la considération dont elles sont entourées. La religion fait partout briller son bienfaisant empire.

Le principal titre qui recommande Bethléem à la curiosité et à la dévotion du pèlerin, c'est l'étable où naquit le Sauveur, où les bergers et les Mages, prémices des Israélites et des gentils, vinrent l'adorer. Tout le monde sait qu'en Orient il n'y a pas d'hôtelleries organisées, comme en Europe, à l'usage des voyageurs. Le caravansérail est ouvert à tout le monde, et on y rencontre à peine un abri. Quand la caravane est nombreuse, force est de rester au dehors. Si l'on a été devancé par d'autres voyageurs, il faut dresser sa tente comme dans le désert, ou se résigner à coucher à la belle étoile. Combien de fois ces mauvais gîtes nous ont fait regretter l'hospitalité peu généreuse, mais commode, de l'Occident! Il y avait aux portes de Bethléem, au temps de la nativité de notre Seigneur, comme aujourd'hui dans la plupart des villes de la Syrie, un khan ou caravansérail (*diversorium*) à l'usage des étrangers. Lorsque Joseph et Marie arrivèrent à Bethléem, en obéissance aux décrets de l'empire, beaucoup de Juifs, appelés aussi par la loi du recensement, remplissaient la ville. Ils furent obligés de chercher un asile au fond d'une des grottes creusées dans la colline, comme il y en a encore plusieurs dans le voisinage, où l'on enfermait les troupeaux durant la mauvaise saison. Joseph y fit entrer l'âne, monture pacifique à l'usage de la Vierge sur le point d'être mère, et le bœuf, compagnon ordinaire de ses travaux. C'est dans ce triste réduit que s'accomplit un auguste mystère. Jésus, le Messie, y naquit de la vierge Marie le 25 décembre, l'an du monde 4004, selon l'opinion commune des chronologistes. Le Fils de Dieu, se soumettant à toutes les infirmités de la nature humaine, y fut enveloppé de langes et déposé sur du foin dans la crèche des animaux. Quel tableau! quelle grandeur et quelle humilité! Tandis que les riches et les puissants de la terre restent plongés dans le sommeil, cette merveille est manifestée par les anges aux bergers qui veillent à la garde de leurs troupeaux. Une vive clarté illumine le ciel, et l'on entend retentir ces paroles admirables : *Gloire à Dieu au plus haut des cieux, et sur la terre paix et miséricorde aux hommes.*

A la suite des bergers et des Mages allons adorer Jésus dans ce palais de l'humilité et de la pauvreté. Nous descendons à la grotte de la Nativité sous la conduite d'un religieux franciscain. L'étable s'étend sous le chœur de l'église bâtie par sainte Hélène, et l'on y pénètre actuellement à l'aide de deux escaliers. C'est une espèce de crypte de forme irrégulière dont les murs, creusés dans le rocher, ont été revêtus de marbres précieux. Le pavé est formé de fragments de marbres choisis et de diverses couleurs. La lumière du jour ne pénètre jamais jusqu'à ce sanctuaire; trente-deux lampes d'argent, dons des princes catholiques, y entretiennent une clarté douce et mystérieuse. Au fond de la grotte, un marbre incrusté de jaspe et de porphyre, entouré d'un cercle d'argent [1],

---

[1] En 1847, l'étoile d'argent fut volée par les grecs schismatiques;

marque l'endroit où la vierge Marie sans aide et sans douleur enfanta le Sauveur. Sur le cercle on lit l'inscription suivante :

HIC DE VIRGINE MARIA JESUS CHRISTUS NATUS EST.

ICI DE LA VIERGE MARIE JÉSUS-CHRIST EST NÉ.

Trois lampes, dont la plus riche, ornée de fleurs de lis, fut offerte par Louis XIII, roi de France, emblèmes de foi et de prière, brûlent jour et nuit en ce lieu vénérable. Le pèlerin n'entre jamais sans émotion dans cette grotte sainte. Ici se trouvait la crèche qui servit de berceau au nouveau-né. La crèche n'est plus à Bethléem; elle est conservée actuellement à Rome dans la basilique de Sainte-Marie-Majeure. Un riche reliquaire d'argent en forme de berceau contient cette précieuse relique, ainsi qu'une partie des langes.

Je doute qu'il y ait au monde un lieu historique mieux constaté que l'étable de Bethléem. Les protestants, qui en ont voulu contester l'authenticité en ces derniers temps, n'ont pu alléguer en faveur de leurs assertions que des raisons mille fois réfutées. Qui peut supposer raisonnablement que les apôtres et les premiers fidèles aient ignoré le lieu précis de la naissance du Sauveur? Une preuve que la tradition n'était pas douteuse au IIe siècle, c'est que l'empereur Adrien, qui profana

par suite des réclamations énergiques de l'ambassadeur de France à Constantinople, elle a été rétablie en 1853. Cette étoile et l'inscription latine sont un titre de propriété pour les catholiques.

le Calvaire et le tombeau de Jésus-Christ en faisant dresser d'infâmes idoles sur ces lieux consacrés par les plus redoutables mystères de la religion chrétienne, ordonna de planter un bois à Adonis au-dessus de la grotte témoin des merveilles de la maternité divine. Ces raffinements de la persécution démontrent jusqu'à l'évidence que les chrétiens n'avaient pas cessé jusque-là de fréquenter le chemin qui mène au berceau du Rédempteur.

Lorsque le règne de Constantin ouvrit une nouvelle ère au christianisme, et que sainte Hélène vint en Palestine reconnaître et vénérer les lieux mentionnés dans l'Évangile, la croyance des fidèles de Bethléem n'était pas douteuse. Saint Justin et Origène avaient déjà rendu témoignage en faveur de la tradition commune. Au IIIe siècle on abattit les arbres des bocages impurs d'Adonis, et la pieuse impératrice jeta les fondements d'une basilique qui a traversé quinze siècles. Cette basilique marquera sûrement la place que la piété catholique aimera à visiter jusqu'à la fin des siècles.

Avant la fin du siècle témoin de l'érection et de la consécration du monument dû à la munificence de la pieuse mère de Constantin, saint Jérôme, fuyant les fausses grandeurs, l'ingratitude et les dangers du monde, vint chercher, en 384, un refuge auprès de la grotte de la Nativité. Il se choisit pour cellule une grotte voisine du berceau de Jésus-Christ, et là, par ses immortels écrits, il éleva un monument plus impérissable encore que celui de sainte Hélène. A partir de cette époque, les témoignages sont innombrables; il serait superflu de les citer.

Il ne sera pas inutile pourtant d'insister sur ce fait, que l'étable de Bethléem fut une des cavernes creusées sous la colline qui porte les maisons de la ville. Après tant de siècles la visite des lieux suffit pour expliquer le récit de l'Évangile, et pour prouver que le *præsepium*, ou l'enclos commun destiné à mettre à l'abri les bergers et leurs troupeaux durant les mauvais temps, était situé à Bethléem dans des cavernes spacieuses largement ouvertes sur la campagne et à l'abri de toute humidité. Il faut convenir qu'aujourd'hui encore, dans les mêmes circonstances, les choses ne se passeraient pas autrement. Ceux qui prétendent que dans le recit évangélique il n'est pas question de grotte ne remarquent-ils pas que rien dans les paroles des écrivains sacrés n'est en opposition avec la persuasion commune? Depuis le II° siècle, une tradition constante tient que le Sauveur est né dans une grotte, et cette tradition, mentionnée par saint Justin, né à Naplouse en 105, qui dit que saint Joseph, n'ayant pas trouvé de place pour loger à Bethléem, *entra dans une grotte* [1], est rapportée par saint Jérôme en ces termes, *in specu ubi quondam Christus vagiit* [2], et répétée ensuite par tous les écrivains ecclésiastiques qui ont visité la Palestine. Eusèbe, évêque de Césarée, le biographe de l'empereur Constantin, nous apprend que le temple construit par les soins de sainte Hélène reçut le titre d'église de la Grotte du Sauveur, *ecclesia Speluncæ Salvatoris* [3].

---

[1] S. Justin martyr, *Dialog. cum Tryphone*, n° 78.

[2] S. Hieron., *ad Paulinum*, ep. 58.

[3] Eusebius, *de Vita Constantini*, lib. III, cap. 41, 43.

Nous devons toutefois ajouter que cette grotte a été agrandie, au moins dans ses abords, à diverses époques. L'histoire en a gardé le souvenir, et Procope nous apprend que l'empereur Justinien, restaurant l'église de Bethléem, fit construire un monastère et tailler le rocher où se trouve la grotte de la Nativité; mais jamais on ne changea la partie consacrée par les mystères de la religion.

L'oratoire de saint Jérôme est une chapelle souterraine, où le saint docteur travailla de longues années à la version des saintes Écritures, et où il composa la plupart de ses savants commentaires. Ce grand homme vécut trente-huit ans à Bethléem, dans l'exercice des plus austères vertus. Il y fut enseveli dans une petite grotte; mais plus tard son corps fut transféré à Rome. D'illustres dames romaines voulurent vivre et mourir à Bethléem, près de la grotte de la Nativité. Sainte Paule, descendant par sa mère des Gracques et des Scipions, devenue veuve, renonça aux pompes et aux délices de Rome pour se renfermer dans un pauvre monastère de Bethléem, avec une de ses filles, la vierge sainte Eustochie. Ces deux saintes femmes méritèrent d'être ensevelies sous la même pierre au milieu de la grotte du Sauveur. Dix ans avant sa mort, arrivée en 420, saint Jérôme eut la douleur et la consolation d'offrir un asile aux familles romaines les plus illustres, réduites à une affreuse misère et chassées de Rome par les Barbares. La prise de Rome par Alaric eut un immense retentissement dans le monde. Cette cité superbe, la maîtresse de l'univers, tomba au pouvoir des Goths onze cent soixante-

CHAPELLE DE BETHLÉEM

quatre ans après sa fondation, l'an 410 de Jésus-Christ. Durant trois jours entiers elle fut livrée au pillage et à la merci d'une soldatesque avide, cruelle et effrénée. A la nouvelle de ce désastre, saint Jérôme, en proie à la plus vive douleur, laissa éclater ses sanglots, et fit entendre des accents pleins d'éloquence et de larmes.

Tous les voyageurs ont admiré l'église due, suivant les uns, à la piété de sainte Hélène, ou, suivant les autres, aux libéralités de l'empereur Justinien. C'est un édifice d'une belle et savante construction, et l'œil de l'archéologue y découvre sans peine une des rares basiliques qui aient conservé leurs dispositions primitives. L'édifice est divisé en cinq nefs par quarante-quatre colonnes de marbre jaunâtre veiné de rouge placées sur quatre rangées, sans compter quatre pilastres engagés dans le mur où s'ouvre la porte d'entrée. Les chapiteaux sont d'ordre corinthien. Les murailles étaient revêtues de tables de marbre et de mosaïques. Les revêtements de marbre ont disparu; mais on aperçoit encore dans la nef principale, au-dessus des colonnes, de curieux fragments de mosaïque sur fond d'or, avec des inscriptions grecques. Cette riche décoration est en partie détruite et en partie couverte de badigeon. Le plan général de l'édifice est en forme de croix latine; l'abside et les bras du transept se terminent en hémicycle. Il n'y a pas de voûtes; les charpentes sont apparentes, comme dans les monuments antiques. Quelques restes montrent qu'il existait en avant une large cour carrée, ou *atrium*, outre le *narthex*, ou vestibule, qui subsiste encore. Les traces du passage des croisés sont apparentes. C'est au-dessus de cette basilique que le vaillant Tancrède arbora son étendard. Des inscriptions annoncent que l'église fut réparée et embellie par les rois latins de Jérusalem. Hélas! ce temple vénérable où Baudouin Ier fut sacré roi, et qui retentit durant un siècle et demi des chants et des prières de nos croisés, est maintenant profané et abandonné aux plus vulgaires usages. Les marchands en font souvent une espèce de bazar, les enfants de l'école viennent y prendre leurs ébats, les Turcs s'y promènent en fumant, et ordinairement c'est un passage public. Ce vandalisme a lieu depuis que les Grecs schismatiques ont dépouillé les Latins, qui en furent si longtemps les seuls possesseurs. Comme les schismatiques ne sont pas nombreux à Bethléem, ils ont élevé une clôture en pierre à la naissance du transept, et c'est dans cette partie de l'église qu'ils célèbrent leurs offices. Ici, comme en tant d'autres sanctuaires de la Palestine, les catholiques sont les seuls qui n'aient pas l'autorisation d'y ériger un autel. Combien de fois les pèlerins français n'ont-ils pas fait entendre à ce sujet les plus énergiques protestations! La France est pourtant la protectrice avouée des Saints-Lieux; mais dans ces régions sans cesse exploitées par les musulmans, dont la cupidité égale la mauvaise foi, le droit du plus offrant est toujours le meilleur, l'or est le plus convaincant de tous les arguments.

Les trois couvents des Pères Franciscains, des Arméniens et des Grecs sont groupés au-dessus de la sainte grotte. Les bâtiments réunis forment une masse imposante qui de loin ressemble à une forteresse. On voit encore dans le monastère grec l'école de saint Jérôme.

Là ce grand docteur s'abaissait au modeste rôle d'instituteur de l'enfance. Il initiait de jeunes intelligences à la connaissance des vérités de la religion et aux éléments des lettres grecques et latines. On expliquait Virgile et les poëtes lyriques; on lisait les historiens profanes. « Un esprit exagéré de cette époque, dit M. l'abbé Azaïs, Ruffin, accusait l'illustre solitaire d'accomplir une œuvre païenne. Saint Jérôme répondait en citant l'exemple des écrivains des Églises grecque et latine, qui n'avaient point dédaigné ce genre d'étude [1]. » L'école de saint Jérôme est aujourd'hui déserte; si l'on veut trouver l'héritage du saint docteur à Bethléem, il faut pénétrer dans un modeste logis habité par d'humbles religieuses françaises. Les sœurs de Saint-Joseph reçoivent dans leur école deux cent cinquante jeunes filles, auxquelles elles apprennent, par leurs exemples et leurs instructions, la pratique des vertus chrétiennes, en même temps qu'elles les initient à ces connaissances si utiles au foyer domestique et dans le sanctuaire de la famille. Les moines Franciscains ont également une école fréquentée par une quarantaine d'enfants. Le catholicisme seul se préoccupe vivement d'éclairer l'esprit et de former le cœur. Les bonnes sœurs de Saint-Joseph visitent aussi les malades à domicile; elles représentent dignement à Bethléem la charité, qui s'épanouit de plus en plus, dans ces derniers temps, comme une des vertus caractéristiques de la France.

---

[1] M. l'abbé Azaïs, *Pèlerinages en Terre-Sainte.* — Paris, 1855, in-18, pages 107 et 108.

En sortant de Bethléem, on rencontre fréquemment des vestiges d'anciens monastères; sainte Paule en avait fondé cinq, et depuis la fin du ive siècle jusqu'à l'invasion musulmane, quantité d'établissements religieux étaient venus se serrer autour de la crèche. Le village des Pasteurs est toujours habité par des bergers; sainte Hélène, s'il faut en croire la tradition qui lui attribue tous les édifices religieux les plus anciens de ce pays, avait érigé près de là, et à l'endroit où les anges apparurent durant la nuit de Noël, une basilique connue sous le titre de *Gloria in excelsis* [1]. A peu de distance se trouve le tombeau de Rachel, dénaturé, suivant l'opinion la plus probable, par les Arabes, qui ont bâti par-dessus un édicule d'un effet disgracieux. Sur ces mêmes hauteurs, dit l'évangéliste, *fut entendue la voix de Rachel pleurant ses enfants, et ne voulant recevoir aucune consolation parce qu'ils ne sont plus* [2]. Là en effet ont retenti les lamentations des mères de tant d'innocentes victimes de la cruauté d'Hérode. Plusieurs auteurs ont cru que l'emplacement de Rama se reconnaît à des pierres éparses sur une colline située à deux kilomètres de Bethléem. Saint Jérôme et d'autres savants interprètes des textes sacrés ont traduit le nom de *Rama* par *hauteur*. Quoi qu'il en soit, nous foulons aux pieds la terre arrosée du sang d'une foule d'enfants sacrifiés à la jalousie d'un roi barbare. Nous saluons ces premières et tendres fleurs des martyrs, *Salvete, flores martyrum*, suivant

---

[1] Fabri, *Evagator. in Terræ Sanctæ Peregrinationem*, I, 455.

[2] S. Matthieu, ch. ii, vers. 18.

l'expression de l'Église dans une hymne de la fête des saints Innocents.

Nous n'avons pas voulu quitter Bethléem sans faire une visite à un lieu mémorable dans l'histoire de la défense des Lieux-Saints. L'amour de la patrie nous en faisait un devoir. En compagnie de plusieurs Bethléémites, nous gravissons les pentes escarpées de la montagne des Français, *monte dei Francesi*. Le sommet de cette montagne fut témoin de luttes héroïques, et ce ne fut qu'après des efforts désespérés que les guerriers francs consentirent à le quitter. Nous étions fiers de marcher sur cette terre qui porte le nom de la France. Les Arabes qui nous servaient d'escorte, témoins de notre émotion, crièrent : Vive la France! *Viva la Francia!* et tirèrent des coups de fusil en son honneur. Nous cueillîmes quelques fleurs, emblème fragile de souvenirs que les hommes ont la prétention de croire éternels.

CHAPITRE XV

SAINT–JEAN–DU–DÉSERT

A six kilomètres environ de Jérusalem, vers le nord-ouest, se trouve le village de Saint-Jean-du-Désert, où nous attire le souvenir de la sainte Vierge, de Zacharie, d'Élisabeth et de saint Jean-Baptiste. On sort de Jérusalem par la porte de Jaffa; bientôt on traverse le Champ du foulon et les hauteurs sur lesquelles l'armée assyrienne était campée lorsque l'ange exterminateur tira une vengeance éclatante des blasphèmes de Sennachérib. A peine avons-nous perdu de vue les remparts de Jérusalem, que nous apercevons les hautes murailles du monastère de Sainte-Croix, qui de loin ressemble à une forteresse. Le paysage, en cet endroit, a des aspects adoucis auxquels le regard n'est guère accoutumé à Jérusalem. Le couvent est assis au milieu de collines légèrement ondulées, couvertes d'oliviers et de touffes d'arbustes verdoyants. La tradition veut que le bois de la croix du Sauveur ait été pris en ce lieu. Rien ne confirme et rien ne contredit cette croyance. Les arbres vigoureux qui croissent en abondance dans le voisinage la rendent même assez vraisemblable. On devait hésiter autrefois, comme aujourd'hui, à couper quelques-uns des oliviers qui poussent sous les murs de Jérusalem. La tradition ajoute que cette croix était formée de trois arbres : le cèdre, l'olivier et le cyprès. Quoi qu'il en soit, dès les temps les plus anciens du christianisme, une église fut bâtie en cet endroit sous le vocable de Sainte-Croix. Des religieuses grecques occupent le couvent. Au XIIIe siècle il y avait également de pieuses filles consacrées à Dieu. *A une lieue* de Jérusalem, dit une relation contemporaine, *avoit une abeïe de nonnains, la ou en disoit que une des pieces de la vraie croix fut cueillue.*

L'église est remarquable. L'architecture ne manque pas de caractère, et la décoration en est très-soignée. Récemment, grâce à l'or de la Russie, ce monument a été restauré, ainsi que les bâtiments du monastère. La basilique est toute resplendissante de peintures et de mosaïques. En voyant ces ornements multipliés, où l'art peut n'être pas satisfait pleinement, mais qui représentent des scènes historiques ou des arabesques gracieuses, ou même des paysages, on s'affermit dans la conviction que la peinture murale ainsi comprise et appliquée est le véritable ornement des églises. Le pavé est formé de compartiments en marbre de couleurs variées; l'or n'a pas été épargné dans l'ensemble, ce qui donne aux peintures un ton doux et harmonieux. L'iconostase, cloison placée entre la nef du sanctuaire où brillent de charmants petits tableaux richement encadrés, produit un effet on ne peut plus satisfaisant. Les curieux ne manqueront pas de s'arrêter devant un délicieux triptyque byzantin qui embellit le pupitre. Tous les tableaux ont un aspect d'archaïsme qui réjouit l'œil de l'archéologue, quoiqu'ils soient loin d'être antiques. Le respect peut-être exagéré des traditions iconographiques chez les Grecs donne à leurs compositions un air de naïveté, de grandeur et de mysticité propre à racheter bien des imperfections.

Dans le sanctuaire et sous le maître-autel on montre une ouverture dans le marbre, à l'endroit où était planté l'olivier de la croix. On peut se défier de cette précision mathématique, tout en acceptant la tradition. L'agréable vallon où s'élèvent les bâtiments du monastère descend vers la fontaine Saint-Philippe, où fut baptisé l'eunuque de la reine Candace, et débouche dans la grande vallée du Térébinthe. Nous avons comparé le couvent de Sainte-Croix à un château fort. Cette comparaison n'étonnera personne, car en ce pays, même à quatre kilomètres de la capitale, toutes les maisons sont exposées au pillage et à la violence des Bédouins.

Le chemin devient alors difficile; le sol est raboteux, et les sentiers sont escarpés. Les coteaux sont couverts de vignobles, et la force de la végétation montre assez que la vigne se plaît dans cette terre rocailleuse et brûlée. Le vin qu'on en tire est excellent. Après avoir descendu une pente extrêmement rapide, nous découvrons aussitôt, au fond d'un vallon, la bourgade de Saint-Jean-du-Désert. Le couvent des Pères de Terre-Sainte domine les cabanes groupées à l'entour. Ici, comme partout, le cloître pacifique ressemble à une construction militaire; mais, derrière ces hautes et fortes murailles, une hospitalité toute chrétienne, simple, franche et gracieuse, attend le voyageur.

Le désert, il faut en convenir, est aujourd'hui moins triste que la ville. Autour du village et entre les maisonnettes des Arabes se dressent des palmiers élancés et de vigoureux sycomores. Une source abondante entretient une délicieuse fraîcheur, et donne à la végétation cette belle teinte verte que le voisinage des eaux conserve longtemps : charmants feuillages formant le plus agréable contraste avec les feuilles brûlées des coteaux. Cette fontaine porte le nom de la sainte Vierge. Marie en effet, durant le séjour de trois mois qu'elle fit chez sa cousine Élisabeth, dut y venir fréquemment puiser de l'eau. Jamais nom plus gracieux ne fut donné à un site plus gracieux et à une source plus limpide et plus abondante.

Le couvent et l'église des Franciscains occupent l'emplacement de la maison de Zacharie. Le sanctuaire de la Nativité-de-saint-Jean est orné de cinq bas-reliefs en marbre d'un travail admirable et offerts par le roi de Naples. Ils représentent la Visitation de la sainte Vierge, la Naissance du Précurseur, sa Prédication dans le désert, le Baptême de Jésus-Christ dans le Jourdain, et la Décollation. En ce lieu naquit *le plus grand des enfants des hommes;* on y a dressé un autel où tous les jours on célèbre la messe. C'est ici que Zacharie fit retentir le magnifique cantique, « Béni soit le Seigneur Dieu d'Israël, » *Benedictus Dominus Deus Israel,* que l'Église récite chaque jour dans l'office divin. Au-dessus de l'autel les connaisseurs admirent un magnifique tableau de l'école espagnole; dans l'église supérieure ils s'extasient devant un tableau de Murillo. J'avoue qu'après avoir regardé ces chefs-d'œuvre avec attention, mon esprit en perdit vite l'impression, au souvenir des grands événements qui s'accomplirent en cette maison sainte. Mon imagination me représente le vieillard descendant d'Aaron prenant entre ses bras le fils que le Ciel lui accorde dans sa vieillesse, recouvrant l'usage de la parole qu'il a perdu dans le Temple, et, plein d'un pieux enthousiasme, disant cette magnifique prophétie, qui retentira sous la voûte de nos églises jusqu'à la fin des siècles. Les parents et les amis de la famille, témoins de tant de merveilles, sont dans l'admiration, et se demandent les uns aux autres : *Que pensez-vous que sera cet enfant?* Voyez-vous cette scène d'une grandeur et d'une simplicité antiques? Ces joies intimes de la famille, les émotions maternelles, l'inspiration du vieillard, les félicitations empressées de la foule, et ce sentiment inexprimable qui gagne tous les cœurs! Je n'ai jamais lu dans l'Évangile les détails de cette heureuse nativité sans être touché profondément. Ici je me laisse aller aux plus douces impressions. Agenouillé dans ce sanctuaire obscur, j'ouvre l'Évangile de saint Luc, et à la pâle lumière des lampes je relis les chapitres relatifs au Précurseur.

La basilique bâtie au-dessus de la crypte de la Nativité de saint Jean est une des plus belles que possèdent les Pères de Terre-Sainte. Des terrasses du monastère on jouit d'un coup d'œil imposant. « Le village de Saint-Jean-du-Désert est sur un mamelon entouré de toutes parts de profondes et sombres vallées dont on n'aperçoit pas le fond. Les flancs de ces vallées, qui font face de tous les côtés aux fenêtres du couvent, sont taillés presque à pic dans le rocher gris qui leur sert de base. Ces rochers sont percés de profondes cavernes que la nature a creusées, et que les solitaires des premiers siècles ont approfondies pour y mener la vie des aigles ou des colombes. Çà et là, sur des pentes un peu moins roides, on voit quelques plantations de vignes qui s'élèvent sur les troncs des figuiers, et retombent en rampant sur le roc. Voilà l'aspect de toutes ces solitudes [1]. »

A peu de distance, à deux cents pas environ de la maison où naquit saint Jean, on reconnaît à des décombres l'emplacement de la maison des champs de Zacharie. Elle s'élevait dans un site qui a dû toujours être agréable durant la belle saison. Aujourd'hui les ruines sont à demi cachées derrière de belles touffes d'arbres. Ici Élisabeth, devenue enceinte, resta dans la solitude durant cinq mois, fuyant les regards des

---

[1] *Voyage en Orient*, tome I.

hommes, cachant en quelque façon la faveur d'avoir été tirée de l'opprobre qu'elle souffrait au milieu des mères d'Israël [1]. En ce même lieu Marie vint visiter sa cousine Élisabeth, à travers les montagnes de la Judée. Entrevue touchante ! Deux femmes l'objet des plus insignes faveurs du Ciel se communiquent dans un saint embrassement les grandes choses que Dieu a opérées en elles. A l'approche du Dieu caché dans le chaste sein de Marie, Jean tressaille, Élisabeth est remplie de grâces. Élisabeth, déjà avancée en âge, est la figure de l'ancien Testament ; son fils sera regardé comme le *dernier des prophètes et le premier des évangélistes* [2]. Marie, l'Ève nouvelle, représente le nouveau Testament, la loi de grâce ; en elle s'accomplissent les promesses faites aux patriarches et aux prophètes. Ici, dans un saint transport, Marie fit entendre le plus sublime des cantiques : *Magnificat anima mea Dominum.*

Aucun pèlerin catholique ne contemple ces débris sans invoquer la protection de celle que tous les siècles proclameront bienheureuse. En voyant ces pierres dispersées, à la vue de ce sanctuaire démoli, des herbes et des ronces qui ont envahi le lieu saint, je pensai involontairement à la France. Je me rappelais ces riches et élégants sanctuaires que la piété catholique élève et embellit chaque jour. Comme tous les cœurs s'uniraient dans le dessein de construire au moins une chapelle sur l'emplacement d'une maison habitée par la sainte Vierge !

---

[1] Luc., I, 24, 25.

[2] Expression de l'ancienne liturgie gallicane.

Comme mille pieuses industries s'efforceraient à l'envi d'en parer l'autel et les murailles! Hélas! au xiie siècle, les croisés français avaient bâti l'église de la Visitation, et des religieuses ferventes, le jour et la nuit, y payaient à Dieu un tribut d'adoration, et à sa Mère un tribut de louanges. La barbarie musulmane a chassé les religieuses et renversé les murs de la petite basilique. J'ai voulu du moins que l'écho n'oubliât pas les accents français, qu'il avait sans doute répétés tant de fois en des temps plus heureux, et je redis à haute voix : *Je vous salue*, Marie; *vous êtes bénie entre toutes les femmes.*

Au moment où je prononçai le nom de Marie, plusieurs Arabes chrétiens qui m'entendirent répétèrent : Marie! Marie! Quelques musulmans qui passaient s'arrêtèrent et nous regardèrent; eux-mêmes murmuraient ce doux nom, si cher à la piété : Marie! Jamais je ne compris mieux qu'en ce moment combien sont vaines les froides doctrines du protestantisme refusant de rendre hommage à la Mère de Dieu.

Le temps de l'enfance écoulé, saint Jean vécut au désert, où il resta vingt ans environ, s'exerçant aux rudes labeurs de la pénitence, préludant aux prédications qui devaient ébranler tant de consciences et attirer tant de personnes sur les bords du Jourdain. Ce désert est à huit kilomètres environ du village. C'est une solitude sauvage; dans les flancs d'un rocher escarpé s'ouvre une grotte d'un accès difficile. Elle n'est pas très-profonde, et l'on y voit une saillie taillée de main d'homme préparée pour servir de siége et de couche. On l'appelle communément le lit de saint Jean. Dans le désert, dit Origène, l'air est plus pur, le ciel plus ouvert, et Dieu plus familier [1].

Le long du rocher descend un léger filet d'eau dégouttant dans un petit bassin d'où il s'échappe à travers le vallon, en donnant naissance à un joli ruban vert. Sur le versant de la colline, les caroubiers poussent et se multiplient. Ce sont des arbres de belle apparence. Le bois en est très-dur. Les fleurs donnent naissance à de longues siliques qui servent de nourriture aux pauvres. Ce fruit de forme bizarre avait reçu, chez les anciens, le nom de *locuste,* à cause de sa ressemblance avec certaines sauterelles. En plusieurs pays on l'appelle vulgairement *pain de saint Jean.* Quoi qu'il en soit, il est certain qu'en plusieurs régions d'Asie et d'Afrique les gens du peuple se nourrissent de sauterelles, qu'ils font rôtir ou sécher au soleil. A cette nourriture saint Jean ajoutait du miel sauvage. Il n'est pas rare en effet de trouver du miel en Judée, même dans les plus affreux déserts, entre les fentes des rochers; les abeilles y sont très-communes, et souvent fort importunes.

La remarque relative au caroubier a été faite avant nous. Nous lisons dans le *Voyage inédit,* récemment publié [2], un passage où l'auteur, du xvi⁰ siècle, raconte une excursion à la grotte de Saint-Jean. « Deux mille pas plus avant, dit-il, est le désert où saint Jean-Baptiste alla faire demeure depuis l'âge de sept à huit ans jusqu'à vingt-cinq, qu'il alla prêcher en un autre désert qui est

---

[1] Origen., *Homil.* ii *in Luc.*

[2] Dans les colonnes du *Moniteur.*

sur la mer Morte, faisant en ce premier une vie austère, ne mangeant que de certains fruits appelés en moresque *caroubis*, et anciennement *locustœ*, ce qui a fait penser à plusieurs que saint Jean en son désert vivoit de sauterelles, et d'autres ont cru que c'étoit du pain de fougère; mais si ces interprètes de l'Écriture prenoient la peine de se transporter sur le lieu, ils ne trouveroient apparence d'aucun de ces deux aliments, mais bien quantité d'arbres portant de ce fruit que j'ai dit, lequel, étant mûr, est tanné et presque fait en gousse, ainsi que les fèves faséoles, ayant le goût fort doux et fort nourrissant, branlant et se remuant toujours sur l'arbre au moindre vent. » Plusieurs voyageurs ont noté, comme moi, que dans ce désert ils n'ont vu aucune sauterelle. Peut-être ne s'y trouvaient-ils pas à l'époque où cet insecte se développe et fait parfois tant de ravages dans les champs cultivés. Je visitais le désert de Saint-Jean au commencement du printemps, et alors les sauterelles, en Orient, comme chez nous, ne sont pas encore nées.

Il y avait jadis un monastère au-dessus de la grotte de Saint-Jean. Quelques décombres en indiquent la place. De ce lieu on aperçoit et la vallée du Térébinthe et les hauteurs de Modin; ainsi de ce petit coin de terre on découvre le théâtre des exploits de David et des luttes des Machabées.

Malgré les difficultés de la route, nous avions résolu de ne pas rentrer à Jérusalem sans avoir visité le village de Beit-Djala. Nous tenions à donner un témoignage de sympathie aux catholiques qui y résident au milieu de Grecs intolérants. La population est d'environ deux mille âmes, et les schismatiques y sont en majorité. Le patriarche latin de Jérusalem y fut lui-même naguère l'objet des insultes de la populace; mais le consul de France à Jérusalem ne pouvait laisser impunis d'aussi grossiers outrages. Grâce à son énergie, grâce aussi aux événements qui se passaient alors en Crimée, les réclamations furent écoutées à Constantinople, justice fut accordée aux justes plaintes de M. Botta et de Mgr Valerga. Aujourd'hui une charmante église s'élève à Beit-Djala, et les élèves du séminaire de Jérusalem viennent y passer l'été.

CHAPITRE XVI

RAMLEH ET JAFFA

La plupart des voyageurs européens qui se dirigent vers la Palestine, après avoir salué de loin la Grèce et l'Égypte, débarquent à Jaffa, rendez-vous ordinaire des navires et des caravanes. Ils arrivent à Jérusalem, en passant à Ramleh, à travers les arides montagnes de la Judée. Nous étions venus à Jérusalem en suivant une autre direction et par des chemins moins fréquentés. Il nous restait à visiter, vers l'occident, plus d'un site historique, avant d'entreprendre le voyage de Jéricho, du Jourdain et de la mer Morte. Quand nous serons lancés dans notre lointaine pérégrination de la Galilée, de Damas et du Liban, aurons-nous encore l'occasion de voir ces monts, ces vallées, ces villages, ces ruines, qui parlent si éloquemment à la mémoire, à l'imagination, au sentiment et à la piété? En compagnie de quatre hardis pèlerins, deux Français, un Anglais et un Russe, je résolus d'explorer les cavernes de Thecué, Modin, tombeau des Machabées, Saint-Samuel, Saint-Jérémie, Emmaüs, Latroun, Ramleh, et d'aller jusqu'à Jaffa. Cette longue excursion, il faut en convenir, n'est pas sans dangers. Nous avions à traverser des déserts, des ravins, des défilés où l'Arabe pillard se cache aisément et jouit trop souvent avec impunité du fruit de ses brigandages. La crainte ne nous fait pas hésiter un instant; mes compagnons partent armés jusqu'aux dents; nous jetons un regard sur le dôme du Saint-Sépulcre, et, pleins de résolution, nous commençons notre course aventureuse.

La vallée du Térébinthe s'ouvre presque à la base des murs de Jérusalem, vers l'ouest. Étroite, profonde, sinueuse, accidentée, elle court entre des montagnes abruptes et des collines ornées de nopals, de sycomores, d'oliviers et de mûriers. Quelques pauvres villages sont perchés au sommet, ou suspendus au flanc des coteaux. Au fond, une longue traînée de pierres polies marque le lit d'un torrent. En hiver des eaux bourbeuses y bouillonnent. Ordinairement il est à sec, et ses rives, au lieu de verdure, n'offrent que des cailloux, des quartiers de rocher, des ravins et un sol bouleversé. De toutes parts la nature présente un aspect morne et sauvage. La poésie pourrait aisément en faire le théâtre d'un combat de géants, si l'histoire ne remplaçait ici la poésie.

La vallée du Térébinthe fut témoin des exploits de David, et c'est parmi les pierres qui encombrent le lit de ce même torrent qu'il choisit celles dont il s'arma contre Goliath. Sur ces hauteurs les Philistins avaient assis leur camp; en face se déployaient les tentes des Israélites. La vallée séparait les combattants. Les guerriers des deux partis calculaient leurs forces; mais du côté des Israélites les espérances étaient inégales. L'attente d'événements décisifs dura quarante jours. Chaque matin un géant d'une taille et d'une force extraordinaires revêtu d'armes d'airain, brandissant sa lance, descendait du camp des Philistins, venait d'un air dédaigneux jeter un défi au plus brave des Israélites. Non content de provoquer ses adversaires, il insultait au Dieu des Juifs, mêlant des blasphèmes à ses bravades. Chaque jour il revenait au milieu des siens plus insolent et comme enivré de ses vaines paroles. Mais Dieu préparait la vengeance.

A peine sorti de l'adolescence, David était venu au camp demander des nouvelles de ses frères, et leur apporter quelques provisions. David fut vivement ému de tant d'outrages. Éprouvant au fond du cœur ce secret instinct qui pousse aux grandes choses, il méprise les conseils d'une fausse prudence, et se présente devant Saül, sollicitant l'honneur de combattre seul cet étranger. On lui oppose sa jeunesse, son inexpérience, et jusqu'à la délicatesse de ses membres. Le berger dit avec fierté qu'en gardant ses troupeaux il a plus d'une fois lutté contre les animaux les plus féroces, et vaincu les ours et les lions. Le roi consent enfin; mais il veut que le jeune guerrier endosse sa royale et solide armure. A peine a-t-il fait quelques pas, que, gêné de ce lourd attirail de guerre, David le rejette et ne garde que son léger bagage de pâtre. Il choisit cinq pierres polies dans le lit du torrent, les met dans sa pannetière, et s'avance armé d'une fronde et d'un bâton. Chacun admirait sa beauté et son audace; tous le suivaient des yeux et du cœur. « Me prends-tu pour un chien, lui dit Goliath, pour que tu viennes vers moi avec un bâton? — Je viens au nom du Dieu d'Israël, » répliqua David. Au même instant il saisit une pierre, balance sa fronde, et frappe le géant au front. Goliath chancelle et roule à terre; le jeune homme vole avec la rapidité de l'éclair, prend le glaive de son ennemi, et lui tranche la tête. A ce spectacle, les Juifs poussent un grand cri; ils s'ébranlent aussitôt, et se précipitent sur leurs adversaires. En proie à la terreur et au découragement, les Philistins n'opposent aucune résistance; ils quittent le champ de bataille, et cherchent leur salut dans la fuite. La victoire fut complète.

Les éternels ennemis du peuple de Dieu subirent, dans cette mémorable journée, les pertes les plus sensibles. David se couvrit de gloire, et la nation entière lui témoigna sa reconnaissance. Les femmes, accourant au-devant des vainqueurs, au milieu des danses et des acclamations, faisaient entendre ces paroles : « Saül en a frappé mille, David en a tué dix mille. » Ces louanges blessèrent la susceptibilité du monarque; il s'en plaignit hautement. Bientôt sa jalousie se changea en fureur; il voulut tuer le jeune héros; mais celui-ci s'enfuit dans le désert, et mena une vie agitée jusqu'à ce qu'il vînt lui-même s'asseoir sur le trône.

Le térébinthe, qui a donné son nom à la vallée, est un arbre célèbre, en Orient, par la beauté de son feuillage et la suave odeur de son bois. Il est résineux, et donne, par incision, la véritable térébenthine employée dans les préparations pharmaceutiques. L'écorce est aromatique, et se brûle comme de l'encens. On confit et on mange les fruits, qui ont une saveur légèrement acide. Cet arbre se plaît dans les lieux arides et exposés à l'ardeur du soleil; on le cultive dans le midi de la France; mais il n'y dépasse pas la taille d'un arbrisseau. Nous devons ajouter que le nom hébraïque de térébinthe n'a pas toujours été traduit de la même manière, en sorte qu'il a été souvent confondu avec le chêne et l'yeuse.

La tradition judaïque n'a jamais oublié le lieu du triomphe de David; et il faut convenir que le voyageur instruit qui parcourt ce pays la Bible à la main le découvrirait aisément, quand bien même le silence le plus complet règnerait à ce sujet, tant la description en est exacte et frappante. Voici bien ces montagnes qui se dressent en face l'une de l'autre; ici se tenaient les Israélites; là campaient les Philistins. Entre elles s'ouvre la vallée, et au fond un torrent y a semé son lit de pierres roulées. Les siècles, témoins de tant de changements dans nos cités, de tant de révolutions dans les empires, ont passé sur ces monts et ces vallées sans y rien changer. A l'endroit où Goliath roula dans la poussière, les premiers siècles chrétiens élevèrent un monastère et une église. Au pied de ces monuments, d'humbles habitations étaient venues s'abriter, et donnèrent naissance à un village que les chroniqueurs des croisades appellent Kalonia, et les Arabes Kalonieh. Les voyageurs modernes ont décrit les ruines de vieux édifices ; ils y ont vu des restes de monuments hébraïques, romains et francs. Leur jugement n'a rien qui doive étonner : c'est le privilége de certains monuments d'être l'œuvre de tous les âges.

A dix kilomètres environ de Jérusalem, vers le nord-ouest, et dans la direction que nous suivons, se trouve Emmaüs, chétif village où quelques pauvres familles arabes habitent des masures. Cette triste bourgade pourtant est restée célèbre dans nos souvenirs chrétiens. C'est sur le chemin d'Emmaüs que, le jour même de sa résurrection, vers la nuit tombante, Jésus-Christ apparut à deux de ses disciples s'en allant tristement, préoccupés de la mort de leur maître. Le Sauveur avait pris la forme d'un voyageur, et il leur expliqua, d'après les Écritures, qu'il était nécessaire que le Christ souffrît la mort, et qu'il ressuscitât. Arrivés au terme de leur course, les disciples retinrent Jésus, qui feignait de vouloir aller plus loin. Pendant le repas leurs yeux s'ouvrirent à la fraction du pain, et ils le reconnurent ; mais il disparut aussitôt. Ce fait se passa dans la maison de Cléophas. Au IVe siècle, sainte Paule fit ériger une église sur le même emplacement ; il en reste encore quelques débris.

Emmaüs eut une certaine importance jusqu'au temps néfaste de l'invasion musulmane. Rien de plus misérable aujourd'hui que les sales chaumières et les fellahs qui les habitent. Au XVIIe siècle, le P. Bernardin Surius, gardien du monastère du Saint-Sépulcre, alla « au chasteau d'Emmaüs, duquel, dit-il, ne reste rien que quelques pans de vieilles murailles. Sur le lieu où nostre Seigneur estoit à table avec ses disciples, et rompit le pain, se voit un verd olivier, où aïant chanté l'évangile de ce jour, et chascun faict sa dévotion, retournent tous ensemble vers Jérusalem. »

Les anciens ont vanté les eaux thermales d'Emmaüs. Quelques-uns attribuent la vertu de ces eaux à la puissance de Jésus-Christ, qui y trempa ses pieds fatigués d'une course évangélique. La principale source, suivant l'historien Sozomène, coulait à l'entrée du village, sur la place où le Sauveur feignit de vouloir quitter ses deux disciples. Julien l'Apostat fit combler cette fontaine, afin de contrister les chrétiens, qui s'y rendaient en foule [1].

Nous sommes ici dans le pays des prodiges. A peu de distance s'élevaient jadis Gabaon et Ramatha ; la plaine d'Aïalon s'étend à nos pieds. De Gabaon il ne reste rien. A Ramatha a succédé un petit village qui porte le nom du prophète Samuel. A peine Josué eut-il franchi le Jourdain à la tête des Hébreux, que les Gabaonites, remplis de terreur à la nouvelle des prodiges que le Seigneur opérait en faveur de son peuple, usèrent de stratagème afin d'obtenir un traité d'alliance. Leurs voisins, irrités, se réunirent pour châtier ce qu'ils appelaient une défection. Ils entourèrent Gabaon, et pressèrent le siége

---

[1] Sozomène, *Histoire ecclésiastique*, liv. v, ch. 21. — Il y avait plusieurs bourgades du nom d'Emmaüs. Nous parlerons plus loin de l'Emmaüs de Galilée.

de cette ville avec tant d'ardeur, que la chute en paraissait inévitable et prochaine. Des ambassadeurs courent implorer le secours de Josué. Sur-le-champ le conducteur des tribus israélites se met à la tête d'une troupe choisie, et vole sous les murs de la cité. Surpris et déconcertés, les assiégeants se débandent. Les vainqueurs les poursuivent et en font un horrible carnage. Le Ciel même se charge de les accabler jusque dans la déroute : une grêle de pierres en tue un grand nombre. Afin d'achever sa victoire, Josué obtient de la toute-puissance de Dieu un miracle signalé. « Soleil, dit-il, arrête-toi sur Gabaon; et toi, lune, n'avance pas sur la vallée d'Aïalon. » Le soleil et la lune s'arrêtent ; et les ennemis essuient un de ces désastres épouvantables dont l'histoire garde à jamais le souvenir. Cinq rois furent pris et enfermés dans une caverne. Le vainqueur ordonna qu'on les mît à mort. Ce fut le dernier gage d'une des plus éclatantes victoires enregistrées dans les sanglantes annales de la guerre.

Selon l'opinion la plus probable, Samuel naquit à Ramatha; il est certain qu'il y eut son tombeau. Samuel fut un des plus illustres chefs de la nation choisie de Dieu. Aucun homme, en aucun temps et en aucun pays du monde, n'exerça de plus grandes et de plus salutaires influences sur les destinées de son pays. Il eut le bonheur d'assurer l'indépendance de sa patrie compromise par les succès des Philistins. Juge et prophète en même temps, il réussit à faire comprendre à ses compatriotes que leurs revers étaient la punition de leurs crimes : sainte et admirable politique conforme aux vues de la

Providence, qui exalte ou humilie les nations, en exécution de justes décrets dont les hommes voient l'accomplissement sans en saisir les causes. Peu de temps avant de mourir, Samuel convoqua les tribus en assemblée solennelle. Il leur demanda publiquement si elles avaient à se plaindre de sa longue administration : bel exemple donné à tous les hommes appelés au gouvernement des empires! Samuel était sûr de la réponse de sa conscience; les Juifs lui rendirent un témoignage propre à honorer éternellement sa mémoire. Lorsqu'il eut rendu le dernier soupir, son corps fut déposé en paix dans un sépulcre creusé près de sa maison. La nation entière le pleura; et la postérité a donné son nom à ce coin de terre, qui le conserve encore, quoique ses restes mortels, au rapport de saint Jérôme, aient été transportés en Thrace.

Un peu plus loin, Modin, la ville des Machabées, domine tout le pays. On traverse le village arabe de Suba avant d'arriver aux ruines et au sépulcre des guerriers des derniers âges héroïques de la Judée. La montagne de Modin était sur le territoire de la tribu de Dan. C'est là que le vieillard Mathathias, animé d'un feu divin, exhortait ses enfants et ses compatriotes à secouer le joug honteux de la tyrannie. « Souvenez-vous des actions de nos ancêtres, disait-il, et vous acquerrez une gloire immortelle. » Près de Modin, Judas Machabée, à la tête d'une poignée de braves, remporta une victoire signalée sur les troupes d'Antiochus-Eupator. Judas Machabée est une des plus belles figures de l'antiquité. Il eut la grandeur d'âme, le génie militaire, la valeur et l'audace des plus illustres capitaines. S'il prit les armes, ce ne fut pas uniquement pour la gloire; son cœur et sa main étaient dirigés par de plus nobles motifs. Il combattit pour la religion et l'indépendance de sa patrie, les deux plus belles causes qui puissent faire battre le cœur d'un homme. Après avoir remporté de brillantes victoires, il mourut comme il convenait à un héros, les armes à la main. Un monument funéraire fut érigé à la mémoire de son père et de ses frères par Simon, le dernier des Machabées, qui recueillit le fruit de tant de sacrifices et de tant de sang répandu. Simon traitait d'égal à égal avec les rois de Syrie; il renouvela les alliances de la nation, fit renaître partout la sécurité, le calme et l'abondance. Sous son gouvernement les lois furent respectées, le commerce fleurit. *Chacun*, suivant l'expression de nos livres sacrés, *se reposait en paix sous sa vigne et sous son figuier*. Le sépulcre des Machabées, bâti sur une hauteur, pouvait être aperçu à de grandes distances, et même de la pleine mer par les navigateurs. L'édifice était composé de pierres blanches et bien taillées; des colonnes et des sculptures en faisaient l'ornement. Sept pyramides le surmontaient. Ce monument existait, quoique mutilé, du temps d'Eusèbe de Césarée et de saint Jérôme. Aujourd'hui il a entièrement disparu. La caverne sépulcrale seule subsiste encore [1].

C'est du sommet de Modin que Richard Cœur-de-Lion

---

[1] En 1854, M. Salzmann a pénétré dans une des chambres sépulcrales. On ne pourra se rendre compte de l'ensemble de ce monument funéraire que lorsque tous les caveaux auront été déblayés.

aperçut Jérusalem, à seize kilomètres environ de distance. « Richard, l'Achille des croisades, dit M. Poujoulat, pleura à l'aspect de cette cité, pour laquelle il avait pris la croix et l'épée, et que sa bravoure ne pouvait délivrer. » Le vaillant roi d'Angleterre se cacha ensuite le visage derrière son bouclier, en disant qu'il n'était pas digne de contempler la ville sainte que ses armes étaient impuissantes à délivrer. C'était un beau spectacle : sur les tombeaux des défenseurs d'Israël, le défenseur de la croix, cent fois vainqueur des barbares modernes, versant des larmes de douleur, d'émotion et de piété à la vue de Jérusalem ! Tableau digne de la poésie du Tasse et du pinceau de Raphaël !

Les chrétiens donnent le nom de Saint-Jérémie au village arabe de Kuriet-el-Enab; les auteurs, tant anciens que modernes, ne sont pas d'accord sur celui qu'il portait primitivement. On pense communément qu'il a remplacé Anathoth, patrie du prophète Jérémie. Ce serait donc ici qu'à l'âge de quinze ans, le prophète reçut la redoutable mission d'aller reprocher aux Juifs leurs crimes et leur ingratitude envers Dieu. Après avoir prédit la ruine de la cité coupable, Jérémie, témoin des calamités qui pesaient sur la Judée, pleurant au milieu des tristes débris de Jérusalem, prise, saccagée et renversée par les Assyriens, fit entendre les *lamentations*, écho toujours vivant de la plus amère douleur, expression éternelle des sentiments d'affliction qui débordent du cœur humain. Les chrétiens, maîtres de la Palestine, n'oublièrent pas le prophète : une belle église gothique s'éleva dans ce village sous le titre de *Saint-Jérémie*.

Il y a deux siècles environ, les Franciscains la desservaient, et occupaient les bâtiments du monastère. Les Arabes y pénétrèrent la nuit par surprise, égorgèrent les moines, pillèrent l'église et le couvent, et mirent tout en feu. Aujourd'hui les ruines sont encore imposantes. Des pans de murailles sont couronnés de créneaux : vain appareil de défense qui n'a pas servi de protection au moment du danger. Au fond de l'abside on distingue des traces de peintures murales, des nimbes d'or, de longues tuniques où dominent la pourpre et l'azur.

On lit dans l'*Histoire des croisades* que l'armée chrétienne, en marche dès l'aurore, arriva le soir au village d'Anathoth, où elle passa la nuit. Elle y reçut une députation des catholiques de Bethléem, qui venaient en suppliants réclamer de prompts secours contre les troupes musulmanes. En ce même endroit, des chrétiens fugitifs accoururent de Jérusalem au-devant de leurs libérateurs, et firent connaître l'état des forces et les projets des infidèles. Ces deux événements, assez indifférents dans le cours d'une guerre ordinaire, eurent les plus graves conséquences dans la marche de la première expédition d'outre-mer. Nos chroniqueurs les racontent avec une sorte de joie concentrée propre à faire comprendre les sentiments qui alors agitaient tous les cœurs. Quelques heures après, en effet, les bannières de la croix flottaient sur les murs de Bethléem, et bientôt les guerriers francs devaient saluer de leurs pieuses acclamations les tours de Jérusalem.

Le village de Saint-Jérémie est devenu célèbre dans les récits des voyageurs modernes, grâce aux exploits du cheik Abou-Gosh. Quand nous disons *exploits*, c'est par euphémisme; beaucoup ont dit *brigandages*. A la tête d'une troupe d'Arabes déterminés, ce chef terrible rançonnait les voyageurs, pillait les caravanes, ne reculant ni devant la violence, ni devant l'assassinat. Dans les montagnes voisines, de Modin à Hébron, quinze mille Arabes obéissaient à ses ordres. Cette horde sauvage répandait partout la terreur. Abou-Gosh était devenu une puissance redoutable avec laquelle l'autorité des pachas fut obligée plus d'une fois de compter. Dans son *Voyage en Orient*, M. de Lamartine rapporte la conversation qu'il eut avec ce redouté personnage. « Connaît-on mon nom en Europe? demanda le cheik. — Oui, répondit le voyageur; les uns disent que vous êtes un brigand, pillant et massacrant les caravanes, emmenant les Francs en esclavage, et l'ennemi féroce des chrétiens; les autres assurent que vous êtes un prince vaillant et généreux, réprimant le brigandage des Arabes des montagnes, assurant les routes, protégeant les caravanes, l'ami de tous les Francs, qui sont dignes de votre amitié. — Et vous, reprit le voleur en riant, que direz-vous de moi? — Je dirai ce que j'ai vu : que vous êtes aussi puissant et aussi hospitalier qu'un prince des Francs, qu'on vous a calomnié, et que vous méritez d'avoir pour amis tous les Européens qui, comme moi, ont éprouvé votre bienveillance et la protection de votre sabre. » Abou-Gosh parut enchanté. Ce brigand n'était guère accoutumé à de pareilles louanges. Les pachas de Damas et de Saint-Jean-d'Acre n'étaient pas aussi indulgents que le poëte français; plus d'une fois ils le poursuivirent à main armée, et Ibrahim-Pacha le fit jeter en prison. Mais les nécessités de la politique lui ouvrirent les portes du cachot. Abou-Gosh est revenu dans son château de Modin ; il n'est plus aussi audacieux, depuis qu'il a appris par une rude expérience qu'il n'est pas sûr de l'impunité.

Les montagnes de la Judée adoucissent leurs pentes à mesure que nous avançons vers Ramleh, assis dans une plaine sablonneuse. Nous traversons la bourgade d'Amoas, et nous nous dirigeons, non sans quelque frayeur, vers le village de Latroun, à droite de la route. C'est un amas de maisonnettes bâties sur un tas de décombres. Latroun est la patrie présumée du bon larron. Il y avait jadis un château fort, et de vieilles chroniques disent sérieusement que ce beau manoir avait été converti en un repaire de brigands par le seigneur du lieu, qui fut pris ensuite et condamné à mourir en croix. D'anciens écrivains ont fait cette remarque naïve et malicieuse en même temps, « qu'il n'y a guère d'apparence qu'un homme ayant un si beau lieu eût été de condition si misérable que de se faire voleur de grand chemin, et faire métier de détrousser et égorger les passants, *quoiqu'il ne fût pas peut-être sans exemple.* » — *Il est rare,* dit le P. Nau, *qu'un seigneur de marque se fasse voleur de grand chemin.* Ce qui est certain, c'est que les traditions du vol et du brigandage sont permanentes en ce pays. Il faut être bien armé pour oser s'aventurer dans ces vallons : la force est la seule recommandation qui soit respectée.

Peut-être Latroun fut-il ainsi appelé, non à cause du

JAFFA

séjour que le bon larron y fit jadis, ce qui est douteux, mais parce que les chrétiens y avaient consacré un oratoire en son honneur. Les pèlerins voulaient sans doute se mettre sous sa protection contre les attaques des mauvais larrons, dont la race s'est perpétuée en ce lieu. Quoi qu'il en soit, la chapelle a disparu, et les voleurs restent. Nous rapporterons ici une curieuse légende qui a souvent charmé la foi naïve de nos pères, et qui nous a été conservée même dans des livres savants. La sainte famille, Jésus, Marie et Joseph, fuyant la cruauté d'Hérode, tombe entre les mains des malfaiteurs qui infestaient alors tous les grands chemins. Cette pauvre famille voyage bien modestement. Un des larrons, touché de compassion, la prend sous sa protection et la défend contre la rapacité d'un de ses compagnons. Il va même jusqu'à payer une rançon pour accomplir son généreux dessein. Non content de cela, il accompagne les fugitifs à travers les déserts, et les garde de toute mauvaise rencontre; il les quitte seulement à leur entrée en Égypte. Ce sont ces deux larrons que nous retrouvons plus tard au Calvaire : l'un blasphème contre Dieu, et meurt impénitent, c'est le mauvais larron; l'autre, au contraire, proclame la justice de sa condamnation, reconnaît son Sauveur en celui que les Juifs ont crucifié comme un malfaiteur, et lui demande de vouloir bien se souvenir de lui lorsqu'il sera dans son royaume. Jésus lui promet la gloire du paradis. C'est le bon larron, qui reçoit ainsi la récompense de sa charité [1].

---

[1] D'Herbelot, *Biblioth. Orientale.*—Baillet, *Vie des Saints*, 25 mars.

A Ramleh, il y a un couvent de Franciscains, où nous attend une bienveillante hospitalité. Jadis Ramleh eut une grande importance. Au temps des croisades c'était la seconde ville de Palestine. Les caravanes qui se rendaient à Jérusalem, ou qui allaient d'Égypte à Damas, s'y arrêtaient. C'était un entrepôt de commerce considérable. Aujourd'hui c'est une grosse bourgade de trois mille habitants environ, la plupart musulmans; il y a des Grecs et des Arméniens en assez grand nombre et quelques familles catholiques seulement. On pense généralement qu'elle a remplacé l'ancienne Arimathie, patrie de Joseph et de Nicodème. Les antiquités n'y sont pas fort remarquables. L'inventaire en sera complet quand nous aurons nommé la maison et l'église des Pères de Terre-Sainte, quelques fragments de murailles crénelées bâties par les croisés, et, dans le voisinage, la tour des Quarante-Martyrs, les ruines d'une maison de Templiers et les vasques de sainte Hélène.

Durant l'expédition française de Syrie, Bonaparte établit son quartier général dans les bâtiments du monastère. L'église fut transformée en hôpital à l'usage des malades et des blessés. Plus d'un de ces braves fut enseveli dans la fosse commune où dorment depuis des siècles les chevaliers morts au service de la croix. Ainsi, à sept siècles d'intervalle, des guerriers français vinrent partager le même tombeau. Des officiers découvrirent au-dessus d'une tombe, sur un fragment de vitrail peint, l'inscription latine suivante :

Quid prodest vixisse diu ? Cum fortiter acta
 Abdiderit latebris jam mea tempus edax ;
Tempore fama perit : pudor ! et mors, atque vel ipsum
 Prætereunt tempus ; morsque secunda venit [1].

Nulle épitaphe ne résume en termes plus énergiques la vanité de la gloire humaine. *La renommée périt par l'injure du temps; le temps jaloux couvre les hauts faits des ténèbres de l'oubli.* Hélas! ces tristes plaintes n'eurent jamais de plus fidèle écho que dans les champs de Ramleh. En 1103, les plaines voisines furent arrosées de sang chrétien. Les croisés y perdirent une bataille dans laquelle périrent les comtes de Blois et de Bourgogne et une foule de chevaliers ; le roi Baudouin Ier lui-même eut peine à s'échapper en se cachant parmi les bruyères. Les Sarrasins mirent le feu aux herbes sèches, et le prince fut sur le point d'être étouffé. A la faveur de la nuit, il réussit à entrer dans la ville, et, grâce à la générosité d'un émir qui lui devait de la reconnaissance, il rejoignit l'armée chrétienne. En 1177, Baudouin IV vengea noblement cette défaite. A la tête d'une poignée de braves il tailla en pièces l'armée de Saladin, dix fois plus nombreuse que la sienne. « La vraie croix, dit Guillaume de Tyr, dans cette mémorable journée parut grandir, s'élever jusqu'au ciel, et couvrir de son ombre tout l'horizon. » Chrétiens et infidèles attribuèrent à un miracle cette victoire signalée. Deux fois Richard Cœur-de-Lion vint camper dans les plaines de Ramleh. Les tentes

---

[1] *Correspondance d'Orient*, tome IV.

des croisés couvraient tout le pays. Ainsi ces campagnes qui s'étendent à nos pieds ont jadis retenti au bruit des armes et aux acclamations de la victoire. Mais, suivant les paroles de l'inscription de Ramleh, *le temps couvre les hauts faits des ténèbres de l'oubli.* Pas un des Arabes qui foulent actuellement ce sol ne connaît le nom ni les exploits de ces héros fameux. Il n'y a que le pèlerin venu d'Europe qui évoque encore le souvenir de ces gloires.

De Ramleh à Jaffa s'étend une plaine légèrement ondulée : c'est celle de Saron, dont parlent souvent nos livres saints. En été, elle est brûlée du soleil ; au printemps, elle ressemble à une magnifique prairie. Joppé, actuellement Jaffa, est une des plus anciennes villes du monde, illustrée par la poésie et par l'histoire. La fable d'Andromède, exposée sur ce rivage au monstre marin qui doit la dévorer, nous touche faiblement, quoique saint Jérôme prétende avoir vu de son temps les chaînes de la fille de Céphée et de Cassiope. Les navires de Salomon entraient dans le port de Joppé chargés des cèdres du Liban et des matériaux que le roi Hiram fournissait pour la construction et l'ornement du temple de Jérusalem. Ici s'embarqua Jonas, rebelle à l'ordre de Dieu et à la mission d'aller prêcher la pénitence à Ninive. Judas Machabée y remporta une victoire, et vengea la mort de ses frères tués en trahison. Saint Pierre y ressuscita Tabitha, femme *remplie de bonnes œuvres et d'aumônes.* Là encore le Ciel lui envoya cette vision merveilleuse annonçant aux apôtres qu'ils ne devaient plus faire de distinction entre les Juifs et les gentils lorsqu'ils trouveraient des cœurs disposés à s'ouvrir à la lumière de la vérité. Le prince des apôtres y reçut l'hospitalité chez Simon le corroyeur, près du rivage de la mer. Cette maison, jadis tranformée en sanctuaire, est en ruines. Des auteurs prétendent que cette modeste habitation a été remplacée par les bâtiments du couvent des Pères de Terre-Sainte. Prise et ruinée à l'époque du soulèvement des Juifs contre les Romains, la ville de Joppé se releva sous Constantin, et eut longtemps un siége épiscopal. Les croisés s'en emparèrent de bonne heure; mais ils la perdirent en 1188. Ils la recouvrèrent plus tard, et saint Louis en rebâtit les fortifications. Le roi croisé, afin de stimuler l'ardeur des ouvriers, travailla lui-même à cet important ouvrage. « Me souviens, raconte le sire de Joinville, que le roy venoit souvent voir les ouvriers, et, pour donner couraige de bien diligenter, leur disoit que plusieurs fois il avoit porté la hotte pour gaigner des pardons. » La reine Marguerite, épouse de saint Louis, y donna naissance à une jeune princesse nommée Blanche. Enfin, en 1268, la ville retomba pour toujours entre les mains des infidèles. Depuis lors Jaffa décrut considérablement. Au xvie siècle, ce n'était plus qu'un village et un amas de décombres. Aujourd'hui elle est en voie de prospérité. Les paquebots-poste d'Occident y abordent régulièrement; et, malgré les rochers à fleur d'eau qui en rendent l'accès difficile, le commerce y attire beaucoup de monde. Comme dans toutes les villes situées sur les côtes de Syrie, les rues sont petites, sombres, étroites et sales. Au centre de ces tristes habitations, nous nous arrêtons quelques instants chez les pieuses sœurs de Saint-Joseph-de-l'Apparition, où nous étions sûrs d'avance d'être témoins du spectacle d'édification que présentent toutes les maisons de religieuses françaises vouées aux œuvres de charité. Ces humbles femmes y donnent des leçons et de bons exemples à une centaine de jeunes filles latines, maronites, grecques, juives et même mahométanes. C'est la première école catholique ouverte à Jaffa. Que les philosophes et les politiques rêvent la régénération de l'Orient, en appuyant leurs espérances sur une foule d'améliorations prétendues : nous ne les contrarierons pas. La régénération de l'Orient n'aura pas d'autre cause active que la charité évangélique. Nous aurons plus d'une fois occasion de le constater : la femme chrétienne, la sœur de charité, en plantant sa tente sur cette terre où la femme a été si profondément humiliée, a jeté la semence féconde de la vraie civilisation.

CHAPITRE XVII

SAINT—SABAS

La montagne où jadis fut Thécué, patrie du prophète Amos, s'élève à environ huit kilomètres de Bethléem. Après avoir traversé des terres incultes, nous longeons des champs d'orge, semblables à de magnifiques tapis verts. Les douces influences du printemps font éclore des fleurs entre toutes les pierres. Des pâturages, jadis fréquentés par David, sont couverts de troupeaux. Cette contrée de la Palestine a maintenant toute sa parure; dans quelques mois le soleil aura brûlé cette fraîche végétation : la campagne ressemblera au désert. Les bergers nous regardent curieusement passer ; leurs yeux, où brille la convoitise, se fixent sur les belles armes de mes compagnons de voyage. L'Arabe ne met rien au-dessus de nos fusils à deux coups; sa passion pour les armes d'Europe est connue de tous les voyageurs. Ces pâtres de Bethléem, d'ailleurs, sont silencieux : l'inspiration les a abandonnés depuis longtemps. Ils n'improvisent plus, comme le fils de Jessé, ces cantiques où respirent les sentiments religieux, où brillent toutes les couleurs de la poésie orientale. Nul d'entre eux, dans un saint enthousiasme, ne saisit la lyre ou la harpe en s'écriant : *Exurge, gloria mea; exurge, psalterium et cithara*[1]*!* Sur le sol des anciens Voyants, où retentit jadis la parole enflammée des prophètes, les lèvres sont muettes, la parole humaine n'a que des sons lugubres ou sauvages, écho des haines sanglantes, des luttes et de la barbarie. En une seule circonstance, dans les déserts de l'Arabie Pétrée, avant d'arriver à Hébron, j'entendis quelques refrains exprimant, dans un langage vif, animé, *rempli d'éclairs,* un des sentiments qui agitent le plus vivement le cœur de l'homme, le sentiment de la gloire. A mesure que les strophes étaient récitées par le poëte avec une déclamation emphatique et monotone qui devait ressembler à la mélopée antique, les yeux des Arabes étaient en feu; de leur poitrine haletante la respiration s'échappait en soupirs saccadés. Je reconnus la toute-puissance de l'éloquence humaine élevée par la poésie au plus haut degré. Je n'oublierai jamais cette scène. La passion répondait à la passion.

---

[1] Psalm. LVI, 9.

C'était en mon honneur qu'un poëte arabe, le fils d'un de ces hardis Bédouins fascinés par l'ascendant de Bonaparte et la bravoure de nos soldats de l'armée d'Égypte, répétait un chant guerrier où l'on vantait les prouesses des Français, leur inébranlable courage, leur dédain pour le danger, leur mépris de la mort, et les charges brillantes de la cavalerie, et les courses entraînantes où le fantassin se bat à l'arme blanche, et les rapides évolutions qui sèment la mort dans toutes les directions à la fois, et ce tonnerre de l'artillerie, et par-dessus tout l'audace des chefs à la tête surmontée de panaches, qui s'élancent aux premiers rangs. Les cris et le tumulte planent au-dessus du champ de bataille; les tambours et les trompettes dirigent et accélèrent tous les mouvements; la voix des officiers, brève et stridente, perce à travers mille bruits désordonnés; des lignes de feu s'avancent comme l'orage; le cliquetis des armes est affreux. A une dernière et effroyable détonation succèdent des acclamations de victoire. A mesure que le rhythme précipitait sa cadence, et que les images succédaient aux images dans ce tableau de bataille, vous eussiez vu les lèvres frémir, les doigts se crisper, et plus d'un des auditeurs agiter convulsivement les bras. J'avoue que j'étais moi-même sous le charme; je partageais l'émotion générale. A la fin tous les yeux se dirigèrent vers moi. Je frappai dans mes mains en signe d'applaudissement. Le poëte s'écria en français : *En avant, marche!* Tous se levèrent au même instant, comme touchés par l'étincelle électrique. Il n'est aucun voyageur moderne qui, en pénétrant à l'intérieur des bourgades arabes, n'ait entendu retentir à ses oreilles quelqu'un des cris militaires de la France.

Tout le monde connaît le charmant incident de voyage arrivé à M. de Chateaubriand, et raconté dans l'*Itinéraire*. M. de Chateaubriand, allant de Jaffa à Jérusalem, passait près du lieu où nous sommes en ce moment. « Tout à coup, dit-il, je fus frappé de ces mots prononcés distinctement en français : *En avant, marche!* Je tournai la tête, et j'aperçus une troupe de petits Arabes tout nus qui faisaient l'exercice avec des bâtons de palmier. Je ne sais quel vieux souvenir de ma première vie me tourmente, et quand on me parle d'un soldat français, le cœur me bat; mais voir de petits Bédouins dans les montagnes de la Judée imiter nos exercices militaires et garder le souvenir de notre valeur, les entendre prononcer ces mots qui sont, pour ainsi dire, les mots d'ordre de nos armées, et les seuls que sachent nos grenadiers, il y aurait de quoi toucher un homme moins amoureux que moi de la gloire de sa patrie. Je ne fus pas si effrayé que Robinson quand il entendit parler son perroquet; mais je ne fus pas moins charmé que ce fameux voyageur. Je donnai quelques médins [1] au petit bataillon, en lui disant : *En avant, marche!* Et afin de ne rien oublier, je lui criai : *Dieu le veut! Dieu le veut!* comme les compagnons de Godefroi et de saint Louis. »

A quelque distance de Bethléem nous apercevons de nombreux troupeaux. Des tentes noires indiquent

---

[1] Pièce de monnaie.

les campements des tribus nomades. L'Orient montre à chaque pas quelques vestiges de la vie patriarcale. Nous distinguons une douzaine de campements sur les collines, aussi loin que le regard peut atteindre. Quand nous passons trop près des tentes, les chiens donnent l'alarme. Aussitôt femmes et enfants se précipitent avec une égale curiosité; un Arabe se montre armé d'un long fusil. Notre course ne présente aucun caractère inquiétant. Nous arrivons bientôt à Thécué.

Le sommet de la montagne est couvert de ruines. Il y avait jadis une citadelle, et les croisés y bâtirent une église. Quelques tronçons de colonnes gisent à terre près d'une grande cuve baptismale en porphyre, ornée à l'extérieur de croix et de fleurs de lis. On y remarque aussi les deux triangles enlacés des Templiers. Les croix et les fleurs de lis attestent en ces lieux le double triomphe du christianisme et de la civilisation. Ils en sont aujourd'hui bannis l'un et l'autre. Thécué n'est plus qu'un désert.

Lorsque la reine Mélisende voulut fonder un monastère à Béthanie, les chanoines du Saint-Sépulcre lui cédèrent ce village, et reçurent en échange la ville de Thécué : c'était alors une ville. En 1138, elle fut pillée et ravagée par les Sarrasins; la plupart des habitants échappèrent au massacre en se réfugiant dans les cavernes d'Odollam. Les chevaliers du Temple, accourus au secours de cette place sous la conduite de Robert Bourguignon et d'Eudes de Montfaucon, se répandirent imprudemment dans la campagne à la poursuite des vainqueurs; ils furent surpris et massacrés. Du haut de cette montagne la vue est admirable. Tout autour se creusent des vallées profondes. Dans le lointain apparaît la mer Morte, et au delà les âpres montagnes de Moab.

De Thécué au labyrinthe ou caverne d'Odollam, il y a à peine une demi-heure de marche. Un seul de mes amis consentit à visiter avec moi ces grottes curieuses; les autres allèrent nous attendre sur le mont des Français. L'exploration de ces grottes profondes est dangereuse. Des animaux féroces s'y cachent quelquefois, et l'on est exposé à y trouver des hôtes plus à craindre encore que les ours et les lions : ce sont les voleurs. L'entrée du labyrinthe est fort difficile. Après avoir escaladé plusieurs blocs de rocher qui barrent le passage, au risque de tomber dans les ravins, il faut sauter d'un rocher dans une ouverture assez basse servant d'entrée à la caverne. A l'intérieur on trouve plusieurs corridors, des salles spacieuses, des colonnes, des voûtes, des portes, des couloirs étroits, des chambres, des citernes, des puits. A la lueur des flambeaux nous nous engageons dans un dédale de souterrains. Parfois il faut ramper comme un reptile, marcher sur les pieds et sur les mains, tant les passages sont encombrés de pierres et de terre; tantôt il faut descendre des espèces d'escaliers grossièrement taillés dans le roc, ou glisser sur des pentes rapides. Nos guides nous signalent des abîmes à éviter, ou y jettent des pierres pour nous en faire apprécier la profondeur. Nous apercevons à droite et à gauche d'énormes crevasses, des cavités qui paraissent sans fond. La lumière des torches projette autour de nous une clarté lugubre et blafarde. Nous avançons avec précaution. Les conducteurs sondent d'abord tous les coins et recoins, crainte de surprise. Enfin, après une course fatigante, nous nous arrêtons au bord d'un puits immense ouvert à nos pieds. Où mène cette caverne plus profonde que les autres? je l'ignore; mais je ne doute pas que ce ne soit le passage d'un souterrain moins accessible encore que ceux que nous venons de parcourir. Nos guides s'arrêtent. Nous sommes trempés de sueur; la chaleur, au fond de ces antres, est suffocante. Après avoir pris quelques minutes de repos, nous revenons au jour, non sans peine et à travers de nouveaux corridors. En plusieurs endroits on aperçoit des fragments de vases funéraires et de sarcophages; dans les parois sont creusées des niches sépulcrales et quelques inscriptions en caractères inconnus. Je ne puis comparer ces caractères qu'à ceux que j'ai déjà signalés dans les déserts du Sinaï [1].

Ces affreuses cavernes servirent de refuge à David et à ses compagnons poursuivis par Saül. Les habitants de Thécué s'y cachèrent au XIIe siècle. Tous les jours les Arabes y trouvent un abri, et souvent les meurtriers y échappent à la juste vengeance des lois. Le grand air nous ranime. Nous payons largement nos guides. Ne devons-nous pas de la reconnaissance à ces honnêtes coquins, qui pouvaient, il y a quelques instants, nous tuer et nous dévaliser sans que personne les découvrît, et qui veulent bien se contenter de quelques pièces

---

[1] Mgr Mislin a également aperçu ces inscriptions. *Les Saints-Lieux*, tome III, p. 87.

d'argent? Pour être véridique, nous devons avouer que la fatigue de cette rude exploration n'est pas compensée par l'intérêt historique de ces cavernes si vantées. Elles devront cependant être visitées encore par les érudits, jusqu'à ce que les inscriptions aient été déchiffrées.

Bientôt nous avons rejoint nos compagnons, qui se moquent en nous voyant couverts de poussière. Nous leur reprochons gaiement leur lâcheté, et nous parcourons ensemble la montagne que les croisés appelaient *Béthulie des Français, Mont-Français, Mont-Joye,* et que les Arabes nomment *le Paradis.* Dans une première excursion je m'étais contenté d'admirer le site et d'évoquer le souvenir des chevaliers francs. Aujourd'hui j'examine les ruines, et je reconnais les derniers restes du palais d'Hérode. Dès la plus haute antiquité, profitant des avantages de la position, les Juifs avaient bâti une tour au sommet de la montagne. Une sentinelle pouvait de là dominer une immense étendue de pays, et, à l'aide de signaux, prévenir à temps de l'approche des ennemis. A la faveur des troubles qui suivirent l'occupation militaire de la Palestine par les Assyriens, de hardis partisans s'y fortifièrent, et y jouirent d'une véritable indépendance. La conquête alors, comme actuellement, dans ces régions de l'Orient, pillait, massacrait, détruisait, déplaçait les populations, vieillards, femmes et enfants, que l'impuissance de lutter forçait à accepter la servitude; le torrent passé, les vainqueurs songeaient à peine à surveiller le pays soumis. Quel intérêt avaient-ils à exploiter la misère? Ce poste n'eut toutefois une grande importance que sous le règne d'Hérode. Ce prince, attaqué et poursuivi par les alliés d'Antigone, son rival, s'était retiré sur les hauteurs où nous sommes. Comme un oiseau de proie dont le regard perçant suit, de la région des nuages, les moindres mouvements de sa victime, le tyran ne perdait aucun des mouvements de ses ennemis. Saisissant la première occasion favorable, il fond sur eux avec impétuosité, les culbute, et les anéantit. En mémoire de cette victoire, il fonda le château et la ville d'Hérodium [1].

Le palais du roi était d'une extrême magnificence. On n'avait épargné dans la construction rien de ce qui pouvait contribuer à le rendre agréable. On y montait à l'aide d'un escalier en marbre de deux cents degrés. Un luxe tout oriental brillait dans les appartements. Des aqueducs y amenaient de loin des eaux limpides et abondantes. Des jardins enchantés étaient remplis d'arbres rares et de plantes odoriférantes. Les Arabes en gardent le souvenir en désignant toujours ce lieu, quoique maintenant il soit stérile, sous le nom de *Paradis*. Au pied de la montagne de superbes maisons étaient destinées aux amis du prince et aux étrangers. Cet opulent palais servit de tombeau au roi, et de tant de magnificence il ne resta bientôt qu'une vague renommée. Le sépulcre ne fut pas plus respecté que le palais, et au moment de la prise de Jérusalem par les Romains, le château d'Hérodium était devenu un repaire de brigands. Lucilius Bassus en fit le siége, et l'emporta d'assaut. De nos

---

[1] Voy. Josèphe, *Guerre des Juifs*, liv. I, ch. 3; *Antiq.*, liv. XIV, ch. 25.

jours les riches bâtiments d'Hérode sont représentés par quelques pans de murailles s'élevant à peine au-dessus du niveau du sol, une citerne à moitié comblée et les fondations encore apparentes de tours considérables. Le voyageur distrait ne soupçonne guère, pas plus que les Arabes, que ce monticule fut jadis couronné de somptueux monuments, le séjour bruyant des fêtes et le rendez-vous d'une cour livrée à la dissipation et aux plaisirs.

Quoique la barbarie ait rendu stérile cet antique *paradis*, les collines voisines se couvrent chaque printemps d'une herbe épaisse, comme pour attester la fertilité naturelle du sol. A peu de distance et à huit kilomètres de Jérusalem, on s'engage dans des vallons obscurs et déchirés, et enfin dans une gorge affreuse bordée de roches nues et menaçantes. Le torrent, qui parfois écume en bondissant de cascades en cascades par-dessus les rochers qui encombrent son lit, ajoute encore à l'horreur qui règne constamment dans ce désert. Nulle trace de végétation; partout l'image de la mort. Le silence y serait éternel, si l'amour de la solitude n'avait conduit sur cette scène désolée, dès les premiers siècles du christianisme, de pieux cénobites fuyant le tumulte du monde. Là se trouve le monastère de Saint-Sabas; la plupart des rochers qui nous environnent sont criblés de cellules où jadis des milliers d'anachorètes, ayant Dieu pour unique témoin de leurs austérités, animaient de leurs saintes psalmodies ces affreuses solitudes. Au ve et au vi^e siècle, la laure de Saint-Sabas jouit d'une réputation immense. On lit dans les *Vies des Pères du désert* des

MONASTÈRE DE SAINT-SABAS

détails étonnants sur les occupations des moines. Un auteur généralement bien renseigné, Quaresmio, affirme qu'il y avait dix mille anachorètes et quatre mille moines dans le désert de Saint-Sabas. On comptait parmi eux un grand nombre de fidèles persécutés par les hérétiques et les barbares, fuyant la proscription et l'impiété, cherchant un asile inviolable au sein d'une nature déshéritée. L'enthousiasme qui peupla ces grottes obscures fut longtemps ardent. Il ne s'était pas refroidi lorsque les infidèles étaient déjà maîtres de la Palestine. Le prince Radziwill raconte que, sous le sultan Sélim, de farouches émissaires de l'islamisme mirent à mort mille religieux, sous prétexte que, étant si nombreux, ils pourraient fomenter des séditions.

Le monastère de Saint-Sabas, amas confus de bâtiments, ressemble à une forteresse. La porte en est gardée avec soin contre les agressions des Bédouins. Nul ne peut y entrer sans présenter des lettres de recommandation. Nous franchissons les gradins qui forment le sauvage amphithéâtre sur lequel les cellules, les oratoires, les salles communes s'étagent dans un pêle-mêle fantastique. Les moines grecs schismatiques, au nombre de vingt, nous donnent une cordiale hospitalité. Parmi ces pauvres reclus quatre Russes reconnaissent leur compatriote dans un de nos compagnons de voyage. Qui pourrait dépeindre leur joie naïve? Un de ces moines russes parlait français. J'eus le plaisir de lier conversation avec lui. Il avait beaucoup voyagé, et connaissait très-bien Paris. En visitant l'église, on nous fit remarquer les peintures et les autres décorations qui viennent d'y être exécutées aux frais de la Russie. L'iconostase, espèce de cloison qui, dans toutes les églises grecques, sépare le sanctuaire de la nef, est enrichie de dorures et de tableaux qui ne sont pas sans mérite. En présence d'une image de saint Pierre, prince des apôtres, le pèlerin russe, fervent catholique, parle avec force de la primauté de saint Pierre et du pape, son successeur ; il renouvelle sa protestation dans l'oratoire de Saint-Jean-Damascène ; mais le schisme obscurcit l'intelligence ; les moines ne semblent rien comprendre à ce grand et salutaire principe de l'unité de l'Église.

Nous allons quitter le couvent, et sur le seuil les moines nous disent adieu avec une effusion qui nous émeut jusqu'aux larmes. Il y a toujours quelque chose de profondément triste dans une séparation lorsqu'on ne doit plus jamais se revoir. Les moines russes étaient visiblement agités; ils nous serrèrent convulsivement la main, et la porte roula lentement sur ses gonds rouillés. Trois heures après, nous étions rentrés à Jérusalem.

BORDS DU JOURDAIN.

CHAPITRE XVIII

LE JOURDAIN

NOTRE voyage au Jourdain devait s'exécuter au milieu de circonstances que l'imagination eût à peine rêvées. Au lieu d'entreprendre une rapide excursion dans les plaines de Jéricho, sur les bords du fleuve sacré et sur les rivages de la mer Morte, accompagné de quelques amis et sous la conduite des Bédouins, nous eûmes le bonheur de faire partie d'un pèlerinage solennel comme on n'avait pas eu occasion d'en voir depuis longtemps. Les consuls de France et d'Autriche, le révérendissime supérieur des Pères de Terre-Sainte, et plusieurs personnages de distinction en ce moment à Jérusalem s'entendirent dans un commun dessein, et réussirent à organiser une véritable expédition. Ce fut un événement dans le pays, et plusieurs pauvres chrétiens obtinrent la permission de se joindre à la caravane et de la suivre à pied. Toute la ville se mit en mouvement pour voir défiler notre petite armée, composée de deux cents personnes environ. On y comptait des représentants de toutes les nations catholiques. Lorsque la colonne fut en marche, et qu'elle se déploya le long des pentes de la montagne des Oliviers, elle offrait un spectacle curieux et un pêle-mêle des plus pittoresques. En tête s'avançait fièrement Ibrahim, janissaire du consulat de France, Albanais d'origine, vêtu de la fustanelle grecque avec une veste brodée. Il était à cheval, et tenait en main une longue lance surmontée de grosses houppes noires. Les Arabes de l'escorte étaient enveloppés de leurs longs manteaux blancs. Les Franciscains portaient leurs lourds habits de bure. Quelques ecclésiastiques français avaient la soutane. Plusieurs voyageurs se trouvaient plus à l'aise dans le paletot d'Europe. Deux dames n'avaient pas craint d'affronter les ardeurs du soleil et les fatigues du chemin. La foule suivait avec des vêtements de toutes les couleurs et de toutes les formes imaginables. Ces costumes bariolés produisaient l'effet le plus étrange ; et, il faut l'avouer, le paletot d'Europe y faisait assez triste figure. Ajoutez à cela les cris des guides, des paroles empruntées à dix langues différentes, l'agitation des Bédouins, l'allure pacifique des moines, l'ardeur de nos pèlerins français, l'impatience et la vivacité des chevaux arabes, l'éclat des armes, un soleil éblouissant, un paysage grandiose, et vous aurez sous les yeux le tableau au naturel de notre corps expéditionnaire.

Jadis les Pères de Terre-Sainte établis à Jérusalem ne manquaient jamais d'aller au Jourdain au moins une fois chaque année. Il fallait alors un courage héroïque pour entreprendre ce pieux pèlerinage. Il y a cinquante ans à peine ce voyage était encore fort dangereux, et pourtant le Jourdain coule à quelques kilomètres de Jérusalem. Au commencement de notre siècle, M. de Chateaubriand passa pour téméraire en l'exécutant sous la garde de quelques habitants de Bethléem. Jusque-là l'humeur farouche des Bédouins n'avait pas été réprimée, et le fanatisme musulman, non moins que l'amour du pillage, les poussait à commettre sur les chrétiens les plus horribles cruautés. En quittant leur couvent de Saint-Sauveur, les moines emportaient des pioches et des pelles : lugubres précautions qui trop souvent n'étaient pas inutiles! La balle des assassins frappait à mort plus d'un de ces pauvres pèlerins, et leurs frères, en pleurant, se hâtaient de creuser une fosse pour y déposer leurs restes mortels. Des bandes de Bédouins, comme des vautours affamés, se jetaient sur la caravane et s'en disputaient la dépouille. La férocité des habitants de Jéricho était devenue proverbiale. Tous les religieux en sortant de Jérusalem pouvaient y laisser un dernier adieu; pour eux la mort était certaine, seulement les victimes qu'elle allait frapper étaient inconnues. Il y a soixante ans environ les disciples de saint François, accomplissant au Jourdain leur pèlerinage accoutumé, furent surpris par des voleurs plus nombreux et non moins rapaces qu'à l'ordinaire. Plusieurs restèrent morts sur la place, tous furent dépouillés, quelques-uns se dispersèrent dans les montagnes, un d'entre eux demeura prisonnier. Durant deux années entières il vécut au milieu de ces hordes sauvages, exposé à tous les mauvais traitements, sans pouvoir communiquer avec Jérusalem, ayant presque perdu l'espoir de la délivrance. Que de fois il avait jeté les yeux sur les défilés des montagnes et sur la plaine du Jourdain, épiant une occasion favorable pour s'évader! Mais les chrétiens n'osaient plus s'aventurer au milieu de ces parages inhospitaliers. Il imagina enfin un stratagème qui eut un plein succès. A force de patience, il grava quelques lignes sur une pierre, et feignit d'avoir découvert cette inscription parmi les ruines. A l'entendre, c'était un monument du plus grand prix, et il était assuré que les Latins en achèteraient la possession moyennant une somme d'argent considérable. Le piége était bien tendu; un Arabe ne résiste jamais à l'appât du gain. Peu de jours après, en effet, nos Bédouins frappent à la porte du couvent, venant offrir la précieuse inscription et faire marché pour la vendre. Les moines paraissent ébahis; ils manifestent la surprise et la joie. Chacun veut déchiffrer ces lignes curieuses; la pierre passe de main en main. On convient de payer chèrement cette intéressante inscription, mais on exprime quelques doutes sur l'authenticité de l'écriture, et on tient absolument à voir l'auteur de la découverte. Le captif est amené à Jérusalem, il franchit le seuil du monastère, il est libre.

De pareilles violences ne sont plus à craindre aujourd'hui, excepté pour les voyageurs isolés qui s'engageraient témérairement dans ces régions désertes. Après avoir gravi les sentiers de la montagne des Oliviers, nous laissons à gauche le sommet de l'Ascension. Le village de Béthanie nous présente un site charmant, des ruines, des arbres, quelques maisonnettes, des jardins et des champs cultivés. Quand on voyage en nombreuse compagnie, le sentiment s'exalte aisément et l'admiration devient plus expansive. L'homme seul contemple froidement la nature. Béthanie est un point favorable à la perspective : de là le regard s'étend sur un horizon immense. Bientôt, en descendant une pente assez roide et difficile, nous arrivons à la *Fontaine des Apôtres*. Souvent sans doute les disciples du Sauveur se rafraîchirent à cette source, dont l'eau est excellente. Près de la fontaine, le sol est jonché de ruines, à travers lesquelles poussent des arbrisseaux et s'étalent quelques fleurs. L'eau coule lentement et séjourne dans des vasques où les animaux viennent se désaltérer.

Le chemin devient moins pénible, et l'on ne tarde pas à s'engager sur un plateau de médiocre étendue et légèrement accidenté. C'est une solitude fort triste, dont le terrain est rougeâtre et stérile, *Adonim*, le lieu du sang. Ce coin de terre avait jadis mauvaise réputation. Nous regrettons d'avoir à dire qu'il la conserve encore. Saint Jérôme nous apprend que ce nom lui fut donné à cause des assassinats qui s'y commettaient fréquemment. Les commentateurs y ont placé la scène racontée dans l'Évangile sous forme de parabole : « Un homme descendait de Jérusalem à Jéricho, et tomba entre les mains de voleurs qui le dépouillèrent et l'abandonnèrent sur le chemin, couvert de blessures et à demi mort. » L'expression de l'écrivain sacré est très-juste : on descend, en effet, de Jérusalem à Jéricho. Plus d'un voyageur témoin, victime peut-être des brigandages qui déshonorent toujours la Judée, a dû se demander si la parabole de l'Évangile ne couvre pas un fait réel. De combien de crimes cette solitude n'a-t-elle pas été le théâtre !

A partir de la plaine d'Adonim, le sol monte sensiblement. Nous escaladons en silence les rampes qui s'étagent devant nous. La chaleur et la fatigue se font sentir dans tous les rangs de la caravane. Quelques traînards sont même à une assez grande distance pour inspirer de l'inquiétude. On ralentit la marche, et l'on s'arrête quelques instants au haut d'une colline pour contempler la vaste plaine du Jourdain. De cet endroit on découvre le lit du fleuve bordé d'arbres vigoureux qui en ombragent et embellissent les bords. C'est comme une vision enchantée. Il faut avoir voyagé sous les rayons brûlants du soleil d'Orient, à travers des déserts où l'on soupire sans cesse après une goutte d'eau, où l'œil ne se repose jamais sur de frais tapis de verdure, pour comprendre le charme qu'exerce la vue de cette double ligne de beaux arbres. Les montagnes brûlées qui bornent l'horizon forment à ce tableau frais et gracieux un encadrement propre à en faire valoir tous les détails. Cette riante perspective est encore animée par le prestige des grands souvenirs de la religion et de l'histoire. Le Jourdain, mieux que l'Euphrate, le

Simoïs, l'Eurotas et le Tibre, a tracé dans notre mémoire, dès l'enfance, une image que rien ne saurait effacer.

> O rives du Jourdain ! ô champs aimés des cieux !
> Sacrés monts, fertiles vallées
> Par cent miracles signalées !

Le Jourdain prend sa source au pied des montagnes de l'Anti-Liban; il a un cours d'environ cent soixante-huit kilomètres jusqu'à son embouchure dans la mer Morte. Très-étroit à son origine, le fleuve grossit de plusieurs affluents avant d'entrer dans le lac Houlé. C'est un bassin large et peu profond, presque à sec en été et qui s'enfle considérablement à l'époque de la fonte des neiges : alors il peut avoir quatorze kilomètres de longueur, sur quatre kilomètres de largeur. Rapide comme un torrent des Alpes, encaissé entre deux rives verdoyantes, paré de lauriers-roses dont les fleurs et le feuillage se reflètent dans le cristal limpide, ce cours d'eau rappelle les poétiques ruisseaux de la Grèce. La pente est si brusque, que le courant, arrêté de distance en distance par des rochers, forme de bruyantes cascades. A partir du *pont de Jacob,* le lit du fleuve est creusé dans la vallée. C'est ici que Joachim Murat, maître du pont de Jacob, extermina les restes de l'armée turque qui, fuyant en désordre le champ de bataille du Thabor, vinrent se heurter contre les baïonnettes françaises ou se précipiter dans le Jourdain.

Le Jourdain prend sa source au fond d'une dépression de terrain extraordinaire qui se prolonge jusqu'au bassin de la mer Morte. Cette dépression, à laquelle on ne connaît rien de comparable au monde, a été constamment l'objet de l'étonnement des voyageurs et des naturalistes. C'est un immense pli de terrain, bordé de hautes montagnes et courant du nord au sud, depuis les dernières pentes de l'Anti-Liban jusqu'aux rochers qui barrent actuellement l'entrée de l'Ouadi-Arabah, et qui, selon quelques auteurs, allait mourir dans le golfe élanitique de la mer Rouge.

Après avoir traversé le lac de Tibériade, comme le Rhône traverse le lac Léman, le Jourdain est large, mais peu profond, quoique rapide. Le cours en est sinueux. La largeur moyenne du lit est d'environ cinquante mètres; à l'époque des pluies, les eaux se gonflent et inondent une partie de la plaine.

C'est un peu au-dessous du lac Houlé que M. de Lamartine vit le Jourdain pour la première fois. « Le Jourdain, dit-il, sort en serpentant du lac, se glisse dans la plaine basse et marécageuse d'Esdraëlon, à environ cinquante pas du lac; il passe en bouillonnant un peu, et en faisant entendre son premier murmure, sous les arches ruinées d'un pont d'architecture romaine. C'est là que nous nous dirigeons par une pente rapide et pierreuse, et que nous voulons saluer ses eaux consacrées dans les souvenirs de deux religions! En peu de minutes nous sommes à ses bords : nous descendons de cheval, nous nous baignons la tête, les pieds et les mains dans ses eaux douces, tièdes et bleues comme les eaux du Rhône quand il s'échappe du lac de Genève. Le Jourdain, dans cet endroit, qui doit être à peu près

le milieu de sa course, ne serait pas digne du nom de
fleuve dans un pays à plus larges dimensions; mais il
surpasse cependant de beaucoup l'Eurotas et le Céphise,
et tous ces fleuves dont les noms fabuleux ou historiques
retentissent de bonne heure dans notre mémoire, et
nous présentent une image de force, de rapidité et
d'abondance que l'aspect de la réalité détruit. Le Jourdain, ici même, est plus qu'un torrent; quoique à la
fin d'un automne sans pluie, il roule doucement, dans
un lit d'environ cent pieds de large, une nappe d'eau
de deux à trois pieds de profondeur, claire, limpide,
transparente, laissant compter les cailloux de son lit,
et d'une de ces belles couleurs qui rendent toute la profonde couleur d'un firmament d'Asie, plus bleu même
que le ciel, comme une image plus belle que l'objet,
comme une glace qui colore ce qu'elle réfléchit. A vingt
ou trente pas de ses eaux, la plage, qu'il laisse à présent
à sec, est semée de pierres roulantes, de joncs et de
quelques touffes de lauriers-roses encore en fleur. Cette
plage a cinq à six pieds de profondeur au-dessous du
niveau de la plaine, et témoigne de la dimension du
fleuve dans la saison ordinaire des pleines eaux. Cette
dimension, selon moi, doit être de huit à dix pieds de
profondeur sur cent à cent vingt pieds de largeur. Il est
plus étroit dans la plaine; mais alors il est plus encaissé
et plus profond, et l'endroit où nous le contemplions
est un des quatre gués que le fleuve a dans tout son
cours. Je bus dans le creux de ma main de l'eau du
Jourdain, de l'eau que tant de poëtes divins avaient
bue avant moi, de cette eau qui coula sur la tête inno-

cente de la victime volontaire! Je trouvai cette eau parfaitement douce, d'une saveur agréable et d'une grande limpidité. L'habitude que l'on contracte dans les voyages d'Orient de ne boire que de l'eau, et d'en boire souvent, rend le palais excellent juge des qualités d'une eau nouvelle [1]. »

L'intérêt religieux et historique qui s'attache au Jourdain a de tout temps attiré sur ses bords une foule de pèlerins, de voyageurs et de curieux. Ce n'est cependant que depuis une douzaine d'années qu'il a été l'objet d'explorations scientifiques. En 1847, un officier anglais s'embarqua sur le lac de Tibériade, et descendit le fleuve en dix jours jusqu'à la mer Morte. En 1848, deux Américains renouvelèrent cette entreprise; une relation détaillée de leur expédition, avec plans et cartes, fut rédigée et publiée en anglais l'année suivante à Londres et à Philadelphie. Les hardis navigateurs, accompagnés d'une commission de savants, et secondés par plusieurs matelots, montèrent sur deux barques, l'une en fer, et l'autre en cuivre, construites en Amérique, et transportées à dos de chameau du port de Caïpha jusqu'à Tibériade. Le 8 avril 1848, le pavillon des États-Unis fut arboré, et l'on commença par explorer la mer de Galilée. M. Lynch, capitaine de l'expédition, avait pris un pilote à Tibériade ; mais il ne tarda pas à s'apercevoir que ce prétendu pilote ne connaissait pas mieux le cours du Jourdain que les matelots de New-York, et il fut obligé de prendre lui-même la direction des embarcations.

[1] *Voyage en Orient*, tome I, pages 321-325.

On estime à deux cents milles la longueur du Jourdain entre les deux mers, en tenant compte des détours; les embarcations ne parcouraient que six milles par jour. Le fleuve est souvent impétueux, se précipitant au milieu de brisants et d'écueils sans nombre. On franchit vingt-sept rapides effrayants, et plusieurs autres moins considérables; les canots heurtèrent plusieurs fois contre les rochers, et le canot en cuivre fut assez fortement endommagé. Ce même canot eut plus à souffrir que l'autre de l'action des eaux corrosives de la mer Morte. Le 18 mai, M. Lynch parvint au lieu de l'immersion des pèlerins, qu'il signale comme étant un passage dangereux. L'approche de la mer Morte s'annonça par une odeur fétide, due à des courants imprégnés de soufre; les barques entrèrent dans la mer Morte par un vent frais du nord-ouest. La mer agitée offrait à sa surface comme une couche de saumure écumante. « Notre visage et nos vêtements, dit M. Lynch, se couvrirent promptement d'incrustations salines, qui causaient sur la peau une démangeaison piquante, extrêmement douloureuse aux yeux. Les barques, pesamment chargées, n'éprouvèrent d'abord qu'une faible résistance; mais quand le vent s'éleva, il sembla, tant l'eau était dense, qu'elles étaient frappées par des marteaux d'enclume, au lieu de l'effet ordinaire d'une mer agitée. »

Au sommet, sur lequel nous sommes arrêtés, et où tous les pèlerins donnent libre carrière à leurs sentiments d'admiration, nous ne pouvons arracher nos regards du spectacle qui se déroule à nos pieds. Dès que les piétons de notre caravane ont rejoint le corps expéditionnaire, le voyage continue sans nouvel incident. La chaleur est accablante. Nous parcourons un sol accidenté, où quelques arbrisseaux épineux offrent des feuillages de couleur cendrée : comme les chameaux, ces arbustes du désert peuvent longtemps se passer d'eau. Nous traversons en courant un torrent peu profond, et nous arrivons à la fontaine d'Élisée : délicieuse oasis, où l'on respire la plus agréable fraîcheur. Autour de la source, et le long du ruisseau qui s'en échappe en murmurant, des arbres touffus répandent une ombre épaisse et entretiennent une atmosphère fraîche et parfumée. Nous reconnaissons l'acacia aux fleurs jaunes; le jujubier sauvage, dont les fruits ressemblent à ceux du cormier, et dont les fleurs sont formées de petites corolles tubulées d'un rouge écarlate; le *zakkum*, qui ressemble au prunier d'Europe, et dont le fruit donne une espèce d'huile estimée des Arabes pour la guérison de diverses maladies; les noyaux servent à faire des chapelets; le *hadag*, qui produit un fruit jaunâtre, gros comme une noix, dont la chair mêlée de graines se change en poussière au temps de la maturité : plusieurs le prennent pour la pomme de Sodome, dont la couleur flatte agréablement les yeux, mais qui tombe en poudre dans la main. L'eau de cette source était autrefois amère. Lorsque le prophète Élisée résidait à Jéricho, les habitants de cette ville le prièrent de leur venir en aide. « Vous le voyez, dirent-ils, notre ville est agréablement située; mais les eaux de cette fontaine sont mauvaises. » Le prophète y jeta une poignée de sel, en disant : « J'ai guéri ces eaux. » La reconnaissance des habitants donna le nom du bienfaiteur à cette source, dont les eaux sont douces et légères, et que les Arabes appellent la *fontaine d'Élisée* ou *Ayn-Sultan*, c'est-à-dire *source puissante*. Aujourd'hui les pèlerins bénissent encore la mémoire du prophète, en se reposant sur les bords de ce charmant bassin.

Nous terminerons cette description en transcrivant un passage de l'historien Josèphe. On en pourra conclure que l'aspect des lieux a peu changé depuis le temps où Jésus-Christ les parcourait, sauf dans le voisinage de Jéricho. « Le pays que la fontaine d'Élisée traverse a soixante-dix stades de long sur vingt de large. On y voit quantité de beaux jardins, où les eaux nourrissent des palmiers de diverses espèces, et dont les noms sont différents aussi bien que le goût de leurs fruits. Quelques-uns donnent un miel qui ne diffère guère du miel ordinaire qu'on trouve en abondance dans ce pays [1]. On y trouve aussi un grand nombre de cyprus et de mirobolants, arbres qui distillent le baume, cette liqueur précieuse qu'aucun fruit ne peut égaler. Aussi l'on peut dire qu'un pays où croissent des plantes si excellentes a quelque chose de divin, et je doute qu'en tout le reste du monde il y en ait un qui puisse lui être comparé. On doit, à mon avis, en attribuer la cause à la chaleur de l'air et au pouvoir singulier que possède cette eau de contribuer à la fécondité de la terre : l'un

---

[1] On a cru qu'il pouvait être ici question de la canne à sucre, qui poussait autrefois sur les bords du Jourdain, mais dont on ne trouve aucune trace actuellement.

fait ouvrir les fleurs et les feuilles, et l'autre fortifie les racines par l'augmentation de leur séve durant les ardeurs de l'été, qui y sont si extraordinaires, que sans ce rafraîchissement rien n'y pourrait croître qu'avec une extrême peine. Mais quelque grande que soit cette chaleur, il s'élève le matin un petit vent qui rafraîchit l'eau que l'on puise avant le lever du soleil; durant l'hiver elle est toute tiède, et l'air y est si tempéré, qu'un simple habit de toile suffit lorsqu'il neige dans les autres endroits de la Judée. Ce pays est éloigné de Jérusalem de cent cinquante stades, et de soixante du Jourdain. L'espace qu'il y a jusqu'à Jérusalem est pierreux et tout désert; et quoique celui qui s'étend jusqu'au Jourdain et au lac Asphaltite ne soit pas si élevé, il n'est pas moins stérile ni plus cultivé [1]. »

Non loin de la fontaine d'Élisée s'élèvent trois monticules factices, et quelques ruines hérissent le sol. Là sans doute étaient les jardins si vantés d'Hérode et la villa somptueuse où il aimait à venir se délasser des soucis de l'ambition. A un kilomètre à peine s'élève la montagne de la Quarantaine, où Jésus-Christ, au sortir des eaux du Jourdain, voulut bien se soumettre à un jeûne de quarante jours et de quarante nuits, et permit au démon de le tenter, afin de nous apprendre la manière de repousser les tentations qui viennent si souvent nous assaillir. C'est pourquoi on l'appelle quelquefois la *montagne de la Tentation;* les Arabes la nomment Djebel-Karantal. Le sommet a une hauteur

---

[1] Josèphe, *Guerre des Juifs*, liv. v, ch. 4.

d'environ cinq cents mètres au-dessus de la plaine du Jourdain.

On traverse d'abord une vallée peu profonde : charmante retraite, s'il y avait quelque sécurité à espérer dans ces pays depuis si longtemps abandonnés de la civilisation. Une source y coulait autrefois, puisque les débris d'un aqueduc viennent s'y relier et indiquent un cours d'eau assez abondant. Maintenant encore des arbres et la végétation montrent que le sol est imprégné d'humidité; à l'aide de travaux bien dirigés on retrouverait aisément la fontaine, que les terres ont comblée.

A pic au-dessus du vallon se dresse la montagne calcaire de la Quarantaine. On gravit avec beaucoup de fatigues les pentes roides et étroites qui mènent aux cellules creusées dans les flancs de la montagne. Cette ascension est très-périlleuse, et plus d'un pèlerin a payé de sa vie une maladresse ou un faux pas. Le sentier, rongé en plusieurs endroits par le temps et les pluies, monte d'étage en étage le long des corniches, et conduit jusqu'à la grotte la plus élevée, qui servit de retraite au Sauveur, suivant une tradition constante. Sainte Hélène fit convertir cette caverne en chapelle, et on l'orna de peintures dont les traces étaient encore apparentes il y a peu d'années. Une autre chapelle fut bâtie au sommet de la montagne, à l'endroit où l'on croit que le Seigneur fut tenté pour la troisième fois et qu'il dit : « Retire-toi, Satan, car il est écrit : Tu adoreras le Seigneur ton Dieu, et tu ne serviras que lui seul. » Peu de personnes ont pu arriver jusqu'à ce point élevé. On cite le nom de deux voyageurs modernes, l'un Suisse et l'autre Autrichien, qui ont fait cette ascension dangereuse. De là on jouit d'une vue admirable, qui s'étend sur la vallée du Jourdain, le désert de Thécué, les montagnes de la Judée et de la Galilée, le Liban et l'Anti-Liban, les hautes plaines de Moabet de Galaad, les cimes bleuâtres des montagnes fuyant vers l'Orient, jusqu'à ces horizons lointains qui se perdent dans les déserts inhospitaliers de l'Arabie.

Dès les premiers siècles de l'Église, de nombreux anachorètes vinrent continuer en ce lieu le long jeûne du Sauveur, et par un complet détachement du monde s'efforcèrent d'atteindre la perfection évangélique. Toutes ces grottes creusées dans le rocher étaient peuplées, et retentissaient nuit et jour des accents de la prière. En voyant ces innombrables cellules étagées le long des flancs de la montagne, on dirait une ruche immense, où, selon l'expression de Jacques de Vitri, historien des croisades, ces pieux solitaires, semblables à des abeilles diligentes, composaient par leurs vertus un miel d'une douceur toute spirituelle. Depuis longtemps les alvéoles de cette ruche merveilleuse sont vides : les abeilles ont été emportées par le vent des tempêtes. Bravant les persécutions, les privations et la mort même, les anachorètes refusèrent d'abord d'abandonner leurs cellules à l'époque de l'invasion musulmane; mais à la fin le fanatisme l'a emporté sur le dévouement : la mort a éclairci les rangs, qu'il était impossible de remplir. Le dernier de ces saints moines, frappé par le fer des Bédouins, attend depuis plusieurs siècles, dans sa tombe oubliée, que la Providence lui envoie un successeur. On dit cependant que chaque année quelques pèlerins viennent du fond de l'Éthiopie passer le carême dans ces grottes désertes, en se livrant aux pratiques de la plus austère pénitence.

De la fontaine d'Élisée à Rihha ou Jéricho, la distance est d'environ quatre kilomètres. Jéricho fut jadis une cité opulente, qui, durant la vie mortelle du Sauveur, le disputait en magnificence à la ville de Jérusalem. On y comptait plusieurs palais, des établissements d'utilité publique, et une nombreuse population. Des aqueducs y amenaient l'eau des fontaines qui prennent leur source au pied des montagnes. Il y avait un cirque et un amphithéâtre. De tant de grandeur que reste-t-il aujourd'hui? Rien. La superbe Jéricho n'est plus qu'un pauvre village composé d'une quarantaine de masures bâties moitié en boue, moitié avec des branches d'arbre. Chaque cabane est entourée d'une haie épaisse de nopals et de buissons épineux, pour se garder de la visite nocturne des chacals et des léopards. Quelques jardins à peine cultivés, quatre ou cinq palmiers, des oliviers, des figuiers, des grenadiers et des vignes, font tout l'ornement de la bourgade, dont les habitants paraissent plongés dans la plus affreuse misère. Les Bédouins de Jéricho vivent de rapine et de brigandage; mais depuis quelque temps cet infâme métier est peu productif. Les voyageurs ne se hasardent à visiter la plaine du Jourdain que protégés par une escorte. Il faut ajouter que souvent l'escorte est formée d'Arabes de Jéricho. Quand ils ont donné leur parole, ils ne trahissent pas la confiance qu'on leur a accordée. Moyennant une somme qui varie de cent à cent cinquante piastres pour chaque voyageur, ces honnêtes voleurs viennent vous prendre à Jérusalem et se chargent de veiller à votre garde le jour et la nuit. Le rude châtiment que leur infligea Ibrahim-Pacha en 1840 les a, il faut l'espérer, dégoûtés pour longtemps de leurs anciennes habitudes de pillage. Les Bédouins de Jéricho avaient voulu profiter du désordre occasionné par la retraite de Damas pour dévaliser les traînards. Ibrahim envoya un détachement qui détruisit le village de fond en comble.

Une tour délabrée, haute de douze mètres environ, que certains voyageurs ont crue de construction romaine, et qu'on nomme le Château, est le seul débris tant soit peu remarquable de l'antique Jéricho. Quelques soldats turcs qui y résident sont supposés veiller à la garde du pays, et protéger la contrée contre les incursions des Arabes d'au delà du Jourdain. Ils nous regardent passer avec curiosité; bientôt ils ont repris leurs pipes et leur indolence habituelle.

Jéricho fut la première ville du pays de Chanaan qui tomba au pouvoir des Israélites après le passage du Jourdain. Tout le monde connaît la manière miraculeuse dont s'écroulèrent les remparts de cette place, qui fut bouleversée de fond en comble. Une nouvelle ville fut édifiée sous le règne d'Achab, à quelque distance de l'ancienne, suivant l'opinion commune. Il y eut plus tard une école de prophètes. Les principaux embellissements furent l'ouvrage d'Hérode, qui, frappé dans cet endroit d'une horrible maladie, y rendit le dernier soupir au milieu d'atroces souffrances. Hérode, l'auteur du massacre des enfants de Bethléem, le bourreau de sa propre famille, sentant sa fin approcher, ordonna d'assembler dans l'amphithéâtre de Jéricho les hommes les plus distingués du pays. Au moment où le tyran rendait le dernier soupir, on devait les mettre à mort, « afin, disait-il, que la Judée à ses funérailles éprouvât un juste sujet de deuil et versât des larmes sincères. » Cet ordre barbare ne fut pas exécuté. Le corps du monarque fut néanmoins transporté avec pompe de Jéricho à Hérodium, où il reçut la sépulture.

Jéricho rappelle plus d'un souvenir chrétien. Jésus y descendit de Jérusalem à plusieurs reprises. Sur le chemin que nous venons de parcourir, il rendit la vue à un aveugle qui criait, en entendant passer la foule : « Jésus, fils de David, ayez pitié de moi. » Saint Jérôme dit avoir vu le sycomore sur lequel monta Zachée pour voir passer le Sauveur. Une église avait été bâtie sur l'emplacement de la maison de ce chef des publicains. En l'an 70, Jéricho fut renversée par l'armée de Vespasien; restaurée par ordre de l'empereur Adrien, elle devint même un siége épiscopal, dont on connaît les titulaires de 325 à 536. L'empereur Justinien y fit ériger une église et une hôtellerie à l'usage des pèlerins. Durant les croisades, les princes chrétiens y rétablirent l'évêché et y fondèrent trois monastères; mais ces œuvres ne subsistèrent pas longtemps. Guillaume de Tyr nous apprend que les revenus de la seigneurie de Jéricho appartenaient au Saint-Sépulcre. La reine Mélisende les donna ensuite à l'abbaye de Béthanie. Exposée de tous côtés aux invasions, cette ville fut une des premières enlevée aux rois chrétiens, et resta au pouvoir des infidèles. Sous la domination musulmane, Rihha ne pouvait se relever : cette autorité vraiment barbare n'a jamais rien su restaurer; elle a fait beaucoup de ruines, et toutes les ruines qu'elle a faites ou trouvées sont restées, à travers les siècles, dans le même état de désolation. Rien n'est saisissant pour l'esprit du voyageur chrétien comme la vue de ces vieux sites bibliques. On sent que la malédiction de Dieu a passé par là. La place des antiques cités de Chanaan est devenue souvent méconnaissable, et sur ce sol, qui dévore ses habitants et qui a dévoré jusqu'à ses ruines, les érudits modernes viennent se livrer à d'interminables discussions. Des savants ont prétendu que la vieille ville de Jéricho était située sur les derniers gradins des montagnes; d'autres l'ont cherchée plus loin encore.

A deux kilomètres environ de Jéricho, Josué établit le camp des Israélites. Galgala fut la première station en deçà du Jourdain, et le chef des Hébreux y fit poser en cercle les douze pierres prises au milieu du fleuve, comme un monument éternel du passage de la rivière à pied sec. Ici les Israélites célébrèrent la pâque et mangèrent pour la première fois des fruits de la terre promise : dès lors la manne cessa de tomber. Sainte Paule y vit les douze pierres du Jourdain au commencement du ve siècle; Arculfe, à la fin du viie siècle, put encore les observer; il dit qu'elles étaient si grosses, que deux jeunes gens avaient de la peine à en soulever une. Nul doute n'est possible sur l'endroit où les Juifs traversèrent le fleuve. C'est là que la puissance de Dieu éclata par un miracle semblable à celui dont furent témoins les rives de la mer Rouge. Les eaux du fleuve s'arrêtèrent pendant que le peuple passait à pied sec; elles s'élevèrent comme une montagne, et ne reprirent leur cours naturel que lorsque tous les Israélites eurent atteint la rive droite.

Plus loin est l'endroit où les pèlerins ont coutume de faire leur immersion dans le Jourdain. C'est un des sites les plus agréables, et la tradition tient que Jésus-Christ y reçut le baptême des mains de saint Jean. Une plage fort douce conduit au bord de l'eau, et, au-dessus comme au-dessous, la rive du fleuve est escarpée. Des arbres touffus, acacias, saules, tamarisques, des roseaux, des lianes flexibles, forment une espèce de dôme de verdure au-dessus de cette onde sacrée, où les pèlerins aiment à se plonger et à prier.

Je n'oublierai jamais le spectacle que présenta notre caravane sur la rive du Jourdain. Tous donnaient des signes non équivoques du plus vif enthousiasme. Le supérieur des Franciscains célébra la messe sur un autel improvisé, orné de roseaux et de feuillages. Le goût ingénieux des Français y fit merveille. Il fallait voir leur empressement et leur adresse à parer l'autel rustique. Les moines italiens et espagnols étaient ravis en extase. Chacun suivit dans un profond recueillement les prières de la liturgie. Les Bédouins à distance nous regardaient avec curiosité. Quand on est agenouillé sur ce sol consacré par tant de prodiges, au murmure des eaux du Jourdain, en face de ces montagnes dont le nom retentit à chaque page de nos saints livres, on éprouve involontairement une émotion profonde. Au-dessus de nos têtes le ciel s'ouvrit, et l'adorable mystère de la Trinité y fut solennellement manifesté au monde. Dans cette rivière, l'eau coula sur le front de Celui qui venait réconcilier le ciel avec la terre. Sur ces deux rives, saint Jean-Baptiste prêchait le baptême de la pénitence. Plus loin vous apercevez les hautes plaines de Moab, animées encore pour ainsi dire par les grandes figures de Moïse, de Josué et du pontife Éléazar. Quels noms! quel tableau!

Le nom du Jourdain apparaît souvent dans les livres de l'Ancien Testament à l'occasion des luttes continuelles des Juifs avec les Moabites, les Ammonites, les Madianites et les Philistins. La rive gauche du fleuve appartenait aux tribus de Ruben, de Gad et à la demi-tribu de Manassé. La tribu de Benjamin possédait la rive droite. Ici le général syrien Naaman, couvert de lèpre, vint se baigner sur l'ordre d'Élisée, et recouvra la santé.

L'Arabe et le Grec qui accompagnent le voyageur n'aperçoivent pas plutôt le Jourdain qu'ils le saluent d'un cri de joie et vont y boire et s'y laver avec des signes de respect. Le pèlerinage au Jourdain remonte aux premiers temps du christianisme. Les chroniques du moyen âge racontent que les voyageurs et les guerriers, après avoir visité Jérusalem et Bethléem, allaient se purifier dans les eaux du fleuve et cueillir des palmes dans les jardins de Jéricho. Guillaume de Tyr assure que les pèlerins d'Occident aimaient non-seulement à prendre un bain dans ces ondes, mais qu'ils y lavaient leurs vêtements et s'y livraient à divers actes de dévotion. Comme nos ancêtres des croisades, comme les pieux voyageurs de tous les temps et de toutes les nations, nous descendons la berge et nous entrons dans l'eau. Selon l'usage des pèlerins, nous faisons d'abord sur nos fronts le signe de la croix, et nous restons plongés assez longtemps dans ces eaux pures et rafraîchissantes. A l'endroit où nous sommes, la rivière a peu de profondeur, mais à quelque distance le courant est très-rapide. Chaque année, quelques nageurs y périssent victimes de leur imprudence. C'est à regret que nous quittons cette rive enchantée, pleine de souvenirs, de fraîcheur et d'ombre. Nous trempons une dernière fois dans le fleuve notre tête et nos mains, et nous regagnons notre campement.

Devant nous s'étend le vaste pays de Moab, autrefois si peuplé, aujourd'hui sillonné en tout sens par des tribus nomades. Quelques ruisseaux et des torrents y ont leurs pentes vers la mer Morte. Une végétation que le printemps chaque année voit renaître et que l'été consume, vient tempérer les teintes sévères des montagnes voisines. Cette contrée serait fertile et agréable, si des bras laborieux y venaient en aide à la nature. Des champs d'orge et de blé promettant une riche moisson montrent la fécondité d'un terroir que la barbarie, l'insouciance et la paresse des hommes font paraître stérile. Kerak est la capitale actuelle du pays de Moab. Cette ville a joué un certain rôle dans l'histoire des croisades. Elle fut désignée sous le nom de *Petra deserti*, qu'il faut se garder de confondre avec l'ancienne capitale des Nabathéens, cette ville de Pétra dont nous avons parlé précédemment. Durant un quart de siècle, les chrétiens ne possédèrent pas au delà du Jourdain d'autres places fortifiées que Kerak. La population de cette ville, visitée en 1806 par Burckhardt et en 1848 par Lynch, est composée d'environ quatre cents familles musulmanes et cent cinquante familles grecques schismatiques. Les environs de la ville sont très-fertiles. Les habitants se nourrissent d'olives, de café, de lait caillé mêlé avec de la farine de froment, de gâteaux de farine d'orge, de lentilles, de riz et de fruits. Dans ces régions fréquentées jadis par Ésaü, on prépare un plat de lentilles avec de la farine et de l'huile; c'est un des mets les plus recherchés. N'est-ce pas ce plat friand, dit Seetzen, qui tenta la gourmandise d'Ésaü, et pour lequel il vendit à Jacob son droit d'aînesse?

Sur la frontière du pays de Moab se dresse fièrement le mont Nébo ou l'Abarim. Au sommet de cette montagne, l'imagination nous montre Moïse debout, jetant un long regard de joie et de regret sur cette terre tant désirée, héritage du peuple de Dieu, que son pied ne doit pas fouler. Il subira bientôt la sentence que le Seigneur a portée contre lui à cause de son hésitation dans le désert de Sin. Il s'apprête à descendre avec résignation dans la tombe ignorée que le doigt de Dieu a creusée au sein de cette région étrangère.

Sachant que sa dernière heure approche, et désirant poser le dernier couronnement à son œuvre, Moïse, sur l'ordre de Dieu, établit Josué, fils de Nun, chef de toutes les tribus. Le grand homme, à cette heure solennelle, n'eut pas la moindre faiblesse; il ne songea pas à se choisir un successeur dans sa propre famille. La Bible met sous nos yeux, avec toute sa majestueuse simplicité, la scène imposante dans laquelle le libérateur et le législateur des Israélites rassembla toute la multitude pour lui adresser de suprêmes recommandations, et résigner le pouvoir entre les mains de celui que Dieu avait élu pour introduire son peuple dans la terre promise. Quarante années de prodiges de la part du Ciel, et de fatigues pour la nation, s'étaient écoulées dans le désert; une génération nouvelle s'était élevée, dont les pères avaient été ensevelis sous les sables du désert en punition de leurs murmures et de leur désobéissance. Enfin on touchait au terme si longtemps et si ardemment désiré! Le prophète évoque, en commençant, les souvenirs du passé; il rappelle les merveilles opérées par la toute-puissance de Jéhova, la bonté et la justice de Dieu, magnifique en ses promesses, terrible en ses jugements. Son œil perçant pénètre les profondeurs de l'avenir. Il prononce alors ce sublime cantique où brillent d'un éclat surnaturel les promesses et les menaces. « Que le ciel et la terre, dit-il, entendent mes accents; que mes enseignements descendent sur la terre comme une pluie abondante, et mes paroles comme une douce rosée sur le gazon. J'invoquerai le nom du Seigneur : célébrez sa grandeur. Les œuvres de Dieu sont parfaites et ses jugements sont justes. » Quel magnifique langage! quelle sublime poésie! quels élans inspirés! Jamais la langue humaine n'a trouvé de plus nobles accents et n'a exprimé des sentiments plus religieux !

On vit ensuite toutes les tribus défiler lentement devant ce vénérable vieillard, qui donnait à chacune une bénédiction spéciale. Il termina en s'écriant : « Tu es heureux, ô Israël; quel est le peuple semblable à toi, qui es sous la protection du Seigneur? Le bras de Dieu te sert de bouclier pour ta défense, et sa main porte le glaive de ta gloire. » Puis Moïse mourut dans la terre de Moab; il eut sa sépulture dans la vallée qui est vis-à-vis de Phogor; mais personne ne connut le lieu de sa tombe. Moïse était âgé de cent vingt ans lorsqu'il rendit le dernier soupir. Le peuple le pleura trente jours au milieu des plaines de Moab.

Au pied du mont Nébo, vers le sud-ouest, mourut un autre homme que la bouche de la Vérité même proclama *le plus grand entre les enfants des hommes.* C'est saint Jean-Baptiste, mis à mort pour la justice à Machéronte, par ordre du tyran Hérode Antipas. L'austère prophète, qui criait dans le désert : *Préparez la voie du Seigneur,* et qui prêchait à tous le baptême de la pénitence, ne garda pas le silence devant le scandale donné au monde par un prince assis sur le trône. Vengeur de la justice et de la vertu également outragées, Jean-Baptiste disait au roi : « Il ne vous est pas permis d'avoir la femme de votre frère. » Hérode alliait, comme la plupart des tyrans, la faiblesse à la barbarie. Au milieu des plaisirs d'une cour livrée à la dissipation, et dans la salle d'un banquet, ce prince énervé et cruel, pour satisfaire la vengeance d'une femme criminelle, donna l'ordre de trancher la tête du prophète. Cette tête fut apportée sur un plat jusque dans la salle du festin. Tous les siècles ont glorifié la courageuse liberté de Jean-Baptiste, et stigmatisé la conduite infâme d'Hérodiade. Tombés en disgrâce, Hérode Antipas et Hérodiade furent exilés à Lyon, où ils moururent misérablement.

CHAPITRE XIX

LA MER MORTE

'AVAIS eu déjà l'occasion de voir la mer Morte, en suivant le lit du torrent de Cédron à partir du couvent de Saint-Sabas. Il serait difficile, au moyen d'une description, quelque fidèle qu'on la suppose, de donner une idée juste de l'extrémité de cette vallée affreuse, bordée de rochers déchirés, se contournant en tous sens comme un reptile. Quand on parle d'un vallon au fond duquel roule un cours d'eau, on se représente involontairement des berges couvertes d'arbres et tapissées de gazon, des prairies, des champs cultivés, des jardins, de la verdure, de la fraîcheur et de l'ombre. C'est, en effet, l'image qui se présente continuellement sous les yeux dans nos pays

LA MER MORTE.

tempérés ; mais dans le voisinage de la mer Morte, la vallée est brûlée, des pierres et des cailloux encombrent le lit du torrent, un mur à pic de rochers tourmentés et calcinés se dresse de chaque côté ou se penche en menaçant au-dessus de votre tête. Quelques tourterelles bleues, effrayées de notre apparition, s'échappent des fentes de la pierre ; plus loin, des cigognes s'enfuient à notre approche. De distance en distance on rencontre des flaques d'eau dans des trous profonds. Rien n'est fatigant comme cette excursion, que nous avons entreprise à pied. Quoique nous ayons quitté le monastère de grand matin, la chaleur, dans ces gorges étroites, est étouffante. A chaque pas il faut changer de direction, escalader des pentes abruptes, monter à mi-côte, et descendre par des sentiers rapides. La marche devient de plus en plus pénible. Il nous faut enfin quitter le canal creusé par le torrent. Les eaux se jettent dans la mer Morte par cascades, en se frayant un passage à travers mille obstacles. Nous sommes inondés de sueur, altérés, haletants ; mais reconnaissez ici le caractère français : nous ne voulons pas retourner en arrière sans avoir jeté au moins un coup d'œil sur la mer. Du haut d'un monticule, au pied duquel sourd une fontaine d'eau tiède et saumâtre dont les bords sont encombrés de roseaux, de joncs et d'acacias, nous contemplons la mer de Sodome dans toute sa sublime horreur.

Vue à distance, la mer Morte semble immobile. Aucune brise n'en vient rider la surface. Les eaux réfléchissent les rayons du soleil comme un miroir métallique. Aucune barque ne sillonne les flots ; aucun bruit n'interrompt le silence, qui ressemble au silence du tombeau. Au milieu de cette scène de mort, on n'aperçoit pas un être animé; et le long de ces rives désertes l'homme y redoute la présence de l'homme. Une bordure de sel brille le long du rivage. Les montagnes qui bordent cet immense bassin paraissent calcinées. On dirait qu'elles portent les traces d'un violent incendie. Çà et là, sur la grève, apparaissent de larges plaques d'une substance noirâtre et visqueuse : ce sont des couches de bitume déposées par les eaux, qui tiennent l'asphalte en dissolution. Des troncs d'arbres sont épars sur la plage, dépouilles du Jourdain, que les crues entraînent à la mer, et que les flots abandonnent en se retirant après l'hiver. L'œil ne peut s'arrêter nulle part, tant la lumière est éblouissante. L'air est embrasé; pas un nuage ne rafraîchit l'atmosphère. La chaleur, en augmentant le malaise qu'on éprouve, ajoute encore aux pénibles impressions que ce spectacle produit dans l'âme. C'est bien là cette mer maudite, le théâtre des vengeances de Dieu sur des villes criminelles!

Voici le tableau qu'en a tracé un poëte français. « L'aspect de la mer Morte, dit-il, n'est ni triste ni funèbre, excepté à la pensée. A l'œil, c'est un lac éblouissant, dont la nappe immense et argentée répercute la lumière et le ciel comme une glace de Venise; des montagnes aux belles coupes jettent leur ombre jusque sur ses bords. On dit qu'il n'y a ni poissons dans son sein, ni oiseaux sur ses rives. Je n'en sais rien; je n'y vis ni procellaria, ni mouettes, ni ces beaux oiseaux blancs, semblables à des colombes marines, qui nagent tout le jour sur les vagues de la mer de Syrie, et accompagnent les caïques sur le Bosphore; mais à quelques centaines de pas de la mer Morte, je tirai et tuai des oiseaux semblables à des canards sauvages, qui se levaient des bords marécageux du Jourdain. Si l'air de la mer était mortel pour eux, ils ne viendraient pas si près affronter ses vapeurs méphitiques. Je n'aperçus pas non plus ces ruines de villes englouties que l'on voit, dit-on, à peu de profondeur sous les vagues. Les Arabes qui m'accompagnaient prétendent qu'on les découvre quelquefois. Je suivis longtemps les bords de cette mer, tantôt du côté de l'Arabie, où est l'embouchure du Jourdain, tantôt du côté des montagnes de Judée, où les rivages s'élèvent et prennent quelquefois la forme des légères dunes de l'Océan. La nappe d'eau nous offrit partout le même aspect : éclat, azur et immobilité. Les hommes ont bien conservé la faculté que Dieu leur donna, dans la Genèse, d'appeler les choses par leurs noms. Cette mer est belle; elle étincelle, elle inonde de la réflexion de ses eaux l'immense désert qu'elle couvre; elle émeut la pensée : mais elle est morte; le mouvement et le bruit n'y sont plus : ses ondes, trop lourdes pour le vent, ne se déroulent pas en vagues sonores, et jamais la blanche ceinture de son écume ne joue sur les cailloux de ses bords : c'est une mer pétrifiée [1]. »

Nous n'avions fait qu'apercevoir la mer Morte. Maintenant nous allons en parcourir les rives et noter quelques observations. Le bassin de ce lac immense est creusé à

---

[1] M. de Lamartine, *Voyage en Orient*, tome II, p. 236.

une si grande profondeur, que les savants qui ont calculé le niveau de cette mer avec celui de la Méditerranée et de l'Océan avaient d'abord peine à admettre le résultat de leurs propres expériences. Ce niveau est de plus de quatre cents mètres au-dessous de celui de l'Océan. C'est donc la dépression du globe la plus profonde qui soit connue. Les anciens disaient que la mer Morte est un abîme sans fond. Les recherches des explorateurs modernes ont prouvé que dans certains endroits la profondeur est de six cents à sept cents mètres. L'erreur des anciens est très-excusable, car la pesanteur spécifique de l'eau rend les sondages fort difficiles. La longueur de la mer Morte est d'environ quatre-vingts kilomètres; elle varie de quatre à cinq kilomètres, suivant la saison. Durant l'hiver, en effet, et au moment surtout de la fonte des neiges, le Jourdain et les torrents amènent à la mer une masse d'eau considérable qui recouvre tous les bas-fonds et s'étend sur les sables marécageux du midi. La largeur varie de seize à vingt kilomètres, et le circuit est d'environ deux cents kilomètres. Pour en faire le tour, il faut environ quinze jours, et ce voyage ne s'effectue pas sans danger.

Beaucoup de voyageurs ont parlé des exhalaisons pernicieuses qui s'élèvent de la mer Morte, et qui en rendent le voisinage malsain. Des touristes modernes qui n'ont fait qu'une apparition de quelques heures près de l'embouchure du Jourdain, en venant de Jéricho, ont écrit qu'ils n'ont rien observé de semblable. Il est bien constaté aujourd'hui que la mer Morte ne produit pas de miasmes pestilentiels; mais aucun homme, durant un séjour de quelques semaines sur ses rivages, ne saurait échapper à une influence maligne. Lynch nous apprend qu'après une navigation de dix à douze jours, les matelots américains de ses embarcations présentaient des symptômes effrayants. Tout le monde sait que l'Irlandais Costigan alla mourir à Jérusalem deux jours après avoir terminé une assez longue exploration. L'Anglais Molyneux ne fut pas mieux partagé : il mourut d'une fièvre contractée en naviguant dans les mêmes parages. M. Dale, compagnon de Lynch, succomba lui-même à la maladie qui avait emporté les deux premiers explorateurs. Laissons parler le chef de l'expédition américaine; il nous fera connaître les progrès alarmants de cette terrible *malaria*, qui cause d'abord des hallucinations, vicie le sang, et tue comme le poison.

« Jusqu'ici, après douze jours de navigation sur la mer Morte, nous avions tous joui d'une excellente santé, à une seule exception près; mais alors il se présenta des symptômes qui m'inspirèrent des inquiétudes. Chacun de nous avait pris l'apparence d'un hydropique : les maigres étaient devenus gras, et les gras presque corpulents; les visages pâles paraissaient florissants, et ceux qui auparavant avaient un visage coloré étaient devenus très-rouges. De plus, la moindre égratignure passait en suppuration, et le corps de plusieurs était couvert de petites pustules. Tous se plaignaient de la douleur qu'ils éprouvaient lorsque l'eau mordante de la mer touchait quelque partie lésée. Cependant nous avions encore tous bon appétit, et j'étais toujours plein d'espoir. Il ne pouvait rien y avoir de pestilentiel dans l'air. Il y a peu de végétation sur le rivage; par conséquent, il ne peut y avoir que peu de décomposition végétale pour corrompre l'air, et l'odeur puante que nous avons souvent remarquée provenait certainement des sources chaudes chargées de soufre, que l'on ne considère pas comme contraires à la santé. Nous avons trouvé trois fois, il est vrai, des oiseaux morts; mais ils avaient péri d'épuisement, sans aucun doute, et nullement à cause de l'air malsain de la mer, qui est tout à fait inodore, et qui émet plus qu'aucun autre des vapeurs salées, que l'on tient comme saines, autant que je puis croire.

« Autour de nous et au-dessus de nous, continue le même écrivain, il y avait de noirs abîmes, et les pointes âpres des rochers enveloppées d'une brume transparente, pareille à une atmosphère visible qui semblait les laisser entrevoir involontairement; et à treize cents pieds au-dessous de nous, notre sonde avait touché à la plaine enfouie de Siddim, qui est maintenant couverte de fange et de sel. Tandis que je m'occupais de pareilles pensées, mes compagnons avaient cédé à une envie de dormir insurmontable, et étaient couchés dans toutes les attitudes du sommeil, qui était plutôt un morne assoupissement qu'un repos. A l'horrible aspect que cette mer nous offrit lorsque nous la vîmes pour la première fois, il nous semblait qu'on devait lire, comme au-dessus de l'enfer de Dante, cette inscription : *Que celui qui entre ici renonce à toute espérance.* Mais depuis ce temps, accoutumés à des apparences mystérieuses pendant un voyage qui offre tant de scènes palpitantes d'intérêt, ces impressions craintives avaient été diminuées ou écartées par le profond intérêt de nos explorations. Mais maintenant que je veillais ainsi seul, ce sentiment de terreur revint, et en regardant mes compagnons endormis, *mes cheveux devinrent des montagnes,* comme il arriva à Job lorsqu'un esprit passa devant son visage; car, pour mon imagination surexcitée, il y avait dans l'expression de leurs visages échauffés et enflés quelque chose de terrible. L'ange sinistre de la maladie semblait planer sur eux; leur sommeil brûlant et fiévreux était pour moi l'avant-coureur de sa venue. Les uns, ayant le corps courbé, les bras pendants sur les rames abandonnées, et les mains pelées par cette eau corrosive, dormaient profondément; les autres, ayant la tête penchée en arrière, les lèvres fendues et saignantes, avec des taches écarlates sur chaque joue, paraissaient, même pendant leur sommeil, accablés de chaleur et d'épuisement, tandis que d'autres encore, sur le visage desquels la lumière de l'eau se réfléchissait, ressemblaient à des spectres, et sommeillaient avec un tremblement nerveux de tous les membres : de temps en temps ils se redressaient, buvaient à longs traits au baril d'eau, et retombaient ensuite dans leur assoupissement [1]. »

Pour remettre son équipage, Lynch alla séjourner quelque temps dans le pays de Moab, à Kherak. Avant de s'embarquer à Beyrouth, pour faire voile vers l'Amé-

---

[1] W. F. Lynch U. S. N. Narrative of the United-States expedition to the river Jordan and the Dead Sea. London, 1849. — Passage cité dans *les Lieux-Saints*, tome III, p. 292.

rique, il alla respirer encore l'air pur des montagnes du Liban. La maladie tourmentait toujours ses matelots; trois mois après, M. Dale expirait à Rhamdun, et fut enterré à Beyrouth. Tous les autres se rétablirent, et revirent bientôt après les rivages de leur patrie.

L'observation qui frappa Lynch, à la vue d'oiseaux morts flottant à la surface de la mer Morte, avait été faite par plus d'un voyageur. Les uns attribuaient cet accident au souffle délétère du simoun, d'autres à de violents coups de soleil, à des tempêtes et à des orages. Souvent, en effet, on rencontre des cailles, des hirondelles, des perdrix et d'autres oiseaux privés de vie à la surface de l'eau ou sur le rivage. Quelle que soit la cause de leur mort, le fait ne pouvait manquer de produire de l'impression. Y a-t-il des poissons dans cette mer? Il semble prouvé que non. Ceux que le Jourdain y amène meurent aussitôt, et sont rejetés sur le rivage. Saint Jérôme avait fait cette remarque il y a quatorze siècles [1]; elle a été vérifiée par Lynch et les savants explorateurs qui, comme M. de Saulcy, ont suivi ses traces. Ce phénomène n'a rien qui étonne, quand on connaît la nature de cette eau : elle est excessivement saturée de sel, d'une amertume dont rien ne saurait donner l'idée, âcre et nauséabonde. Elle exerce une action corrosive même sur les métaux. Si, en se baignant, on a le malheur d'en avaler une gorgée, on

---

[1] Si Jordanes auctus imbribus pisces illuc influens rapuerit, statim moriuntur, et pinguibus aquis supernatant. (S. Hieron. in Ezech., XLVII, 8.)

éprouve sur les lèvres et à l'intérieur de la bouche une sensation de brûlure, la gorge se serre, le cœur se soulève, et la respiration reste échauffée pendant plusieurs heures. En sortant de ce bain, on a le corps couvert d'une substance huileuse, qu'il est impossible d'essuyer et qu'on peut faire disparaître seulement en se baignant dans l'eau douce. Une légère incrustation de sel revêt également tous les membres [1]. Il n'est même pas nécessaire d'entrer dans l'eau pour avoir le visage, les cheveux et les vêtements couverts d'une fine poussière de sel. Il n'est guère de voyageur assez peu curieux pour ne pas vérifier par lui-même si tout ce qu'on rapporte de la densité de l'eau de la mer Morte est véritable. Plusieurs fois j'en ai fait l'expérience. On éprouve d'abord la plus grande difficulté à nager : les pieds ne peuvent entrer dans l'eau, le mouvement des deux mains devient impossible, et le corps, maintenu à la surface sans presque s'enfoncer, est ballotté à droite et à gauche. Il faut une certaine expérience pour nager sur le côté,

---

[1] Analyse de l'eau de la mer morte par MM. J. Booth et A. Muckle, faite en 1848.

Pesanteur spécifique à 60° — 1,22.

Chlorite de magnésium.	145. 89.
— de calcium.	31. 07.
— de sodium.	78. 55.
— de potassium.	6. 58.
Bromite de potassium	1. 37.
Sulfate de chaux.	0. 70.
	264. 16.
Eau.	735. 84.
Total des parties soumises à l'analyse.	1000.

en s'aidant d'un pied et d'une main; si l'on se tient debout, on enfonce à peine jusqu'à la poitrine, et à l'aide de quelques mouvements imperceptibles on peut garder longtemps la même position. Cette flottaison du corps tient à la densité de l'eau, qui est six fois plus considérable que celle de la Méditerranée. Il faut ajouter qu'on sort de ce bain sans fraîcheur, mal à l'aise et comme étourdi.

En plusieurs endroits, des sources d'eau saumâtre coulent au pied des rochers qui bordent le bassin de la mer. Sur le bord de ces fontaines, et sur tout le sol qu'elles arrosent, poussent des roseaux sans nombre. Nous y avons ramassé des coquillages univalves et bivalves; les insectes y fourmillent. Il n'y a rien d'étonnant si les voyageurs rencontrent des oiseaux aquatiques en quête de ces insectes et de leurs larves. Malgré nos recherches attentives, nous n'avons pas rencontré de mollusques vivants dans les eaux de la mer. Nous sommes donc jusqu'à présent forcé d'admettre le témoignage du géographe arabe Édrisi, qui affirme n'avoir jamais aperçu dans la mer Morte rien d'animé, aucun poisson, aucun reptile, aucun de ces êtres vivants qui peuplent les autres eaux soit courantes, soit tranquilles.

Les pics élevés et les montagnes qui entourent le large bassin dans lequel dort le lac Asphaltite, offrent l'aspect le plus morne et le plus triste. Tous paraissent avoir subi l'action du feu. Des taches noirâtres les marbrent çà et là. La chaleur et l'air de la mer les corrodent, en décomposant les parties les moins solides. Des aiguilles se dressent au milieu des côtes tournées au levant, et dans les sites les plus sauvages on voit des grottes creusées de main d'homme. Sur l'emplacement de l'antique Engaddi, de nombreuses ruines jonchent le sol. Dans une vallée que les Arabes appellent la *Vallée des Ruines*, on rencontre des débris considérables de constructions antiques. Au sommet d'une roche qui n'a pas moins de trois à quatre cents mètres de hauteur, sont les restes de l'ancienne Masada, une des villes les mieux fortifiées du pays et le dernier boulevard de l'indépendance nationale. Là se passa un de ces événements tragiques dont le récit jette encore l'épouvante dans l'âme; l'historien Josèphe nous en a conservé les détails. Neuf cent soixante personnes étaient enfermées dans la forteresse de Masada, et tenaient en échec l'armée romaine. Éléazar commandait la place. Dans la poitrine de chacun des soldats bat le cœur d'un héros. Les Romains entourent la place d'une haute muraille, résolus à ne pas laisser échapper un seul homme. Déjà les machines de guerre approchent pour battre en brèche l'enceinte de la citadelle; les assiégés élèvent en hâte une espèce de palissade garnie de poutres pour amortir les coups du bélier. Les assiégeants ne trouvent rien de mieux à faire que d'y mettre le feu. Cet expédient ne leur réussit pas d'abord. Un vent violent du nord rabat les flammes sur eux et les incommode fortement; mais le vent tourne soudain au sud, et les flammes en tourbillonnant enveloppent la forteresse. Les Juifs éperdus s'écrient que le Ciel combat contre eux. Éléazar ne songe pas un moment à la fuite. Il rassemble ses braves, et dans un discours plein d'un sauvage enthousiasme, il les exhorte à se donner la mort, à égorger leurs femmes et leurs enfants; « afin, dit-il, que nos ennemis voient que nous avons préféré la mort à la servitude. » Tous ne paraissent pas d'abord accepter cette proposition dictée par le désespoir. Le chef, s'animant de plus en plus, se met à parler de l'immortalité de l'âme avec un accent si énergique et des regards si étincelants, que ses compagnons l'arrêtent et se préparent à accomplir cette résolution horrible. On les voit alors embrasser leurs femmes et leurs enfants avec une tendresse convulsive, et les poignarder ensuite d'une main ferme. Dix d'entre eux ont été désignés par le sort pour achever cette affreuse boucherie. Le dernier met le feu aux richesses accumulées dans la forteresse et se tue en se précipitant sur la pointe de son épée. Le lendemain, lorsque Flavius Sylva, général romain, pénétra dans la place, il fut saisi d'effroi à la vue de tous ces cadavres noyés dans le sang. Deux femmes et cinq enfants, cachés dans un aqueduc souterrain, échappèrent à la mort, et racontèrent les détails de ce drame lugubre. Les ruines de Masada sont encore imposantes : la porte d'entrée est en ogive; on y reconnaît le palais d'Hérode, avec son pavé de mosaïques, de vastes citernes, des murs solidement appuyés sur d'énormes blocs de pierre.

Les coteaux de ce large bassin sont déchirés de ravins profonds, où roulent les torrents à la suite des orages et durant la saison des pluies. Tous ces ravins ont un nom dans la langue des Arabes. Nul cependant n'est connu en dehors de ce petit coin de terre. Il en est autrement des ruines considérables qui portent encore le nom de Sodome, l'une des cités maudites : Karbet-Esdoum. D'après les descriptions laissées par les auteurs anciens, le site de Sodome ne devait pas être fort éloigné de Masada. Comme la position de cette dernière n'est nullement douteuse, on peut aisément retrouver les ruines de la seconde, qui devait s'élever à l'extrémité méridionale de la mer Morte, du côté du couchant, tandis que Gomorrhe était sur la rive orientale. M. de Saulcy aperçut, en 1853, ces ruines curieuses près de la montagne de Sel. Il ne faut pas d'ailleurs s'étonner d'entendre parler des restes de ces villes maudites, quoique une opinion longtemps accréditée les représente au fond de la mer Morte. Divers passages de la sainte Écriture donnent à entendre que ces villes furent détruites par le feu des vengeances célestes; nulle part on ne lit qu'elles furent englouties sous les flots. Josèphe dit expressément qu'autour du lac de Sodome, et aux environs des villes qui furent ruinées par le feu du ciel, le terrain est tout brûlé, et qu'on y voit encore les effets de ce terrible incendie et les restes de ces villes malheureuses [1]. Strabon fait mention des ruines de Sodome, qui avaient soixante stades de tour. Il paraît même que, dans les premiers siècles chrétiens, cette ville avait repris une certaine importance, puisque nous trouvons parmi les souscriptions au concile de Nicée celle de

---

[1] *De Bello Jud.*, lib. v, cap. 5. — On peut consulter à ce sujet l'article du savant D. Calmet, dans le *Dictionnaire de la Bible*, art. SODOME.

Sévère, évêque de Sodome. L'ancienne notice des dignités de l'empire n'est pas moins formelle; elle place la ville épiscopale de Sodome entre Thamara et Engaddi [1].

L'ancienne vallée de Siddim, que l'Écriture nous représente comme un jardin agréable, arrosé par les eaux du Jourdain, est aujourd'hui le lieu le plus désolé du monde. Quelle est la cause de cette épouvantable catastrophe? Pour les chrétiens, elle n'a pas besoin d'être cherchée. La Bible nous le fait assez connaître : les villes de la Pentapole périrent par le feu, en punition des crimes dont leurs habitants s'étaient rendus coupables, crimes en exécration parmi tous les peuples. Jésus-Christ rappelle lui-même ce châtiment terrible dans les termes suivants : « Le jour où Lot sortit de Sodome, il tomba du ciel une pluie de feu et de soufre, qui perdit tous les habitants [2]. » On lit toujours avec terreur les détails de cette grande ruine dans les chapitres de la Genèse. « L'immense renversement de cette contrée, dit

---

[1] Il est impossible de ne pas relever ici une erreur dans laquelle le savant M. de Saulcy est tombé par distraction. En parlant du siége épiscopal de Sodome, sur lequel la version copte des actes du concile de Nicée ne laisse pas la moindre incertitude, il ajoute : « Est-ce à dire pour cela que Sodome se releva de ses ruines et qu'une Sodome moderne, contemporaine du concile de Nicée, fut le siége d'un épiscopat chrétien? Pas le moins du monde. Nombre d'évêques ont porté, et portent encore de nos jours, des titres de villes qui n'existent plus que dans la mémoire des hommes. » — L'Église conserve les anciens titres épiscopaux dont les siéges ou les villes ont entièrement disparu; mais jamais elle n'a conféré le titre de cité épiscopale à une ville détruite de longs siècles avant l'avénement du christianisme.

[2] Luc., cap. XVII, vers. 29.

M. de Humboldt, est un phénomène qui n'a pas d'analogue sur notre globe[1]. » Les incrédules ont voulu expliquer ce désastre par des causes purement naturelles, affirmant que la destruction de la Pentapole est due seulement aux explosions d'un volcan. Écoutons la réponse que M. de Chateaubriand a faite à cette assertion. « Je ne puis être du sentiment de ceux qui supposent que la mer Morte n'est que le cratère d'un volcan. J'ai vu le Vésuve, la Solfatare, le Monte-Nuovo dans le lac Fucin, le Pic des Açores, le Mamelife vis-à-vis de Carthage, les volcans éteints d'Auvergne : j'ai partout remarqué les mêmes caractères, c'est-à-dire des montagnes creusées en entonnoir, des laves et des cendres où l'action du feu ne se peut méconnaître. La mer Morte, au contraire, est un lac assez long, courbé en arc, encaissé entre deux chaînes de montagnes qui n'ont entre elles aucune cohérence de forme, aucune homogénéité de sol. Elles ne se rejoignent point aux deux extrémités du lac : elles continuent, d'un côté, à border la vallée du Jourdain en se rapprochant vers le nord jusqu'au lac de Tibériade; et de l'autre, elles vont en s'écartant se perdre au midi dans les sables de l'Yémen. »

Quelques voyageurs reproduiront sans doute l'opinion de Volney. Nous leur conseillons de méditer les lignes suivantes de M. Lynch. « Nous sommes venus sur cette mer, dit-il, avec des opinions bien différentes. Un de nous était sceptique; un autre avouait ne pas ajouter foi pleine aux récits de Moïse. Après vingt-deux

---

[1] *Central Asien*, B. I, Th. 2; B. II, Th. 3.

jours d'explorations précises, nous avons été unanimement convaincus de la vérité des récits de l'Écriture sur la destruction de cette plaine [1]. » Le même explorateur termine ainsi : « Nous croyons que tout ce qui se trouve dans la Bible au sujet de cette mer et du Jourdain, a été complétement constaté par nos observations. »

[1] Ouvrage cité, chap. 14 et 18.

NAPLOUSE.

SAMARIE

CHAPITRE XX

NAPLOUSE

Nous allons quitter Jérusalem, pour nous diriger vers Nazareth, en suivant la route jadis si fréquentée de la Samarie et de la Galilée. Ce n'est pas sans un serrement de cœur que nous faisons nos préparatifs de départ. Jérusalem n'est plus en réalité qu'un monceau de ruines ; mais on est attiré vers ces débris par un charme indéfinissable. Jérusalem n'a que des rues pauvres et presque désertes ; ses édifices, comme œuvres d'architecture, ne sauraient soutenir la comparaison avec les monuments de l'Italie, de la France ou de l'Angleterre ; les quartiers les plus renommés y sont malpropres, et l'on n'y jouit pas toujours d'une sécurité complète : il n'y a que des souvenirs. Mais pour un cœur chrétien ces souvenirs attachent mille fois plus que les chefs-d'œuvre des beaux-arts et les merveilles de la nature. Nous avons traversé les pays les plus favorisés du Ciel, où la terre, comblée de tous les dons, semble être toujours en fête et sourire à ses habitants. De ces magnifiques paysages, de ces montagnes étagées en amphithéâtres de verdure comme pour le plaisir des yeux, de ces fleuves majestueux, de ces champs couverts de riches moissons, de ces vallées ornées de fleurs et de fruits, nous conservons une image enchanteresse. De Jérusalem nous garderons jusqu'à notre dernier soupir une image qui ne repasse jamais devant nos yeux sans nous émouvoir jusqu'aux larmes. Après tout, Jérusalem n'est-elle pas la capitale du monde, puisque de son sein est sortie la source de la vraie civilisation ?

Le signal du départ est donné. Nous courons au Saint-Sépulcre. Les Turcs en ont fermé la porte, et nous sommes forcés de nous agenouiller sur le seuil. La caravane sort par la porte de Jaffa, longe quelque temps les remparts de la ville et gagne la route de Damas. A chaque instant nous tournons la tête : un seul nom est sur nos lèvres : Jérusalem. Le chemin passe à côté du tombeau des rois, à travers des bosquets de pâles oliviers; puis, par un sentier abrupt et pierreux, il conduit sur la hauteur de Sapha. C'est ici que le grand prêtre Jaddus vint à la rencontre d'Alexandre le Grand. Après la réduction de Tyr, le héros macédonien se met en marche vers Jérusalem, pour la punir de sa fidélité à la cause de

Darius[1]. A son approche, tous les esprits sont frappés de terreur. Le pontife ordonne des jeûnes et des prières publiques. Une vision mystérieuse le rassure la nuit suivante. Sur son ordre, les rues de la ville sont jonchées de fleurs, et les habitants, vêtus d'habits blancs comme aux jours de fête, sortent au devant du vainqueur. Le grand prêtre, à la tête des lévites, porte tous les insignes de sa dignité, le costume majestueux du sacerdoce, la tiare sur la tête, avec une lame d'or où est gravé le nom de l'Éternel. A l'aspect de cette pompe religieuse, Alexandre étonné s'arrête; quand il aperçoit le grand prêtre, il saute en bas de son cheval, s'avance seul en face de ses soldats, et, tombant à genoux, il adore le nom de Dieu qui resplendit sur le front du pontife. A cette vue les Juifs poussent des exclamations de joie. Parménion demanda à son maître l'explication de sa conduite, et pourquoi il avait adoré le grand prêtre des Juifs, lui qui recevait les adorations des autres. Alexandre répondit qu'avant son départ de Macédoine, et dans le temps qu'il délibérait s'il porterait ses armes en Asie, Dieu lui avait apparu sous la forme de ce pontife, l'exhortant à poursuivre hardiment son entreprise et lui donnant l'assurance de la victoire. Le roi entra alors à Jérusalem, tenant le grand prêtre par la main, offrit des sacrifices à Dieu dans son temple, et accorda aux Juifs le privilége de vivre selon leurs lois; il les exempta même de tout tribut chaque septième année, à cause du sabbat.

[1] Josèphe, *Antiq.*, lib. xi, cap. 8.

La route dans laquelle nous marchons est consacrée par mille souvenirs bibliques; cette terre a été foulée par les patriarches et les prophètes; la sainte famille y passa plusieurs fois; Jésus-Christ et les apôtres la suivaient quand ils se rendaient de Judée en Galilée, en traversant le pays de Samarie. Nul chemin sur la terre ne mérite mieux le titre de *Voie sacrée*. Chaque colline, chaque torrent, chaque coin de terre porte un nom historique. Rien ne vient distraire notre pensée au commencement de notre voyage. La campagne offre toujours le même aspect de sauvage grandeur, de tristesse et de désolation : rochers brûlés, pentes arides, plateaux stériles; quelques bouquets d'oliviers d'assez chétive apparence viennent seuls égayer de distance en distance la sévérité du paysage. En voyant constamment, aux environs de Jérusalem, ce sol ingrat, ces montagnes dénudées, ces champs brûlés par les ardeurs du soleil, sans que la verdure y vienne reposer le regard, on se demande involontairement si c'est bien là cette terre féconde promise aux patriarches, cette *terre où coulent le lait et le miel,* suivant l'expression des saints livres, où la rosée du matin et la pluie du soir donnent naissance à des récoltes abondantes, où des troupeaux nombreux errent dans de gras pâturages. Plus d'un voyageur ignorant ou incrédule n'a pas hésité, d'après l'état actuel des lieux, à donner un démenti à nos livres sacrés, regardant ces pompeuses descriptions de la Palestine comme des fictions poétiques et même comme de pieuses supercheries de la part de Moïse, pour entraîner plus sûrement les tribus hébraïques à la conquête du pays de Chanaan.

Ceux qui soulèvent ces objections après avoir parcouru les montagnes de la Judée, oublient sans doute les révolutions sans nombre qui ont bouleversé ce malheureux pays, et le régime barbare sous lequel il gémit depuis tant de siècles. Reportons-nous en arrière, et nous ne manquerons pas de témoignages en faveur de la véracité des historiens sacrés. Sous le règne de David, la population juive atteignait le chiffre de six millions d'âmes environ. D'après le tableau de la Judée au temps de Titus, elle devait être alors de quatre millions au moins. Cette population, répartie sur un territoire de cinq cent vingt myriamètres carrés, vivait aisément des produits du sol, et trouvait encore moyen de faire des exportations considérables en huile, blé, orge et fruits. Toute la Palestine, d'ailleurs, ne consiste pas dans la région rocailleuse de la Judée, que l'Évangile appelle *Montana JudϾ;* elle comprend le pays d'Hébron, la plaine du Jourdain, la Samarie et la Galilée : contrées qui se couvrent encore aujourd'hui d'une végétation extraordinaire. Ces belles plaines, ces fertiles vallées, où foisonnent mille plantes sauvages, n'attendent que le soc de la charrue pour se couvrir de riches moissons. Ce qui frappe, ce n'est pas la stérilité, mais le défaut de culture.

Un écrivain non suspect aux philosophes, Volney, va nous apprendre les causes de l'état misérable dans lequel se trouvait la Syrie à l'époque où il la parcourait. « Les pachas, étant les maîtres de la majeure partie des terres, ne les concèdent qu'à des conditions onéreuses : ils exigent la moitié ou même les deux tiers de la récolte; ils accaparent les semences et les bestiaux, en sorte que les cultivateurs sont forcés de les acheter au-dessus de leur valeur. La récolte faite, ils chicanent sur les pertes, sur les prétendus vols; et comme ils ont la force en main, ils enlèvent ce qu'ils veulent. Si l'année manque, ils n'en exigent pas moins leurs avances, et ils font vendre, pour se rembourser, tout ce que possède le paysan. A ces vexations habituelles se joignent mille avanies accidentelles : tantôt on rançonne le village entier pour un délit vrai ou imaginaire; tantôt on introduit une corvée d'un genre nouveau. On exige un présent à l'avénement de chaque gouverneur; il faut donner l'étape à tous les gens de guerre qui passent ou qui apportent des ordres; et les gouverneurs ont soin de multiplier ces commissions, qui deviennent pour eux une économie, et pour les paysans une source de ruine. Les villages tremblent à chaque *laouend* qui paraît : c'est un vrai brigand sous le nom de soldat; il arrive en conquérant, il commande en maître, il insulte et il pille. En vain les paysans crient à l'injustice; le sabre impose silence. La réclamation est lointaine et difficile; elle pourrait devenir dangereuse. Qu'arrive-t-il de toutes ces déprédations ? Les villages se ruinent et deviennent déserts; c'est à cette cause qu'il faut attribuer la misère et la dépopulation des campagnes. Aussi l'agriculture est-elle dans un état déplorable : faute d'aisance, le laboureur manque d'instruments, ou n'en a que de mauvais; la charrue n'est souvent qu'une branche d'arbre coupée sous une bifurcation, et conduite sans roues. On laboure avec des ânes, des vaches, et rarement avec des bœufs; ils annoncent trop d'aisance. Dans les pays ouverts aux Arabes, tels que la Palestine, il faut semer le fusil à la main. A peine le blé jaunit-il, qu'on le coupe pour le cacher dans des *matmoures* ou caveaux souterrains. On en retire le moins qu'on peut pour les semences, parce qu'on ne sème qu'autant qu'il faut vivre; en un mot, l'on borne toute industrie à satisfaire les premiers besoins. Or, pour avoir un peu de pain, des oignons, une mauvaise chemise bleue et une pagne de laine, il ne faut pas la porter bien loin. Le paysan vit donc dans la détresse; mais du moins il n'enrichit pas ses tyrans, et l'avarice du despotisme se trouve punie par son propre crime[1]. »

Après avoir traversé la Palestine, Volney voit Jérusalem entourée de rocs déchirés, de ravines et de décombres. Il se demande si c'est bien là cette métropole célèbre qui lutta jadis contre les empires les plus puissants et qui arrêta un jour les légions romaines. « Je l'ai parcourue, dit-il, cette terre ravagée. J'ai visité les lieux qui furent le théâtre de tant de splendeur, et je n'ai vu qu'abandon et que solitude. J'ai cherché les anciens peuples et leurs ouvrages, et je n'en ai vu que la trace, semblable à celle que le pied du passant laisse sur la poussière. Les temples se sont écroulés, les palais sont renversés, les ports sont comblés, les villes sont détruites, et la terre, nue d'habitants, n'est plus qu'un lieu désolé de sépulcres. Grand Dieu! d'où viennent de si funestes révolutions? Par quels motifs la fortune de

---

[1] *État politique de la Syrie*, ch. 16.

ces contrées a-t-elle changé? Pourquoi tant de villes sont-elles détruites [1]? »

Pour avoir une réponse à ces questions, il suffisait d'ouvrir la Bible et de lire certains chapitres de l'Évangile. En regardant ces lieux si désolés, nous n'avons pas eu peine à y reconnaître le passage de la justice divine.

Sur toutes les hauteurs qui dominent notre route, on distingue des ruines. Comment, en effet, ne pas rencontrer des ruines à chaque pas, pour ainsi dire, dans un pays où vivaient jadis des millions d'hommes, et où maintenant trois cent mille habitants à peine restent plongés dans la misère? Après deux heures de marche, nous apercevons quelques pierres dispersées, des tronçons de colonnes : c'est tout ce qui survit de la ville de Gabaa. L'histoire sainte nous apprend comment y mourut la femme du lévite d'Éphraïm, succombant à la honte et aux plus lâches outrages. Nous savons comment l'époux irrité, avec une froide et barbare énergie, saisit un glaive, divisa le cadavre en douze parts qu'il envoya aux douze tribus d'Israël. Une douleur sympathique et universelle répondit à ce sanglant message. Partout on s'arma pour punir le crime des habitants de Gabaa. Cette ville était de la tribu de Benjamin; elle fit un appel à ses frères. Mais dans la lutte la tribu de Benjamin succomba, et fut presque entièrement exterminée. Punition terrible! Beau spectacle, cependant, qui montre toute une nation en armes pour venger l'honneur d'une faible femme!

---

[1] *Les Ruines*, ch. 2.

Nous saluons de loin l'emplacement de la ville d'Éphraïm, où se retira Jésus-Christ pour se dérober à la haine des Juifs, après avoir ressuscité Lazare, et celui de Gischala de Benjamin, patrie de saint Paul, d'abord *loup ravissant* persécutant les fidèles, ensuite *apôtre des nations*. El-Bir est un lieu de station : les voyageurs s'y arrêtent pour y passer la nuit, quand ils partent trop tard de Jérusalem, ou au moins pour y prendre quelque repos. A peu de distance de la fontaine gisent les restes d'un établissement religieux et d'une belle église du temps des croisades. Ici, suivant la tradition, la sainte Vierge et saint Joseph, revenant de Jérusalem, après les fêtes de Pâques, s'aperçurent que l'enfant Jésus n'était pas avec eux. Ils le cherchèrent parmi tous les groupes de voyageurs, et revinrent en hâte sur leurs pas, remplis d'inquiétude. Le troisième jour ils le trouvèrent dans le Temple, assis au milieu des docteurs. Sainte Hélène fit ériger une basilique en ce lieu, où la sainte famille prit son repos plus d'une fois. Les guerriers francs relevèrent cet édifice et imprimèrent sur ces murailles, aujourd'hui à moitié renversées, les caractères de la noble architecture du xiie siècle et de leur mâle génie. Quelques arceaux en plein cintre et des ogives ont résisté aux assauts du temps; elles gardent le souvenir de nos ancêtres, et attendent qu'une main amie vienne les consoler. Nous acceptons volontiers ce vieux souvenir, comme un souvenir de France. Sous ces voûtes croulantes, nous récitons la Salutation angélique, et je fais répéter à l'écho les noms de Jésus, Marie, Joseph !

El-Bir ou el-Birèh est l'ancienne Beeroth des Gabaonites. A peu de distance, une tour démantelée remplace l'antique Béthel. Quoique le chemin passe à droite de Beitin, qui a succédé à la ville, nous ne pouvons résister au désir de visiter ce sol consacré par tant de prodiges. Abraham y érigea un autel, à la suite d'une apparition dans laquelle le Seigneur lui promit de donner la terre de Chanaan à sa postérité. Là Jacob, fuyant la colère d'Ésaü et allant en Mésopotamie, s'arrêta surpris par la nuit. Couché à terre, il s'endormit la tête appuyée sur une pierre. Durant son sommeil, Jacob eut une vision merveilleuse; des anges montaient et descendaient le long d'une échelle qui posait à terre et s'élevait jusqu'aux cieux. Dieu renouvela au patriarche la promesse faite à Abraham, de multiplier sa postérité comme le sable sur le rivage de la mer. A son réveil, le fugitif fut saisi d'effroi. « Que ce lieu est terrible, dit-il, c'est ici la maison de Dieu et la porte du ciel! » Il versa de l'huile sur la pierre qui lui avait servi d'oreiller, et l'établit comme un monument, en appelant ce lieu Béthel, c'est-à-dire *Maison de Dieu*. Revenant de Mésopotamie, Jacob s'arrêta de nouveau à Béthel, où il consacra un autel et reçut le nom d'Israël, à la suite d'une lutte mystérieuse. En ce même lieu mourut Débora, nourrice de Rébecca; elle fut enterrée au pied d'un chêne, *le Chêne des Pleurs*. Touchante simplicité de la vie patriarcale! Une pierre devenait un monument, et un arbre conservait la mémoire des morts. Nulle tombe n'est comparable à ce dôme de verdure, qui reverdit et fleurit chaque année; les fleurs passent vite, chaque automne les feuilles jaunies tombent à terre : frappant emblème des vicissitudes de la vie humaine !

Avant la construction du temple de Jérusalem, les Israélites se réunissaient fréquemment à Béthel pour adorer le Seigneur. Samuel y venait tous les ans rendre la justice au peuple. Après le schisme, Jéroboam y plaça un veau d'or, et entraîna ses sujets dans l'idolâtrie. Les ministres de ce culte infâme étaient dignes de la confiance d'un prince infidèle : ils volèrent les veaux d'or, qui furent remplacés par des veaux d'airain. Depuis lors Béthel s'appela Béthaven, ou *la Maison de Vanité* : les prophètes chargèrent ce lieu de malédictions. « Les chardons et les épines, dit Osée, remplaceront ces autels impies. » Lorsque nous passions dans ces champs, jadis témoins de fêtes bruyantes, nous n'y avons rencontré que la solitude ; le sol maudit produit à peine des ronces et des chardons.

Non loin de Béthel se trouve Silo, sur le territoire de la tribu d'Éphraïm, à dix kilomètres environ de Sichem ou Naplouse. Du temps de saint Jérôme, il n'y avait que des ruines à Silo, et l'on n'y montrait rien de remarquable, excepté les fondements de l'autel des holocaustes, érigé à l'époque où l'arche d'alliance était déposée sous une tente à ce même endroit. Ici Josué assembla le peuple pour faire le second partage de la terre promise. Ici encore la mère de Samuel offrit son fils à Dieu, afin qu'il grandît à l'ombre du tabernacle. Dieu y fit entendre sa parole à Samuel, et le chargea de reprocher sa faiblesse au grand prêtre Héli, dont les enfants scandalisaient le peuple par leur mauvaise conduite. Chacun sait de quelle manière terrible s'accomplirent les menaces de Dieu. Dans un combat contre les Philistins, l'arche tomba au pouvoir des ennemis; Ophni et Phinéès, qui la portaient, périrent dans la mêlée. A cette triste nouvelle, Héli tomba de son siége à la renverse et se brisa la tête. Depuis cette funeste journée, l'arche ne reparut plus sur les hauteurs de Silo.

A mesure que nous avançons, il n'est pas difficile de reconnaître le riche pays de Sichem. Les champs de la Samarie sont fertiles et assez bien cultivés. Aux abords de Naplouse, la végétation est luxuriante. Les flancs des collines se couvrent de moissons; des bouquets de bois en couronnent le sommet; l'olivier, le figuier, le grenadier, l'oranger, le citronnier poussent jusque dans les ravins. Des maisons blanches se détachent du milieu des jardins verdoyants qui les entourent. On retrouve partout les traces de la main laborieuse et intelligente de l'homme. De longs sarments de vigne pendent en festons d'un arbre à l'autre. Entre les monts Hébal et Garizim, Naplouse occupe une position admirable. Le commerce et l'industrie pourraient en faire un centre de mouvement et de richesse, si les chemins étaient sûrs et praticables.

Presque à la porte de la ville, Jacob acheta un champ et creusa un puits. Avant de mourir, le patriarche voulut que le champ de Sichem fît partie de l'héritage de Joseph, son fils préféré. Aussi, à leur sortie d'Égypte, les Israélites emportèrent-ils avec eux les ossements de Joseph, et les déposèrent-ils au pied du mont Garizim, dans un tombeau entouré d'une forêt d'oliviers. A quatre cents pas environ s'ouvre le puits de Jacob, sur le bord duquel Jésus vint s'asseoir et conversa avec la Samaritaine, pendant que ses disciples étaient allés jusqu'à Sichem ou Sichar acheter des vivres. Le soleil était au milieu de sa course, et la chaleur était accablante. Jésus demande à boire à l'étrangère, lui promettant en échange une eau mystérieuse qui rejaillit jusqu'à la vie éternelle. Cette scène respire la douceur et la bonté du Sauveur; sa parole retentit encore jusqu'au fond du cœur : « Si vous connaissiez le don de Dieu ! » Combien d'hommes, en effet, dans ces contrées et ailleurs, semblables à la Samaritaine, ont les yeux fermés par l'ignorance et les préjugés ! Une naïve légende raconte que la Samaritaine, sous le nom de Photine, exerça un véritable apostolat en Afrique, et qu'elle convertit au christianisme la ville de Carthage, sous le règne de Néron. Sainte Hélène fit bâtir une église somptueuse au-dessus de ce puits. Quelques tronçons de colonne en indiquent l'emplacement. Un couvent de religieuses avait été fondé en même temps. « C'est au puits de la Samaritaine, dit le savant abbé de Sainte-Marie-de-Deg, qu'a été inaugurée la sainte et pudique liberté qui doit régner entre les fidèles: il était juste que des femmes vinssent honorer en ce lieu, par leurs vertus et leurs reconnaissantes prières, le divin auteur de leur régénération ; mais les vierges chrétiennes ont été chassées de cette contrée : l'esclavage et la barbarie en ont aussitôt repris possession [1]. »

---

[1] *Les Saints-Lieux*, tome III, ch. XXXVIII, p. 327.

Aujourd'hui deux grosses pierres ferment l'ouverture du puits de Jacob au niveau du sol. La profondeur en est considérable, mais il n'y a pas toujours d'eau; il est comblé en partie.

L'Ouad-y-Mukna, au moment où nous y passons, est paré de tout le luxe d'une végétation tropicale. Cette vallée, une des plus remarquables de la Palestine, resserrée entre les monts Hébal et Garizim, a environ un kilomètre de largeur, et le sommet des deux montagnes a la même hauteur, qui est d'environ deux cent cinquante mètres au-dessus de la plaine, et huit cent trente mètres au-dessus du niveau de la mer. C'est, du reste, la seule ressemblance qu'elles aient entre elles : Hébal est stérile, et Garizim est fertile. Moïse avait ordonné aux Israélites de se diriger, aussitôt après le passage du Jourdain, vers Sichem, le champ de Jacob. La multitude devait se partager en deux corps : six tribus se placeraient sur les pentes d'Hébal, et les six autres tribus sur celles de Garizim. Josué exécuta fidèlement l'ordre du prophète. La foule couvrit les flancs des deux montagnes : ce fut une cérémonie grandiose et digne des temps antiques. Un autel fut dressé au haut d'Hébal, selon le rit prescrit, et des victimes y furent immolées. L'arche d'alliance était au centre de la vallée, entre les deux montagnes, entourée des prêtres, des lévites, des juges et des anciens du peuple. Quelle scène dut offrir cette assemblée innombrable! Josué, debout sur une éminence, élevant la voix au milieu d'un silence solennel, proclama les bénédictions réservées à la nation, si elle restait fidèle à la loi, et les malédictions qui frapperaient les violateurs de l'alliance. Les prêtres, rangés autour de l'arche, se tournèrent du côté de Garizim, et s'écrièrent : *Béni soit celui qui n'adorera pas les idoles.* Une immense clameur répondit : *Amen.* Ils se tournèrent vers Hébal en disant : *Maudit soit celui qui adorera les idoles.* Un cri non moins formidable que le premier répondit : *Amen.* D'une montagne à l'autre, les acclamations retentissaient comme le bruit du tonnerre. Voilà un tableau comme on en trouve dans la Bible. L'histoire ne nous présente rien de plus saisissant. Un peuple entier est là, réuni sous les yeux de Dieu, en face de sa conscience, nous pouvons même ajouter, en présence de toutes les nations, et accomplissant l'acte le plus auguste de la religion. Il jure d'observer constamment la loi du Très-Haut, appelant sur sa tête les plus terribles punitions, s'il vient à défaillir et à manquer à ses serments. Homère, dans l'Iliade, fait la description d'un conseil de rois et de guerriers réunis en cercle, et délibérant avec une lenteur majestueuse ; nous avons éprouvé une sincère admiration en retraçant dans notre imagination cette noble et grave délibération où se balancent les destinées d'un empire. La vallée de Sichem nous montre un spectacle propre à ébranler l'imagination plus fortement encore : six cent mille hommes en état de porter les armes, prenant possession de leur patrie, dans un transport sublime d'enthousiasme religieux, se liant, eux et leur postérité, par des serments redoutables à observer les préceptes divins jusqu'à la fin des siècles !

La ville de Sichem, plusieurs fois renversée, fut plusieurs fois rebâtie. A la mort de Salomon, Roboam assembla le peuple à Sichem pour se faire proclamer roi. C'est là que les dix tribus, irritées des procédés hautains et injustes du jeune prince, se séparèrent de lui, et consommèrent le schisme en élisant Jéroboam. Le nouveau roi établit à Sichem la capitale du royaume d'Israël. Lorsque les tribus furent emmenées en captivité par Salmanazar, les monarques assyriens envoyèrent les Cuthéens, et autres peuples du pays des Mèdes, pour repeupler ce pays. Des familles juives y étaient restées, ou y revinrent dans la suite. Il en résulta une race mélangée, où les étrangers dominaient, avec laquelle les vrais Israélites ne voulurent avoir aucune communication. Les antipathies étaient encore vivaces du temps de notre Seigneur, et la Samaritaine lui disait : « Les Juifs n'ont aucune relation avec les Samaritains. » *Non enim coutuntur Judæi Samaritanis.*

Dans la guerre funeste où les Romains anéantirent la nation juive, les habitants de Sichem se retirèrent sur le mont Garizim, et organisèrent une solide résistance. Céréalis, lieutenant de Vespasien, ne pouvant les réduire par la force, les assiégea dans la citatelle où ils s'étaient réfugiés. Ces malheureux souffrirent toutes les horreurs de la faim et de la soif. A la fin ils périrent presque tous sous le glaive du vainqueur : onze mille personnes furent passées au fil de l'épée. Une colonie romaine fut envoyée par l'empereur, qui releva la ville sous le nom de *Flavia Neapolis*. Saint Justin, philosophe et martyr, naquit à Naplouse au commencement du second siècle. L'Église l'honore comme un de ses plus savants et plus courageux défenseurs. Ses deux principaux ouvrages, la première et la seconde Apologie, furent adressés à l'empereur Antonin et à Marc-Aurèle. La vérité y brille d'un si vif éclat, la raison y parle un langage si noble, que dans un siècle ensanglanté par les persécutions, il réussit, au moins pour quelques instants, à calmer des fureurs sauvages. A l'époque des croisades, Naplouse se soumit à l'armée chrétienne; les revenus de la ville furent consacrés à l'entretien du Saint-Sépulcre. En 1202, un tremblement de terre la renversa; toutes les maisons s'écroulèrent, à l'exception de celles du quartier des Samaritains. Le 1er janvier 1837, la même calamité désola Naplouse, ainsi que d'autres villes de Syrie. Aujourd'hui la population de Naplouse s'élève à environ dix mille habitants, presque tous musulmans : on y compte cinq cents Grecs schismatiques, deux cents Juifs, et cent cinquante Samaritains. Le fanatisme y est ardent; les étrangers y sont insultés, et s'ils s'aventurent imprudemment dans les rues sombres et étroites de certains quartiers, leur vie n'est pas en sûreté.

Naplouse passe pour une des villes les plus riches de la Palestine. Les produits du sol nourrissent aisément la population, et il s'y fait un commerce assez considérable. Les caravanes y apportent les élégants tissus de Damas. Nous retrouvons ici une faible image de l'activité qui règne constamment dans nos villes de l'Europe; on y observe un mouvement peu connu en Orient. Le monument le plus remarquable de Naplouse est la mosquée, ancienne église des croisades, dont les ogives et la disposition trahissent l'origine chrétienne. Il reste encore de belles ruines d'une autre église : voilà les seuls vestiges du catholicisme dans une vieille cité qui a eu des martyrs, des évêques et des conciles!

CHAPITRE XXI

SÉBASTIEH

Nous ne quitterons pas Naplouse sans visiter le quartier des Samaritains, et sans regarder le fameux Pentateuque, écrit en caractères hébraïques primitifs, qu'ils font remonter à la plus haute antiquité. Les derniers représentants de la nation et de la secte des Samaritains vivent misérablement dans un pauvre quartier de Naplouse, méprisés des musulmans, détestés des Juifs, mais toujours fidèles à leurs usages et à leurs traditions. Ce sont les descendants de la colonie des Cuthéens, auxquels Assarraddon, roi d'Assyrie, envoya un prêtre pour les instruire dans la loi de Moïse. Sur notre demande, leur chef religieux, qui prend le titre de prêtre-lévite, nous montre sans empressement, mais avec bienveillance, le précieux rouleau, enfermé dans une boîte d'ivoire. On lui donne trois mille deux cents ans d'antiquité ; il contient la loi de Moïse. Des érudits ont contesté l'âge attribué à ce vénérable manuscrit ; il faut avouer pourtant que leurs objections ne sont pas sans réplique, et il pourrait se faire que ce volume, gardé toujours avec un soin religieux, eût plus de trente siècles d'existence. Nous l'examinons avec une vive curiosité ; notre attention semble faire plaisir au vieillard, qui remet enfin le rouleau dans son étui avec une gravité et une lenteur affectées. Le Pentateuque des Samaritains ne diffère de celui des Juifs que par des variantes de peu d'importance. C'est un monument toujours subsistant en faveur de l'authenticité des livres de Moïse. La petite secte des Samaritains, qui veille avec un respect religieux à la conservation de ce volume, se perpétue, à travers mille difficultés, en hostilité permanente avec les Juifs, comme pour empêcher les textes qui servent de fondement à la religion révélée de subir la moindre altération.

M. Sylvestre de Sacy a publié sur les Samaritains et leurs livres sacrés un Mémoire connu de tous les savants. Les consuls de France dans le Levant lui en avaient fourni les principaux éléments. Nous en transcrivons les lignes suivantes.

« La nation samaritaine, sans avoir joué un rôle bien important sur le théâtre du monde, s'est cependant conservée jusqu'aujourd'hui ; et au milieu des bouleversements survenus dans la Terre-Sainte, les Samaritains ont conservé leur religion, leur langue, leurs livres sacrés et le lieu principal de leur culte. Peut-être avant deux ou trois générations disparaîtront-ils du seul lieu où quelques familles existent encore !

« Il n'y a point aujourd'hui de Samaritains ailleurs qu'à Naplouse et à Jaffa, quoiqu'ils croient avoir de nombreuses colonies de leurs frères en Égypte, et particulièrement au royaume des Francs. Il y avait autrefois des Samaritains à Damas et à Gaza; il y en avait aussi à Ascalon et à Césarée, en Palestine, qui, suivant eux, ont été emmenés par les Francs il y a six cents ans, et dont l'histoire ne fait nulle mention. Il y a cent ans qu'il ne s'en trouve plus en Égypte.

« Le costume par lequel les Samaritains se distinguent de toutes les autres sectes ou nations, est un turban qu'ils placent toujours sur leur tête les jours de sabbat et de fête; quand ils vont à leur synagogue, ils portent des vêtements blancs, et suivent au pied de la lettre ce qu'ils ont conservé de la loi de Moïse. Leur loi est la même; elle renferme chez eux, comme chez les Juifs, six cent treize préceptes; mais il y a quelques différences dans l'observation de ces préceptes.

« Les Samaritains restent ainsi séparés des Turcs, des Juifs et des Chrétiens; ils ne se marient qu'entre eux. Ils occupent à Naplouse un quartier séparé, assez vaste, et qui a pris leur nom : leurs maisons communiquent les unes aux autres. Dans l'une d'elles, au premier étage, est la synagogue [1]. »

[1] Sylvestre de Sacy, Mémoire sur la version arabe des livres de Moïse à l'usage des Samaritains, et sur les manuscrits de cette version. *Mémoires de l'Académie des inscriptions et belles-lettres*, tome XLIX, p. 1-199, in-4°.

Les ruines de l'antique ville de Samarie sont à trois heures environ de distance de Naplouse. On aperçoit de loin les restes de l'immense colonnade qui se détache sur le fond de la colline. L'abside ronde de l'église Saint-Jean brille comme une tour dorée sous les rayons du soleil. Au fond de la vallée court un charmant ruisseau. Les ondulations du coteau sont couvertes de décombres. Des pans de muraille se dressent au milieu d'arbustes épineux. Les maisons du village sont toutes bâties avec des débris antiques; et ce qui n'est pas moins curieux, c'est que les murs de l'église sont eux-mêmes formés de matériaux arrachés à des constructions antérieures. Ainsi, du temps des croisades comme aujourd'hui, on exploitait comme une carrière les monuments à moitié démolis de l'ancienne Samarie. Çà et là des fûts de colonne, des chapiteaux, des fragments de frise, des sculptures gisent sur le sol. Le travail indique évidemment une main grecque des premiers temps de l'empire romain.

La ville de Samarie, fondée par Amri, sur la colline de Someron, neuf cent soixante-dix ans avant Jésus-Christ, devint la capitale du royaume d'Israël. Durant un demi-siècle, ses prédécesseurs, soldats de fortune, n'avaient fait que passer sur le trône et résidaient à Sichem ou à Thersa. Achab fortifia Samarie et l'embellit d'édifices dans le goût des Syriens; il y bâtit à son usage un *palais d'ivoire*, c'est-à-dire dont les ornements étaient d'ivoire. Ce prince avait épousé Jézabel, fille du roi de Tyr et de Sidon; il perça dans sa capitale de larges rues et des places publiques, où les marchands

SAMARIE.

phéniciens vinrent faire le commerce. Ces dispositions étaient alors un progrès considérable. Les remparts de la ville étaient si forts, que les rois de Syrie l'assiégèrent en vain à plusieurs reprises ; mais ils ne purent résister aux coups des Assyriens. Salmanazar emmena les tribus captives, après avoir pillé et détruit leur capitale.

Longtemps Samarie ne fut qu'une bourgade sans importance, souvent ravagée, toujours rebâtie. Vers l'an 330, Alexandre le Grand y envoya une colonie de Macédoniens. Un proconsul romain, Gabinius, entreprit de la rétablir et de lui donner son nom ; cette tentative échoua. Hérode le Grand fut le véritable restaurateur et le second fondateur de Samarie. L'enceinte de la ville fut agrandie et entourée de solides murailles. Le prince y éleva un magnifique palais, et n'épargna aucune dépense dans l'érection et la décoration d'un temple superbe destiné à transmettre sa mémoire à la postérité la plus reculée. Hérode dédia la nouvelle cité à l'empereur Auguste, son bienfaiteur, en lui donnant le nom de Sébaste, qui signifie Auguste en grec. Sébaste ne joue pas un grand rôle dans l'histoire. Les écrivains du Nouveau Testament ne la désignent jamais sous ce nom, quoique les peuples étrangers ne la connussent guère autrement. Après la mort de saint Étienne, les disciples de Jésus-Christ furent dispersés dans les villes de la Judée et de la Samarie, et le diacre saint Philippe vint dans la ville de Samarie, où il opéra plusieurs conversions. Ayant appris que cette ville avait reçu la parole de Dieu, les apôtres y envoyèrent saint Pierre et saint

Jean donner le Saint-Esprit à ceux qui avaient été baptisés. C'est alors que Simon le Magicien vint offrir de l'argent aux apôtres pour qu'ils lui conférassent le pouvoir de faire descendre le Saint-Esprit. « Que ton argent périsse avec toi, » lui dit le prince des apôtres. C'est du nom de cet imposteur, qu'on appelle *simonie* le crime de ceux qui estiment les choses spirituelles à prix d'argent.

Dès les temps les plus anciens, il y eut un évêque à Samarie; Marius signa en cette qualité au concile œcuménique de Nicée. Sébaste eut une certaine réputation en Orient, à cause de l'affluence des pèlerins qui accouraient au tombeau de saint Jean-Baptiste. Au IVe siècle, l'impératrice sainte Hélène fit élever une grande basilique au-dessus de ce tombeau. Julien l'Apostat fit profaner le temple, et ordonna de jeter les reliques au vent; mais, grâce à la pieuse supercherie de quelques moines venus de Jérusalem qui se déguisèrent, une partie des ossements du Précurseur fut sauvée. Ce précieux trésor fut partagé : une portion fut envoyée à saint Athanase d'Alexandrie, et l'autre fut restituée à Sébaste. Vingt ans après ces exploits sacriléges de l'empereur philosophe, sainte Paule vint à Sébaste honorer la mémoire de saint Jean. Les siècles chrétiens n'oublièrent jamais la tombe de ce glorieux martyr. Les princes chrétiens des croisades rétablirent l'évêché de Samarie, et au XIIIe siècle, saint Louis donna un témoignage de sa dévotion envers ce sanctuaire en concédant à perpétuité une rente de vingt livres aux religieux chargés d'y célébrer l'office divin. « Nous avons adoré le Sauveur sur la terre qu'il foula de ses pieds, dit le pieux roi de France; nous avons vu l'église de Sébaste, où reposent le bienheureux Jean-Baptiste et d'autres corps vénérables; la sainteté de ce lieu a plu et vivement parlé à notre âme. La piété et la bonne tenue des frères nous a fortement excité à les aimer eux et leur église. » Le prince parle ici des chevaliers de Saint-Jean, qui avaient magnifiquement orné la basilique du protecteur de leur ordre. L'œuvre des croisés était admirable, et les restes qui en subsistent nous en peuvent donner une juste idée. L'église avait cinquante mètres de longueur et une largeur de vingt-cinq mètres. Un escalier de vingt-un degrés conduisait à la crypte où reposaient les saintes reliques. La nef centrale, au moment où nous la visitons, conserve encore quelques restes de voûte; les trois absides sont entièrement voûtées. L'abside principale a une voûte en coquille singulièrement travaillée. Des sculptures, quoique mutilées, ainsi qu'une rangée de petites arcades simulées en ogive, indiquent le XIIe siècle. Une fontaine se trouve au milieu du porche. Entre les pierres qui encombrent le chevet de l'église, poussent des grenadiers sauvages, des raquettes et des figuiers. Le pavé de la nef a été enlevé, et les habitants du village y cultivent du tabac. Deux jolis palmiers dressent leurs têtes au-dessus de ces nefs désolées, dont les murs sont couverts de la croix des hospitaliers de Saint-Jean. Ici, comme à Sainte-Sophie de Constantinople, les Turcs fanatiques se sont plu à enlever le croisillon de plusieurs de ces croix. Mais ils auront beau faire, leurs efforts sont vains; malgré leurs dégradations, la croix reste victorieuse du monde. Le *croissant* est un emblème menteur; il va toujours en diminuant et en s'affaiblissant, comme l'empire dont il surmonte les étendards.

Nous avons visité ensuite les restes de la colonnade, monument sans nom, dont on ignore absolument la destination. Imaginez-vous de longues rangées de colonnes tout autour du Someron, régulièrement espacées et en quantité innombrable. Ces colonnes sont maintenant découronnées : aucune ne porte de chapiteau. Plusieurs sont inclinées et beaucoup gisent à terre. Il y a des files où l'on en compte de quarante à cinquante; d'autres où il y en a dix à douze seulement. Rien n'est étrange comme l'aspect de ces colonnes, qui ne se rattachent à aucun édifice, et qui se dressent au milieu des champs cultivés, entre des oliviers et des figuiers. On peut bien dire que c'est l'ombre d'une grandeur éteinte. L'imagination pouvait se donner ici libre carrière, et elle n'y a pas manqué; on a dit que ces colonnes avaient jadis appartenu à des amphithéâtres, à des cirques, à des façades ou à des péristyles de temples, etc. Ce luxe d'architecture, autour d'une montagne et de l'enceinte de Samarie, fut l'œuvre d'Hérode le Grand; si ce n'était pas à proprement parler un ouvrage d'art, on y doit voir l'effet d'un faux goût de magnificence, assez commun aux époques de décadence, prenant la richesse et la prodigalité pour l'élégance et la beauté. Il faut convenir que le site de Sébaste était bien choisi. Du haut de la colline, où, s'il faut en croire les Arabes, s'élevait le château, la vue est admirable. Le pays de Samarie, comme la vallée de Naplouse, est d'une extrême fertilité. De légères ondulations de terrain couvertes d'arbres remplacent les rudes montagnes de la Judée, et vont en mourant se rattacher aux derniers gradins du Garizim. Des villages sont disséminés dans la plaine et sur toutes les hauteurs. Les coteaux qui se séparent vers le couchant laissent apercevoir dans le lointain les eaux resplendissantes de la Méditerranée.

Au moment où nous descendons de Sébastieh, un jeune enfant se précipite devant nous en faisant le signe de la croix. Il était sûr de se bien faire accueillir en nous adressant ce signe de reconnaissance. Cent cinquante Grecs schismatiques habitent le village. Nous lui donnons un petit crucifix de cuivre, une médaille de la sainte Vierge et quelques pièces de monnaie. Jamais enfant ne parut plus heureux; il nous regarde les yeux pleins de larmes, et je le vois pleurer lorsque nous reprenons notre marche. A quelques pas de là nous rencontrons une pauvre femme qui portait au village un pot de lait placé sur sa tête. Une main soutenait le vase, et le bras s'arrondissait de la manière la plus gracieuse. L'autre bras était pendant. Nous lui demandons à boire ce lait. Alors elle penche le vase avec la plus grande aisance et prend elle-même une pose charmante. Nous nous désaltérons à longs traits. Ces deux petits détails de mœurs locales nous ont semblé dignes d'être racontés. D'une part, c'est la simplicité chrétienne, qui approche avec confiance ceux qui invoquent le nom du Christ; d'un autre côté, c'est un reste de la vie patriarcale conservée dans le pays des patriarches. La jeune femme de Sébastieh n'était pas sans quelque ressemblance avec Rebecca versant à boire à Jacob. Nous lui donnons quelques piastres en récompense; elle les reçoit en baissant les yeux et s'éloigne sans détourner la tête.

Bourka est le premier village que nous traversons. Les maisons sont groupées sur une faible éminence, au centre de jardins bien cultivés. Chaque petit domaine est entouré d'une haie de cactus, et de beaux bouquets d'oliviers y entretiennent un peu de fraîcheur et d'ombrage. Rien ne nous y arrête, et nous suivons la route, qui devient montueuse et parfois difficile. Après une marche pénible à cause de l'excessive chaleur, nous arrivons à une délicieuse bourgade, où nous goûtons le double plaisir de la fraîcheur et du repos : c'est Fundekumieh, l'ancienne Pentacomia. Plusieurs fontaines en font une charmante oasis. De vertes prairies, si rares en Orient, étendent sous nos pieds leur tapis velouté; de beaux figuiers, aux larges feuilles, nous servent de tentes.

A une demi-heure de marche de cette station, Djebba nous apparaît comme une grosse bourgade plus coquettement parée que toutes celles que nous avons vues jusqu'à présent. Les maisons, bâties en pierres taillées, sont propres et élégantes. Les femmes, dont la toilette est soignée, affectionnent beaucoup la couleur rouge. Le voile qui leur couvre la tête est rouge, de même que la pièce d'étoffe qui se replie devant la poitrine. Elles aiment aussi à se parer de sequins enfilés et attachés sur un bandeau orné de broderies. Aucun reste d'antiquité n'attire ici l'attention du voyageur.

Bientôt nous descendons dans la plaine de Sanour,

l'ancienne Béthulie. Ces champs furent jadis inondés par les flots de l'armée assyrienne. Holopherne pressait le siége de la ville, quand il eut la tête tranchée par la faible main d'une femme. Quelques auteurs disent que Safed ou Saphet, près du Jourdain au-dessus de Tibériade, a remplacé Béthulie; mais cette opinion n'est pas généralement admise. Sans entrer à ce sujet dans de longues discussions, nous admettons avec de savants voyageurs modernes que c'est ici le théâtre des événements dont Judith fut l'héroïne. La forteresse de Sanour occupe une position excellente. En 1831, le pacha de Saint-Jean-d'Acre l'assiégea pendant six mois, et perdit six mille hommes devant cette place. Il n'en serait pas devenu maître sans le plus terrible des auxiliaires, la famine. Ibrahim-Pacha la fit restaurer; mais quelque temps après, les habitants de Sanour ayant pris part à l'insurrection qui éclata contre lui, il ordonna de la démolir. Quoique démantelée, elle conserve encore un air menaçant; quinze cents à deux mille fellahs y trouvent un abri. Le souvenir de Judith jette sur ces ruines comme un charme poétique. En passant, nous saluons cette femme courageuse des titres que l'Écriture a consacrés en l'appelant *la gloire de Jérusalem, la joie d'Israël et l'honneur du peuple de Dieu.*

En sortant de cette plaine, nous nous engageons de nouveau à travers les défilés des montagnes. Nous quittons la Samarie, et nous entrons dans la Galilée. Quand on a parcouru les montagnes de la Judée, ces gorges n'ont rien d'effrayant. Après avoir gravi des sentiers assez âpres, nous atteignons le point culminant de cette chaîne. Un magnifique panorama se déroule sous nos yeux. Notre caravane s'arrête quelques instants pour le contempler à l'aise. Ici se déploie la célèbre plaine d'Esdrelon. A droite se dressent les monts Gelboé, témoins de la défaite et de la mort de Saül; plus loin, la tête du petit Hermon paraît toute resplendissante sous les rayons du soleil. Devant nous le Thabor élève sa cime arrondie comme un dôme gigantesque, et domine majestueusement tout le paysage. A l'extrémité de la plaine se prolongent les montagnes déchirées derrière lesquelles se cache l'humble cité de Nazareth, la ville de Marie. Vers le couchant, et dans un lointain vaporeux, court la chaîne du Carmel, qui fuit vers la mer. En présence de cette grande nature et de ces grands noms, on oublie bien vite les fatigues du voyage. D'ailleurs la lassitude de quelques journées de marche est une peine passagère; le souvenir de ces scènes admirables est une jouissance qui ne s'éteint qu'avec la vie.

Nous descendons rapidement le versant des montagnes, et après avoir traversé le village de Kubalieh, nous arrivons à Djennim, où nous devons passer la nuit.

LE MONT THABOR.

GALILÉE

CHAPITRE XXII

LE THABOR

L
E bourg de Djennin est situé à l'extrémité d'une vallée, et domine la magnifique plaine d'Esdrelon. Assis sur les dernières pentes des montagnes que nous venons d'escalader, il se prolonge jusque dans la plaine, et étale ses maisons, bâties comme sur les gradins d'un amphithéâtre, partie vers le levant pour recevoir les premiers rayons du soleil, partie vers le nord pour respirer l'air frais venant des montagnes de l'Anti-Liban. Une grande mosquée et des minarets élancés lui donnent un aspect imposant. Les jardins, remplis d'arbres, sont environnés de haies de nopals aux feuilles armées d'aiguillons et aux fleurs jaunes. Sur le fond se

détachent quelques bouquets de palmiers propres à rappeler les beaux palmiers d'Égypte. Des mûriers semés dans un désordre pittoresque étendent leur feuillage d'un vert tendre, et présentent des fruits déjà mûrs. Au pied du monticule coule une fontaine abondante, qui arrose la campagne en se dirigeant vers le Cison. Une multitude de plantes de toute espèce forme un fourré épais partout où la main de l'homme abandonne la végétation à sa force naturelle. Rien ne manque à ce charmant tableau, dont les replis de collines boisées forment l'encadrement.

Le plateau qui domine la bourgade semble nivelé de main d'homme. Les champs cultivés promettent une riche moisson de blé, d'orge et de lentilles. On croit généralement que ce fut aux environs de Djennin que notre Seigneur rencontra les dix lépreux qu'il guérit, et auxquels il ordonna d'aller se montrer aux prêtres, en obéissance à la loi. Un seul revint lui rendre grâces : c'était un Samaritain. En mémoire de ce miracle, les chrétiens avaient bâti une belle église, dont on découvre à peine aujourd'hui quelques rares débris. Déjà au xvie siècle, selon le rapport des voyageurs, cet édifice était entièrement démoli. L'emplacement en est clairement indiqué dans le récit du moine Boniface : « Les ruines, dit-il, existent près d'une source d'eau limpide, où les passants viennent se désaltérer et se rafraîchir [1]. »

La population de Djennin est composée de musul-

---

[1] Prope est fons aquæ limpidissimæ, refrigerium transeuntibus præstans. (*De perenni cultu Terræ Sanctæ.*)

mans, au nombre de deux mille environ. Comme le site est avantageux sous tous les rapports, les fellahs soulevés contre Ibrahim-Pacha et les habitants de la Samarie s'étaient donné rendez-vous à Djennin. C'est là qu'ils furent écrasés par les troupes du vice-roi d'Égypte. D'ici on aperçoit Fuleh ou Affuleh, célèbre par une autre bataille dont nous parlerons bientôt.

Ici commence la vaste et fertile plaine d'Esdrelon, de Mageddo ou de Jezraël. Elle s'étend sur une longueur de cinquante kilomètres et une largeur de vingt à vingt-cinq kilomètres. Enfermée de tous côtés par de hautes collines, arrosée en partie par le Cison, elle prend naissance au village qui a remplacé l'ancienne Scythopolis, et va jusqu'au pied du Carmel. Aucune description ne saurait donner une idée de la merveilleuse fécondité de ce terroir privilégié. De magnifiques moissons ondulent au souffle du vent; et au sein de vertes prairies paissent d'innombrables troupeaux. Durant les premiers âges du royaume des Juifs, sous l'empire romain, au temps des croisades et de nos jours, cette plaine fut le théâtre d'événements mémorables. Aussi le voyageur instruit, en s'engageant au milieu de cette immense vallée, éprouve-t-il des sensations auxquelles il ne saurait se soustraire, lorsqu'il parcourt les champs de bataille les plus célèbres, où s'accomplirent ces révolutions qui bouleversent les empires. A cause de sa fertilité, cette plaine a mérité d'être appelée *le paradis et le grenier de la Syrie.*

Zérin est à peu de distance de Djennin : c'est l'antique cité de Jezraël, bâtie sur un petit mamelon isolé, célèbre par le souvenir du roi Achab et de l'impie Jézabel, sa femme. Achab y possédait un palais; mais, peu satisfait de son riche domaine, le prince convoitait la vigne de Naboth, modeste héritage de famille, que celui-ci ne voulait céder à aucun prix. « Dieu me garde, disait Naboth, de vous céder le patrimoine de mes aïeux. » Le roi hésitait à user de violence, mais Jézabel lui dit avec ironie : « Vous êtes vraiment un prince bien puissant, si vous ne pouvez obtenir la possession de ce petit coin de terre; je saurai bien vous délivrer de ce souci. » Cette méchante princesse fit lapider Naboth, et s'empara de son champ. Mais le Ciel se chargea de venger l'innocence opprimée et le sang injustement répandu. Le prophète Élie, averti d'en haut, vint à la rencontre d'Achab, et lui dit : « Tu as fait périr Naboth, et tu lui as pris sa vigne. En ce lieu même où les chiens ont léché son sang, ils lécheront ton propre sang, et ils dévoreront l'impie Jézabel dans le champ de Jezraël. » Chacun connaît les détails du drame terrible où s'accomplirent les menaces de la prophétie. Achab expira le corps percé d'une flèche; on le ramena dans son palais. Les rênes de ses chevaux, ses vêtements et son char ensanglantés furent lavés à la fontaine publique, où les chiens vinrent lécher son sang. Deux de ses fils moururent misérablement; et le dernier d'entre eux tomba sous les coups de Jéhu, dans le champ de Naboth, près du palais agrandi au prix du meurtre et de l'injustice. Le vainqueur accourut à Jezraël; la reine se para pour le séduire; mais Jéhu ordonna de la précipiter du haut d'une fenêtre. Son sang rejaillit contre les murs du palais, et son corps fut foulé sous les pieds des chevaux. Toutefois un peu de pitié entra dans le cœur de Jéhu ; quelques instants après, il commanda d'aller ensevelir les restes de cette infortunée, *car elle est fille de roi,* ajouta-t-il. Mais ses gens ne trouvèrent plus que le crâne, les pieds et l'extrémité des mains. Élie avait dit : « Les chiens dévoreront Jézabel dans la campagne de Jezraël. » Un grand poëte français a peint avec des couleurs appropriées au sujet cette lugubre scène, qui revient à notre mémoire en foulant aux pieds ces mêmes champs de Jezraël. Athalie rend compte à Abner d'un songe qui l'a vivement effrayée :

> C'était pendant l'horreur d'une profonde nuit ;
> Ma mère Jézabel devant moi s'est montrée,
> Comme au jour de sa mort pompeusement parée.
> Ses malheurs n'avaient point abattu sa fierté ;
> Même elle avait encor cet éclat emprunté
> Dont elle eut soin de peindre et d'orner son visage,
> Pour réparer des ans l'irréparable outrage.
> « Tremble, m'a-t-elle dit, fille digne de moi !
> Le cruel Dieu des Juifs l'emporte aussi sur toi.
> Je te plains de tomber dans ses mains redoutables,
> Ma fille. » En achevant ces mots épouvantables,
> Son ombre vers mon lit a paru se baisser,
> Et moi je lui tendais les mains pour l'embrasser ;
> Mais je n'ai plus trouvé qu'un horrible mélange
> D'os et de chair meurtris et traînés dans la fange,
> Des lambeaux pleins de sang et des membres affreux
> Que des chiens dévorants se disputaient entre eux.

Au pied du petit Hermon, nous faisons une halte à Néin, l'ancien village de Naïm, si connu par un des récits les plus touchants de l'Évangile. Lorsque Jésus approchait de Naïm, on portait en terre le corps d'un jeune homme, fils unique d'une pauvre veuve. Touché de ce deuil maternel, le Sauveur fait arrêter le convoi funèbre; il ressuscite le mort, et le rend à sa mère. Les chrétiens consacrèrent le souvenir de ce miracle en érigeant un oratoire à l'endroit où il fut opéré. Du temps de saint Jérôme, un couvent de pieuses filles s'élevait au sommet de l'Hermon. Néin est une pauvre bourgade, où nous trouvons à peine un peu d'ombre sous l'unique olivier planté sur la place publique, devant la mosquée. Le cheik nous accueille avec une bienveillance à laquelle les chrétiens ne sont guère accoutumés dans ce pays. Il se plaît à nous montrer à demi enfouie dans les terres l'abside de la petite basilique attribuée à sainte Hélène. On y remarque une jolie colonnette en marbre blanc, légèrement cannelée et surmontée d'un chapiteau à feuillages. Les murs de la nef sont rasés à fleur de terre, et l'enceinte du temple, remplie d'herbe, sert de cimetière aux Arabes. Nous aurions vivement regretté de ne pas faire une station à Naïm; peu de voyageurs se détournent de leur chemin pour le visiter, de même que le village d'Endor, situé également à la base du petit Hermon, du côté du nord-est.

Après une course d'une heure, nous arrivons à Endor, en face du mont Thabor. Quel village! la plupart des habitations sont creusées dans le rocher; ce sont des cavernes, et nous ajoutons à regret que la plupart sont des antres de voleurs. Les sorciers dont il est question dans l'histoire de Saül ne pouvaient mieux choisir leur demeure. Au moment où nous mettons pied à terre, nous apercevons à quelques pas les tentes noires de pasteurs arabes; tout contribue à faire paraître à nos yeux Endor sous des couleurs lugubres. La veille de la bataille qui devait s'engager contre les Philistins, Saül trembla. Au lieu de recourir à la protection du Dieu des armées, et d'appuyer sa main sur son épée, en plus d'une occasion fidèle instrument de sa gloire, Saül vint à Endor consulter la pythonisse. Samuel apparut devant ce prince, lui reprocha ses crimes, et lui prédit sa chute et sa mort. Le roi épouvanté perdit connaissance; revenu de son évanouissement, il eut encore une lueur de courage. Il se comporta vaillamment durant le combat; Jonathas, son fils, succomba dans la mêlée, et lui-même, désespéré et ne voulant pas survivre à sa défaite, se fit tuer par un Amalécite.

Des hauteurs d'Endor, nous jetons les yeux sur la plaine témoin des exploits et de la victoire de Débora. C'est sur les rives du Cison que cette femme héroïque remporta une victoire signalée sur les ennemis du peuple de Dieu. Jamais victoire ne fut célébrée en un plus magnifique langage. Débora entonnait son chant de triomphe cinq siècles avant la naissance d'Homère, huit siècles avant celle de Pindare. En aucun temps la poésie ne prit un essor plus sublime, et ne fit entendre des accents plus inspirés. « Rois, s'écriait la prophétesse, écoutez; princes, prêtez l'oreille. Je chanterai la gloire du Seigneur, de Jéhovah, le Dieu d'Israël. Seigneur, à ton approche la terre tremble, les cieux ébranlés et les nuages se fondent en torrents de pluie. Les montagnes s'écroulent. La défaillance avait atteint les forts d'Israël; je me suis levée, moi Débora, mère en Israël. Les rois ont combattu; mais ils n'ont point emporté les dépouilles qu'ils convoitaient. Le Ciel s'est déclaré contre eux. Le torrent de Cison a roulé leurs cadavres. Qu'ainsi périssent tous tes ennemis, ô Jéhovah! que tes fidèles serviteurs soient radieux comme le soleil au moment où il brille à l'horizon! »

En descendant du village d'Endor, nous traversons la plaine d'Esdrelon en droite ligne. Nous voulons atteindre le Thabor, qui en est éloigné de six à sept kilomètres seulement. Cette montagne célèbre descend en pente douce vers la plaine, et présente dans toutes les directions ses flancs couverts d'une abondante végétation. Elle offre sous ce rapport un contraste complet et charmant avec les montagnes de la Judée. Le sommet est élevé de cinq cent quatre-vingt-cinq mètres au-dessus du niveau de la Méditerranée. Plusieurs sources s'échappent des collines boisées qui forment les premiers gradins de la montagne. Le sommet est un plateau de deux kilomètres de circonférence, légèrement incliné vers l'ouest, et couvert d'yeuses, de noyers, de lierres, de bosquets odorants et de ruines antiques. La tradition rapporte que la transfiguration de notre Seigneur eut lieu dans la partie sud-est du plateau. C'est là que les chrétiens de Nazareth viennent chaque année en pèlerinage, et que les Pères de Terre-Sainte célèbrent la messe. La piété des fidèles, répondant au désir de saint Pierre, y avait élevé trois églises : il n'en reste plus que la crypte. Au centre, la pieuse restauratrice des Saints-Lieux avait jeté les fondements d'une superbe basilique. Le fanatisme des Sarrasins a tout démoli. De ces monuments somptueux il reste quelques monceaux de pierres, recouverts des tiges grimpantes du lierre ami des ruines. Les croisés avaient restauré l'édifice antique; saint Louis y vint prier. Aujourd'hui, la montagne est muette et déserte. Les animaux sauvages y trouvent un refuge assuré; il n'est pas rare d'y rencontrer des chacals, des sangliers, des panthères et des léopards.

« Le mont Thabor, dit un écrivain moderne, s'élève vers le ciel comme un magnifique bouquet de verdure. » Illustrée au moyen âge par la valeur des croisés, cette montagne a donné son nom à une des pages glorieuses des annales de la France moderne. Du sommet on découvre la plaine de Fuleh ou Fouli, où se livra la bataille du 16 avril 1799. Tandis que Bonaparte pousse avec vigueur le siége de Saint-Jean-d'Acre, il apprend par ses éclaireurs que les Turcs de Damas accourent au secours de la place. Junot est attaqué près de Cana par des forces considérables. Kléber réussit à le dégager, et, au moment où il marche sur Fouli, à la tête de trois mille hommes, dans l'espoir de surprendre le camp ennemi, trompé par les guides, il arrive en face d'une armée de trente mille hommes, dont vingt mille de cavalerie. Jamais les Français n'avaient vu caracoler autour d'eux une si grande multitude de cavaliers. Déjà les Turcs, se croyant assurés de la victoire, poussent des cris de triomphe. Mais leur joie est de courte durée. A leurs charges répétées nos braves immobiles opposent une triple haie de baïonnettes; un feu terrible jonche le terrain de morts et de mourants. Les Turcs étonnés reculent. Vingt fois ils reviennent en avant; vingt fois ils sont culbutés. Le combat, malgré des forces si inégales, durait depuis six heures, quand tout à coup retentit un coup de canon au pied du mont Thabor. C'est Bonaparte! s'écrient nos soldats. En effet, le général français enferme les ennemis dans un triangle de fer et de feu, et s'avance, comme le tonnerre, au milieu d'un nuage sillonné par les éclairs sinistres de l'artillerie. Foudroyée de tous côtés par des décharges meurtrières, toute cette multitude s'enfuit en désordre vers le Jourdain. Notre infanterie les poursuit au pas de charge, la baïonnette dans les reins. Murat attend le moment favorable; à la tête de ses cavaliers, il tombe sur les fuyards et en fait un horrible carnage; beaucoup se jetèrent dans le Jourdain, où ils furent noyés. Six mille Français avaient suffi pour détruire cette armée, que les habitants disaient aussi nombreuse que les étoiles du ciel et les grains de sable du désert.

Tous ces souvenirs de l'histoire sacrée et de l'histoire profane s'étaient emparés de mon imagination. Je ne pouvais quitter cette belle montagne. La brise de la mer rafraîchissait l'atmosphère. Après tant de journées d'une chaleur accablante, quelle jouissance de respirer un air pur et léger! Afin de gagner du temps, je faisais remarquer à mes compagnons de voyage le vaste tableau qui se déployait à nos pieds. Quel spectacle admirable, en effet! Au couchant, le Carmel, avec ses crêtes découpées, où la lumière se décompose comme dans un prisme. Au midi, les collines de Gelboé servent de piédestal aux âpres montagnes d'Éphraïm et de Juda, qui bornent l'horizon, semblables à des vapeurs bleuâtres qui se confondent avec l'azur du ciel. Vers le nord, le regard se promène sur la Galilée, où chaque ville, chaque bourgade, chaque hameau garde un souvenir de l'Évangile. La mer de Tibériade, profondément encaissée, brille dans le lointain, et indique la naissance de la vallée du Jourdain. Ici le grand Hermon élève sa tête enveloppée de brouillards et presque toujours blanchie de neiges. Là les sommets de l'Anti-Liban et les solitudes de l'Hauran, qui se prolongent jusqu'aux portes de Damas. De la plaine d'Esdrelon, ce champ de bataille de tous les peuples, où tant d'armées ont dressé leurs tentes, on croit entendre monter, au milieu du cliquetis des armes, les noms de Gédéon, de Débora, de Saül, de Godefroi de Bouillon, de Raymond de Toulouse, de Tancrède, de saint Louis, de Napoléon!

Enfin nous descendons à regret; nous traversons le village de Deburieh, et nous nous engageons dans les sentiers qui mènent à Nazareth. Bientôt nous apercevons les blanches maisons et les églises de la cité de Marie; le son des cloches vient réjouir nos oreilles. Encore quelques pas, et nous entrons à la Casa-Nuova, où nous attend une bienveillante hospitalité.

CHAPITRE XXIII

NAZARETH

AZARETH, Bethléem, Jérusalem, trois noms inséparables dans nos souvenirs de Palestine, comme dans les mystères chrétiens, c'est-à-dire l'Annonciation, la Nativité et la Rédemption ! Jérusalem, au milieu des rochers arides de la Judée, est triste et désolée ; Bethléem, sur le penchant d'une colline, offre un aspect joyeux ; Nazareth, au-dessus d'une vallée paisible, sur un coteau en pente douce, s'élève dans un site gracieux. Il est impossible de ne pas remarquer les harmonies qui existent entre ces villes et les événements qui s'y accomplirent. En hébreu Nazareth veut dire *la cité des fleurs*

LA TERRE-SAINTE

NAZARETH.

et des roses. C'est dans ce jardin béni du ciel que s'épanouit la fleur mystérieuse de Jessé. L'imagination ne pouvait rêver un asile plus calme pour l'habitation de la plus pure des Vierges. La *ville de Marie,* au sein de la fertile Galilée, occupe un coin de terre embelli de tous les charmes de la nature. De loin, elle semble entourée d'une enceinte de verdure, car elle n'a pas d'autres remparts; les maisons en sont blanches, propres et bien bâties. Le sanctuaire catholique domine tout le paysage, ainsi que l'église des Arméniens, érigée sur l'emplacement de l'ancienne synagogue. En aucun lieu du monde, comme cela doit être, le nom de Marie n'est plus populaire qu'à Nazareth. Les pèlerins y reçoivent le plus fraternel accueil, et entendent partout ce doux nom retentir à leurs oreilles. Toutes les femmes de Nazareth se disent parentes de la Vierge, mère de Jésus; et si l'étranger paraît frappé de la beauté qui les distingue, elles se plaisent à proclamer qu'elles sont redevables de ce privilége au sang qui coule dans leurs veines. On aurait mauvaise grâce à discuter leurs prétentions : les femmes catholiques y sont si modestes, si pieuses, si vertueuses, que, si elles ne sont pas, comme elles le croient, les cousines de Marie, elles méritent de l'être.

La plupart des rues de Nazareth vont en pente, et beaucoup de maisons sont doubles, pour ainsi dire; elles ont quelques appartements extérieurs et des chambres creusées dans le roc. Dans un pays ardent comme la Palestine, ces habitations offrent un grand avantage : elles protégent à la fois contre l'excessive chaleur de l'été et contre le froid de l'hiver. Ajoutons qu'elles conviennent avant tout aux pauvres, qui trouvent ainsi moyen de se mettre à l'abri commodément et économiquement. Cette coutume nous expliquera la disposition actuelle des Saints-Lieux de Nazareth. La sainte Famille n'était pas riche des biens de ce monde; Joseph était artisan, et Jésus consentit à partager les durs labeurs de son père nourricier, durant les trente premières années de sa vie. La demeure de Joseph était précisément formée d'une petite maisonnette et d'une grotte assez profonde.

L'église, desservie par les Franciscains, est construite sur l'emplacement de la maison de la sainte Famille, et le sanctuaire de l'Annonciation forme aujourd'hui une crypte à laquelle on descend par deux larges escaliers de dix-sept marches. C'est dans cette partie la plus secrète de sa demeure que se trouvait la sainte Vierge lorsque l'ange Gabriel vint lui annoncer le plus auguste des mystères. « Je vous salue, dit-il, pleine de grâce; le Seigneur est avec vous; vous êtes bénie entre toutes les femmes. » Marie fut troublée en entendant cette salutation extraordinaire; mais bientôt rassurée par les explications de l'envoyé céleste, et préparée d'ailleurs par d'insignes faveurs de Dieu à l'accomplissement des plus grandes choses, elle répondit : « Je suis la servante du Seigneur; qu'il me soit fait selon votre parole. » En ce moment et dans ce lieu où nous sommes agenouillés, *le Verbe s'est fait chair*, par un prodige d'amour incompréhensible. Dieu s'est revêtu de la nature humaine dans le sein de la plus pure des vierges. Cette grotte obscure est devenue le premier sanctuaire où Jésus ait habité sur la terre. Une colonne de marbre à moitié brisée indique le lieu où se tenait l'ange; une autre colonne marque celui où se tenait la Vierge. Au pied de l'autel on a gravé cette inscription :

VERBUM CARO HIC FACTUM EST.

Si la chambre de l'Annonciation est aujourd'hui presque enfouie sous terre, il ne faut pas s'en étonner. Dans les villes occupées depuis de longs siècles, le niveau du sol s'exhausse tous les jours à l'extérieur, sans compter les ruines qui parfois le font monter subitement. Chacun sait que le pavé du forum romain, dont l'emplacement n'est pas encore complétement déblayé, quoiqu'on y travaille depuis un demi-siècle, est à une profondeur d'environ deux mètres, et que beaucoup de vieux édifices à Rome sont enterrés jusqu'à la hauteur du premier étage. Rien de surprenant si la grotte de Nazareth forme actuellement un sanctuaire souterrain. Derrière l'autel, il y a une petite chambre taillée dans le roc, et qui servait de dépendance à l'habitation principale. Phocas assure que, depuis le retour d'Égypte, cette chambre fut celle de notre Seigneur. L'écrivain ne cite aucun témoignage pour appuyer son assertion; mais rien ne s'oppose à ce qu'on accepte cette pieuse tradition [1].

---

[1] In læva parte Annuntiationis illa conspicitur ædicula, luminis expers, quam Dominus noster Jesus Christus, regressus ex Ægypto, incoluisse fertur. (Joan. Phocas, *de Locis Sanctis.*)

La maison de la sainte Vierge, personne ne l'ignore, n'est plus à Nazareth. En 1291, au moment où les infidèles profanaient tous les sanctuaires de la Palestine avec un redoublement de fanatisme, elle disparut tout d'un coup, au grand chagrin des chrétiens de Nazareth. Changée en chapelle par les soins de l'impératrice sainte Hélène, elle fut transportée miraculeusement, suivant des légendes insérées dans les suppléments au Bréviaire romain, d'abord en Dalmatie, ensuite de l'autre côté de la mer Adriatique, près de Recanati, puis sur une montagne du voisinage, enfin à Lorette, où chaque année des milliers de pèlerins la viennent visiter.

L'église de Nazareth est petite et a trois nefs. L'autel principal est un don du roi de Naples. La décoration de l'édifice est de bon goût; plusieurs tableaux retracent les principaux traits de la vie de Jésus à Nazareth; celui qui représente la sainte Famille est remarquable. Là se réunit la population catholique de Bethléem; le supérieur des Franciscains y remplit les fonctions de curé.

A quelques pas du couvent se trouve l'atelier de Joseph. On y avait bâti jadis une belle église, dont il subsiste encore un pan de muraille. Une modeste chapelle recouvre aujourd'hui ce lieu sanctifié par le travail de Joseph et de l'Homme-Dieu. Le père nourricier de Jésus, suivant l'opinion commune, était charpentier. Saint Justin le martyr nous apprend qu'il s'occupait à fabriquer des jougs et des charrues[1]. Saint Ambroise,

---

[1] Dialog. cum Tryphone.

dans son Commentaire sur saint Luc [1], dit qu'il travaillait à abattre et tailler des arbres, et à bâtir des maisons ; au même endroit, il ajoute qu'il savait manier les outils du serrurier. Libanius, serviteur et ami de Julien l'Apostat, ayant demandé avec ironie à un chrétien ce que faisait le Nazaréen ; *il est occupé*, répondit celui-ci, *à faire un cercueil pour l'empereur Julien.*

La vue de cette pauvre chapelle me touche jusqu'aux larmes. C'est là que le travail a été véritablement ennobli ; des mains divines s'y exercèrent aux plus pénibles ouvrages. Jésus y mania fréquemment les instruments du travail, et, comme artisan, il a sanctifié les sueurs de l'ouvrier qui gagne le pain de chaque jour. Leçons sublimes ! leçons trop oubliées dans un siècle où tant d'hommes se laissent dominer par la plus insatiable des passions, la cupidité ! En sortant de cet humble sanctuaire, ma mémoire me remit sous les yeux les délicieuses compositions d'Overbeck et d'Hallez, où ces habiles et pieux artistes ont représenté les travaux de la sainte Famille. Le génie de la peinture trouve en effet de suaves et poétiques inspirations dans l'intérieur de l'atelier de Nazareth, lorsque la foi y montre Jésus, Marie et Joseph !

L'ancienne synagogue a fait place à une église appartenant aux Arméniens. Jésus s'y rendit souvent dans son enfance. Après avoir jeûné quarante jours dans le désert, au commencement de sa vie publique, le

---

[1] Lib. III, n° 2.

Sauveur retourna en Galilée, « et il vint à Nazareth (nous laissons parler l'évangéliste); et étant entré dans la synagogue le jour du sabbat, selon sa coutume, il se leva pour lire. Et le livre du prophète Isaïe lui fut donné; et il l'ouvrit et lut le passage où il est écrit : L'Esprit du Seigneur est sur moi; c'est pourquoi il m'a oint pour évangéliser les pauvres; il m'a envoyé pour guérir ceux qui ont le cœur brisé, pour rendre la liberté aux captifs et la vue aux aveugles, pour soulager les opprimés, pour annoncer l'année de grâce du Seigneur et le jour de la justice. Et ayant fermé le livre, il le rendit à celui qui présidait dans la synagogue; et les yeux de tous ceux qui étaient dans la synagogue étaient fixés sur lui. Or il commença à leur dire : Aujourd'hui cette parole de l'Écriture que vous avez entendue est accomplie. Et tous lui rendaient témoignage; et dans l'admiration où ils étaient des paroles pleines de grâce qui sortaient de sa bouche, ils disaient : N'est-ce pas là le fils de Joseph? Et il leur dit : Vous m'allèguerez sans doute ce proverbe : Médecin, guéris-toi toi-même; toutes les choses que tu as faites à Capharnaüm, fais-les aussi dans ta patrie. Mais je vous dis en vérité, que nul prophète n'est bien reçu dans son pays. A ces mots, tous ceux qui étaient dans la synagogue furent remplis de colère; et se levant, ils le chassèrent de la ville, et le conduisirent jusqu'au sommet de la montagne, sur laquelle leur ville était bâtie, afin de le précipiter. Mais Jésus, passant au milieu d'eux, s'en alla [1]. » Depuis ce

---

[1] S. Luc, ch. IV.

jour, Jésus s'éloigna de Nazareth et demeura à Capharnaüm, au bord de la mer de Galilée.

La montagne du Précipice est à quatre kilomètres environ de la ville. C'est un rocher escarpé du côté de la plaine et d'une hauteur considérable. Non loin de là, les fidèles avaient érigé une chapelle en l'honneur de la sainte Vierge, sous le titre de *Notre-Dame-de-l'Effroi,* parce que la tradition rapporte qu'à la nouvelle du péril qui menaçait son fils, Marie, le cœur plein d'angoisses, sortit en hâte et courut jusqu'à cet endroit.

Au nord de la ville coule une fontaine assez abondante, où toutes les femmes de Nazareth viennent puiser de l'eau : c'est la *Fontaine de Marie.* L'onde pure et fraîche tombe dans un large bassin, et s'échappe ensuite sous un massif de beaux arbres. Nul doute que la Vierge n'y soit souvent venue remplir son urne, comme nous le voyons faire à un essaim de jeunes filles, qui s'en retournent, portant élégamment le vase en équilibre sur leur tête. Les pèlerins s'y baignent les mains et la tête par dévotion, et les habitants prétendent que cette eau est excellente pour guérir toutes sortes d'incommodités.

On montre dans une chapelle, possédée par les Franciscains, une grande table de pierre, appelée *Mensa Christi,* parce que, suivant les traditions, notre Seigneur y aurait pris plusieurs fois ses repas avec ses disciples, avant et après la résurrection. Tels sont, avec la petite église des Maronites, et le temple des grecs schismatiques, tous les monuments qui rappellent à Nazareth le séjour de Jésus-Christ. Cette ville a eu l'insigne honneur de lui donner son nom : *Jésus de Nazareth;* c'était *sa ville.* Et pourtant le Sauveur n'y a pas opéré beaucoup de miracles, *à cause de l'incrédulité de ses habitants*[1].

Nazareth, situé dans la basse Galilée, était de la tribu de Zabulon. L'Ancien Testament n'en fait aucune mention : elle n'avait nulle célébrité avant Jésus-Christ. Aussi, lorsque saint Philippe annonce à Nathanaël qu'il a trouvé le Messie dans la personne de Jésus, il en reçoit cette réponse : *Peut-il venir quelque chose de bon de Nazareth*[2]*?* Depuis le triomphe de l'Église sous Constantin, Nazareth a conservé son importance religieuse, et les pèlerins s'y sont rendus en foule. L'intolérance musulmane et l'humeur farouche de quelques pachas ont occasionné plus d'une fois le pillage et même la ruine des édifices chretiens : les habitants eux-mêmes ont été soumis à de cruelles vexations.

A l'époque des croisades, Tancrède, devenu prince de Galilée, accorda une protection particulière à la petite ville de Nazareth. Sous le gouvernement paternel de ce brave défenseur de la croix, le pays reprit une prospérité qu'il ne connaissait plus depuis longtemps. L'église de Nazareth eut alors un siége archiépiscopal. Ici mourut Baudouin IV, dit le Lépreux, après avoir choisi sur son lit de souffrance Guy de Lusignan comme lieutenant du royaume. Baudouin V y rendit aussi le

---

[1] S. Matthieu, ch. xiii, vers. 58.
[2] S. Jean, ch. i, vers. 45.

dernier soupir : roi à peine sorti de l'enfance, sa main débile était impuissante à soulever le sceptre, ou plutôt l'épée que tinrent si vaillamment ses prédécesseurs. C'est à peu de distance de Nazareth, deux mois avant la funeste journée de Tibériade (2 juillet 1187), que tomba d'une mort héroïque le maréchal du Temple, Jacquelin de Maillé, issu d'une famille chevaleresque de Touraine, dont l'antique manoir, sous Louis XIII, a changé son nom pour celui de Luynes. Le fils de Saladin, à la tête de nombreux cavaliers, fit irruption en Galilée. Déjà l'ennemi paraît sous les murs de Nazareth, où la population des campagnes se précipite en désordre pour trouver un refuge. Cent trente chevaliers du Temple, suivis de trois à quatre cents hommes de pied, n'hésitent pas à affronter sept mille cavaliers arabes. Les chroniqueurs décrivent avec enthousiasme les prodiges de valeur accomplis par cette troupe intrépide, qui périt tout entière, en s'ensevelissant sous des monceaux de cadavres. Jacquelin de Maillé, criblé de blessures, monté sur un cheval blanc, restait seul debout au milieu des ennemis, étonnés de tant d'audace. A la fin son cheval, épuisé de fatigue, s'abattit et l'entraîna dans sa chute. Le héros eut encore la force de se relever, et, comme il convenait à un soldat, il expira les armes à la main. Les Sarrasins admirèrent son intrépidité ; ils s'approchèrent de son corps avec respect, se partagèrent ses vêtements et répandirent sur leur tête la poussière rougie de son sang, dans l'espérance d'hériter ainsi de sa grandeur d'âme et de son inébranlable courage.

En 1245, on vit arriver à Nazareth un pieux et

illustre pèlerin, saint Louis, roi de France, qui avait entrepris le voyage d'outre-mer pour venger les insultes faites à la croix. Saint Louis, disent les historiens, vint à Cana la veille de l'Annonciation; de là il se rendit au Thabor et à Nazareth. Dès qu'il aperçut la ville, il descendit de cheval, se mit à genoux dans la poussière, adorant Jésus qui voulut bien accomplir le mystère de l'incarnation dans cette obscure cité. Il fit son entrée à pied, quoique fatigué d'une longue marche. Le lendemain, fête de l'Annonciation, il assista pieusement à tous les offices et communia de la main du légat, qui prononça dans cette solennité un discours touchant. La dévotion du monarque français était si vive, sa figure parut si radieuse, que jamais, dit son naïf historien, depuis le temps de la vierge Marie, Jésus-Christ n'y reçut d'aussi ferventes adorations.

Dix-huit ans après cette scène édifiante, le sultan Bibars, dont la mémoire restera toujours en exécration, brûla l'église de Nazareth, chassa les chrétiens, pilla la ville, et ne laissa après lui que des cendres et des décombres. Cette infâme conduite avait produit dans tous les cœurs un sentiment d'exaspération qui donna naissance à des représailles regrettables. Peu d'années après, les chrétiens y rentrèrent en vainqueurs, et ne firent aucun quartier aux musulmans. Cette vengeance fut exécutée par les ordres du prince Édouard d'Angleterre. Longtemps Nazareth ne présenta aux yeux attristés qu'un monceau de ruines. Au XVIIe siècle, ce n'était qu'un pauvre village composé d'une quarantaine de maisons. Le couvent des Pères de Terre-Sainte fut rebâti seulement en 1730. Aujourd'hui la population s'élève à environ 3,500 habitants.

Avant de commencer nos excursions aux environs de Nazareth, nous ne pouvons résister au plaisir de transcrire ici une page du *Voyage en Orient*. Si M. de Lamartine avait continué d'écrire avec les sentiments qui ont dicté les *Méditations Poétiques* et qui ont inspiré le passage suivant, à quelle hauteur son génie ne l'eût-il pas placé !

« A visiter, dit-il, les lieux consacrés par un de ces mystérieux événements qui ont changé la face du monde, on éprouve quelque chose de semblable à ce qu'éprouve le voyageur qui remonte laborieusement le cours d'un vaste fleuve, comme le Nil ou le Gange, pour aller le découvrir et le contempler à sa source cachée et inconnue; il me semblait, à moi aussi, gravissant les dernières collines qui me séparaient de Nazareth, que j'allais contempler à sa source mystérieuse cette religion vaste et féconde qui, depuis deux mille ans, s'est fait son lit dans l'univers, du haut des montagnes de Galilée, et a abreuvé tant de générations humaines de ses eaux pures et vivifiantes ! C'était là la source, dans le creux de ce rocher, que je foulais sous mes pieds; cette colline, dont je franchissais les derniers degrés, avait porté dans ses flancs le salut, la vie, la lumière, l'espérance du monde; c'était là, à quelques pas de moi, que l'homme modèle avait pris naissance parmi les hommes, pour les retirer, par sa parole et par son exemple, de l'océan d'erreur et de corruption où le genre humain allait être submergé.

« Si je considérais la chose comme philosophe, c'était le point de départ du plus grand événement qui ait jamais remué le monde moral et politique, événement dont le contre-coup imprime seul encore un reste de mouvement de vie au monde intellectuel. C'était là qu'était sorti de l'obscurité, de la misère et de l'ignorance, le plus grand, le plus juste, le plus sage, le plus vertueux de tous les hommes; là était son berceau! Là le théâtre de ses actions et de ses prédications touchantes! de là il était sorti, jeune encore, avec quelques hommes obscurs et ignorants, auxquels il avait imprimé la confiance de son génie et le courage de sa mission, pour aller sciemment affronter un ordre d'idées et de choses pas assez fort pour lui résister, mais assez fort pour le faire mourir!... De là, dis-je, il était parti pour aller avec confiance conquérir la mort et l'empire universel de la postérité! De là avait coulé le christianisme, source obscure, goutte d'eau inaperçue dans le creux du rocher de Nazareth, où deux passereaux n'auraient pu s'abreuver, qu'un rayon de soleil aurait pu tarir, et qui aujourd'hui, comme le grand océan des esprits, a comblé tous les abîmes de la sagesse humaine, et baigné de ses flots intarissables le présent, le passé et l'avenir.

« Mais à considérer le mystère du christianisme en chrétien, c'est là sous ce morceau de ciel bleu, au fond de cette vallée étroite et sombre..., le point du globe que Dieu avait choisi de toute éternité pour faire descendre sur la terre sa vérité, sa justice et son amour incarné dans un enfant-Dieu.

« Comme je faisais ces réflexions, j'aperçus à mes pieds, au fond d'une vallée creusée en forme de bassin, les maisons blanches et gracieusement groupées de Nazareth sur les deux bords et au fond de ce bassin. L'église grecque, le haut minaret de la mosquée des Turcs, et les longues et larges murailles du couvent des Pères Latins, se faisaient distinguer d'abord; quelques rues formées par des maisons moins vastes, mais d'une forme élégante et orientale, étaient répandues autour de ces édifices plus vastes, et animées d'un bruit et d'un mouvement de vie. Tout autour de la vallée ou du bassin de Nazareth, quelques bouquets de hauts nopals épineux, de figuiers dépouillés de leurs feuilles d'automne, et de grenadiers à la feuille légère et d'un vert tendre et jaune, étaient çà et là semés au hasard, donnant de la fraîcheur et de la grâce au paysage, comme des fleurs des champs autour d'un autel de village. Dieu seul sait ce qui se passa alors dans mon cœur; mais d'un mouvement spontané et, pour ainsi dire, involontaire, je me trouvai à genoux dans la poussière. »

Nous sommes entrés à Nazareth en suivant la même voie que le poëte français, la seule qui donne un accès facile à la ville. Nous avons été frappés comme lui de l'aspect pittoresque du paysage; mais nous devons ajouter que de l'emplacement de la maison de Zébédée, à une demi-heure à peine de la ville, on jouit d'un point de vue plus admirable encore. Le regard embrasse, comme du sommet de la montagne du Précipice, la plaine d'Esdrelon, les collines qui encadrent Nazareth, et ces mille accidents de terrain dans lesquels se joue la lumière, et dont le pinceau seul d'un peintre habile pourrait donner une image.

Un Français ne peut passer quelques jours à Nazareth sans aller faire visite à la famille Koubroussi, dont le chef est le chargé d'affaires de France. Cette famille est originaire de Chypre, comme l'indique son nom (*Kubrussi* signifie *Cypriote*), et s'est distinguée, au commencement de ce siècle, par son attachement à notre drapeau. Michel Koubroussi s'enrôla comme volontaire dans notre armée; sous les murs de Saint-Jean-d'Acre, combattit courageusement au pied du Mont-Thabor, servit ensuite parmi les Mameluks de la garde impériale, conquit le grade de capitaine et la croix de la Légion d'honneur, et mourut à Melun des suites de blessures reçues à la bataille d'Eylau. On nous présenta à la mère de ce brave officier, pauvre femme plus que centenaire; en nous voyant, elle prononça avec tristesse le nom de son fils, mort si loin d'elle. Ibrahim nous montrait avec une certaine fierté la décoration de son père, et ses états de service conservés avec soin dans les archives de la famille.

CHAPITRE XXIV

CANA ET LE CARMEL

E<small>N</small> dehors de Nazareth, notre première excursion fut à Cana de Galilée, où Jésus opéra publiquement son premier miracle; à Séphoris, patrie présumée de saint Joachim et de sainte Anne, parents de la sainte Vierge; et au Carmel. Nous passons au pied du Thabor; à peine avons-nous traversé le hameau d'Er-Raïneh, que nous découvrons sur les flancs d'une colline verdoyante les maisons de Cana, étagées en amphithéâtre. Cette charmante bourgade a conservé sans altération le nom qu'elle porte dans l'Évangile; elle domine une vallée fertile où se plaisent les oliviers, les figuiers, les caroubiers, les orangers, et surtout les grenadiers. Le long des buissons s'entortillent des liserons en fleur, semblables à nos liserons des haies (*convolvulus sepium*), excepté que la corolle est d'un jaune clair, au lieu d'être blanche. Les jardins sont clos au moyen de haies de nopals. La population, d'environ 800 âmes, est composée de grecs schismatiques et de musulmans.

Cana est à six kilomètres environ de Nazareth. On y va par une route bien tracée et fréquentée. Les chrétiens bâtirent autrefois une belle église à la place de la maison où furent célébrées les noces auxquelles Jésus assista avec sa Mère et ses disciples. On en voit les derniers débris, des pans de murailles, et une petite abside byzantine, à moitié enfouie sous terre, à côté des ruines d'un couvent que les chroniqueurs du moyen âge désignent sous le titre d'*architriclinium*. Un peu plus bas s'élève la nouvelle église, bâtie depuis un siècle et demi pour le service des Grecs; elle sert de temple et d'école : impossible de rien imaginer de plus pauvre. Le papas grec nous accueille avec politesse. C'est un homme instruit, parlant assez purement l'italien et le français. Comme beaucoup de membres du clergé séculier de l'Orient, il exprimait le désir de voir cesser le schisme, et l'Église grecque se soumettre à l'autorité du souverain pontife. En plus d'un endroit nous avons entendu exprimer les mêmes vœux; il n'y a que les moines grecs, en général très-ignorants, qui soient opposés à la réunion des deux Églises. Ce digne homme, qui se consacre avec une entière abnégation à instruire quelques enfants couverts de haillons, voulut être notre cicerone. Il nous montra dans l'épaisseur des murs deux pierres grossièrement taillées et creusées, que les habitants du pays assurent être deux des urnes dans lesquelles l'eau fut changée en vin. Il suffit de regarder ces blocs informes pour être convaincu que cette prétention n'a aucune vraisemblance. Notre guide lui-même n'a pas grande confiance dans cette tradition populaire; mais quand il nous parle des lieux sanctifiés par la présence de Jésus-Christ, son regard s'enflamme, sa parole s'anime, ses gestes sont expressifs. En le quittant, nous lui serrons cordialement la main, et comme dernier adieu il murmure ces deux noms : Rome et France. Pour les chrétiens de Syrie, ces noms sont un symbole : Rome, centre de l'unité catholique; la France, protectrice des Lieux-Saints.

Les urnes de Cana furent transportées de bonne heure en Occident; plusieurs églises se glorifiaient de les posséder. L'abbaye de Port-Royal en conservait une; on en voyait une autre dans le trésor de l'abbaye de Saint-Denis : la Révolution les a fait disparaître. Le musée d'Angers croit posséder un de ces vases, et un fragment de celui de Saint-Denis est déposé au cabinet des antiques de la Bibliothèque impériale. A Quedlinbourg, en Prusse, se trouve une urne entière; elle fut apportée d'Orient par l'impératrice Théophanie, épouse de l'empereur Othon II. On dit que l'Escurial, en Espagne, en conserve une autre. Othon III en avait donné une à son docte et pieux précepteur, saint Bernward, qui la plaça dans l'église Saint-Michel d'Hildesheim : en 1662, elle fut cassée par le fanatisme protestant; la même église en garde précieusement un morceau. D'autres fragments existent encore en Hongrie.

Les détails qui précèdent prouvent le prix que la piété attachait à la possession de ces vases, instruments d'un miracle signalé [1].

Au pied du coteau sur lequel s'échelonnent les maisons de Cana, jaillit une fontaine abondante et limpide. Pendant que nous goûtons les charmes du repos et de la fraîcheur sous les arbres touffus qui l'entourent, les troupeaux du voisinage, chèvres, vaches, brebis, viennent à la file se désaltérer dans des auges de pierre que les bergers emplissent. Une de ces auges, ornée de sculptures, est un sarcophage antique, sans inscription. Les femmes descendent du village pour faire provision d'eau dans de grandes amphores en terre cuite, qui doivent présenter quelque ressemblance avec les vases de la salle des noces. La plupart de ces femmes sont vêtues d'une longue tunique bleue, sans voile, avec des garnitures de sequins dans leur chevelure noire. Elles regardent les étrangers avec curiosité et d'un air bienveillant : nous pourrions ajouter qu'elles semblent flattées de l'attention avec laquelle nous observons le léger tatouage qui encadre leur bouche et leurs yeux. C'est assurément à cette source, la seule qui coule dans le village et aux environs, que les serviteurs puisèrent l'eau que Jésus, à la prière de sa Mère, changea en vin. Les convives des jeunes mariés de Cana, à l'exemple de l'échanson, trouvèrent ce vin délicieux. En souvenir du miracle, nous goûtons de cette eau, et nous y baignons

---

[1] Au sujet des urnes de Cana on peut consulter les tomes XI et XIII des *Annales archéologiques* publiées par M. Didron.

notre tête et nos mains. Aujourd'hui les vignobles sont rares aux environs de Cana; mais en Galilée, comme dans la Samarie et en Judée, ils produisent des vins auxquels il ne manque pour être excellents que des soins au moment de la vendange et dans la manière de les conserver. Nous avons bu plusieurs fois du vin de Bethléem, qui pourrait sans désavantage soutenir la comparaison avec les meilleurs vins d'Espagne et du midi de la France. Du temps de saint Grégoire de Tours, les vins de Gaza étaient très-estimés dans les Gaules.

L'Écriture fait souvent mention des vignes de la Palestine, et, pour exprimer les douceurs de la paix, elle dit que *chacun se reposait dans sa vigne et sous son figuier.* Les vignobles étaient considérés comme la portion privilégiée de l'héritage de famille; aussi, en plusieurs endroits, le Seigneur compare-t-il le peuple d'Israël à une *vigne choisie.* Jésus-Christ parle souvent de la vigne dans ses paraboles; il va même jusqu'à se comparer à une vigne, dont les Apôtres seraient les branches : *Ego sum vitis, vos autem palmites.*

Les Hébreux, comme les autres peuples civilisés de l'antiquité, faisaient usage du vin dans leurs festins, et trop souvent comme eux ils en abusaient jusqu'à l'ivresse. L'auteur du livre de la Sagesse dit que le vin excite la gaieté; mais il réprimande vivement ceux qui en prennent jusqu'à perdre la raison. Celui que les Juifs prisaient davantage était doux et parfumé, *vinum conditum*, suivant l'expression du Cantique des cantiques[1]; le goût

---

[1] VIII, 2.

et l'odorat étaient flattés en même temps; les Grecs l'appelaient nectar. Ces vins étaient en général épais, et il fallait les mêler d'eau avant de les boire. De là ces expressions : *J'ai dressé ma table et j'ai mêlé mon vin;* — *Venez à mon festin, buvez le vin que je vous ai mêlé.* Les anciens conservaient le vin dans des vases de terre ou dans des outres en peaux de chèvres; le poil était à l'intérieur de l'outre et ordinairement enduit de résine. Ce singulier mode de transport et de conservation du vin, encore en vigueur dans l'Orient, communique au vin une odeur et un goût auquel l'odorat et le palais des Européens ont de la peine à s'accoutumer.

Cana nous rappelle non-seulement le miracle du changement de l'eau en vin, mais encore que Jésus-Christ a voulu par sa présence sanctifier la cérémonie des noces. Les fêtes du mariage n'ont guère changé depuis trente siècles chez les habitants de la Palestine. Beaucoup de circonstances sont actuellement ce qu'elles étaient du temps de Jésus-Christ. Le jour de son mariage, le jeune époux était accompagné d'un *paranymphe,* que l'Évangile appelle l'*ami de l'époux.* Celui-ci faisait les honneurs de la noce et veillait à ce que rien ne manquât. Aussi quelques-uns ont-ils cru que l'*architriclinus* des noces de Cana n'était pas autre que l'ami de l'époux. Les réjouissances et les festins se passaient avec une grande décence, et dans ces réunions, où trop souvent la gaieté chez nous tend à passer les justes bornes, les jeunes filles étaient toujours dans une salle séparée de celle des hommes. La réserve des Orientaux n'a jamais permis ce mélange que les mœurs modernes autorisent. La cérémonie de la noce durait sept jours pour une fille, et trois jours seulement pour une veuve. Ces jours de réjouissance se passaient ordinairement dans la maison du père de la jeune épouse; ensuite on conduisait celle-ci en grande pompe au domicile de son époux, au son des instruments de musique et des chants.

Jésus fit à Cana un autre miracle raconté par saint Jean. « Jésus, dit l'écrivain sacré, vint de nouveau en Galilée, où il avait changé l'eau en vin. Or, il y avait un grand de la cour dont le fils était malade à Capharnaüm. Ayant appris que Jésus était venu de Judée en Galilée, il alla vers lui, et le pria de descendre et de guérir son fils, car il était près de mourir. Jésus lui dit : Allez, votre fils se porte bien. Et cet homme crut à la parole que Jésus lui avait dite, et il s'en allait; et comme il descendait, ses serviteurs vinrent au-devant de lui, et lui annoncèrent que son fils se portait bien [1]. »

Nathanaël était originaire de Cana; on croit que c'est le même que l'apôtre saint Barthélemi. Une petite basilique lui avait été dédiée; transformée depuis en mosquée, elle est abandonnée depuis longtemps.

Avant de rentrer à Nazareth, nous avions résolu d'aller jusqu'à Séphoris, malgré un détour considérable. Le pays de Séphoris n'a pas de limites bien précises; on peut dire qu'il s'étend de la vallée de Cana à la plaine d'Esdrelon, et de la montagne de Nazareth au revers oriental des collines boisées qui se rattachent au vaste plateau du Carmel. La fontaine de Séphoris

---

[1] S. Jean, ch. IV.

est à un kilomètre des ruines de l'ancienne ville, et à quelques pas de la moderne Séfurieh.

Sous le règne d'Hérode Ier, Séphoris était une place importante et par sa position et par sa population ; elle devint même, après Tibériade, la capitale de la Galilée. Des constructions considérables en avaient fait la clef de cette riche province. Après la mort d'Hérode, elle prit part à une insurrection formidable contre l'autorité romaine, et joua un grand rôle dans cette prise d'armes. Varus, alors gouverneur de la Syrie, la réduisit en cendres et vendit tous les habitants à l'encan, afin d'imprimer la terreur aux villes tentées d'imiter son exemple. Cette effroyable catastrophe n'empêcha pas les Juifs de la rebâtir, et beaucoup d'étrangers y établirent leur résidence et des entrepôts de commerce. Hérode-Antipas la fortifia, et lui donna le nom de Diocésarée, parce que, par une basse flatterie, la nouvelle cité avait été consacrée au *divin César*. La prospérité sourit durant quelques années à la population mêlée qui se pressait dans son enceinte; mais comme la fortune est mauvaise conseillère, les habitants de Diocésarée trahirent à la fois les intérêts de leur patrie et ceux des conquérants. A l'approche des Romains, ils jurèrent fidélité aux vainqueurs, et, peu de temps après, menacés par l'armée juive, ils protestèrent de leur dévouement à la cause de l'indépendance nationale. Tant de perfidie ne devait pas rester sans vengeance. Après la destruction de Jérusalem, le Sanhédrin vint y chercher un refuge, avant d'aller s'installer à Tibériade. Enfin, sous l'empire de Constance, à la suite d'une révolte

LE MONT CARMEL.

contre les Romains, Gallus la livra aux flammes et en massacra les habitants. Elle ne se releva jamais complétement de cet échec. Un gros village remplaça la cité; les chrétiens toutefois lui conservèrent une certaine célébrité en y bâtissant une église consacrée à sainte Anne. Après le désastre de Tibériade, où périt la fleur des chevaliers de la Croix, Saladin détruisit Séphoris de fond en comble. Aujourd'hui, au milieu des ruines, on distingue encore les restes d'une tour carrée à la place où fut l'acropole, et les débris de la basilique chrétienne. Il serait à peu près impossible de se faire une idée de ce qu'était Séphoris : sur le sol bouleversé on rencontre pêle-mêle les derniers vestiges des monuments juifs, romains, chrétiens et sarrasins.

La bourgade de Séfurieh s'est éloignée de ce théâtre de désolation, et n'offre au voyageur qu'une chétive apparence, et une population misérable de huit cents fellahs. Tel est l'aspect général de la Syrie. Partout où jadis il y eut une ville florissante, on rencontre à présent un pauvre village; c'est ainsi que l'on peut dire en toute vérité qu'il ne reste plus, sur cette terre éminemment historique, que l'ombre d'un grand peuple, et le souvenir à moitié effacé d'événements fameux. Ajoutons qu'à Séfurieh la population est toute musulmane et animée d'un fanatisme étrange. Rarement les pèlerins visitent les ruines de Séphoris sans être insultés.

Pour arriver au Carmel, nous franchissons d'abord des collines et des vallées fertiles. Les flancs de la montagne sont couverts d'une végétation abondante, et des villages se cachent à l'ombre d'arbres touffus. Toute la population se livre aux travaux des champs. Au milieu des légumes qui emplissent les jardins, on distingue les concombres et les pastèques; la campagne produit le blé, l'orge, le maïs, le doura, le coton. Des troupeaux errent au sein de vertes prairies ou sur le penchant des coteaux. Tout ici respire le calme et l'aisance. Le cultivateur, largement payé de ses sueurs par un sol fécond, serait heureux si le gouvernement qui l'opprime ne tarissait pas la source de sa prospérité en tolérant les exactions des pachas et les vexations des collecteurs de l'impôt.

Entre les têtes des palmiers qui se balancent gracieusement sur le rivage de la Méditerranée, on découvre les blanches maisons de Caïpha. Cette ville est composée de deux longues rues seulement, avec deux places, l'une pour la mosquée, l'autre pour le khan. Rien n'attire le pèlerin à Caïpha; il y fait une station avant d'entreprendre l'ascension du Carmel. La montagne d'Élie et des prophètes, au sommet du cap qui regarde la mer et dans une position ravissante, est couronnée par le couvent et le sanctuaire de Notre-Dame-du-Carmel. Le navigateur, du milieu des flots, l'aperçoit de loin comme un phare. Les vaisseaux chrétiens ne manquaient pas de saluer ce sanctuaire renommé; et aux mâts des navires français, on hisse encore le pavillon national en signe d'hommage à la Vierge protectrice des matelots. De là le regard s'étend dans une perspective ravissante. Saint-Jean-d'Acre montre, au milieu d'une baie bordée de verdure, ses minarets, ses tours et son port. Vers le nord, les montagnes s'élèvent d'étage en étage jusqu'aux sommets du Liban. Le Carmel ne ressemble point aux montagnes de la Judée; il est constamment paré d'une luxuriante végétation. Arbres et buissons ne font qu'un immense massif de verdure sombre : ce sont des touffes de caroubiers, de chênes, de térébinthes et de genêts. Mille fleurs émaillent le gazon, et de tous les coins de la montagne s'exhalent les senteurs des plantes aromatiques. L'Écriture a vanté la beauté du Carmel, en même temps que la gloire du Liban. *Gloria Libani data est ei; decor Carmeli et Saron* [1].

Élie demeura sur le Carmel, qui fut son séjour de prédilection. C'est là qu'il confondit les prêtres de Baal, et qu'il dirigea une école célèbre de prophètes. Il y a deux mille grottes, peut-être, creusées dans les flancs de la montagne. Les enfants des prophètes, et plus tard de pieux solitaires, y chantèrent la grandeur et les louanges de Dieu. Suivant une tradition respectable, la sainte Vierge y serait plusieurs fois venue de Nazareth. Le nom de Marie est devenu la gloire du Carmel. Saint Louis gravit la montagne pour y payer un tribut de piété à la Mère de Dieu. Ici fut le berceau des religieux Carmes et des Carmélites, dignes héritiers de la ferveur des prophètes.

[1] Isaïe, xxxv.

CHAPITRE XXV

TIBÉRIADE

On se décide avec regret à quitter Nazareth. Un chrétien s'habitue aisément à la regarder comme une seconde patrie. Cette ville partage ce privilége avec Jérusalem, Rome et Bethléem. La cité de Marie possède même un attrait tout particulier. Avant de partir, nous descendons au sanctuaire de l'Annonciation, et nous récitons en chœur l'*Angelus*, cette prière dont les sublimes paroles sortirent ici de la bouche de l'Ange et de celle de la Vierge sans tache, qui y devint mère de Dieu. Nous trempons en passant nos lèvres dans l'eau de la *fontaine de Marie*, et nous saluons d'un dernier regard ces lieux embellis des plus touchants souvenirs. Bientôt un repli de terrain dérobe la ville à nos yeux; nous marchons à l'ombre du Thabor, et la plaine d'Esdrelon se déroule encore à nos pieds. O champs fortunés de Nazareth! heureuses les âmes fidèles qui passent ici leur vie, sous la protection de Celle que les catholiques aiment comme une mère, et que Dieu a établie la dispensatrice de ses grâces! Votre gracieuse image, ô Marie, est toujours vivante au milieu de ces collines et de ces vallées que vous avez si souvent parcourues!

Après une marche que la chaleur rend très-pénible, nous gravissons des coteaux qui se succèdent régulièrement, comme si le soc d'une charrue gigantesque avait labouré le sol. Ici commencent à paraître les roches volcaniques qui forment le bassin de la mer de Tibériade, et que nous allons rencontrer dans toute cette région si souvent bouleversée par les tremblements de terre. A notre droite se dressent les deux sommets désignés communément sous le nom de *Cornes d'Hittin*. Devant nous s'ouvre la plaine, si tristement célèbre dans les annales du royaume chrétien de Jérusalem. La plaine d'Hittin fut le champ de bataille rougi du sang de nos chevaliers, où l'œuvre des croisades reçut le coup mortel.

La bataille s'engagea le 2 juillet 1187. Saladin était à la tête d'une armée de quatre-vingt mille hommes; il était maître de Tibériade, et ses soldats étaient postés sur toutes les hauteurs. Les croisés, au nombre de cinquante mille, avaient abandonné imprudemment la position avantageuse de Séphoris. Leurs bataillons s'avancent au milieu d'une nuée de pierres et de flèches lancées par les Sarrasins. A peine engagés au milieu de la plaine, la cavalerie ennemie vient leur barrer le passage. Les chrétiens cependant marchent toujours en avant; rien n'étonne leur courage; mais l'indécision des chefs paralyse leur ardeur. Accablés de chaleur, mourants de soif, sans provisions, les plus intrépides tombent d'épuisement et de lassitude. Guy de Lusignan, qui avait méprisé comme pusillanimes les conseils des vieux chevaliers, ordonne de s'arrêter et de planter les tentes. « Nous sommes perdus, » disait-il. La nuit sépare les combattants.

En capitaine expérimenté, le sultan profite des ténèbres pour envelopper entièrement l'armée chrétienne. Par son ordre, des archers s'emparent des défilés des montagnes. Ses troupes sont absolument maîtresses du terrain. Saladin, comme un lion qui couve sa proie, parcourt les rangs et promet la victoire. De leur côté, les croisés ne restent pas inactifs; ils se rallient et se forment en bataillon carré, décidés à passer à travers les ennemis afin de gagner les rives du Jourdain, ou à périr glorieusement les armes à la main. Pour dissimuler leurs alarmes, ils font toute la nuit retentir leur camp du bruit des tambours et des trompettes.

Enfin le jour paraît; les deux armées sont en présence. Saladin reste immobile : il attend que le soleil ait embrasé l'horizon, sûr de trouver dans la chaleur le plus terrible des auxiliaires. Pour comble de malheur, un vent sec et brûlant soulève des tourbillons de poussière qu'il emporte sur le camp des chrétiens. Les Sarrasins en même temps mettent le feu aux herbes sèches qui couvrent la plaine; la flamme en se propageant enferme nos soldats dans un cercle ardent, et pénètre sous les pieds des hommes et des chevaux. Au signal donné, les infidèles se précipitent en poussant de grands cris.

La confusion ne tarde pas à se mettre dans les rangs de l'armée chrétienne; malgré le trouble qui résulte de tant de causes de désordre, les chevaliers francs sont toujours redoutables. Du sein des tourbillons de fumée, les plus braves, la lance à la main, fondent sur les hordes musulmanes : ils font des efforts inouïs; mais ils viennent se heurter en vain contre des bataillons serrés et hérissés de fer. Cent fois ils retournent à la charge, sans pouvoir ébranler la ligne des ennemis épaisse et solide comme une muraille. En proie à toutes les horreurs de la soif et de la faim, ils ne voient autour d'eux que des montagnes arides, où étincellent les épées de leurs adversaires; à leurs pieds le sol est brûlant; au-dessus de leurs têtes le soleil laisse pleuvoir des rayons enflammés. Le courage des chevaliers du Temple et de Saint-Jean aurait pu sauver l'armée chrétienne, si elle avait pu être sauvée. La déroute commence, déroute effroyable, où fantassins et cavaliers s'embarrassent dans un pêle-mêle horrible. Les uns courent au-devant des lances ennemies, les autres jettent leurs armes et trouvent en fuyant une mort ignominieuse.

Cent cinquante chevaliers restés autour de l'étendard royal ne purent empêcher le roi, Geoffroi son frère, le grand maître des Templiers, et plusieurs illustres guerriers de Terre-Sainte, d'être faits prisonniers; la vraie Croix, rougie du sang des évêques qui la portaient, et des braves qui la défendaient, tomba entre les mains des infidèles. A la vue d'un si épouvantable désastre, plusieurs, dans un morne désespoir, s'enveloppèrent la tête, se mirent à genoux et attendirent ainsi le coup de la mort. Jamais les chrétiens n'avaient éprouvé un pareil malheur en Palestine. Raymond s'ouvrit un passage à travers l'armée ennemie; il s'enfuit à Tripoli, où quelque temps après il mourut de douleur. Renaud de Sidon et le jeune comte de Tibériade, avec mille soldats à peine, survécurent à cette funeste journée.

Un an après cet affreux carnage, un Arabe traversant les champs d'Hittin trouva encore des monceaux d'ossements; les vallées et les montagnes étaient couvertes de restes humains à demi rongés par les animaux sauvages. Telle fut l'impitoyable férocité du vainqueur, qu'il fit égorger sous ses yeux toute la milice chevaleresque du Temple et de l'Hôpital. Pour mieux marquer l'humiliation des chrétiens, un auteur arabe nous apprend qu'on vendit un prisonnier pour une paire de sandales.

La mort de nos ancêtres ne resta pas sans vengeance, quoique de longs siècles aient passé sur leurs ossements blanchis. Ce fut la France qui eut cet honneur, et dans cette même plaine, à quelques pas de Loubi, nos soldats, guidés par Bonaparte, remportèrent sur les musulmans la mémorable victoire du mont Thabor.

Nous traversons tristement ce champ de mort, l'esprit plein de lugubres images. Enfin nous découvrons presque à nos pieds le beau lac de Génésareth, dormant paisiblement entre deux rideaux de montagnes.

LA MER DE TIBÉRIADE.

La lumière brille sur ses ondes transparentes, de jolis oiseaux volent sur le rivage, quelques arbres vigoureux ornent le paysage.

La mer de Tibériade ne ressemble en rien aux lacs des Alpes. C'est le cratère immense d'un volcan rempli d'eau; les bords en sont formés de roches brûlées et déchirées. Mais au-dessus de cette nature grandiose et un peu sauvage planent mille souvenirs évangéliques. Sur les rives de la mer de Génésareth gisent les ruines de Magdala, de Bethsaïde et de Capharnaüm.

De la haute plaine d'Hittin on descend jusqu'à Tibériade le long d'une berge couverte de scories et de pierres noirâtres; le point le plus élevé est à trois cents mètres environ au-dessus du niveau des eaux du lac. On pénètre dans la ville par une porte délabrée, et l'on passe au milieu de murailles croulantes. Le 1er janvier 1837, un tremblement de terre renversa cette ville; un grand nombre d'habitants perdirent la vie, écrasés sous leurs maisons. Telles furent la violence et la durée des oscillations du sol, que les remparts mêmes se lézardèrent et croulèrent en partie; la forteresse seule resta debout. En Orient les ruines se relèvent lentement, quand elles se relèvent; aujourd'hui encore Tibériade offre l'aspect de la plus profonde désolation. Les tremblements de terre ont été fréquents en Palestine, et l'histoire nous a conservé la date de plusieurs de ces terribles phénomènes qui bouleversèrent la Syrie. Le 30 octobre 1759, Tibériade fut entièrement détruite; le 20 mai 1802, et au mois d'août 1822, les villes situées le long des côtes de la Méditerranée, dans les vallées du Liban et de la Galilée, furent ébranlées jusque dans leurs fondements; Alep, à cette dernière époque, fut renversé de fond en comble.

La ville de Tibériade, située sur le rivage du grand lac auquel elle donne son nom, ne remonte pas à une haute antiquité; elle fut bâtie par Hérode-Antipas. Ce prince choisit à cet effet un des plus fertiles territoires de la Galilée, le voisinage des eaux chaudes d'Emmaüs, de tout temps fort renommées, et le bord d'un lac magnifique, jadis sillonné de mille barques de pêcheurs, très-poissonneux et traversé par le Jourdain. De nombreux sépulcres existaient dans le voisinage : aussi les Juifs avaient-ils une extrême répugnance, malgré les priviléges accordés par le roi, à venir se fixer dans la nouvelle cité. Quelques-uns y furent contraints; les étrangers, au contraire, y affluèrent de tous côtés. Grâce aux immunités dont jouissaient les habitants, la population s'accrut rapidement, et Tibériade devint la métropole de toute la Galilée. Elle dut son nom à l'empereur Tibère, auquel elle avait été dédiée; ce n'était pas un nom fait pour porter bonheur : Tibère fut un prince beaucoup plus célèbre par ses crimes et ses débauches que par son habileté politique. Il faut ajouter que l'auteur de cette dédicace était digne de son protecteur; c'est lui qui dans son palais de Machéronte, au milieu d'une orgie, fit trancher la tête à saint Jean-Baptiste. Ce prince avait aussi un palais à Jérusalem, où il interrogea Jésus-Christ, renvoyé par Pilate devant son tribunal.

A l'époque du soulèvement de la Galilée contre les

Romains, Josèphe fortifia Tibériade, et réussit à en faire une place respectable. A l'arrivée de Vespasien, les Juifs, désespérant de pouvoir soutenir une lutte inégale, s'empressèrent de faire leur soumission. Ils se jetèrent aux pieds du conquérant et obtinrent grâce. Ceux qui eurent assez de cœur pour songer à défendre leur indépendance se retirèrent en armes à Tarichée. Titus les y poursuivit et emporta la place. Les malheureux, dont la fortune avait trahi le courage, se réfugièrent dans des barques et gagnèrent le large, espérant échapper ainsi à la vengeance du vainqueur ; mais Vespasien fit construire en hâte et équiper de légers bateaux. Alors s'engagea sur le lac de Tibériade une bataille navale restée célèbre à cause du carnage que firent les Romains. Pas un seul de leurs adversaires n'échappa. La mer, dit Josèphe, était rouge de sang et couverte de cadavres. Quelques jours après, ces corps flottant à la surface de l'eau, enflés et livides, corrompirent l'air d'émanations pestilentielles, de sorte que les contrées voisines en furent infectées : six mille cinq cents hommes avaient péri. Les étrangers qui n'avaient pu suivre leurs compatriotes sur le lac furent saisis à Tarichée et condamnés à mort. Ces infortunées victimes furent conduites à Tibériade, et enfermées dans le lieu des exercices publics. Tous ceux qui étaient incapables de porter les armes, au nombre de douze cents, furent impitoyablement massacrés ; six mille hommes robustes furent envoyés en Grèce travailler au percement de l'isthme de Corinthe; plus de trente mille furent réduits en servitude.

Après la destruction de Jérusalem par Titus, et la dispersion des membres du Sanhédrin, les docteurs juifs les plus renommés vinrent s'établir à Séphoris et à Tibériade. Ils formèrent dans cette dernière ville une école, qui ne tarda pas à acquérir la plus grande autorité parmi les Juifs. Les chefs de cette institution religieuse se proposèrent pour but de conserver intactes les traditions nationales en fixant par écrit les interprétations les mieux accréditées parmi eux. C'était le moyen de couper court à des commentaires qui ne manqueraient pas d'altérer la pureté de la législation mosaïque. Juda surnommé Hakkadosch, c'est-à-dire *le Saint,* recueillit et coordonna toutes les interprétations et les prescriptions qu'il crut appartenir aux traditions anciennes. Son recueil, qui jouit d'une grande réputation parmi ses compatriotes, fut intitulé *Mischnah* ou *Seconde Loi.* C'est le principal texte talmudique, auquel plusieurs écrivains mirent successivement la main, et qui ne fut achevé que vers la fin du second siècle. Cet ouvrage n'avait pu tout embrasser ni tout prévoir. Un siècle après il fut complété par le rabbin Jochanan. Ce second livre fut appelé *Gemara* ou *Complément.* Quelque savant qu'on suppose ce rédacteur, il ne réussit pas à faire adopter son commentaire par tous ses coreligionnaires. Les Juifs nombreux répandus sur les bords de l'Euphrate avaient fondé des écoles qui ne le cédaient guère en érudition à celle de Tibériade, et qui ne lui cédaient en rien quant aux prétentions. Cette rivalité donna naissance à une seconde Gémare, connue depuis sous le nom de *Talmud de Babylone.* Ces grands ouvrages rabbiniques ne sont qu'une compilation indigeste de traités religieux et politiques. Les deux Gémares sont souvent en contradiction. Ce serait d'ailleurs une illusion de croire qu'elles renferment la véritable doctrine des anciens Juifs, conservée au moyen de la tradition. Au milieu de rêveries parfois extravagantes, quelquefois puériles, on rencontre des excitations à la violence, à la rapine et à la cruauté.

Tibériade avait repris une certaine splendeur; les Juifs s'accoutumaient à la regarder comme une seconde Jérusalem. Durant trois siècles, les plus ardents d'entre eux travaillèrent avec constance et énergie à reconstituer leur nationalité et leur indépendance. Quand ils se crurent prêts à engager la lutte, le signal fut donné pour un soulèvement général. Le chef de l'insurrection était le rabbin Akiba, président du Sanhédrin. Mais Dieu confondit la vaine sagesse de ce prétendu Moïse. Akiba tenait dans sa main à Tibériade tous les fils de la vaste conspiration, qui étendait ses ramifications en Palestine, en Égypte, à Cyrène, dans l'île de Chypre et au delà de l'Euphrate. Ce nouveau prophète est l'auteur de la *Kabbale,* interprétation mystique de la loi, que plusieurs auteurs ont flétrie en l'appelant un code de conspiration. La prise d'armes organisée avec tant de peine aboutit à une catastrophe.

L'Évangile ne dit pas que Jésus-Christ soit venu à Tibériade; mais, durant son séjour à Capharnaüm et dans la Galilée, il parcourut fréquemment les rivages de la mer de Génésareth, et il ne paraît pas douteux qu'il n'y soit entré plus d'une fois. On vénère dans cette ville un sanctuaire dédié à saint Pierre, où une tradition constante rapporte que Jésus-Christ confia au prince des Apôtres le gouvernement suprême de l'Église. La mer de Galilée, si éclatante de lumière, est plus éclatante encore aux yeux chrétiens du souvenir des miracles du Sauveur. Marchant un jour le long du rivage, il voit deux frères, Simon et André, qui jetaient leurs filets; il les appelle en disant : « Venez avec moi, et je vous ferai pêcheurs d'hommes. » En un autre endroit, les deux fils de Zébédée, Jacques et Jean, pêcheurs comme les deux autres, raccommodaient leurs filets en compagnie de leur père; Jésus les appelle à sa suite, et sur-le-champ ils quittent leur père, leur barque et leurs filets. Voilà quelques-uns des futurs conquérants du monde; un de ces pauvres pêcheurs de Galilée ira fixer à Rome son humble siége, qui remplacera le trône des Césars.

Un jour que la foule était nombreuse, Jésus monte dans la barque de Pierre et lui ordonne de s'éloigner un peu du rivage. De là il enseigne la multitude : image frappante de ce qui devait se continuer dans toute la suite des siècles; c'est en effet toujours Jésus-Christ qui guide la barque du pêcheur, et qui parle par la bouche de Pierre. Un autre jour le ciel devient sombre, la tempête souffle avec violence; la faible barque est battue par les flots agités. Les disciples sont saisis d'effroi ; Jésus dormait paisiblement : « Maître, s'écrient-ils, sauvez-nous, nous périssons. » Jésus se lève, commande au vent et à la mer, et il se fait un grand calme. Les vagues qui viennent doucement mourir à nos pieds, en laissant à peine un léger sillon d'écume, sont celles de cette même mer qui fut obéissante à la voix du Maître. Ici encore, à la quatrième veille de la nuit, tandis que la barque était ballottée au gré des vents, les disciples voient Jésus marchant sur les flots comme sur la terre ferme. Ils sont d'abord effrayés, croyant voir un fantôme; mais Jésus les rassure en leur disant : « C'est moi, ne craignez point. » Alors Pierre, cédant à un mouvement d'amour et de foi, s'élance hors de la barque et se dirige vers son Maître. Étonné lui-même du prodige qui s'opère en sa faveur, il hésite, et il s'enfonce dans l'eau à mesure que la crainte entre dans son âme. Jésus lui tend la main en lui disant : « Homme de peu de foi, pourquoi avez-vous douté? »

Notre première soirée au bord du lac de Génésareth est délicieuse. Lorsque le soleil commence à baisser sur l'horizon, nous sommes assis sur un fût de colonne renversé, les pieds sur le sable, les yeux fixés tour à tour sur ce vaste bassin, dont un léger zéphyr ride la surface, et sur les roches qui l'enferment de tous côtés. Des légions de poissons se jouent dans les eaux tièdes et transparentes. Le long des grèves des troupes de jolis oiseaux bleus poursuivent les insectes, et prennent leurs ébats. Jadis beaucoup de pêcheurs habitaient Tibériade; aujourd'hui à peine voit-on quelques barques et quelques filets séchant au milieu des ruines. La mer de Galilée a vingt kilomètres de longueur, sur une largeur moyenne de huit kilomètres. Personne ne met en doute qu'elle occupe le cratère d'un volcan; la forme même du bassin qu'elle emplit, les roches volcaniques qui l'entourent, les eaux thermales qui jaillissent dans le voisinage, en sont autant d'indices certains. Si l'on pouvait l'oublier, des tremblements de terre, malheureusement trop fréquents, viendraient le rappeler. L'eau de ce lac est limpide, douce, légère et agréable à boire; elle est toujours un peu chaude, comme l'eau du Jourdain; mais les habitants ont le secret de la rafraîchir; ils la mettent dans des vases poreux qu'ils exposent au grand air et même au soleil : l'évaporation ne tarde pas à enlever une partie du calorique. Ce procédé, mis en pratique dans tous les pays chauds, était connu dans ces contrées il y a deux mille ans. Josèphe l'historien nous apprend que l'eau de la mer de Tibériade, grâce à la précaution que nous venons d'indiquer, devient froide comme de la glace, et tempère délicieusement, durant l'été, les ardeurs de la soif. Autour de ce bassin, la température monte à un très-haut degré, et ne peut être comparée qu'à celle du bassin de la mer Morte. Le niveau de la mer de Tibériade est à deux cent trente mètres au-dessous du niveau de la Méditerranée.

L'ancienne ville de Tibériade s'étendait entre la mer et les montagnes, au midi de la ville actuelle, presque jusqu'aux bains d'eau chaude, qui en sont aujourd'hui à deux kilomètres. A en juger par les débris qui jonchent le sol, restes de bâtiments construits avec une extrême magnificence, cette cité dut être considérable. Le territoire qui l'environne est très-fertile, et se couvrait chaque année de riches moissons. Quinze autres villes se groupaient autour du lac, et formaient une espèce de couronne vivante autour de Tibériade. Cet ensemble formait un spectacle magique, surtout lorsque les eaux étaient sillonnées de barques innombrables aux voiles éployées. « La terre qui environne le lac de Génésareth, dit Josèphe, et qui porte le même nom, est admirable par sa bonté et sa fécondité. Il n'y a point de plantes qu'elle ne puisse produire. On y voit même quantité de noyers, arbres qui se plaisent dans les pays froids : ceux qui aiment les climats doux, comme les figuiers et les oliviers, ceux encore qui ont besoin de la chaleur, comme les palmiers, y croissent et s'y développent merveilleusement. En sorte que la nature, par sa prédilection pour ce beau pays, s'attache à y réunir les productions les plus opposées ; non-seulement elle y donne d'excellents fruits, mais encore elle les conserve si longtemps, qu'on y mange des raisins et des figues pendant six mois, et d'autres fruits pendant toute l'année [1]. »

Les bains chauds de Tibériade sont situés au lieu où fut jadis la bourgade d'Émath ou Emmaüs de Galilée. Ils sont très-fréquentés, et ils jouissent d'une grande réputation. On y vient se guérir de rhumatismes, de paralysie, d'ulcères, du scorbut et de la lèpre. Les plaies invétérées, surtout celles qui proviennent de blessures d'armes à feu, y sont cicatrisées assez promptement. La principale source a une température de cinquante à soixante degrés centigrades; elle exhale une odeur sulfureuse prononcée, et tient en dissolution de la

---

[1] Joseph., *De Bello Jud.*, lib. III, cap. 35.

soude, de la magnésie, du chlore et de la chaux. D'autres sources ont une température et des propriétés différentes. Durant sa courte domination, Ibrahim-Pacha fit restaurer somptueusement l'établissement des thermes de Tibériade. Sous un dôme d'une architecture élégante, des lions en marbre blanc versent l'eau dans des bassins également en marbre.

Depuis longtemps les chrétiens sont peu nombreux à Tibériade; les Pères de Terre-Sainte, jusqu'à ces dernières années, n'y avaient aucun établissement. Aujourd'hui, ils y entretiennent deux ou trois religieux, envoyés de la maison de Nazareth. Saint Épiphane raconte que, sous l'empire de Constantin, le comte Joseph y fonda une église, et qu'il consacra à cet usage un monument resté inachevé et connu sous le nom d'*Adrianeum*. C'était sans doute un de ces curieux édifices que Lampride mentionne comme ayant été bâtis par les empereurs Alexandre-Sévère et Adrien, et où l'on n'avait pas érigé de statues. Au vi^e siècle, Justinien, un des princes grands bâtisseurs, fit relever les remparts de Tibériade et restaurer les églises. Un pèlerin du viiie siècle dit qu'il y visita plusieurs temples, dont un surtout étalait une grande magnificence. Dans les premiers mois de l'année 1100, Tancrède parcourut les armes à la main toute la province de Galilée, s'empara de Tibériade et de plusieurs autres villes, qui composèrent sa principauté. Le prince de Tibériade administra sagement ses petits États, dont le sort fut étroitement lié avec celui du royaume chrétien de Jérusalem. L'évêque de Tibériade était suffragant de l'archevêque de Nazareth. Peu de jours avant la triste journée d'Hittin, Saladin entra dans la ville sans trouver aucune résistance. Il n'y fut pas cependant entièrement le maître : la citadelle tint bon longtemps. La défense y fut organisée par une femme, digne épouse de Raymond, comte de Tripoli, laquelle lutta avec une valeur digne d'un meilleur sort, même après la défaite de l'armée chrétienne.

Les environs de Tibériade sont beaucoup plus intéressants pour le voyageur chrétien que la ville même. Notre première course fut dirigée vers la *montagne des Béatitudes*. En sortant de Tibériade par la porte du nord, nous traversons d'abord le champ à jamais célèbre par la multiplication des pains et des poissons. C'est là que Jésus-Christ, ayant pitié de la multitude qui le suivait pour l'entendre prêcher, nourrit cinq mille personnes avec cinq pains et deux petits poissons. Le souvenir de ce prodige vit encore dans la mémoire des habitants; les Arabes appellent ce lieu Kams-Kobzath (les cinq pains), et les étrangers *Pane e Pesce* (pain et poisson). Le misérable village d'Hittin est au pied de la montagne sur laquelle Jésus-Christ, après la vocation de ses apôtres, prononça ce discours célèbre : Bienheureux ceux qui souffrent persécution pour la justice; bienheureux ceux qui pleurent; bienheureux les pauvres d'esprit. Après avoir rapporté le *Sermon de la montagne*, l'évangéliste [1] remarque que le peuple était dans l'admiration de la doctrine de Jésus, parce qu'il

---

[1] Matth., ch. VIII, vers. 28 et 29.

instruisait *comme ayant autorité*, et non pas comme les scribes et les pharisiens. Le caractère divin de l'enseignement de Jésus-Christ, qui excitait l'admiration de ses auditeurs, est et sera toujours celui de l'enseignement de la véritable Église. Les sectes chrétiennes ne semblent pas avoir confiance en elles-mêmes : elles parlent avec hésitation, elles changent de langage suivant les conjonctures; elles se contredisent, elles montrent qu'elles ne possèdent ni liberté ni puissance. L'Église catholique seule parle comme ayant autorité, *tanquam potestatem habens*. Un des philosophes modernes les plus illustres, M. le comte Joseph de Maistre, en a fait la remarque : « Prenez place, dit-il, dans l'auditoire du plus modeste curé de campagne; si vous y apportez l'oreille de la conscience, vous sentirez, à travers des formes simples, peut-être grossières, que le ministre est à sa place, et qu'il parle comme ayant la puissance. »

Au sommet de la plus haute des *cornes d'Hittin*, il existe des restes de constructions antiques : une assez large citerne, des décombres, des fondations au ras du sol indiquant un établissement considérable. Ces ruines n'ont pas été signalées par les voyageurs; l'ascension de la montagne, en effet, est très-pénible. Les matériaux de construction ont été pris sur les lieux : ce sont des pierres basaltiques. Quelle fut la destination de ces bâtiments? L'histoire garde à ce sujet un profond silence. On peut croire qu'une forteresse couronna jadis cette hauteur, ou qu'une chapelle y fut érigée à l'époque où la pieuse mère de Constantin et plus tard sainte

Paule visitèrent tous les lieux consacrés par la présence du Sauveur.

L'ouadi Hammam (*vallon des pigeons*) est ombragé des plus beaux jujubiers du monde. Un peu plus loin, à droite, de profondes cavernes s'ouvrent dans le flanc du rocher. L'historien Josèphe nous apprend qu'elles servirent de refuge aux brigands de Syrie, qu'aucune force ne pouvait débusquer de ce repaire. On les confond avec les cavernes d'Arbéla, assez spacieuses pour contenir six cents hommes. Dès que nous eûmes atteint la plaine qui longe le lac, nous gagnons le village arabe de Medjel, qui remplace la ville de Magdala. Jésus se rendit à Magdala après le miracle de la multiplication des pains : c'est la patrie de Marie, qui en a pris le surnom de *Magdalena*. En suivant les bords de la mer, nous traversons une plaine magnifique remplie d'arbustes, d'arbres vigoureux et de hautes herbes : c'est la plaine de Génésareth, arrosée de plusieurs fontaines abondantes. En ce moment la végétation et les fleurs embaument l'air; toute la campagne est coquettement parée, comme la femme mondaine dont parle l'Évangile.

Bethsaïde est la patrie de saint Pierre, de saint André et de saint Philippe; c'était autrefois un bourg peuplé de pêcheurs. Quelques ruines à deux pas du village en indiquent la position. Corozaïn n'a pas même laissé de ruines. Jésus-Christ visita plusieurs fois ces villes, qui ne lui donnèrent que des témoignages d'ingratitude et d'incrédulité. Aussi prononça-t-il contre elles ces paroles de malédiction : « Malheur à toi, Corosaïn! malheur à toi, Bethsaïde! parce que, si les miracles qui ont été opérés au milieu de vous avaient été faits dans Tyr et dans Sidon, il y a longtemps qu'elles auraient fait pénitence dans le cilice et dans la cendre! »

Enfin nous touchons aux derniers vestiges de la ville de Capharnaüm, seconde patrie du Sauveur, qui, comme Nazareth, a eu l'insigne privilége d'être appelée *sa ville*, où il opéra un grand nombre de miracles éclatants. Hélas! que reste-t-il des édifices qui en firent jadis l'ornement et la gloire? « Et toi, Capharnaüm, disait le Sauveur, t'élèveras-tu toujours jusqu'au ciel? » Des pans de muraille, quelques fûts de colonnes couchés à terre, des blocs de trachyte, des pierres sculptées, et de misérables masures arabes, voilà ce qui reste de cette cité orgueilleuse. Le site est charmant; les eaux de la mer de Galilée viennent mouiller doucement les débris qui couvrent le rivage, et de beaux jujubiers mêlent leurs panaches de verdure à la couleur sombre des pierres amoncelées en désordre. Un pèlerin du xvie siècle y vit deux grands palmiers; ils sont morts, et de faibles rejetons sortis de leurs racines y croissent avec peine. Ici, suivant toute apparence, s'élevait l'église dédiée à saint Pierre, sur l'emplacement de la maison de sa belle-mère : on y découvre la trace d'un travail des croisades. Si le monticule qui domine les décombres était fouillé, comme on a fait pour ceux de Ninive, l'archéologie y ferait probablement les découvertes les plus précieuses. Des antiquaires ont déjà emporté des chapiteaux de marbre finement travaillés et des fragments de sculpture. Tandis que nous regardions curieusement ces ruines, remuant quelques-unes de ces pierres sur lesquelles peut-être se sont fixés les regards du Sauveur, un Bédouin parut tout à coup, vêtu de haillons, un long fusil à la main, les yeux hagards et menaçants. Nous avions troublé sa solitude; il craignait que des étrangers ne vinssent s'emparer de son domaine. Il pousse un cri sauvage, et aussitôt une bande de brigands répond à son appel. Malgré nos signes d'amitié, cette troupe, par ses gestes et ses imprécations, montre des intentions hostiles. Nous ne sommes pas en nombre pour lutter contre des forcenés, et, tout en faisant bonne contenance, nous commençons à battre en retraite. Il était temps. Avant de quitter Tibériade, nous avions loué une barque qui nous attendait sur la rive. C'était l'arrivée de cette barque et la présence de nos matelots qui avaient jeté de la défiance dans l'esprit soupçonneux des Arabes. Quelques coups de rame nous éloignent de cette côte inhospitalière; mais comment s'en séparer sans évoquer les souvenirs qu'elle rappelle? Nous voguons paisiblement sur ces flots azurés que Jésus traversa tant de fois. Durant sa vie publique, le Sauveur résidait habituellement à Capharnaüm. Il y guérit un paralytique que quatre hommes descendent à ses pieds par le toit d'une maison, tant la foule est pressée. Un chef de la synagogue se présente à lui, la figure triste, les vêtements en deuil. « Seigneur, dit-il, ma fille vient de mourir; venez lui imposer les mains, et elle vivra. » Jésus, attendri au spectacle de la douleur paternelle, le suit et entre dans sa maison. Il prend la jeune fille par la main et la rappelle à la vie. La mort reconnaît la voix puissante qui lui commande de lâcher sa proie. Ici une pauvre femme affligée d'une perte de sang depuis douze années, touche le bord de son manteau, et recouvre la santé qu'elle avait perdue depuis si longtemps. On peut dire que les miracles se succèdent sans interruption dans cette ville choisie; les évangélistes ne prennent pas la peine de les énumérer. « Le soir, disent-ils, on lui amena tous les malades et tous les possédés du démon, et il les guérit. »

Je me lève dans la nacelle qui glisse sur les eaux; j'adresse un signe d'adieu à cette terre des miracles, et, à l'exemple d'un pèlerin du moyen âge, je m'écrie : « O patrie de mon Sauveur ! champs que souvent ont foulés ses pieds divins, malgré l'état de désolation dans lequel je vous vois tristement, je vous aime par-dessus les pays les plus riches, les campagnes les plus fertiles, et les cités les plus vantées ! »

SYRIE

CHAPITRE XXVI

DAMAS ET BALBECK

DE Jérusalem à Damas on compte environ 180 kilomètres, et Tibériade est à plus de moitié chemin. Le voyage à travers la Judée et la Samarie ne se fait pas sans fatigue; mais au delà de Tibériade, dans les montagnes de l'Anti-Liban ou à travers les hauts plateaux déserts du Hauran, il faut y ajouter mille dangers. Au sein de ces régions, rarement visitées des Européens, le fanatisme musulman est facile à enflammer; d'un autre côté, les voleurs s'y montrent d'autant plus audacieux, qu'il est presque impossible de les atteindre, si toutefois, par hasard, la justice des agas sort de sa somnolence habituelle pour se mettre à leur poursuite. L'Arabe pillard connaît les allures ordinaires de ceux que nous appellerions chez nous les gens de loi et les surveillants de la police; aussi dort-il en paix, sans crainte et sans souci. Il ne respecte pas même les pèlerins de la Mecque. Malheur aux traînards qui suivent la grande caravane de Bagdad, d'Alep et de Damas!

Dès qu'on sort de Tibériade, on découvre la ville de Safed au sommet d'une montagne. Bientôt aux rives encaissées de la mer de Galilée succèdent de frais vallons, arrosés de fontaines abondantes. La végétation y paraît luxuriante, et sur le bord de sources chaudes, dont l'odeur sulfureuse trahit l'origine volcanique, elle s'épanouit plus splendidement encore. Parmi des arbres au feuillage touffu se dressent, comme dans un verger, de beaux arbres à fruit, noyers, poiriers, oliviers, grenadiers, orangers. Les coteaux sont couronnés de pampres : la vigne y produit des vins généreux, qui ne le cèdent point en qualité aux fameux vins d'or du Liban. Par suite d'une vieille routine, les habitants du pays gardent leurs vins dans des vases en terre enduits de térébenthine à l'intérieur, ce qui leur donne une odeur et une saveur désagréables.

Après avoir escaladé plusieurs collines, nous montons les gradins en pente douce sur lesquels s'étagent les maisons de la ville actuelle dans un désordre pittoresque. La population de Safed est d'environ dix mille âmes; elle a beaucoup décru depuis que la cité a perdu le titre et les prérogatives de capitale de la Galilée. Au xviiie siècle, le puissant cheik Daher transporta le siége de son autorité à Acre, sur les rivages de la Méditerranée. Depuis cette époque, Safed n'est plus en communication avec le commerce européen, dont l'entrepôt est à Saint-Jean-d'Acre et à Beyrouth ; les caravanes qui vont de Damas en Égypte, et du Caire à Bagdad, moins fréquentes et moins nombreuses qu'autrefois, s'arrêtent à huit kilomètres environ de la ville, au khan de Joseph. Ainsi Safed a-t-il vu peu à peu dépérir son importance et ses richesses. Les Juifs y sont cependant toujours nombreux, et y jouissent de priviléges qui leur sont inconnus dans les autres places de Syrie. Jérusalem, Tibériade et Safed sont pour eux trois villes saintes ; ils croient que, lorsque le Messie viendra sur la terre, il règnera d'abord quarante ans à Safed, avant d'aller fixer à Jérusalem le siége de sa puissance. Les écoles rabbiniques de Safed ne furent pas moins célèbres que celles de Tibériade. Aujourd'hui encore le grand rabbin fait sa résidence à Safed, où plusieurs Juifs d'Europe et d'Asie viennent s'établir vers la fin de leur vie, afin d'être ensevelis dans le cimetière où dorment leurs ancêtres. On y comptait autrefois jusqu'à trente synagogues. Actuellement il y en a deux, l'une et l'autre fort pauvres : quelques nattes d'Égypte, des siéges de bois, des lampes de cuivre argenté, l'armoire dans laquelle est gardée la Bible, voilà tout le mobilier.

Si l'on veut se faire une juste idée de Safed, qu'on se figure cinq gros villages bâtis en amphithéâtre au milieu de ruines et d'arbres, séparés les uns des autres par d'assez larges intervalles, tous à l'ombre de la même forteresse. La plupart des maisons sont petites, carrées et terminées en terrasse. Quelques-unes seulement présentent quelque apparence de luxe, et encore ce luxe est-il plutôt un vestige du passé qu'une jouissance du présent. La ville n'a pas de murs d'enceinte; elle est protégée par sa position; il est vrai que la forteresse, à présent délabrée, était bien propre à inspirer le respect. C'est le tremblement de terre du 1er janvier 1837 qui l'a ébranlée, en renversant un grand nombre de maisons. Cinq mille personnes périrent dans ce désastre. Du haut des murailles du château, on jouit d'une vue admirable. Le regard s'étend dans un horizon sans bornes, excepté du côté du nord, où il est arrêté par le mont Hermon et la chaîne voisine de l'Anti-Liban. A l'ouest, dix chaînes de montagnes, à partir du lointain Carmel, viennent se dérouler à vos pieds comme des vagues immenses, brillantes ou obscures suivant qu'elles sont éclairées par le soleil; au sud-est le lac de Tibériade miroite et resplendit, ainsi que le cours du Jourdain qui s'enfonce comme un serpent dans une vallée profonde, au milieu d'arbustes et de roseaux.

La principale industrie de Safed consiste en teintureries d'indigo, dont l'art est héréditaire dans certaines familles israélites, en filatures de coton et en fabriques de toile, que les tisserands ont le secret de rendre blanche comme la neige. On y fabriquait autrefois de riches tissus de soie et des étoffes mêlées de fils d'or et d'argent. C'est ici, s'il faut en croire les prétentions des habitants, que furent inventés et exécutés longtemps les élégants tissus *damassés*, qui firent ensuite la réputation et la fortune de Damas. Maintenant les métiers à tisser la soie ont presque tous disparu ; le Liban seul, au fond de ses vallées, à l'abri des invasions et des troubles politiques, a conservé la fabrique des soieries et des tissus mêlés. Les filatures de coton ne peuvent pas lutter avec celles de l'Europe, surtout celles de l'Angleterre, qui inondent le pays de leurs produits à bon marché. Sous ce rapport comme sous beaucoup d'autres, à mesure que l'influence de l'Occident pénètre au sein de ces contrées, réputées inabordables jusque-là, le génie européen met en évidence les vices de ces populations énervées par l'islamisme, et abruties sous le joug humiliant des Turcs.

On pourrait encore se faire illusion sur la prospérité de Safed à la vue du grand bazar ou marché qui s'y tient tous les vendredis, semblable à celui qui a lieu tous les lundis au pied du mont Thabor. C'est un bizarre pêle-mêle des costumes les plus divers, dont la vue est tout à fait curieuse pour un Européen, et j'ajouterai propre à charmer les yeux d'un artiste par la diversité des formes et des couleurs : les Motoualis des confins de Sour, les Bédouins du Ghor, et même les Druses de l'Anti-Liban y viennent en foule. Là, un Juif est à côté d'un cavalier arabe ; un Turc brillant heurte un Motouali sauvage ; un Moucre nazaréen fume le chibouk à côté d'un Okal druse, et un riche marchand d'Acre près d'un fellah du Djolan. Les étoffes, les comestibles, les tentes, les cafés, les chevaux, les lances, les vendeurs, les acheteurs, les cris divers, la confusion des races, les nuages de poussière, l'effet du soleil sur cette foule en mouvement, tout cela forme un ensemble étrange, spectacle aussi neuf que surprenant. Le champ de foire est le penchant occidental de la montagne, que couvre du même côté, mais vers le sommet, le quartier des Juifs. Le bazar s'étend au-dessous d'un bois d'oliviers, jusqu'aux fossés de la forteresse, sur une étendue d'environ un kilomètre [1].

Le voyageur chrétien ne saurait oublier que ce même espace envahi par le tumulte fut arrosé du sang chrétien à l'époque des croisades. Six cents soldats y furent martyrisés en 1266 par le féroce Bibars. Réduits à la dernière extrémité après une résistance héroïque, les guerriers francs avaient accepté une capitulation honorable. Le vainqueur leur avait promis la vie sauve et la liberté de regagner la ville de Ptolémaïs. Violateur de la foi jurée, le sultan fit désarmer les prisonniers et leur laissa le choix entre l'apostasie et la mort. Il n'y eut pas d'hésitation ; tous aimèrent mieux mourir que d'embrasser la religion de Mahomet : leur sang coula comme un ruisseau sur le penchant de la montagne. Safed rappelle d'autres souvenirs des croisades : on attribue au roi Foulques la fondation du château, dont la garde fut confiée longtemps aux chevaliers du Temple.

Quelques voyageurs ont cru à tort que Safed est l'antique Béthulie, patrie de Judith. La tradition rapporte que Jésus-Christ montrait cette ville, après le discours des Béatitudes, en disant à ses disciples : « Vous êtes la lumière du monde. On ne peut cacher une ville située sur une montagne [2]. »

---

[1] Voyez *Correspondance d'Orient*, tome VII.

[2] S. Matthieu, ch. v, vers. 14.

En descendant de Safed, au lieu de prendre la grande route de Damas, nous remontons vers le lac Houlé et la source du Jourdain. La vallée du fleuve est agréable; la fraîcheur des eaux donne naissance à une quantité d'arbrisseaux et de fleurs : ce sont des lauriers-roses, des gatiliers aux jolis épis bleus, des pieds d'alouette, des ombellifères. Les berges du lac Houlé sont encombrées de joncs, de roseaux et de papyrus. Depuis longtemps déjà le papyrus est rare au bord du Nil, quoique jadis il ait été très-commun en Égypte. Les tiges, dépourvues de feuilles, hautes de deux à trois mètres, se terminent en une large ombelle dorée, brillante et légère, qui se balance au vent avec grâce, et dont les anciens faisaient des couronnes pour les dieux. Pline et Théophraste ont longuement écrit sur le papyrus, et nous ont fait connaître les services qu'il rendait aux habitants de l'Égypte. Les grosses racines desséchées étaient employées comme bois de chauffage; elles étaient assez solides pour être ciselées en forme de coupes. On mangeait la moelle et les jeunes pousses, et les tiges encore tendres étaient rôties, afin de perdre leur fadeur et de flatter le goût. Avec les tiges entrelacées on fabriquait des corbeilles, et même des nacelles qu'on enduisait de bitume pour les rendre impénétrables à l'eau. L'écorce servait à faire des voiles, des cordages, des vêtements, et surtout le papier fameux, dont on retrouve des fragments jusque sur les momies des dynasties les plus anciennes. Ces antiques papyrus, si recherchés des savants, sont couverts d'inscriptions et de peintures. Il semble que le temps n'ait pas eu la moindre prise sur leur fragile tissu ; après plus de trente siècles ils sont mieux conservés que les solides papiers légués par le moyen âge. La préparation des feuilles de papyrus était très-simple. On enlevait avec soin les membranes circulaires ou enveloppes intérieures de la tige; on les étendait sur une table, en prenant soin de les rapprocher le plus possible ; on les humectait légèrement avec de l'eau du Nil, qui servait à les coller et à les unir ensemble ; sur cette première feuille on en posait une seconde, en ayant soin de placer les fibres dans un autre sens ; la feuille était ensuite mise en presse et séchée au soleil ; enfin on la battait avec un marteau, et on la polissait avec un instrument fort lisse. Lorsqu'on voulait transmettre le papier à la postérité la plus reculée, on avait l'attention de le frotter d'huile de cèdre, qui lui communiquait l'incorruptibilité de cet arbre. L'Égypte resta longtemps en possession de fournir le papier à toutes les nations civilisées, qui l'employaient conjointement avec le parchemin. Le papier d'Égypte eut le même cours dans les Gaules qu'en Orient et en Italie, et servit à écrire les actes publics. Sous nos rois mérovingiens, il était tellement à la mode, que le parchemin n'y fut presque d'aucun usage pendant plus d'un siècle. On fixe communément l'invention du papier de coton au IXe siècle ; il ne tarda pas à remplacer le papyrus en Orient, où il prit naissance. Au XIIe siècle, ce beau papier, que l'industrie moderne n'a jamais surpassé, se répandit en Europe, où le *papier de chiffon* fut inventé vers la même époque.

Du lac Houlé aux sources du Jourdain, la distance

n'est pas longue. Banias, l'ancienne Panéas ou Panéade, est à un kilomètre environ de la grotte d'où jaillit la source intermittente, qui s'échappe à travers les pierres en quatre ou cinq filets. Plusieurs autres sources prennent naissance au même endroit, car on voit l'eau bouillonner autour des rochers, et à quelques pas seulement elle se précipite en cascades bruyantes. Rien n'est frais et gracieux comme les rives du fleuve sacré, à l'endroit où il commence son cours. Entre mille plantes qui se pressent au bord de l'eau, on distingue la véronique aquatique, avec ses jolis épis bleus de fleurs à deux étamines, des figuiers, des platanes, des saules, des mûriers, des lauriers-roses, des micoucouliers, le sumac, l'azédarach, aux grappes de petits fruits rouges, des rubus épineux, des clématites, des chèvrefeuilles, des lianes et des vignes.

Panéas reçut le nom de *Cæsarea Philippi*, Césarée de Philippe, en l'honneur de l'empereur Auguste, auquel elle fut dédiée par Philippe, un des fils du roi Hérode le Grand. La flatterie changea encore le nom de cette ville; le jeune Agrippa l'appela *Néroniade*, en l'honneur de l'empereur Néron. Durant les croisades, Guillaume de Tyr l'appelait Belinas. Saint Louis s'en rendit maître, et, pendant la trop courte durée du royaume chrétien de Jérusalem, cette cité joua un certain rôle, qui finit entièrement sous le gouvernement des sectateurs de Mahomet. Aujourd'hui ce n'est plus qu'un village perdu au pied des montagnes, inconnu du monde, connu seulement des percepteurs de l'impôt, n'ayant gardé de sa prospérité passée que ses eaux et ses ombrages.

Pour gagner Damas, on peut suivre plusieurs chemins; la voie principale, qui a reçu le nom de *grande route des caravanes*, n'est en réalité qu'un sentier à peine tracé, impraticable aux voitures, accessible seulement aux chevaux et aux chameaux. La plaine de Damas a toujours joui en Orient d'une immense et juste popularité, comme la cité a constamment occupé le plus haut rang parmi les plus opulentes villes de l'Asie. On l'aperçoit de loin. Au milieu d'une riante campagne, sillonnée de rivières répandant partout la fraîcheur et la fécondité, se dressent les nombreux minarets et les coupoles brillantes de l'antique capitale de Syrie. Au sortir du désert, quand on a été longtemps exposé aux brûlants rayons du soleil, sans pouvoir s'abriter sous le toit mobile du feuillage des arbres, on comprend l'enthousiasme des poëtes qui ont salué Damas des noms pompeux de *Perle de l'Orient*, de *Paradis de la terre*, de *Collier de la beauté*. C'est au fleuve Baradah, qui se divise en plusieurs branches, qu'est due toute cette magnificence. Aussi les anciens l'appelaient-ils avec raison *Chrysorrhoas*, le fleuve aux flots d'or. Partout les arbres fruitiers les plus variés répandent le parfum de leurs fleurs et de leurs fruits. Cent jolies maisons de campagne se cachent au milieu de jardins enchantés. Plusieurs passages de l'Écriture représentent Damas comme un séjour de délices et de voluptés. Tous les conquérants de l'antiquité s'en sont disputé la possession. Les Hébreux, les Assyriens, les Grecs, les Romains, en furent successivement les maîtres. Vers le commencement de l'hégire, les lieutenants des califes s'en emparèrent, et depuis le viie siècle elle est toujours restée au pouvoir des musulmans.

Damas et l'admirable oasis qui l'entoure ont été de tout temps l'entrepôt et comme le centre de toutes les villes commerçantes de l'antiquité : Orfa, Hiérapolis, Babylone, Palmyre, Balbeck, Tyr, Sidon, Élath, Gaza et l'Égypte; c'était une station nécessaire pour les armées des Assyriens, des Chaldéens, des Égyptiens, des Phéniciens et de tous les peuples qui se disputèrent l'empire de l'ancien monde.

Au temps où David était dans toute sa gloire, les rois de Damas portaient tous le nom général de Hadad, comme ceux d'Égypte s'appelaient Pharaons. Les livres des Rois font mention à plusieurs reprises de princes de Syrie nommés Ben-Hadad, c'est-à-dire *fils de Hadad*. Lorsque le roi Achab contracta alliance avec Benhadad, roi de Syrie, il fut stipulé que les Juifs pourraient occuper un quartier de Damas. Cette colonie ne tarda pas à y acquérir de grandes richesses, comme les Juifs plus tard répandus en Europe; comme ces derniers aussi, ils excitèrent contre eux des haines violentes. Au moment où saint Paul allait à Damas persécuter ceux de ses compatriotes qui avaient embrassé la foi de Jésus-Christ, les Juifs y étaient nombreux. L'historien Josèphe nous apprend un fait curieux : c'est que la plupart des femmes de Damas professaient la religion de Moïse. La *rue Droite*, où demeura saint Paul, subsiste encore, et elle porte le même nom; elle était située dans le quartier des Juifs. La parole ardente de l'Apôtre retentit dans la synagogue. « Saul confondait les Juifs qui demeuraient à Damas, leur prouvant que Jésus est le Christ. » L'auteur des Actes des Apôtres, qui raconte en termes si simples et si laconiques le résultat de la première prédication de saint Paul, nous fait connaître aussitôt l'argument des Juifs contre lui, argument auquel il n'y a pas de réplique. « Les Juifs, dit l'historien sacré, résolurent de le faire mourir [1]. » Chacun sait comment il réussit à éviter ce genre d'argumentation. Pendant la nuit, les fidèles le descendirent dans une corbeille par-dessus le rempart de la ville. On montre encore au voyageur l'endroit où eut lieu l'évasion de l'Apôtre. Sur les murailles cent fois réparées, mais dont quelques parties composées de blocs énormes sont dues aux Phéniciens d'après les antiquaires, de pauvres fellahs ont appuyé leurs maisonnettes, de même qu'en Égypte ils ont élevé leurs chétives demeures sur les temples et les palais des Pharaons. Il serait facile, comme au temps de saint Paul, de faire descendre quelqu'un dans les fossés, sans éveiller le moindre soupçon, en employant le même stratagème. A un kilomètre environ de la porte méridionale de la ville, à l'endroit où se trouve le cimetière des chrétiens, le persécuteur fut renversé sur le chemin, ébloui d'une lumière céleste, et changé au son d'une voix qui disait : « Saul, Saul, pourquoi me persécutez-vous? » Les chrétiens avaient érigé une église sur l'emplacement où eut lieu ce prodige. Il n'en reste plus qu'un monceau de ruines et des colonnes étendues par terre. Chaque année, le jour de la Conversion de saint Paul, les chrétiens de Damas y viennent processionnellement.

[1] *Actes des Apôtres*, ch. ix, vers. 22 et 23.

La chrétienté fondée par Ananie a toujours eu des membres fervents, malgré le fanatisme musulman, plus âpre ici que partout ailleurs, au moins jusqu'à ces derniers temps. Séparée du littoral de la Méditerranée par une double chaîne de montagnes, ouverte seulement du côté du désert, la ville de Damas est restée en communication presque exclusivement avec les tribus arabes nomades, et avec les villes de Bagdad, d'Alep et de la Mecque. Il est aisé de comprendre pourquoi, dans un isolement aussi complet de l'Europe, elle a conservé les traditions intolérantes de l'islamisme primitif. Ici se réunissent les bandes d'innombrables pèlerins allant au tombeau de Mahomet, excitées à la fois et par l'enthousiasme religieux et par les fatigues d'un pénible voyage. Lorsque les caravanes reviennent du fond de l'Arabie, décimées par les privations et les maladies, exaltées par le souvenir des lieux qu'elles ont visités, et qui ne rappellent que les combats, les succès et les doctrines sauvages du fondateur de l'islamisme, elles attisent partout le feu du fanatisme musulman. Malheur aux familles chrétiennes qui se rencontrent sur le passage de ces forcenés, dont l'exaltation approche du délire! La caravane passe comme un orage, jalonnant sa marche d'une longue traînée de sang, de ruines et de cendres.

A l'époque des croisades, les chrétiens firent plusieurs tentatives pour se rendre maîtres de Damas. En 1148, eut lieu la plus célèbre des expéditions organisées contre ce boulevard des infidèles. Les chrétiens se croyaient sûrs de la victoire : ils avaient à leur tête Conrad, empereur d'Allemagne; Louis VII, roi de France; Baudouin III, roi de Jérusalem, sans compter mille braves chevaliers accoutumés au dur métier des armes. Déjà nos soldats occupaient les champs fertiles qui entourent Damas. La résistance la plus opiniâtre, et cent combats meurtriers n'avaient pu les arrêter. On se disposait à ouvrir le siége et on entrevoyait l'issue de cette glorieuse campagne, quand la discorde vainquit ceux qu'une lutte sanglante n'avait pu ébranler. La cause des dissensions fut le partage anticipé d'une ville qu'on n'avait pas prise encore ; quelques-uns voulaient d'avance en donner la principauté à Thierri d'Alsace.

« Le roi de Jérusalem, dit l'historien des croisades, marchait à la tête de son armée et des chevaliers de Saint-Jean et du Temple ; après les chrétiens d'Orient s'avançaient les croisés français, commandés par Louis VII. L'empereur d'Allemagne, qui avait rassemblé les débris de son armée, formait le corps de réserve, et devait garantir les assiégeants des surprises de l'ennemi.

« Le roi de Jérusalem poursuivait les musulmans avec ardeur ; ses soldats se précipitaient avec lui dans les rangs ennemis, et comparaient leur chef à David, qui, au rapport de Josèphe, avait autrefois tué un roi de Damas. Les Sarrasins s'étaient réunis sur le bord de la rivière qui coule sous les murs de la ville, pour en écarter à coups de traits et de pierres les chrétiens accablés par la chaleur, la soif et la fatigue. En vain les guerriers commandés par Baudouin s'efforcèrent plusieurs fois d'enfoncer l'armée des musulmans, ils trouvèrent une résistance invincible : ce fut alors que l'empereur d'Allemagne signala sa bravoure par un fait d'armes digne des héros de la première croisade. Suivi d'un petit nombre des siens, il traverse l'armée française, que la difficulté des lieux empêchait de combattre, et vient prendre sa place à l'avant-garde des croisés. Rien ne résiste à son attaque impétueuse; tous les ennemis qu'il rencontrait tombaient sous ses coups, lorsqu'un Sarrasin d'une taille gigantesque, et couvert de ses armes, s'avança au devant de lui pour le défier et le combattre. L'empereur allemand accepte le défi, et vole aussitôt à la rencontre du guerrier musulman. A la vue de ce combat singulier, les deux armées immobiles, saisies de crainte, attendaient qu'un des deux champions eût terrassé son adversaire, pour recommencer la bataille. Bientôt le guerrier sarrasin est renversé de son cheval; un coup d'épée déchargé sur l'épaule du musulman avait partagé son corps en deux tronçons. Ce prodige de force et de valeur redoubla l'ardeur des chrétiens, et jeta l'effroi parmi les infidèles. Dès lors les musulmans se préparèrent à chercher leur sûreté dans la ville, et laissèrent les croisés maîtres des bords de la rivière. Mais l'ambition des chefs de l'armée fit perdre le fruit d'une grande victoire, et, la division s'étant mise parmi eux, le désespoir s'empara de l'armée, qui abandonna au bout de quelques jours une entreprise dont les préparatifs avaient occupé l'Europe et l'Asie. »

En entrant à Damas, nous avons l'imagination toute remplie de ces souvenirs de bataille. Durant tout notre voyage d'Orient, pas une seule journée ne s'est écoulée sans que notre mémoire ait évoqué le nom et les hauts faits de nos pères des croisades. Si ces lointaines régions, aujourd'hui si tristes et presque toutes si désolées, n'étaient pas animées par ces grandes figures de l'histoire du peuple de Dieu et des guerres saintes, vaudraient-elles la peine d'être visitées au prix de tant de périls et de fatigues?

La population actuelle de Damas est d'environ 110,000 habitants, dont 94,000 musulmans, 12,000 chrétiens et 4,000 juifs. Les rues sont assez larges, et même assez propres pour une ville d'Orient. Les maisons sont basses, mal bâties, de chétive apparence. Au premier aspect, on se croirait plutôt dans un gros village que dans la capitale d'une florissante province de l'Asie, si l'on ne rencontrait de distance en distance de grands édifices, des mosquées, des murailles gigantesques, de fortes tours, de riches bazars, des places publiques où fourmille une population innombrable. Les logis les plus considérables ne montrent aucune architecture à l'extérieur : on n'y voit point, comme au Caire, ces tourelles en encorbellement, ces balcons en bois, ces arabesques et ces mille ornements capricieux que le goût arabe a introduits jusque dans les villes du midi de l'Espagne. Dans la capitale de l'Égypte, ces constructions élégantes sont souvent couvertes de nattes, de chiffons et de guenilles pour empêcher la chaleur de pénétrer dans les appartements; étrange étalage de luxe et de misère : architecture savante, fines ciselures, sculptures délicates cachées sous des lambeaux d'étoffes bariolées de mille couleurs.

A Damas, le luxe des maisons est tout intérieur. On

est étonné, derrière une façade si modeste, de trouver réunies toutes les merveilles de l'opulence orientale : vastes cours et bassins de marbre, jets d'eau et cascades, bosquets fleuris, plantes rares exhalant des parfums exquis, arceaux élégants, tapis moelleux, peintures délicates, plafonds ornés de pendentifs, sofas couverts de riches étoffes de soie brochées d'or, vases précieux, etc. Ici se pressent les objets sans nom que la mollesse asiatique a su créer et multiplier. Dans ces splendides demeures règnent une fraîcheur délicieuse en été, le calme, le silence, la poésie : c'est le séjour féerique décrit dans les *Mille et une Nuits*. Les fenêtres sont étroites et élevées afin de laisser l'air circuler librement. Une ou deux petites fontaines murmurent au milieu ou aux angles du salon.

Le grand bazar est une des principales curiosités de Damas ; il est plus riche peut-être que ceux de Constantinople et du Caire. On y trouve tous les objets de luxe de l'Orient, et mille produits de l'industrie européenne apportés d'Angleterre, de France et d'Allemagne. Ce marché ressemble un peu aux champs de foire de nos villes. Le grand bazar a environ deux kilomètres de long ; c'est une longue rue couverte de charpentes et bordée de boutiques, d'échoppes, de magasins, de cafés. Ces boutiques sont étroites et peu profondes ; le négociant est assis sur ses talons devant sa boutique, la pipe à la bouche ou le narguilé à côté de lui. Les magasins sont remplis de marchandises de toutes sortes, et surtout d'étoffes des Indes, qui affluent à Damas par les caravanes de Bagdad. Des barbiers invitent les passants à se faire raser les cheveux : leurs échoppes sont toujours pleines de monde. Une foule aussi nombreuse que celle des galeries du Palais-Royal circule tout le jour dans le bazar. Mais le coup d'œil de cette foule est infiniment plus pittoresque. Ce sont des agas, vêtus de longues pelisses de soie cramoisie, fourrées de martre, avec des sabres et des poignards enrichis de diamants, suspendus à la ceinture. Ils sont suivis de cinq ou six courtisans, serviteurs ou esclaves, qui marchent silencieusement derrière eux, et portent leurs pipes et leur narguilé : ils vont s'asseoir, une partie du jour, sur les divans extérieurs des cafés bâtis au bord des ruisseaux qui traversent la ville; de beaux platanes ombragent le divan : là ils fument et causent avec leurs amis, et c'est le seul moyen de communication, excepté la mosquée, pour les habitants de Damas.

Les Arabes du grand désert et ceux de Palmyre sont en foule dans la ville et circulent dans le bazar; ils n'ont pour vêtement qu'une large couverture de laine blanche, dont ils se drapent à la manière des statues antiques. Leur teint est hâlé, leur barbe noire, leurs yeux sont féroces. Ils forment des groupes devant les boutiques des marchands de tabac, et devant les selliers et les armuriers.

Chaque genre de commerce et d'industrie a son quartier à part dans les bazars. Là sont les armuriers, qui sont loin d'offrir les armes magnifiques et renommées que Damas livrait jadis au commerce du Levant. Les selliers sont les plus ingénieux ouvriers de ces bazars :

rien n'égale en Europe le goût, la grâce et la richesse des harnais de luxe qu'ils fabriquent pour les chevaux des chefs arabes ou des agas du pays. Les selles sont revêtues de velours et de soie brochée d'or et de perles. Les colliers de maroquin rouge, qui tombent en frange sur le poitrail, sont ornés également de glands d'argent et d'or, et de touffes de perles Les brides, infiniment plus élégantes que les nôtres, sont aussi toutes de maroquin de diverses couleurs, et décorées de glands de soie et d'or [1].

L'activité du bazar est un indice certain de la prospérité de la ville. Les monuments, que nous allons décrire dans le chapitre suivant, attestent l'importance de Damas dans le passé. Enfin de modestes établissements dus à la charité de l'Europe renferment les germes de l'avenir.

[1] *Voyage d'Orient*, tome III, pages 97 et suiv.

CHAPITRE XXVII

DAMAS ET BALBECK

(SUITE)

Quel que soit le degré de prospérité auquel on suppose que puisse atteindre Damas, la position de cette ville ne serait pas favorable à la capitale d'un grand empire. L'éloignement de la Méditerranée, l'absence d'un fleuve qui la mette en rapport avec la mer, les barrières naturelles qui l'isolent soit du côté des montagnes, soit du côté du désert, la difficulté, pour ne pas dire l'impossibilité de tracer de longues voies de communication, véritables artères dans lesquelles circulent la vie et la richesse d'une nation, la privent d'avantages que rien ne saurait remplacer : les agréments ne valent pas la force. Aussi l'histoire nous montre-t-elle constamment Damas comme une cité vaincue, jamais dominatrice, passant successivement sous la loi des Babyloniens, des Perses, des Macédoniens et des Romains. Ce ne fut habituellement qu'une ville de second ordre, un entrepôt de commerce, une étape militaire, un point de ralliement, un centre d'administration, une espèce d'observatoire politique. L'empereur Julien, auquel personne n'a contesté la justesse des aperçus en matière de gouvernement, disait que Damas était *l'œil de tout l'Orient*.

Vue de loin, la citadelle de Damas offre un aspect imposant; de près ce n'est rien. Qu'on se figure un amas de décombres de toutes les époques, objet d'étude intéressant pour l'archéologue, ruines de toutes les architectures qui ont reçu un nom dans le monde savant; mais construction militaire qui n'arrêterait pas deux jours un régiment français. Ce n'est plus que l'ombre d'une forteresse, autrefois considérable. Admirez l'incurie du gouvernement turc; au dehors, des pans de murailles lézardés et croulants sont une menace perpétuelle pour les soldats qui chaque jour passent à côté; au dedans, des cours encombrées de pierres, de poutres, de sables et d'herbes. Aujourd'hui cette citadelle est le lieu le moins sûr de la ville. Dans un coin, quelques vieux canons sans affûts s'oxydent sans que personne paraisse s'en soucier le moins du monde. Les soldats logés dans cette grande caserne sont plus occupés à fumer leur pipe qu'à se perfectionner dans les exercices militaires; il est vrai que leurs chefs les abandonnent à leur nonchalance pendant des semaines entières. Si le pacha garde et entretient à grands frais ces troupes indisciplinées, c'est qu'il en a parfois besoin pour réprimer des insurrections qui éclatent dans la ville, ou pour repousser les Bédouins qui viennent piller la campagne.

Comme tant d'autres antiques monuments militaires, la citadelle de Damas porte la trace de toutes les conquêtes et de toutes les révolutions qui ont bouleversé la Syrie. Chaque couche de débris rappelle un nom ou une époque sinistre : tous les conquérants, depuis Tamerlan jusqu'à Ibrahim-Pacha, ont marqué leur passage par des ruines amoncelées sur d'autres ruines. Les étrangers cependant ont de la peine à entrer dans la citadelle : les Turcs ont peur sans doute de livrer à tous les yeux le spectacle de leur faiblesse.

Le plus ancien édifice religieux de Damas est la grande mosquée, jadis église Saint-Jean. A l'époque de la conquête musulmane, ce sanctuaire vénérable, où les pèlerins affluaient de toutes les provinces voisines, fut d'abord partagé entre les disciples de l'Évangile et les sectateurs du Coran. Mais cet état de choses ne pouvait durer longtemps : les chrétiens, gênés par le rapprochement de leurs fanatiques voisins, ne pouvaient ni sonner les cloches, ni même chanter les hymnes de la liturgie; les musulmans en voyant les chrétiens grinçaient des dents. Le calife Abd-el-Melick, fidèle interprète des sentiments de ses sujets, fit valoir les droits du plus fort, et s'empara de tout l'édifice. Armé d'une pioche, le calife monta sur le faîte de l'église et renversa une pierre, aux applaudissements de la multitude. Les émirs imitèrent son exemple, mille bras se levèrent en même temps, et l'œuvre de la destruction fut bientôt consommée : voûtes, arceaux, chapelles, autels disparurent en un clin d'œil. Les chrétiens jetaient des cris de désespoir ; comme ils étaient forts et nombreux, on leur assura pour les calmer la conservation de quatre églises à l'intérieur de la ville, et de l'église Saint-Thomas dans un faubourg.

Pour construire la mosquée, le calife fit venir douze mille ouvriers grecs habiles à tailler le marbre. Le génie des architectes byzantins n'est pas moins apparent ici que la main des Grecs. Preuve nouvelle à joindre à tant d'autres, que l'architecture des Arabes dérive de celle de Constantinople. Pour s'en convaincre, il aurait suffi de jeter les yeux sur la coupole principale, élevée sur pendentifs. A cause de sa hauteur et de la hardiesse du bâtiment, on l'appelait *la coupole de l'aigle*.

Les conquérants, beaucoup plus adroits à manier les armes que les instruments de l'architecte, furent ravis en extase à la vue de ce grand édifice. Dans leur naïf enthousiaste, ils le saluèrent comme une des merveilles du monde. Le pavé était formé de mosaïques, et les murailles étaient incrustées de marbres précieux jusqu'à une hauteur de plusieurs mètres : au-dessus une vigne en or étalait ses rameaux, comme une frise splendide. Plus haut, des encadrements renfermaient des tableaux composés de petits cubes dorés, rouges, verts, bleus, blancs, représentant tous les pays connus. Le plan de la mosquée était à trois nefs, comme celui des basiliques, et la coupole centrale était accompagnée de deux autres coupoles de moindre dimension. Le toit, dont la charpente était apparente au-dessus des nefs, était revêtu à l'intérieur de lames d'or et de peintures. Plusieurs colonnes en granit, en porphyre, en syénite, avaient été apportées d'Égypte à grands frais : elles étaient couronnées de chapiteaux dorés. Dans la construction de la niche où le Coran est déposé, on avait employé deux pierres qu'on prétendait avoir appartenu au trône de la reine de Saba. Six cents lampes étaient suspendues au plafond par des chaînes d'or et d'argent. Lorsque l'œuvre fut achevée, le calife convoqua les habitants de Damas, et leur dit avec fierté : « Vous aviez déjà quatre merveilles que le reste du monde vous envie : l'air, l'eau, vos jardins et vos fruits; moi, je vous en donne une cinquième, cette grande mosquée. »

Après avoir souffert des injures du temps, cet édifice fut en grande partie détruit par les hordes de Tamerlan en 1400. Le féroce Tartare avait promis d'épargner tous ceux qui s'étaient réfugiés dans la mosquée, comme dans un asile inviolable. On dit que trente mille personnes, confiantes dans la parole du vainqueur, s'y étaient entassées. Au mépris de la foi jurée, le barbare fit entourer le temple de bois et d'autres matières inflammables, auxquelles il mit lui-même le feu. Tous ces malheureux périrent étouffés par la fumée ou consumés par les flammes. La *coupole de l'aigle*, calcinée par la violence de l'incendie, s'écroula sur ces tristes victimes d'une fureur sauvage.

La restauration de l'édifice fut entreprise, grâce au zèle et aux largesses du sultan d'Égypte; mais la nouvelle mosquée resta de beaucoup inférieure à l'ancienne.

Jusqu'à ces dernières années, l'entrée en était sévèrement interdite aux chrétiens. Depuis la guerre de Crimée, les Européens ont réussi à s'en faire ouvrir les portes. Plusieurs parties remontent évidemment à la construction primitive : les chapiteaux ressemblent à ceux des églises byzantines; de curieux fragments de mosaïques ont échappé à l'action du temps et aux ravages des flammes. Quoique l'archéologie trouve ici matière à plus d'une observation intéressante, il faut en convenir, la grande mosquée de Damas jouit d'une réputation usurpée; elle a conservé le prestige de sa célébrité jusqu'à nos jours uniquement parce qu'elle était inaccessible.

Les chrétiens possèdent à Damas plusieurs églises, plus remarquables par leur antiquité et les souvenirs religieux qui s'y rattachent, que par la grandeur, la richesse et la beauté de l'architecture. Nous ne pouvons les décrire; mais nous ne devons pas omettre de faire mention du sanctuaire élevé sur l'emplacement de la maison d'Ananie; celle de saint Jude, où saint Paul recouvra la vue, a été transformée en mosquée. Les Grecs catholiques ont fait bâtir récemment dans leur quartier une fort belle église, une maison spacieuse, où l'évêque mène la vie commune avec son clergé, une école et un hôpital. Ces établissements sont dus au zèle et aux libéralités du patriarche Mazloum. Les Syriens, les Arméniens, les Maronites, les Pères de Terre-Sainte, les Lazaristes et les Sœurs de Charité ont des couvents et des églises séparées. Tous les catholiques se font remarquer par leur régularité; mais, hâtons-nous de le dire, l'avenir de la religion est entre les mains des pieux enfants de saint Vincent de Paul. Les Lazaristes ont une école florissante fréquentée par trois cents enfants, auxquels ils enseignent le turc, l'arabe, le français, les éléments de la géographie, de l'histoire et des mathématiques. Les Sœurs de Charité ont également une école et un ouvroir, où se pressent les jeunes filles de toute religion, de toute race et de toute couleur. L'influence de ces dignes religieuses, comme celles qui amènent de grands et durables résultats, est obscure et presque insensible; l'action s'en fera sentir à mesure que ces jeunes filles deviendront mères de famille. La régénération de l'Orient aura lieu grâce aux femmes, parce que, comme a dit Fénelon, *si les hommes font les lois, les femmes font les mœurs*. La législation a une grande puissance sur le progrès des sociétés : les mœurs sont encore plus puissantes, et les véritables révolutions sociales se préparent auprès du foyer domestique. En Asie, la femme a été humiliée; par un juste décret de la Providence, c'est à la femme que sera due la régénération de tant de populations abâtardies. A Damas, *la cité sainte*, où l'islamisme, comme partout, a dégradé la compagne de l'homme, la *Fille de Charité*, sans autre sauvegarde que sa vertu, sans autre protection que son modeste habit et sa cornette si populaire, est respectée de tous, je devrais dire admirée et aimée de tous. Chaque jour les Sœurs de Charité distribuent gratuitement des remèdes et pansent les plaies de ceux qui peuvent venir au dispensaire. Les maladies les plus dégoûtantes n'effraient pas leur courage; aucune infirmité ne fatigue leur dévouement. Nul spectacle, nous l'avouons, n'a produit une impression plus vive sur notre esprit que celui dont nous avons été témoin à Damas dans l'humble habitation des filles de saint Vincent de Paul. En face de ces pieuses filles, et pour la première fois depuis de longs siècles, les populations si divisées de ce pays se sont rencontrées sans se maudire ; la charité évangélique a opéré ce miracle. Attendons patiemment ; l'œuvre de Dieu s'accomplira. Si le progrès nous semble lent, il n'en est pas moins réel ; nous verrons encore ici, comme dans d'autres régions, l'accomplissement de cette parole admirable : « Dieu a choisi la faiblesse pour confondre la force. »

Les environs de Damas ne sont pas moins curieux à visiter que l'intérieur de la ville. En commençant une de nos promenades, nous nous arrêtons à la maison de saint Jean Damascène. La forme en est semblable à celles des autres maisons ; mais elle est bâtie en assises de pierres alternativement blanches et noires. On y reconnaît les signes d'une haute antiquité ; elle est ornée d'arabesques et surmontée d'une coupole. Ce n'est pas un sanctuaire ; elle est habitée par une famille chrétienne. A l'ouest, le village de Salahié, resserré entre les montagnes et les jardins, occupe l'emplacement de l'ancienne cité de Damas renversée par Nabuchodonosor. Nous visitons le monument des Quarante Martyrs, la grotte de Saint-Georges et la caverne *qui pleure la mort d'Abel.* Des gouttes d'eau qui suintent à la voûte sont les *larmes de la montagne,* qui n'a pas cessé de pleurer le premier meurtre commis sur la terre. Un Arabe qui nous sert de guide nous raconte la tradition du pays, en tout conforme au récit biblique. Il ne faut pas oublier ici de faire mention de la légende qui assure qu'Adam fut créé dans la plaine de Damas, et que nos premiers parents y habitèrent aussi longtemps qu'ils persévérèrent dans l'état d'innocence. Placés à un balcon du bâtiment qui s'élève au haut de la montagne, nous avons sous les yeux le panorama de la ville actuelle et des jardins de Damas. Quel spectacle magique! L'horizon est fermé par le lointain Djebel-el-Scheick et la chaîne de l'Anti-Liban, découpée en festons fantastiques sur l'azur profond du ciel et couronnée par le grand Hermon, dont la tête blanche se couvre de neiges éternelles. La plaine, aussi loin que s'étend la vue, ressemble à une forêt verdoyante, et quelle forêt! orangers, noyers, abricotiers, cerisiers, oliviers, figuiers, pêchers, grenadiers, poiriers, pommiers, mûriers et mille autres arbres utiles et agréables. Sept rivières arrosent ces campagnes; et au nord-est, à une distance que l'œil ne peut mesurer, on aperçoit les lacs tranquilles où ces cours d'eau vont se perdre. A l'orient, courent les collines, légèrement ondulées, derrière lesquelles se cachent les ruines de Palmyre et des tribus d'Arabes indomptés. Plus près de nous, la ville de Damas avec ses maisons blanches, ses minarets, ses mosquées, ses vieux remparts et les hautes murailles de la citadelle; le faubourg fameux de Meïdan, et les villages charmants de Schaïdé, Derahié, Barzé; le fond du tableau rempli de la silhouette des montagnes que nous allons bientôt traverser pour aller à Balbeck. Barzé a succédé au village de Hoba, où Abraham s'arrêta dans sa poursuite contre les rois qu'il avait vaincus à Dan, près des sources du Jourdain, et auxquels il fit expier l'enlèvement de Loth, son neveu, et le pillage des villes de la Pentapole. Les environs de Damas conservent le souvenir de plusieurs faits bibliques, le tombeau d'Abel, le sépulcre de Noé, sur le chemin de Balbeck, celui d'Élisée, la grotte d'Élie, etc. Toutes ces attributions ne sont pas également fondées. Nous avons tenu cependant à visiter tous les lieux consacrés à ces grands souvenirs historiques.

Nous quittons Damas en sortant par la porte orientale, que les chrétiens appellent *la Porte de saint Paul;* nous longeons les remparts, et bientôt nous sommes au pied des montagnes qui bordent les larges et fertiles plaines de la Cœlésyrie. Notre première station est à Dimas, village sans importance, sur les premiers gradins de l'Anti-Liban. Les livres saints confondent, sous le nom général de Liban, le groupe de montagnes qui séparent la Palestine de la Syrie. La partie occidentale de cette chaîne de montagnes est le Liban proprement dit; les Grecs ont nommé Anti-Liban la partie orientale, séparée de la première par les vallées de la Cœlésyrie ou *Syrie creuse.* Les versants des montagnes qui forment le bassin de la Cœlésyrie sont arides ; tandis que les rampes opposées, regardant d'un côté la Méditerranée, et de l'autre côté la plaine de Damas, sont couvertes de la plus abondante végétation. Quoique le grand Hermon, la cime la plus élevée de tout ce système de montagnes, appartienne à l'Anti-Liban, on ne trouve dans cette dernière chaîne aucune des scènes grandioses qui ont rendu le Liban célèbre. La température est généralement froide dans toutes ces vallées ouvertes du nord au midi; des cours d'eau nombreux y entretiennent une fraîcheur constante et sont favorables à la culture. Aussi les habitants de ce petit coin de terre sont-ils laborieux, industrieux et riches. La plupart sont chrétiens. Durant les persécutions, fuyant les villes, chassés souvent de leurs villages, ils ont trouvé un asile entre un double rempart de rochers. Ils y ont goûté une liberté et une sécurité auxquelles ne sont guère habitués en Orient les disciples de l'Évangile. Cent villages continuent d'y prospérer. L'agriculture y est en honneur; et là seulement les métiers pour la fabrication des tissus de soie ne cessent de battre et de livrer au commerce ces belles étoffes si vantées et si dignes de l'être. Zachlé ou Zahleh est maintenant une ville d'environ 15,000 habitants. On y compte vingt églises catholiques, petites et pauvres à la vérité, mais fréquentées. Les Jésuites y ont un établissement ou mission dont la juridiction embrasse dix-sept villages; leur école est très-florissante. Le directeur nous en fit les honneurs de la manière la plus charmante. Nous trouvâmes plus de six cents enfants debout, sous de magnifiques noyers, serrés sur plusieurs rangs, montrant peint sur leur physionomie le sentiment d'une joie pure et tout enfantine. A notre arrivée, ils nous saluèrent par des battements de mains, des hourrahs et cette phrase arabe cent fois répétée : *Que Dieu vous accorde victoire et prospérité.* Ils chantèrent ensuite des cantiques en français, en

LES RUINES DE BALBECK.

italien, en latin, en syriaque et en arabe. Nous étions touchés jusqu'aux larmes en entendant retentir les doux accents de notre langue maternelle sur les lèvres de ces jeunes chrétiens arabes, grecs, druses, maronites, entre les montagnes du Liban. Nous ne saurions nous montrer trop reconnaissants envers ces pieux missionnaires, qui affermissent tant de jeunes intelligences dans la foi, et leur apprennent en même temps à connaître et à aimer la France, protectrice séculaire et avouée du catholicisme en Orient.

Quand on a traversé la grande plaine que les Arabes appellent El-Buckaah, on découvre la campagne et les ruines de Balbeck. A droite et à gauche, le long du chemin, gisent des débris considérables d'édifices isolés, de villages et même de villes : décombres maintenant sans nom. De Zachlé à Balbeck il y a environ vingt-huit kilomètres. Selon le sentiment commun des interprètes, la ville de Baal-Gad ou de Balaath, mentionnée au livre de Josué et au IIIe livre des Rois, aurait précédé celle de Balbeck. Les Grecs la nommèrent Héliopolis, *Cité du Soleil*, en traduisant dans leur propre langue le nom qu'elle portait en hébreu. Comme Palmyre, elle fut restaurée, agrandie ou même rebâtie par les soins de Salomon. Ce prince y possédait un palais, et il est probable qu'il y fit construire un temple : ces édifices seraient encore reconnaissables aux blocs énormes posés dans les fondations et qui constituent ce que les archéologues ont désigné à Jérusalem et ailleurs sous le nom d'appareil salomonien. S'il faut en croire Macrobe, les Égyptiens introduisirent en ce lieu le culte du Soleil et dévoilèrent les infâmes mystères de Baal ou d'Ammon-Ré. Avant l'arrivée des Israélites sous la conduite de Josué, le culte de Baal dominait dans le pays de Chanaan et les régions voisines. Trop souvent le peuple de Dieu se laissa séduire par l'exemple contagieux de ses voisins, et sacrifia aux idoles de Baal sur les hauts lieux et dans des bocages. L'Orient, il faut l'avouer, s'est toujours déshonoré au service de cette impure idole; les vices des musulmans ne sont qu'une tradition des turpitudes païennes. Les fêtes d'Héliopolis étaient renommées : la dépravation y atteignait la dernière limite. L'immoralité des cérémonies de Baal fut condamnée par Constantin; ce prince chassa de leurs temples tous ces Héliogabales monstrueux, dont un avait occupé le trône des Césars pour montrer aux yeux du monde à quel degré d'avilissement peut descendre la nature humaine. Un demi-siècle après la mort du premier empereur chrétien, Julien l'Apostat rouvrit les sanctuaires de Baal et les temples de Balbeck. Les mauvaises passions y rentrèrent; mais leur triomphe fut de courte durée. L'indignation du monde chrétien fit cacher dans les ténèbres les secrets de la débauche que la conscience publique n'a jamais laissé depuis paraître au grand jour. Théodose le Grand prit les mesures les plus efficaces pour empêcher le paganisme de rétablir ses écoles de prostitution, et beaucoup de temples furent renversés de fond en comble. Ceux de Balbeck furent fermés, et le principal fut converti en église, comme cela avait eu lieu précédemment sous Constantin.

Bientôt la Palestine et la Syrie furent en proie à des

invasions fréquentes et à toutes les horreurs de la guerre. En 636, les troupes d'Omar prirent Balbeck d'assaut, pillèrent les maisons, passèrent les habitants au fil de l'épée et ruinèrent plusieurs édifices. Ces barbares, entraînés par un fanatisme aveugle, ne firent aucune attention aux chefs-d'œuvre que la civilisation romaine avait réunis dans cette ville. C'est en effet aux Antonins que l'on attribue généralement la construction des monuments dont aujourd'hui tous les voyageurs admirent les ruines magnifiques. Après avoir souffert de nouvelles calamités de la part des Perses, des Mongols et des Turcs, Balbeck fut réduit à l'état misérable où nous le voyons. Ce n'est plus qu'un pauvre village; et l'évêque grec qui y réside est en butte aux vexations des musulmans, ainsi que les rares chrétiens qu'il gouverne. La plupart des voyageurs de l'Europe cependant reçoivent l'hospitalité la plus bienveillante dans la masure qui lui sert de palais épiscopal. Personne ne soupçonnerait l'existence de la petite bourgade de Balbeck, habitée par des Métoualis de la pire espèce, sans les magnifiques débris qui s'étendent à quelque distance, du côté de l'ouest, sur l'emplacement de la cité antique.

Tous les bâtiments étaient construits sur une espèce de vaste terrasse entourée de murs. La terrasse n'a pas moins de trois cent quarante mètres de longueur, sur une largeur de cent mètres, et la muraille qui la soutient est formée de blocs énormes qui ont excité l'étonnement de tous les voyageurs. La plupart des pierres ont une dimension colossale; Wilson en a trouvé une qui a soixante-neuf pieds (23^m) de long, dix-huit (6^m)

de large, et treize (4^m 33^c) de haut; par conséquent seize mille cent quarante-six pieds cubes. Nous en avons mesuré une qui avait vingt mètres de longueur, cinq mètres d'épaisseur et trois mètres de hauteur. Ce qui est plus étonnant, c'est que les plus grosses pierres ne sont pas à fleur de terre ; elles forment la troisième assise, et il a fallu les élever à une hauteur d'environ six mètres. On se demande avec effroi quelles forces ont pu suffire à remuer et à soulever de pareilles masses ; et quand on songe que la carrière d'où elles ont été tirées est située à plus d'un kilomètre de distance, on comprend que les habitants du pays, dans leur admiration superstitieuse, attribuent à la puissance des génies la translation de ces blocs qui semblent défier les forces humaines. L'obélisque de la place de la Concorde, à Paris, qui a exigé le déploiement de toutes les ressources de la mécanique moderne pour être érigé sur sa base, est un médiocre monolithe à côté des immenses pierres de Balbeck.

Trois temples ont laissé des ruines plus ou moins bien conservées, mais toutes d'une rare magnificence d'architecture. Au lieu d'en faire une froide description, nous placerons sous les yeux du lecteur les lignes poétiques de M. de Lamartine.

« Arrivés, dit-il, au sommet de la brèche [qui mène sur la terrasse], nos yeux ne savaient où se poser : c'étaient partout des portes de marbre d'une hauteur et d'une largeur prodigieuses ; des fenêtres ou des niches bordées de sculptures admirables; des cintres revêtus d'ornements exquis ; des morceaux de corniches, d'entablements ou de chapiteaux, épais comme la poussière sous nos pieds; des voûtes à caissons sur nos têtes; tout mystère, confusion, désordre, chef-d'œuvre de l'art, débris du temps, inexplicables merveilles autour de nous : à peine avions-nous jeté un coup d'œil d'admiration d'un côté, qu'une merveille nouvelle nous attirait de l'autre.

« Nous étions séparés encore de la seconde scène des ruines par des constructions intérieures qui nous dérobaient la vue des temples. Nous n'étions, selon toute apparence, que dans les logements des prêtres, ou sur le terrain de quelques chapelles particulières consacrées à des usages inconnus. Nous franchîmes ces constructions monumentales, beaucoup plus riches que les murs d'enceinte, et la seconde scène des ruines fut sous nos yeux. Beaucoup plus large, beaucoup plus longue, beaucoup plus décorée encore que la première d'où nous sortions, elle offrait à nos regards une immense plate-forme, en carré long, dont le niveau était souvent interrompu par des restes de pavés plus élevés, et qui semblaient avoir appartenu à des temples entièrement détruits, ou à des temples sans toits, sur lesquels le soleil, adoré à Balbeck, pouvait voir son autel. Tout autour de cette plate-forme règne une série de chapelles décorées de niches admirablement sculptées, de frises, de corniches, de caissons du travail le plus achevé, mais du travail d'une époque déjà corrompue des arts : on y sent l'empreinte des goûts, surchargés d'ornements, des époques de décadence des Grecs et des Romains. Mais pour éprouver cette impression, il faut avoir l'œil déjà exercé par la contemplation des monuments purs d'Athènes ou de Rome : tout autre œil serait fasciné par la splendeur des formes et le fini des ornements. Le seul vice ici, c'est trop de richesse : la pierre est écrasée sous son propre luxe, et les dentelles de marbre courent de toutes parts sur les murailles.

« Et cependant ce n'était rien encore auprès de ce que nous allions découvrir tout à l'heure. En multipliant par la pensée les restes des temples de Jupiter Stator à Rome, du Colysée, du Parthénon, on pourrait se représenter cette scène architecturale; il n'y avait encore de prodiges que la prodigieuse agglomération de tant de monuments, de tant de richesses et de tant de travail dans une seule enceinte et sous un seul regard, au milieu du désert, et sur les ruines d'une cité presque inconnue; nous nous arrachâmes lentement à ce spectacle, et nous marchâmes vers le midi, où la tête des six colonnes gigantesques s'élevait comme un phare au-dessus de cet horizon de débris; pour y parvenir, nous fûmes obligés de franchir encore des murs d'enceintes extérieures, de hauts parvis, des piédestaux et des fondations d'autels qui obstruaient partout l'espace entre ces colonnes et nous : nous arrivâmes enfin à leur pied. Le silence est le seul langage de l'homme, quand ce qu'il éprouve dépasse la mesure ordinaire de ses impressions; nous restâmes muets à contempler ces six colonnes et à mesurer de l'œil leur diamètre, leur élévation et l'admirable sculpture de leurs architraves et de leurs corniches; elles ont sept pieds de diamètre et plus de soixante-dix pieds de hauteur; elles sont composées de deux ou trois blocs seulement, si parfaitement joints ensemble, qu'on peut à peine discerner les lignes de jonction; leur matière est une pierre d'un jaune légèrement doré qui tient le milieu entre l'éclat du marbre et le mat du travertin. Le soleil les frappait alors d'un seul côté, et nous nous assîmes un moment à leur ombre ; de grands oiseaux semblables à des aigles volaient, effrayés du bruit de nos pas, au-dessus des chapiteaux où ils ont leurs nids, et revenant se poser sur les acanthes des corniches, les frappaient du bec et remuaient leurs ailes, comme des ornements animés de ces restes merveilleux.

« Nous avions en face, du côté du midi, un autre temple, placé sur le bord de la plate-forme, à environ quarante pas de nous : c'est le monument le plus entier et le plus magnifique de Balbeck, et j'oserai dire du monde entier. Si vous redressiez une ou deux colonnes du péristyle, roulées sur le flanc de la plate-forme, et la tête encore appuyée sur les murs intacts du temple; si vous remettiez à leur place quelques-uns des caissons énormes qui sont tombés du toit dans le vestibule ; si vous releviez un ou deux blocs sculptés de la porte intérieure, et que l'autel, recomposé avec les débris qui jonchent le parvis, reprît sa forme et sa place, vous pourriez rappeler les dieux et ramener les prêtres et le peuple; ils reconnaîtraient leur temple aussi complet, aussi intact, aussi brillant du poli des pierres et de l'éclat de la lumière, que le jour où il sortit des mains de l'architecte. Ce temple a des proportions inférieures à celui que rappellent les six colonnes colossales; il est entouré d'un portique soutenu par des colonnes d'ordre corinthien ; chacune de ces colonnes a environ cinq pieds de diamètre et quarante-cinq pieds de fût; les colonnes sont composées chacune de trois blocs superposés; elles sont à neuf pieds l'une de l'autre et à la même distance du mur intérieur du temple; sur les chapiteaux des colonnes s'étend une riche architrave et une corniche admirablement sculptée. Le toit de ce péristyle est formé de larges blocs de pierre concaves, découpés avec le ciseau, en caissons, dont chacun représente la figure d'un dieu, d'une déesse ou d'un héros : nous reconnûmes un Ganymède enlevé par l'aigle de Jupiter. Quelques-uns de ces blocs sont tombés à terre au pied des colonnes : nous les mesurâmes, ils ont seize pieds de largeur et cinq pieds à peu près d'épaisseur ! Ce sont là les tuiles de ces monuments [1]. »

Nous devons ajouter que sous le monticule chargé de ruines si considérables et si étonnantes sous le rapport artistique, il règne de vastes salles souterraines voûtées à plein cintre. La lumière y pénètre au moyen de larges ouvertures pratiquées à des distances inégales, de manière à y entretenir un demi-jour mystérieux. Les uns les ont regardées comme des sanctuaires destinés à l'accomplissement des mystères de Baal; d'autres pensent que c'étaient de frais réduits dépendants des palais. Ces galeries sont gigantesques comme tout le reste, et tout porte à croire qu'elles étaient destinées à donner abri à la multitude que les fêtes assemblaient à Héliopolis.

[1] *Voyage en Orient*, tome III, pages 26 et suiv.

LES RUINES DE BALBECK.

Plusieurs des cabanes du village actuel de Balbeck sont bâties avec les fragments des temples et des palais; de simples murs de clôture ont des moellons en marbre et des sculptures que nos musées seraient fiers de posséder; à chaque pas on se heurte contre des débris antiques, que l'archéologue recueillerait précieusement, même à Rome et à Athènes, où gisent tant de magnifiques restes d'une civilisation éteinte; mais à Balbeck ces ruines n'ont pas d'histoire. Elles ont gardé fidèlement l'empreinte de la main de l'homme; elles n'ont pas conservé sa pensée!

CHAPITRE XXVIII

LE LIBAN

Depuis notre départ de Damas, après avoir franchi les collines de l'Anti-Liban, dans la direction de l'antique Phénicie, nous traversons une contrée qui n'a point d'analogue dans le reste du monde; la disposition du terrain y donne naissance à tous les climats et aux productions les plus variées. Les différentes saisons ne sont séparées, pour ainsi dire, que par un repli du sol : les cimes du Liban sont ensevelies sous un blanc linceul de neiges éternelles; dans les plaines arrosées règne constamment une chaleur humide favorable au développement de la végétation ; les versants des montagnes sont brûlés par les rayons du soleil, au sommet le froid est vif, et l'hiver y a placé son empire ; au sein des vallées, le printemps et l'automne se succèdent perpétuellement : les arbres y sont chargés à la fois de fleurs et de fruits. Si la nature était secondée par l'industrie des hommes, et surtout si les révolutions et les persécutions n'y troublaient pas constamment la sécurité nécessaire au cultivateur, toutes les richesses de la végétation y seraient réunies : on trouverait, au milieu des rochers et des vallons d'Éden, au milieu même du Liban, une image affaiblie des délices du paradis terrestre. Mais la tyrannie du gouvernement turc, les exactions des pachas et les malheurs de la guerre ont trop souvent condamné à la misère les populations répandues dans le Liban ; si des tribus entières ont pu échapper à l'extermination qui les menaçait, elles doivent cet avantage à la position de leurs villages bâtis au sommet de pics inaccessibles. Une armée qui oserait s'aventurer au milieu de ces gorges resserrées, au fond de ces ravins bordés de rochers, dans ces étroits sentiers serpentant sur le flanc des montagnes, pourrait être arrêtée et anéantie par une poignée d'hommes résolus. Beaucoup de chrétiens ont raison de regarder ces âpres montagnes bordées de précipices comme leur meilleure sauvegarde contre les envahissements de la barbarie musulmane.

La chaîne du Liban et de l'Anti-Liban est partagée entre trois races distinctes principales, naturellement hostiles, les Maronites, les Druses et les Métoualis. La Syrie d'ailleurs, depuis des siècles, est une véritable Babel ; toutes les langues s'y confondent. « Chaque peuple de passage, dit M. David, y a laissé des traînards, chaque armée des maraudeurs, chaque ancien possesseur des descendants; on y rencontre à la fois des Juifs et des Perses, des Grecs et des Latins, des Francs et des Arabes; puis des réfugiés des persécutions chrétiennes et musulmanes, les Maronites et les Métoualis; des victimes des destinées les plus étranges, les Samaritains et les Kédémacès; des fous des espèces les plus honteuses, les Kalbiehs, qui adorent le chien, et les Iézidis, qui adorent le diable; des indépendants venus du nord comme du midi, les Turkomans et les Bédouins; enfin des despotes, les Ottomans; des fanatiques, les Druses; des brigands, les Kurdes [1]. »

Les Métoualis ont le siége principal de leur établissement à Balbeck. Ce sont les hérétiques de l'Islam; ils adorent le calife Ali presque à l'égal de la Divinité. Leur mœurs sont grossières et leur caractère farouche. Dans les dernières luttes qui ensanglantèrent la Syrie, leurs cavaliers étaient redoutables : aucune force n'a pu les dompter. Les Maronites et les Druses occupent le Liban : populations également jalouses de leur indépendance, mais séparées par la religion et leurs habitudes. Les Maronites sont catholiques, et invoquent la protection de la France; tous les voyageurs ont rendu justice à leur caractère, et se sont fait un devoir de louer leurs mœurs simples et pures, leur foi inébranlable, leur hospitalité, leurs vertus antiques. Les Druses professent un paganisme à peine voilé. Rien n'égale leur fanatisme.

---

[1] *Syrie moderne*, par J.-A. David.

Ils se sont placés plus d'une fois sous la protection de la Grande-Bretagne; et par la seule raison que la France exerce un patronage séculaire à l'égard des Maronites, l'Angleterre n'a pas hésité à couvrir de son pavillon les intrigues et même les violences des Druses. Que chacun ici garde son rôle : le drapeau de la France ne flottera jamais sur les tentes de ceux qui depuis des siècles sont *la terreur de leurs voisins et l'opprobre de leurs amis.*

Après avoir quitté Balbeck, notre première station est à Deir-el-Ackmar, le *Monastère Rouge*, pauvre village habité par des Maronites, qui nous reçoivent avec un empressement cordial sous une tente de feuillage. En apprenant que nous sommes chrétiens et Français, la population entière s'assemble autour de nous. Le chef du village accourt nous faire les honneurs de sa résidence; il tient à nous offrir un festin. Nous sommes témoins d'une scène vraiment biblique. Quelques invités viennent prendre place à nos côtés. Les femmes et les enfants, réunis en cercle, se tiennent à distance, nous regardant avec une curiosité qui serait devenue importune, si elle n'avait pas été tempérée par une bienveillance respectueuse. Nous nous mettons à table, c'est-à-dire que nous nous asseyons à terre, sur des tapis. La nappe est étendue devant nous, et l'on présente à chaque convive de petites galettes très-minces en guise de pain. Au milieu, une espèce de tabouret en bois de cèdre, luisant de propreté, est destiné à porter les plats. La cuisine des Maronites n'est pas à dédaigner. Quand l'appétit est ouvert par l'exercice du cheval et l'air vif des montagnes, on la trouve excellente. On sert d'abord des viandes hachées assaisonnées d'épices, ensuite des volailles froides, des légumes, des fruits, et enfin le pilau, mets obligé de tous les festins d'Orient. Il est aisé de voir que le chef de cette chétive bourgade a mis à contribution toutes les ressources culinaires de sa maison, et de celles peut-être de ses amis. Un long séjour dans le désert d'Arabie et notre voyage à travers la Palestine, nous ont habitués aux usages du pays. Ici les cuillers, les fourchettes et les couteaux sont inconnus; chacun porte la main au plat. On nous fait boire d'excellent vin du Liban. A la fin du repas, la gaieté était devenue expansive, et lorsqu'il fallut se séparer, nous échangeâmes des poignées de main comme de vieux amis. Comment reconnaître une si cordiale hospitalité? Nous distribuons aux femmes et aux enfants des chapelets, de petits crucifix de cuivre, des médailles et des images. On parut enchanté de nos petits cadeaux. Un de nos compagnons de voyage offrit au chef un joli pistolet à deux coups fabriqué à Paris. En ce moment l'enthousiasme est à son comble. Nous étions déjà loin, que les cris d'adieu retentissaient encore à nos oreilles.

Quelques heures avant le coucher du soleil, nous quittons Deir-el-Ackmar, afin d'aller passer la nuit au-dessus des premiers gradins des montagnes. Demain nous aurons à gravir les plus hauts sommets. Nous suivons des sentiers bordés de chênes en buissons; à mesure que nous montons, l'air devient glacial. Nos tentes sont dressées au bord du petit lac Éliammouni.

Quoique nous fussions déjà parvenus à une assez

grande hauteur, il nous fallut plus de trois heures d'une marche pénible pour faire l'ascension de la montagne. La cime du Liban, comme celle des Alpes, est âpre et accidentée. Des rochers renversés barrent le passage, des aiguilles se dressent devant vous, des abîmes se creusent sous vos pas, et par-dessus cette nature bouleversée s'étend un froid linceul de neige. Les chevaux avancent difficilement le long de sentiers que les guides eux-mêmes ont de la peine à reconnaître. Le souffle glacial du vent, le bruit des cascades qui se précipitent en torrents, les cris de nos conducteurs interrompent seuls le silence. Le spectacle qui se déploie sous nos yeux est plein d'une sublime horreur; mais l'esprit n'est pas assez libre pour s'abandonner à ses impressions. Nous commençons bientôt à descendre par un sentier comme il n'en existe ni dans les Alpes ni dans les Pyrénées. A chaque mouvement on court risque d'être précipités sur les pointes aiguës des rochers ou au fond d'un abîme. Des pierres roulantes augmentent encore les dangers du chemin. Parfois le sentier n'a pas soixante-dix centimètres de large; les mules et les chameaux avancent lentement, essayant, pour ainsi dire, le terrain, et cherchant avec soin un endroit où poser le pied. Comme il leur arrive ordinairement de le mettre à la même place, ils ont fini par creuser la pierre; c'est à l'aide de ces cavités, qui ont plusieurs centimètres de profondeur, qu'ils réussissent à se soutenir. De distance en distance on rencontre des espèces de degrés taillés dans le roc; il faut les escalader, quelquefois les contourner dans des interstices à peine aussi larges que les jambes de sa monture. On comprend que les accidents ne doivent pas être rares dans les voyages à travers le Liban. Chaque année voit grossir le funèbre nécrologe des victimes qui trouvent la mort au sein de ces défilés périlleux.

Enfin la marche devient moins pénible ; nous nous arrêtons pour jouir du magnifique panorama qui se déroule sous notre regard. De la région des nuages où nous sommes, et par-dessus les gradins qui vont toujours en s'abaissant, on découvre dans le lointain les eaux resplendissantes de la Méditerranée et les sables rougeâtres du rivage. Le flanc des montagnes se couvre de verdure. Des villages et des églises paraissent accrochés à toutes les aspérités. On suit de l'œil le cours des ruisseaux et des rivières à d'épaisses traînées de verdure. La main de l'homme est visible : des espèces de terrasses, soutenues au moyen de remparts, sont ornées d'arbres fruitiers et de plantes de tout genre. La surface polie des rochers reflète la lumière, qui se décompose dans les couleurs changeantes du prisme. On se croirait en face d'un tableau magique. A chaque détour la scène change ; de nouvelles perspectives et de nouveaux reflets ravissent le regard. Nous sommes encore au-dessus de la région des cèdres. De l'endroit où nous sommes arrêtés, ils apparaissent comme un bouquet de verdure, et le tronc de ces arbres gigantesques ressemble à la tige d'un arbrisseau.

A mesure que nous descendons vers l'occident, les pentes de la montagne changent d'aspect. Mille arbustes croissent entre les fentes du rocher. Partout

CÈDRES DU LIBAN.

où existe un peu de terre végétale, elle est cachée sous les feuillages les plus touffus; des plantes poussent et s'épanouissent dans des endroits qu'on aurait crus condamnés à une éternelle stérilité. Les pervenches et des rhododendrons roses, s'entrelacent et forment les plus charmants bouquets.

Le plateau sur lequel s'élèvent les cèdres est dominé par des sommets couverts de neige; il y règne constamment un froid assez vif. Une petite chapelle y a été bâtie depuis quelques années. Deux religieux, l'un maronite et l'autre latin, y vivent dans la solitude, jusqu'à ce que la rigueur de l'hiver les force à chercher un autre asile. Les cèdres sont disséminés sur une vaste étendue de terrain, et se plaisent sur de petits mamelons exposés au couchant. Les plus vieux, au nombre de douze, peuvent être regardés comme les géants de la création et les patriarches des végétaux. Ce sont des arbres au port majestueux, au feuillage toujours vert, dont le bois répand une odeur aromatique et passe pour être incorruptible. Le plus gros, mesuré au bas du tronc, a dix mètres quarante centimètres de circonférence. Ces douze cèdres, d'un âge vraiment biblique, sont encore la gloire du Liban. Un naturaliste allemand ne fait pas difficulté de croire que plusieurs de ces troncs remontent à quelques milliers d'années [1]. A peu de distance, quatre cents jeunes cèdres environ, de différentes hauteurs et d'une belle venue, sont destinés à rappeler

---

[1] Russegger, *Reisen in Europa, Asien und Africa*, tome III, p. 715.

un jour les magnifiques forêts auxquelles la sainte Écriture fait souvent allusion.

Les cèdres étaient jadis très-nombreux sur les collines du Liban. Salomon en fit abattre quantité pour la construction du temple de Jérusalem et la décoration de son palais. Zorobabel en employa également beaucoup dans la reconstruction du Temple après la captivité. Les mâts des vaisseaux de Tyr étaient de cèdre. Chaque année, les étrangers apportaient dans les ports de la Phénicie les objets les plus précieux en échange du bois de cèdre. Les statues des rois, des héros et des dieux étaient en cèdre; et une foule de meubles recherchés se fabriquaient avec ce bois. On enduisait de *cédrie*, c'est-à-dire de la résine du cèdre, les objets qu'on voulait préserver de la destruction. S'il faut en croire le récit de Pline le Naturaliste, les livres de Numa, trouvés intacts dans le tombeau de ce prince cinq cents ans après sa mort, avaient été trempés dans de l'huile de cèdre.

Les anciens ont toujours professé la plus grande admiration pour le cèdre. Cet arbre était pour eux le roi des végétaux. Chez les Israélites, il est pris fréquemment comme terme de comparaison. Veut-il exprimer la puissance de Dieu, le Roi-Prophète dit que « la voix du Seigneur brise les cèdres » : *Vox Domini confringentis cedros* [1]. L'épouse des Cantiques, pour peindre la beauté de l'époux, dit qu'il « ressemble aux cèdres » : *Electus ut cedri* [2]. Dans le tableau sublime que l'auteur

---

[1] Ps. xxviii, 5. — [2] Cap. v, 15.

du livre de l'Ecclésiastique trace de la Sagesse incréée, il dit qu'elle « s'est élevée comme un cèdre sur le Liban » : *Quasi cedrus exaltata sum in Libano* [1]. Pour représenter le grand prêtre au milieu de la solennité des sacrifices, entouré des lévites et dans tout l'éclat des ornements sacerdotaux, le même écrivain dit que « l'assemblée des prêtres l'entoure comme de jeunes cèdres plantés sur le Liban » : *Et circa illum corona fratrum, quasi plantatio cedri in monte Libano* [2].

Nous avions plusieurs excursions à entreprendre dans le Liban. Des moines carmes, la plupart Européens, établis à Beherré ou Bescharri, nous donnèrent l'hospitalité. Cannoubin ou Canobin, *Cœnobium*, est le siége principal des religieux maronites du Liban. Au lieu où vécut et mourut le saint abbé Maron, Théodose le Grand fit bâtir un monastère qui depuis a servi de résidence aux patriarches. L'église est creusée dans le roc et placée sous l'invocation de la sainte Vierge. Elle est plus curieuse que belle; quelques tableaux venus de Rome en font le principal ornement. Plusieurs villages perchés sur les collines, ou cachés derrière de frais rideaux de verdure, animent les environs de Canobin et de la vallée de Kadischa, berceau de la nation maronite. Dans toute l'étendue de la montagne, les Maronites habitent seuls trois cent soixante-dix bourgs ou villages, et ils sont mêlés avec les Druses et d'autres infidèles dans deux cent quatre-vingt-sept autres villages, que les Turcs appellent territoire mixte. Suivant

---

[1] Eccli., XXIV, 17. — [2] *Ibid.*, L, 13.

les calculs les plus probables, ils forment une population de trois cent mille âmes.

Les Maronites descendent des premiers chrétiens de Syrie attachés à la foi orthodoxe et à l'obéissance due au souverain pontife. Malgré les persécutions qu'ils eurent à endurer, malgré la défection des Syriens, qui embrassèrent les hérésies de Nestorius, d'Eutychès ou d'Arius, et dont l'exemple pouvait les séduire, ils sont toujours restés catholiques. Le pape Grégoire XIII rend un éclatant témoignage à ces courageux chrétiens lorsqu'il rappelle, en 1581, dans sa bulle d'érection du collége des Maronites à Rome, que vers le milieu du ve siècle trois cents religieux furent martyrisés par les monothélites et les jacobites pour avoir constamment refusé d'embrasser l'hérésie. « C'est à saint Maron, au ive siècle, que remonte notre nationalité, écrivait un Maronite en 1846; mais notre foi catholique a toujours été la même depuis cette époque jusqu'à nos jours; nous n'avons jamais rejeté nos principes religieux pour en embrasser d'autres, hérétiques ou faux, comme cela arrive encore aux Syriens, aux Arméniens et aux Grecs schismatiques. »

Les Maronites cultivent avec amour et patience les collines qu'ils occupent. Leurs champs et leurs jardins sont une véritable conquête sur la nature; souvent ils sont obligés de soutenir les terres à l'aide d'épaisses murailles. Chaque année, chaque semaine, chaque jour, ils luttent pour conserver leur patrimoine. Quelquefois, à la suite d'un violent orage, des éboulements entraînent la terre végétale au fond des vallées. La famille entière se réunira pour réparer le désastre. On rencontre chez eux les arbres fruitiers les plus beaux et les plus variés. Aucune description ne saurait donner une plus juste idée du génie, de la persévérance des Maronites que les lignes suivantes, empruntées à M. Jules-A. David. Lorsqu'on pénètre au milieu des montagnes du Liban on découvre autour de soi d'autres montagnes dont chaque étage est peuplé.

« Cette tache blanche sur un mamelon boisé, dit M. David, c'est un village ; cette tache brune sur une roche blanche, c'est un couvent ; cette muraille au-dessus de laquelle s'élève une végétation nuancée, c'est un verger ; ce groupe d'arbres disposés avec art, ce sont des mûriers ; ces branches grimpantes étalées avec soin sur un talus, ce sont des vignes ; cette ligne grisâtre qui descend dans un vallon, ce sont des oliviers ; ce morceau de terre maintenu par une solide bâtisse, c'est un champ de blé ; ces sillons profondément creusés, et où roule une blanche écume, ce sont des canaux ; ces palissades autour d'un carré vert, c'est une prairie : toutes ces merveilles, c'est l'œuvre d'un peuple patient, laborieux, uni, en un mot, chrétien.

« A coup sûr, une société toute chrétienne pouvait seule vaincre tant de difficultés premières, surmonter tant d'obstacles renaissants. Ces terrains cultivables ont été conquis un par un ; ces terres fécondes ont été apportées poignée par poignée ; chacun de ces arbres a coûté plus de sueurs à planter qu'en Europe une forêt ne coûte à entretenir. Et une fois ces immenses labeurs terminés, pour recueillir le fruit des arbres et le grain des moissons, que de veilles continuelles, que de soins attentifs! Les neiges de l'hiver, le dégel du printemps, les rochers qui roulent, les torrents qui tombent, menacent successivement. Il a donc fallu, à force de travail et d'industrie, creuser un chemin à l'impétuosité des eaux, opposer des digues à la chute des rochers; ici soutenir le sol, là le déblayer, se garantir contre les tempêtes, et prévoir même les cataclysmes. » (*Syrie moderne.*)

La population du Liban est industrieuse. Elle élève les vers à soie, et excelle à fabriquer de légers tissus de soie mêlée de fils d'or. Les hommes sont robustes, d'une taille élevée, d'un caractère énergique, de mœurs austères, d'une fidélité à toute épreuve, d'une amitié sûre, d'un courage qu'aucun danger n'effraie, d'un sang-froid qu'aucune surprise ne déconcerte. Peuple religieux, sobre, d'humeur douce, franche et communicative, attaché à ses traditions et au sol qui l'a vu naître. Je doute qu'il existe sur la terre une nation plus heureuse. Les femmes chrétiennes jouissent ici d'une grande liberté; mais elles ne sortent jamais sans être voilées. Quelques-unes, en moindre nombre que les femmes druses, ont conservé l'usage de porter sur la tête un ornement en métal d'une forme singulière. C'est une espèce de tube en cuivre, souvent en argent, quelquefois doré et embelli de ciselures, long de cinquante centimètres environ, large de trois à quatre centimètres à la base, et se terminant presque en pointe. On l'appelle *tantour*, mot qui signifie *corne*. Dans plusieurs villages situés du côté de Balbeck et de la Cœlésyrie, le *tantour* est de moindre dimension : il ressemble assez à un gobelet d'argent. La corne, pour être portée avec élégance, doit être un peu inclinée en avant; autrefois la mode voulait qu'elle fût penchée sur le côté. Ainsi posée sur le haut de la tête, elle a besoin d'être maintenue au moyen de courroies. Au sommet flotte un léger voile blanc, descendant également à droite et à gauche et assez long pour cacher le visage. Cette longue et étrange excroissance gêne singulièrement les mouvements, à cause de l'équilibre que le moindre faux pas pourrait détruire. Chez les Druses et les Métoualis, la plupart des femmes mariées se parent de ce bizarre ornement, que plusieurs écrivains regardent comme un reste du culte rendu à la Vénus égyptienne. Ce qui paraît plus certain que cette origine païenne, c'est l'antiquité du *tantour*, qui figurait parmi les bijoux des femmes juives comme une marque de richesse, de dignité et de puissance. Chez les Israélites cette espèce de corne était l'emblème de l'autorité, et, par extension, de l'orgueil. Ainsi s'expliquent beaucoup de passages de l'Écriture : *Exaltatum est cornu meum* [1]. — *Nolite extollere in altum cornu vestrum* [2]. — *Cornua peccatorum confringam* [3]. — *Exaltabuntur cornua justi* [4]. — *Exaltare cornu gentis suæ* [5], etc. Ajoutons un dernier trait sur le costume des femmes du Liban. Les jeunes filles riches de la montagne se coiffent d'un petit bonnet brodé en or, ou surmonté d'une espèce de diadème, auquel sont attachées des chaînes garnies de pièces d'or qui tombent sur le cou et

---

[1] I Reg., II, 1. — [2] Ps. LXX, 6. — [3] Ps. LXXIV, 6. — [4] *Ibid*, 11. — [5] Eccli, XLVII, 6.

les épaules. Quelques-unes ont un bonnet garni seulement d'une ou de deux rangées de pièces d'argent : la quantité de ces pièces est une sorte de déclaration publique de l'état de fortune. Cette coiffure dispendieuse constitue quelquefois la partie la plus importante de la dot.

Eden, dont la réputation est grande dans cette partie de la Syrie, n'est à proprement parler qu'un gros village dont la population s'augmente considérablement en été. Les agréments du site y attirent beaucoup de monde durant la saison brûlante : on y compte alors jusqu'à trois mille habitants. Rien ne saurait donner une idée de la fraîcheur qui y règne, de l'air pur qu'on y respire, des beaux arbres qui couvrent les maisons de leur ombre, des fruits qui y mûrissent en abondance. La tradition prétend que Salomon y possédait une maison de plaisance. On soutient, aux environs, que la délicieuse vallée d'Eden était le paradis terrestre; mais cette opinion, appuyée sur la similitude du nom, ne saurait soutenir le moindre examen. C'est ici que vécut de longues années et mourut saintement, en 1644, un anachorète français, M. le comte de Chasteuil, dont la vie édifiante a été publiée plusieurs fois [1]. En mémoire de notre compatriote, que les Maronites ont surnommé *le Bienheureux*, nous allâmes nous reposer quelques instants dans la grotte témoin de ses vertus héroïques. Le bourg

[1] *Vie de M. de Chasteuil, solitaire au mont Liban*, par Marchety; Paris, 1666. — L'abrégé de cette vie a été inséré dans le tome II du *Voyage en Syrie* par la Roque.

d'Éden se vante de posséder douze églises; mais ce sont en réalité de petites chapelles très-pauvres, dont celle de Saint-Serge a le titre de cathédrale. Le diocèse d'Éden a les proportions de sa cathédrale; il n'est composé que de deux villages, et la population entière soumise à la juridiction épiscopale est d'environ trois mille âmes.

A deux kilomètres environ d'Éden, si l'on peut évaluer ainsi les distances au milieu des montagnes, après une heure de marche, on arrive au grand monastère de Saint-Antoine, principale maison de cet ordre, qui ne compte pas moins de quatre-vingts couvents dans le Liban. L'église est creusée dans le rocher, et le bâtiment des moines paraît suspendu au milieu des airs. On y arrive par un sentier abrupt, à l'aide d'escaliers taillés dans le roc et parfois en suivant des galeries souterraines. C'est véritablement un nid d'aigle posé entre la terre et le ciel. Du haut de ces rochers on jouit d'une vue admirable. Çà et là, des ermites habitent des cavernes isolées, appliqués constamment à la prière et au travail des mains. Quelques pins végétant entre les fentes du rocher leur donnent de l'ombre en été et du bois en hiver; la source qui coule au fond de la vallée leur offre pour boisson ses eaux limpides; les fruits de quelques arbres, des légumes qu'ils cultivent et des herbes sauvages composent leur nourriture. Je puis dire que nulle part je n'ai rencontré d'hommes plus heureux.

J'avoue que je quittai avec regret Saint-Antoine, comme tous les villages du Liban. Nulle part, en Orient, je n'entendis prononcer si souvent le nom de la France. Nous nous dirigeons vers Tripoli. Cette ville nous apparaît dans le lointain, au milieu de jardins verdoyants et à une petite distance de la mer, dont les vagues, frappées par le soleil, lancent au loin mille éclairs; les maisons, serrées les unes contre les autres, sont dominées par les pavillons flottants des consulats d'Europe.

CHAPITRE XXIX

BEYROUTH

TRIPOLI était jadis la principale ville de la Phénicie, selon le témoignage de Diodore : c'est encore une ville importante. Son nom signifie en grec *trois villes,* parce qu'en effet elle fut originairement composée de trois villes éloignées l'une de l'autre d'un stade ou de cent vingt-cinq pas environ. L'une de ces villes appartenait aux Aradiens, l'autre aux Sidoniens, la troisième aux Tyriens. Le commerce la rendit florissante. Les vaisseaux de toutes les nations en remplissaient le port; aussi tous les conquérants en convoitèrent-ils la possession : plusieurs fois elle devint la proie du vainqueur. Les Arabes lui enlevèrent ses richesses, et en tarirent la source en détruisant la sécurité du commerce et de l'industrie. Pour comble de malheur, les sables envahissent sans cesse le littoral : de sorte que la ville moderne est à trois kilomètres de la mer. Autour du port il s'est formé un gros village de trois à quatre mille âmes appelé la Marine ou El-Mina.

En 1108, Bertrand, fils de Raymond de Saint-Gilles, vint en Orient avec soixante-dix galères génoises, montées par de hardis compagnons. Il entreprit la conquête de plusieurs villes de Phénicie qui avaient résisté jusquelà aux armes des croisés ou que les infidèles avaient reprises. Byblos, après quelques assauts, ouvrit ses portes. On réunit alors toutes les forces autour de Tripoli. La conquête de cette place avait été la dernière ambition du vieux comte Raymond; afin de réussir dans ses tentatives souvent renouvelées, il implorait l'aide de tous les pèlerins arrivant d'Occident. Avec leur secours il avait bâti, sur une colline du voisinage, une forteresse appelée le *Château des Pèlerins*. L'infatigable et hardi guerrier tomba d'un toit de ce château, et mourut de sa chute, avec le regret de n'avoir pu arborer l'étendard de la croix sur la ville infidèle. Le roi de Jérusalem vint au siége de Tripoli à la tête de cinq cents chevaliers; sa présence redoubla l'ardeur des assiégeants et jeta le désespoir dans le cœur des musulmans. Dès le commencement du siége, les habitants avaient demandé du secours à Bagdad, à Mossoul, à Damas et au Caire. Le sultan d'Égypte était leur dernier espoir; enfin ils virent arriver un vaisseau amenant un messager qui leur demanda pour son maître *une esclave célèbre par sa beauté, et du bois d'abricotier propre à fabriquer des instruments de musique.* Que pouvait-on attendre d'un prince efféminé qui avait plus souci de ses plaisirs que du salut des disciples du prophète? La population poussa un long cri de détresse, et prit la résolution de capituler. Le vainqueur imposa des conditions douces, propres à retenir les habitants; chacun était libre de se retirer avec ce qu'il pourrait emporter, ou de rester dans la ville en payant un tribut.

Tripoli, avec les villes de Tortose, d'Archas, de Gibel, forma un quatrième État dans la confédération des Francs au delà des mers. Bertrand, fils de Raymond de Saint-Gilles, en prit possession immédiatement après la conquête, et prêta serment de fidélité au roi de Jérusalem, dont il se reconnut le vassal [1]. Plus tard, la ville et le comté de Tripoli appartinrent à Bohémond, prince d'Antioche. Saladin tenta vainement de s'en rendre maître. Le sultan Kelaoun la prit et la ruina en partie. Enfin les croisés la reprirent, et la livrèrent aux flammes avant de l'abandonner.

On compte aujourd'hui à Tripoli environ 20,000 âmes dont 6,000 chrétiens de diverses communions. Depuis quelques années, le commerce y a repris une certaine activité. La soie du Liban et les riches tissus fabriqués dans la montagne y sont apportés autant qu'à Beyrouth. Plusieurs métiers, entre les mains d'ouvriers indigènes, semblent avoir gardé le secret de ces légères et élégantes étoffes jadis si recherchées dans l'empire byzantin. Les

---

[1] *Histoire des Croisades.* — Biblioth. des Croisades.

bazars y sont plus propres et mieux approvisionnés que dans d'autres villes plus considérables. Les habitants de Tripoli ont toujours passé pour aimer la recherche dans les vêtements et la nourriture.

La mosquée principale est précédée d'une vaste cour, au milieu de laquelle se trouve un grand bassin pour les ablutions. C'est un édifice dû aux chrétiens et portant les caractères des constructions religieuses à moitié romanes, à moitié ogivales, qui précédèrent chez nous le commencement du xiiie siècle. Il n'est pas difficile d'y reconnaître une église du temps des croisades, à trois nefs, avec abside semi-circulaire. Sous le badigeon on aperçoit encore des traces de peintures murales.

Le cimetière turc, en dehors de la ville, est un des plus curieux que nous ayons vus en Orient. Les tombes y sont nombreuses; elles sont abritées sous des arbres magnifiques, ornées de myrtes et de jasmins odorants. L'aloès et l'agave s'y développent dans des dimensions extraordinaires. Entre les pierres sépulcrales et les arbres se glissent, comme des ombres, des femmes enveloppées de longs voiles, venant s'accroupir et pleurer sur des fosses récemment fermées. Le deuil, en Orient, a des signes extérieurs plus expressifs qu'en Europe; mais trop souvent les formes y remplacent la véritable douleur. Le convoi funèbre est encore accompagné de pleureuses à gages, et la douleur a des accents convenus d'avance. Un mari ne peut pas décemment avoir moins de deux pleureuses à la sépulture de sa femme. La durée du deuil est limitée par des règlements. Durant les trois premiers jours, il est permis de pleurer; les sept jours suivants, la douleur doit être modérée, et, si l'on continue le deuil un mois entier, il faut qu'il soit mêlé d'adoucissements. Les plus sages, dit-on, comme jadis chez les Israélites, doivent se contenter de témoigner ostensiblement pendant trente jours leurs regrets de la perte de leurs parents et de leurs amis. A certaines époques de l'année cependant, les femmes, dans toute la Syrie, ont coutume d'aller dans les cimetières en souvenir de leurs proches. A part quelques exceptions, qui ont leur origine dans la nature même du cœur humain, les sentiments les plus sacrés se refroidissent vite sous l'influence des fausses croyances. Il n'y a que le catholicisme qui fasse germer et développer dans une juste mesure les nobles sentiments qui ont leur racine dans le cœur; nos larmes ne sont pas amères, et notre douleur n'est jamais sans espérance.

Les Lazaristes ont un établissement à Tripoli, d'où ils vont faire des missions dans les villages. Les religieux de Terre-Sainte y ont également un couvent; mais les uns et les autres ont des maisons plus considérables à quelque distance, au pied du Liban, à Harissa et Antoura. Les Jésuites ont leur collége à Ghazir; nous les visiterons avant d'arriver à Beyrouth. Chemin faisant, nous voyons Batroun, l'antique Botrys, où les Maronites viennent de bâtir une fort belle église, et nous faisons une station à Djébaïl. Cette ville, que les anciens appelait Byblos, et que les croisés connaissaient sous le nom de Gibelet, joua un certain rôle dans les guerres saintes. Elle est encore entourée de murailles à créneaux, et le château, quoique ruiné, conserve un aspect redoutable. Une centaine de cabanes se dressent maintenant au milieu des débris et entourent l'église des Maronites, édifice de l'époque des croisades, bien conservé et bien entretenu. Du haut de la forteresse démantelée on jouit d'une vue magnifique sur les montagnes et sur la Méditerranée. La plage est très-belle; on y ramasse des fragments de roches schisteuses entraînées par les torrents, et recherchées des naturalistes à cause des empreintes de poissons fossiles qu'elles montrent en grande quantité. Mais ce qui fit jadis la réputation de Byblos, c'est le voisinage du Nahr-Ibrahim, le fleuve *Adonis* des Grecs et des Égyptiens. Ce cours d'eau prend sa source au sein des montagnes les plus sauvages qu'on puisse imaginer. C'est dans cette partie du Liban qu'Adonis aimait à prendre le plaisir de la chasse et recevait les visites de Vénus. Mars, sous la figure d'un sanglier, se précipita sur le jeune chasseur et le blessa à mort. Les ondes du fleuve se teignirent de son sang, et Vénus fit retentir les échos de sa douleur. Les pleurs de la déesse, suivant la Fable, firent naître l'anémone, et pour se consoler elle métamorphosa le sang du jeune homme en une charmante petite fleur purpurine qui porte le nom d'*Adonide* ou *Goutte de sang*. Les fêtes d'Adonis furent longtemps célèbres dans cette partie de l'Orient. Elles avaient leurs mystères et leurs initiations. Plus d'une fois les Israélites eux-mêmes, oubliant la loi de Dieu, furent séduits par l'appât grossier de ces cérémonies païennes. Les écrivains sacrés s'élevèrent avec véhémence contre ce culte impie, qu'ils comparent à celui de Baal.

Le Nahr-Ibrahim coule à travers des roches et des terres ferrugineuses. A l'époque des pluies d'automne, il sort de son lit et roule vers la mer des eaux rougeâtres : telle est l'origine de la fiction des poëtes. Les empereurs chrétiens de Constantinople rendirent plusieurs ordonnances sévères pour proscrire les fêtes d'Adonis. Il faut l'avouer, à la honte de l'humanité, les lois furent impuissantes contre les désordres qu'elles occasionnaient; longtemps encore elles furent pratiquées plus ou moins publiquement. Aujourd'hui, grâce à l'influence des missionnaires catholiques, les derniers vestiges de ce culte idolâtrique diminuent sensiblement; bientôt, nous l'espérons, ils auront complétement et à jamais disparu.

Ce pays est maintenant le centre d'un grand mouvement religieux et intellectuel. Plusieurs écoles, sans parler de celle d'Ain-Varaca, appartenant aux Maronites, y sont dirigées par les Franciscains, les Jésuites et les Lazaristes. La maison d'Harissa, fondée depuis longtemps dans une solitude qui n'est pas sans agréments, est destinée surtout à recevoir les jeunes Pères de Terre-Sainte venant d'Europe et ayant besoin d'apprendre l'arabe et les autres langues du Levant. Antoura est une création des Jésuites dans le cours du siècle dernier. Le pape Pie VI a donné ce collége aux Lazaristes, qui l'ont rendu florissant. Les enfants de saint Ignace sont revenus cultiver ce sol jadis défriché par des membres de la Compagnie de Jésus. Ils ont fondé, en

1844, un collége à Ghazir, où ils donnent aux jeunes gens une instruction solide et variée. Ils ont d'autres maisons à Beyrouth, à Bekfaia, à Maallaka et à Zahleh, où les jeunes gens se pressent en foule. On y enseigne, outre les mathématiques, les langues française, italienne, latine, grecque et syriaque; on y professe des cours d'histoire ecclésiastique, de physique, de philosophie et de théologie.

A Antoura, s'élève un couvent de filles de la Visitation. Au moment où nous le visitions il n'y avait que des religieuses arabes, à l'exception d'une seule, française d'origine, mais née en Orient. L'église est bien tenue; le tableau du maître-autel représente saint François de Sales. La régularité règne dans cette pieuse communauté, où les religieuses récitent l'office de la sainte Vierge en arabe.

Nous traversons la bourgade de Zouck, une des plus industrieuses et des plus commerçantes du Kesrouan. Les vignobles qui en ornent les coteaux donnent le meilleur vin du Liban. Bientôt nous franchissons le Lycus, Nahr-el-Kelb, *la Rivière du Chien*. La route de Syrie, fréquentée de tout temps, longe le rivage de la mer, et c'est l'unique voie que suivent encore les caravanes. Aucun obstacle n'en rend le tracé difficile, excepté aux environs de Tyr et à l'embouchure du Lycus. Ici, il a fallu tailler le chemin dans les rochers et combler les cavités de la vallée. C'est un travail digne de la puissance romaine, et il fut exécuté d'après les ordres d'Antonin le Pieux. Ces lieux, en outre, gardent la trace du passage de tous les grands peuples de l'antiquité.

LA TERRE-SAINTE. p. 475.

BEYROUTH ET LE LIBAN

Ce sont des espèces de thermopyles où s'arrêtèrent successivement les Assyriens, les Égyptiens, les Grecs, les Romains, les Arabes, les croisés, les Français et les soldats d'Ibrahim-Pacha. De curieuses sculptures et des inscriptions étaient destinées à en perpétuer la mémoire. Vanité des hommes! Les caractères cunéiformes et les hiéroglyphes ont été des lettres muettes durant de longs siècles; c'est à peine si la science moderne peut se vanter d'en déchiffrer quelques-unes [1]. La voie Antonine, sur le promontoire du Lycus, n'a qu'un kilomètre de longueur; les chroniqueurs de la croisade le désignent sous le nom de *défilé de Béryte*.

Après avoir marché quelque temps sur la plage, nous entrons à Beyrouth par un chemin bordé de haies hautes et épaisses, entre des vergers et des jardins admirablement plantés. On reconnaît à chaque pas le voisi-

---

[1] La belle inscription latine du Lycus a été publiée par Buckingham, mais avec des fautes, reproduites par tous ceux qui ont copié cet auteur. En voici la transcription exacte, prise sur les lieux:

IMP. CAES. M. AVRELIVS.
ANTONINVS. PIVS. FELIX. AVGVSTVS.
PART. MAX. BRIT. MAX. GERM. MAXIMVS.
PONTIFEX. MAXIMVS.
MONTIBVS. IMINENTIBVS.
LYCO. FLVMINI. CAESIS. VIAM. DELATAVIT.
PER.   (*ligne effacée à dessein.*)
ANTONINI. [MAXIMI]
Ce dernier mot est presque illisible.

Sur un des rochers, à gauche du pont, il y a une inscription arabe qui n'a été signalée jusqu'à présent par aucun voyageur.

nage d'une ville opulente. Rien n'est gracieux comme les *cottages* qui se montrent à travers une luxuriante végétation, au milieu de bosquets enchantés, d'orangers, de citronniers, de mûriers, de myrtes, de fleurs sans nombre, au-dessus desquels le palmier balance son gracieux panache.

Beyrouth, l'antique Béryte, doit sa fortune aux avantages de sa situation. La mer vient battre le pied de ses remparts, et quoique l'entrée du port ne soit pas sans difficultés, les navires peuvent y aborder, ou se réfugier à Ras-Beyrouth, derrière une langue de terre qui s'avance assez loin dans la mer. Les maisons, bâties en terrasses, comme dans toutes les villes de l'Orient, se détachent sur le vert sombre des collines boisées qui courent à l'est et au nord, formant les premiers gradins de la chaîne majestueuse du Liban. Une partie de la vieille cité s'avance jusqu'au milieu des flots, et lorsque le vent souffle, les vagues viennent se briser en écumant au pied de ses remparts crénelés.

L'origine de Béryte se perd dans la nuit des siècles. Elle fut soumise aux Sidoniens, qui y envoyèrent une colonie. Lorsque les Romains eurent consolidé leur domination en Orient, ils dédièrent cette ville à l'empereur Auguste, sous le nom de *Julia Felix*. Béryte vit dans ses murs Vespasien, que l'armée venait de proclamer empereur, et Titus, qui s'y reposa des fatigues du siége de Jérusalem. Le commerce ne cessa d'y faire affluer une foule d'étrangers et d'y accumuler des trésors. Au commencement du XIIe siècle, les croisés s'en emparèrent et en firent un fief possédé par de puissants seigneurs; mais en 1187, elle tomba au pouvoir de Saladin, qui y fut couronné sultan de Damas et du Caire. Durant dix ans, Béryte fut la capitale musulmane de la Syrie. Plus tard, les chrétiens, vainqueurs sur les rives du Kasmieh, fleuve qui coule entre Tyr et Sidon, y rentrèrent en triomphe. Ils trouvèrent la ville remplie de butin; les Sarrasins et les pirates y avaient apporté toutes les dépouilles des pèlerins. Dix-neuf mille prisonniers chrétiens recouvrèrent la liberté. Ce succès fut suivi de revers, qu'aucune victoire ne devait racheter. Béryte resta au pouvoir des musulmans. En ces derniers temps, Méhémet-Ali, qui rêva l'établissement d'un nouveau royaume de Syrie, s'en rendit maître et l'occupa pendant quelques années; mais les troupes du sultan, secondées par les navires de l'Angleterre et de l'Autriche, qui bombardèrent la ville, réussirent à l'en chasser le 10 octobre 1840.

Les ruines faites alors par le canon des alliés n'ont pas encore été relevées. La nonchalance des Turcs ne leur permet de rien entretenir; personne ne s'est préoccupé de réparer les brèches des remparts. Beyrouth est le centre d'une activité chaque jour renaissante. Les quais sont encombrés de marchandises que les caravanes viennent chercher ou apporter. A travers les rues, généralement étroites, sombres, tortueuses et sales, circule la population la plus bigarrée du monde. Ici l'on entend parler toutes les langues du Levant et de l'Europe; on est coudoyé par les représentants de toutes les tribus de la côte et du désert. Les carrefours sont embarrassés par les chameaux, et les abords des bazars sont parfois inaccessibles, tant la foule y est compacte. Il ne faudrait pas croire cependant que l'habitant de Beyrouth déploie une activité comparable à celle des Européens. Même quand il est occupé d'affaires, l'Arabe et le Turc sont graves, lents et paresseux. Le marchand, à la porte de sa boutique, est assis ou à demi couché sur un tapis, fumant tranquillement sa pipe, dans un état de somnolence, ne se dérangeant jamais pour inviter les acheteurs ou faire valoir sa marchandise.

Les femmes qu'on rencontre dans les rues ont la figure couverte d'un morceau d'étoffe brune ou noire, et tout le corps enveloppé d'un immense voile blanc qui leur donne l'aspect de fantômes. Les Européennes seules sortent le visage découvert. Lorsque les femmes de Beyrouth se débarrassent de cet accoutrement grotesque, elles se parent à l'intérieur de leurs maisons d'un costume riche et élégant. La tête est ornée d'une espèce de léger turban ou couverte d'une calotte en or ciselé, d'où s'échappent en boucles de longs cheveux chargés de sequins. Elles portent une veste brodée, de larges pantalons de soie, une ceinture aux couleurs vives et variées, des brodequins rouges ou jaunes. Ici, comme à Damas et dans le Liban, dans le désert et dans les villes, elles ont l'habitude de se teindre les ongles en jaune, les sourcils et le tour des yeux en noir, les joues en rouge et en blanc, les lèvres en bleu; de légers tatouages dessinent des figures capricieuses sur le front et autour de la bouche. Ajoutez à cela, quand elles sont riches, des bijoux de toute espèce, colliers, anneaux, bracelets, pendants d'oreilles, etc.

Nous avons aperçu d'autres femmes à Beyrouth, traversant les rues en toute liberté, respectées de tout le monde, objet de l'admiration des infidèles même : ce sont des Filles de Charité. A l'époque où le choléra éclata dans la ville, elles soignèrent les malades, sans nulle distinction, avec un dévouement héroïque. La population entière les regardait comme des anges envoyés du ciel pour les soulager dans leur infortune. L'humble fille de saint Vincent de Paul répand ainsi la bonne odeur de Jésus-Christ, et fait briller aux yeux de tous la sublimité de l'Évangile. La peste choisit une de ses victimes parmi ces intrépides et infatigables religieuses. Jamais convoi plus touchant ne traversa les rues de Beyrouth. A la suite de la bière de l'humble servante de Jésus-Christ marchaient ensemble chrétiens, Juifs, Arabes, Turcs, confondant leurs larmes et leurs regrets. Hommage dicté par la reconnaissance; larmes sincères, regrets venant du cœur; deuil véritable, où les vaines formalités des mœurs orientales n'avaient rien à réclamer; le plus bel éloge des vertus chrétiennes !

Dans quelques jours nous reviendrons à Beyrouth nous embarquer pour la France.

CHAPITRE XXX

TYR ET SIDON

De Beyrouth à Saïde on voyage le long de la mer. La lame écumante, en se déroulant sur la plage, vient baigner le pied des chevaux. Il existe encore des tronçons assez considérables d'une route pavée : ancienne voie militaire construite ou restaurée par les Romains. Aucun chemin ne serait comparable au rivage humide de la Méditerranée, où la brise rafraîchit l'air constamment, si les flots et les sables ne réfléchissaient pas avec vivacité l'éclat de la lumière, et si l'on n'était pas exposé aux coups de soleil. Durant son séjour en Syrie, le voyageur a deux ennemis dangereux à redouter : la fièvre intermittente

SIDON.

et les coups de soleil. Rien ne peut modérer quelquefois les accès de la fièvre, qui tue en peu de jours l'homme le plus vigoureux. Si l'on est assez heureux pour s'en guérir, la convalescence dure des années; à la santé la plus florissante succède une existence flétrie. Les coups de soleil ne sont pas moins à craindre que cet ennemi qui s'insinue dans nos veines avec l'air de la respiration; parfois ils frappent avec une si grande violence, que l'on tombe foudroyé; ordinairement ils causent un affaissement général semblable à la paralysie. S'ils atteignent le visage ou les mains, ils y occasionnent une inflammation subite suivie de bouffissures et de démangeaisons.

El-Mazar est un amas de chétives cabanes. Nous n'en ferions aucune mention, si au fond d'une petite baie voisine on ne montrait l'endroit où le prophète Jonas fut rejeté par le monstre marin qui l'avait englouti. Le cap formant un des côtés de la baie est désigné sous le nom de *Ras nebbi Jonès*.

En approchant de Saïde, on traverse la rivière d'Aoula, le Bostrène des anciens, charmant cours d'eau qui fournit à la ville et aux jardins qui l'entourent des eaux abondantes.

L'antique Sidon, sœur aînée de Tyr, première capitale de la Phénicie, remonte au berceau de l'histoire. Homère vante l'habileté de ses habitants, et, en plus d'un endroit, la Bible fait allusion à sa puissance, à sa richesse et à son industrie. La découverte de la navigation est attribuée aux Sidoniens. Ce sont les hommes au cœur cuirassé d'un triple airain, suivant le langage du poëte, qui les premiers osèrent affronter le caprice des flots et la fureur des tempêtes. Des historiens ont prétendu que les caractères alphabétiques, originaires de Phénicie, furent inventés à Sidon. Les Sidoniens excellaient également dans la pratique des arts et le maniement des armes; mais comme tous les hommes adonnés aux spéculations lucratives du commerce, ils préféraient souvent chez eux l'utile à l'agréable. On leur fait honneur de la découverte du verre, et ils surpassaient les autres dans l'art de tailler et de sculpter les bois précieux. A l'époque de la guerre de Troie, les femmes de Sidon étaient habiles à broder les plus fines étoffes.

Malgré son abaissement, Sidon garde encore des airs de reine, et n'a pas oublié sa grandeur passée. La position de la ville est admirable. Bâtie sur le penchant d'une colline, au bord de la mer; entourée de jardins et de bois de pins au sombre feuillage; abondamment pourvue de tout ce qui fait la force et l'agrément, elle semblait destinée à dominer sur tout le littoral de la Méditerranée. Aussi tous les peuples de l'antiquité avides de conquêtes parurent-ils successivement sous les murs de Sidon. Les Perses en furent longtemps les maîtres; la dureté et la rapacité leur firent perdre ce joyau, sous le règne d'Artaxercès Ochus. Alexandre le Grand passa également sous les mêmes remparts, à la tête de son armée victorieuse. Le héros macédonien dépouilla de la royauté Straton, prince dévoué à la cause de Darius; il chargea son lieutenant Éphestion de trouver à Sidon un homme digne de monter sur le trône. La voix publique désigna Abdolonyme, vieillard issu de sang royal, mais réduit à gagner sa vie à la sueur de son front. On le trouva occupé à cultiver un jardin dans les faubourgs de la ville. Alexandre lui demanda comment il avait supporté tant de misère. Loin d'être ébloui de l'éclat d'une couronne et de la perspective du pouvoir souverain, Abdolonyme répondit modestement : « Plaise à Dieu que je puisse aussi bien supporter la royauté ! Ces bras ont fourni à tous mes désirs; ne possédant rien, je n'ai jamais manqué de rien. » On a traité de fable le récit de Justin et de Quinte-Curce; pour l'honneur du vainqueur de l'Asie, nous devons dire que cette critique est loin d'être acceptée de tous les historiens.

Quoi qu'il en soit, ce qui ne peut être révoqué en doute par personne, c'est que Jésus-Christ visita la ville de Sidon. *Alors*, dit l'évangéliste, *quittant de nouveau les confins de Tyr, Jésus alla par Sidon près de la mer de Galilée* [1]. On croit même qu'il guérit miraculeusement aux environs de cette ville la fille de la Chananéenne, en disant à sa mère : *Femme, votre foi est grande; qu'il vous soit fait selon votre désir* [2]. D'autres ont pensé que ce prodige s'opéra près du village de Sarphand, l'ancienne Sarepta, entre Tyr et Sidon.

Saint Paul s'arrêta à Sidon, avant de s'embarquer pour l'Italie. Il y visita *ses amis*, c'est-à-dire les fidèles; car saint Luc nous apprend que parmi les disciples du

---

[1] Marc., vii, 31.

[2] Matth., xv, 22. — Marc., vii, 25.

Sauveur il y en avait beaucoup du pays voisin de la mer, de Tyr et de Sidon [1]. Durant les persécutions, cette ville eut aussi ses martyrs, entre autres saint Zénobe, prêtre et médecin. D'autres souvenirs chrétiens, et en même temps français, nous reportent vers Sidon à l'époque des grandes luttes d'outre-mer. Dès les premières années du xiie siècle, elle fit partie du royaume chrétien de Jérusalem, et nos ancêtres attachaient beaucoup de prix à la possession de cette place, à cause de l'étendue et de la sûreté de son port. En 1111, elle fut cédée par Baudouin Ier, à titre héréditaire, au brave Eustache Grenier : ainsi l'antique Phénicie devint une seigneurie française. En 1198, les pèlerins armés de l'Allemagne trouvèrent Sidon abandonnée. Telles étaient alors les vicissitudes de la guerre ; le moindre échec ruinait la fortune des cités les plus florissantes. « Vous eussiez vu là, dit le naïf chroniqueur auquel nous devons le récit de ces faits, des maisons de pierre et de bois de cèdre, embellies de divers ornements. Ces maisons que naguère on se faisait gloire d'habiter, on s'empressait alors de les détruire de fond en comble. Que de guerriers changèrent ces beaux édifices en écuries pour y loger leurs chevaux ! Que de croisés firent cuire leurs aliments avec du bois de cèdre [2] ! »

A cette époque, Sidon conservait encore quelques vestiges de l'opulence de ses anciens habitants. Les soldats allemands regardaient avec étonnement les décora-

---

[1] *Act. Apost.*, xxvii, 3. — Luc., vi, 17.

[2] Arnold de Lubeck, *Biblioth. des Croisades.*

tions intérieures de ces somptueux logis, où les émanations aromatiques du bois de cèdre entretenaient constamment une odeur suave et salubre. En 1252, saint Louis releva les remparts de Sidon démolis par les musulmans de Damas. Tandis que les chrétiens, trop confiants dans le voisinage du roi de France, qui était à Tyr, s'occupaient paisiblement à rétablir la cité, les Turkomans tombèrent sur eux à l'improviste, et en firent un horrible carnage. Saint Louis accourut en toute hâte; mais il était trop tard. Il eut la douleur de voir la ville et la campagne inondées de sang chrétien. Sans s'arrêter il se mit à la poursuite des infidèles, qui s'étaient renfermés dans le château de Panéas. Après avoir noblement vengé la mort de ses frères d'armes, il revint à Sidon, où les corps des *martyrs* gisaient sans sépulture. A cette vue le pieux monarque ne peut retenir ses larmes, et comme ses compagnons reculent devant le pénible devoir d'enterrer ces tristes restes tombant déjà en putréfaction, il leur donne le plus touchant exemple de charité. Saint Louis invite le légat à bénir un cimetière ; puis, descendant de cheval, il charge lui-même sur ses épaules un cadavre qui exhalait une odeur infecte : *Allons, mes amis,* s'écrie-t-il, *allons donner un peu de terre aux martyrs de Jésus-Christ.* En 1289, les chrétiens furent dépossédés à jamais de cette ville.

La population de Sidon s'élevait autrefois à vingt mille âmes; aujourd'hui elle atteint à peine le chiffre de sept à huit mille. Le port, témoin jadis de sa puissance, a été comblé par les ordres de l'émir Fakreddin. A quelque distance de la côte, près d'un îlot de rochers, mouillent actuellement les navires et les barques de pêcheurs; mais c'est un abri peu sûr. Nous n'y avons aperçu qu'un petit nombre de barques arabes et deux ou trois vaisseaux de commerce d'assez médiocre apparence : voilà les derniers représentants des magnifiques flottes sidoniennes qui jadis sillonnaient les mers et remplissaient tous les ports du monde.

Deux forteresses défendaient la cité. La première, assise sur un rocher, dans la mer, passait pour imprenable. On dit qu'elle était l'ouvrage des croisés; d'autres prétendent qu'elle fut bâtie par Fakreddin. Un pont de neuf arches délabrées la relie à la terre ferme. La seconde, attenante aux murailles, occupait le point culminant de la pente sur laquelle s'étagent les maisons de la ville. L'origine en est inconnue; mais elle porte des traces évidentes du siècle de saint Louis. Maintenant murs, tours et citadelles sont en ruines. Du haut du rempart, et surtout du sommet de la citadelle maritime, on jouit d'un coup d'œil admirable; les yeux, éblouis par l'éclat de la mer et le reflet des montagnes, s'arrêtent délicieusement sur les jardins qui garnissent le pied des collines. A l'ombre de ces arbres serrés et touffus, Abdolonyme travaillait la terre; nos pères des croisades s'y sont reposés plus d'une fois. Les maisons de la ville actuelle sont si rapprochées les unes des autres, que les terrasses des toits paraissent communiquer ensemble. Les rues sont très-étroites; quelques-unes sont voûtées; d'autres sont recouvertes de toiles et de nattes. L'air y circule à peine; ces précautions sont prises contre les ardeurs du soleil; mais ces rues sombres, étroites, malpropres, se changent aisément en foyers d'infection. La peste y fait d'effroyables ravages quand elle y pénètre. Un seul établissement offre des dispositions grandioses; il appartient à la France. C'est un édifice considérable, précédé d'une cour spacieuse, où l'eau murmure en tombant dans un large bassin, à l'ombre d'un superbe bananier. Le commerce français y avait jadis un centre actif; aujourd'hui on y trouve le logement du consul de France, le couvent des Pères de Terre-Sainte, une église, une école, des dépôts de marchandises, des galeries et des écuries; c'est une forteresse, un khan, un bazar, une petite ville.

Le nombre des catholiques est assez restreint à Saïde; il y a néanmoins quatre églises à leur usage, suivant les différents rites : celle des Latins, desservie par les Franciscains, et celles des Arméniens, des Maronites et des Grecs unis.

Les jardins de Sidon passent avec raison pour les plus fertiles et les mieux entretenus de toute la Syrie. Tous les arbres fruitiers y sont cultivés et y poussent avec vigueur. Nous y avons remarqué des orangers, des citronniers, des mûriers, des oliviers, les autres arbres qui prospèrent sur les côtes de la Méditerranée, et surtout des bananiers gigantesques. Les fruits du bananier y atteignent une parfaite maturité; ailleurs ils ne sont ni aussi doux ni aussi parfumés; dans tout l'Orient, les dattes de Sidon sont recherchées. Les poissons se trouvent en abondance au marché de Sidon. Justin avait fait la remarque que *Saïd* ou *Saïda* signifie poisson, et que ce nom fut donné à la ville à cause de la facilité et de l'abondance de la pêche.

De Saïde à Tyr la distance est d'environ vingt-huit kilomètres; la route suit constamment le bord de l'eau. L'ancienne voie a disparu, et les caravanes aiment mieux marcher sur le rivage, où les chevaux et les chameaux trouvent sur la grève humide un chemin solide et toujours libre. Aussi rencontre-t-on fréquemment de longues files de chameaux portant de lourds fardeaux, allant d'une ville à l'autre, et se rapprochant assez de la mer pour que le flot vienne expirer à leurs pieds. Plus on se rapproche ainsi de la rive, moins on est exposé à s'enfoncer dans le sable. Tous les peuples et tous les voyageurs, depuis la plus haute antiquité, ont fréquenté cette route tracée et entretenue par la nature. Nous marchons sur les pas de cent nations diverses; près de ces rivages, des ruines et des sépulcres attestent leur passage. Combien de peuples célèbres ne sont aujourd'hui connus, hélas! que par des tombeaux! Encore ces tombes sont-elles souvent muettes. Nous autres hommes des derniers âges, nous entrons dans ces caveaux mortuaires, nous remuons curieusement des cendres refroidies depuis des siècles, nous interrogeons ces débris : hélas! la mort jalouse a gardé trop fidèlement ses secrets.

Notre attention fut éveillée en face de Sarepta, que l'Écriture appelle *Sarepta Sidoniorum*. Cette bourgade est connue dans l'Ancien Testament par la demeure qu'y fit Élie chez une pauvre femme, pendant que la famine désolait le royaume d'Israël. Du temps de saint Jérôme et de sainte Paule, on y voyait une petite tour construite à l'endroit où le prophète Élie séjourna; une petite église y fut bâtie dans la suite. Tout a disparu : *etiam periere ruinæ*. Au siècle des guerres de la Croix, Sarepta eut un château fort et un évêché; l'évêché était suffragant de l'archevêché de Tyr. Les vignes produisent un vin généreux, connu sous le nom de vin de Sarepta et d'une douceur traîtresse : *dulcia Bacchi munera quæ Sarepta ferax, quæ Gaza crearat*. Les poëtes ont chanté les *doux présents de Bacchus*, et ont placé sur les rivages qui se trouvent vis-à-vis de Sarepta la scène mythologique de l'enlèvement d'Europe par Jupiter métamorphosé en taureau. Les monnaies de Sidon représentent la fille d'Agénor assise sur un taureau. A Tyr on a longtemps montré la maison d'Agénor et la maison d'Europe. Ce récit, suivant certains auteurs modernes, n'est qu'une allégorie relative à la course du soleil passant des rivages de l'Asie à ceux de l'Europe. A Sarphand on voit d'assez beaux oliviers; la vigne y est rare, les musulmans l'ont arrachée.

En s'approchant de Tyr et à quatre kilomètres environ de cette ville, on rencontre le Nahr-Kasmieh, qui a sa source près de Balbeck, dans la Cœlésyrie, et dont les rives furent témoins d'une bataille célèbre; après une lutte acharnée, la victoire y resta fidèle aux drapeaux de la croisade[1]. Enfin, après avoir escaladé un monticule de sable, on entre dans une misérable bourgade : c'est la fameuse cité de Tyr. Tous les historiens de l'antiquité

---

[1] Michaud, *Hist. des Croisades*, tome I, livre IV.

ont vanté la magnificence et la grandeur de Tyr. Les prophètes l'ont souvent choisie comme terme de comparaison, mettant son opulence en parallèle avec les ruines que la colère de Dieu devait y accumuler en punition de ses injustices. « Vaisseaux de Tharsis, s'écrie le prophète Isaïe, poussez des hurlements; Tyr est ravagée de telle sorte qu'il n'y reste plus une maison, et qu'on ne peut plus y pénétrer. » Le prophète Ézéchiel appelle également les malédictions du Seigneur contre cette cité coupable, centre de l'idolâtrie et d'impurs mystères. « Le roi de Babylone, dit-il, abattra les murs de Tyr, pillera ses richesses, ravira ses marchandises, renversera ses maisons et jettera dans la mer pierres, métaux, bois précieux et jusqu'à la poussière des édifices. » Ces prophéties sont accomplies à la lettre. Tyr a disparu. Le voyageur est étonné en apercevant sur la plage des amas de débris informes, tristes restes d'une cité célèbre.

Il est fait mention de Tyr avant la guerre de Troie. Justin nous apprend que cette ville fut fondée, peut-être faudrait-il dire restaurée par les Sidoniens. Hiram, l'ami de Salomon, l'agrandit et l'embellit. Bientôt elle prit des accroissements considérables, grâce à l'industrie et au commerce. Les vaisseaux de Tyr, comme ceux de Sidon, s'aventuraient hardiment sur toutes les mers; les recherches de l'érudition moderne nous les montrent jusque dans les régions les plus lointaines. L'histoire de Tyr est mêlée à celle de tous les peuples anciens, et se rattache aux noms d'Agénor, de Didon, d'Hiram, de Nabuchodonosor, d'Alexandre le Grand, des Arabes, des croisés, de saint Louis, de Saladin. Homère, Hérodote, Virgile et le Tasse l'ont célébrée. « Tyr est la mère de Cadix et de Carthage, et son nom seul rappelle le plus haut degré de puissance et de richesse auquel un peuple puisse atteindre. Ses habitants étaient les princes de la mer; leurs demeures fastueuses étaient des palais de marbre et d'or, où retentissaient des concerts continuels et le son des harpes; leurs vêtements étaient teints d'hyacinthe et de pourpre; les princes de Cédar leur offraient leurs chevaux sur les places de la ville; les habitants de l'Yémen, de Javan, de Thubal, de l'Arménie, y étalaient l'argent, l'étain, les tapis, les manteaux précieux, les rubis, la myrrhe, le corail ou le jaspe, ou y amenaient des esclaves; les guerriers de la Perse, de la Lydie et de l'Égypte suspendaient à ses murailles leurs cuirasses et leurs boucliers pour lui servir d'ornement; les enfants d'Arouad bordaient ses murs; les Djémédéens gardaient ses tours, où brillaient leurs carquois; toutes les contrées de la terre s'empressaient de rehausser l'éclat qui l'environnait; son port était plein de navires; ses vaisseaux étaient construits avec les sapins du Sanir, les cèdres du Liban formaient ses mâts; ses rames étaient ornées d'ivoire; toutes les mers étaient couvertes de ses voiles, et ses flottes touchaient aux îles lointaines [1]. »

La ville de Tyr, détruite par Alexandre après un siége de sept mois, sortit de ses ruines et s'éleva encore

---

[1] Ezech., XXVI, XXVII, XXVIII. — Mgr Mislin, *les Lieux-Saints*, tome I, p. 541.

à un haut degré de prospérité. Les Romains y envoyèrent une colonie, et l'empereur Adrien, *le bâtisseur*, en releva les remparts. A la vérité, elle avait beaucoup perdu de sa magnificence; la situation avantageuse de son port continua cependant d'y attirer beaucoup de négociants et d'étrangers. En l'année 183, elle fut réduite en cendres par Niger, et depuis lors elle ne se releva jamais complétement.

Déjà le christianisme y avait jeté ses racines. Saint Pierre y fonda une église, qui dans la suite devint une des plus importantes de l'Orient. Elle se glorifia de la sainteté et de la science de ses évêques, dont plusieurs furent décorés de la palme du martyre. Quatorze évêchés dépendaient du siége métropolitain de Tyr; mais la tempête qui souffla sur l'Orient au viie siècle emporta tout à la fois et la métropole et les évêchés suffragants; les musulmans, comme *le fléau de Dieu*, passèrent le sabre et la torche incendiaire à la main, ne laissant après eux que des cadavres et des ruines fumantes.

Durant les guerres d'outre-mer, Tyr joua un grand rôle. Prise et reprise plusieurs fois, cette ville était regardée comme le boulevard de la Syrie. Les rois chrétiens parurent souvent au milieu de ses murs. Guillaume, l'historien des croisades, fut archevêque de Tyr. L'ancienne cathédrale, la basilique de Paulin, où furent enterrés Origène et l'empereur Frédéric Barberousse, la plus belle église de la Phénicie, est à moitié enfouie sous les décombres et sous des masures qui recouvrent le chœur et une partie des nefs. Bientôt il n'en restera plus rien. En consultant le récit des voyageurs anciens, il est facile de constater que l'œuvre de la destruction avance toujours.

Tyr est connu actuellement sous le nom de Sour; la population est d'environ quatre mille âmes; on y compte deux mille chrétiens, presque tous Grecs unis.

CHAPITRE XXXI

SAINT-JEAN-D'ACRE

OTRE chemin suit toujours la plage. Après une heure de marche nous arrivons aux puits de Salomon, Ras-el-Ayn : immenses réservoirs où l'eau monte en bouillonnant, et d'où elle s'épanche avec une abondance extraordinaire, même durant les ardeurs extrêmes de l'été. A l'aide d'une sonde marine on leur a trouvé une profondeur de douze mètres. Les eaux, d'une fraîcheur et d'une limpidité sans égales, étaient autrefois conduites à l'ancienne ville de Tyr au moyen d'un aqueduc dont les ruines couvrent encore la campagne; aujourd'hui elles se déversent

SAINT-JEAN-D'ACRE.

dans la plaine, où elles alimentent plusieurs moulins et donnent naissance à une luxuriante végétation. On attribue l'établissement de ces puits à Salomon; ce prince les aurait fait creuser en témoignage de reconnaissance envers Hiram, roi de Tyr, pour les services que celui-ci lui rendit dans la construction du temple de Jérusalem. L'auteur du Cantique des cantiques fait allusion à ces sources magnifiques lorsqu'il parle du *puits des eaux vives qui jaillissent avec force et impétuosité.* Des voyageurs modernes ont cru que cette fontaine gigantesque a pour source un puits artésien, ou que les eaux y sont amenées des coteaux du Liban au moyen de canaux souterrains inconnus aujourd'hui. Rien, du reste, ne contredit la tradition qui attribue ces bassins au plus puissant roi de Jérusalem. C'est un monument qui remonte évidemment à la plus haute antiquité; on y reconnaît, en outre, la trace des travaux dus à Alexandre le Grand et au roi Baudouin. Près de ces eaux rafraîchissantes, à des époques bien éloignées l'une de l'autre, le héros macédonien et le prince des croisades établirent leur camp pendant que leurs troupes étaient occupées au siége de la ville. Du temps de Salmanasar, roi d'Assyrie, ces sources existaient, au rapport de Ménandre, cité par l'historien Flavius Josèphe. Plutarque en parle, et le poëte Nonnus les a chantées avec enthousiasme. En tout temps les voyageurs sont venus se reposer et se désaltérer à ces fontaines, où nous jouissons d'une délicieuse fraîcheur. Lorsque Jésus traversait le pays de Tyr et de Sidon, il s'y reposa avec ses disciples. Cette pieuse croyance n'est appuyée sur aucun texte, mais elle est très-vraisemblable : afin de ne pas scandaliser les Juifs, notre Seigneur n'entrait pas dans les villes des gentils.

Un peu avant d'arriver au cap Blanc, Ras-el-Abiad, ainsi nommé à cause de la blancheur des roches calcaires, on découvre les ruines d'une ville dont le nom a été oublié. La route qui traverse ce cap est une des plus dangereuses de ce pays, où les routes sont si mauvaises; elle longe un pic qui s'élève perpendiculairement à plus de cent mètres, et elle est bordée d'un parapet à moitié démoli du côté de la mer, où les flots viennent mourir dans un abîme d'une effroyable profondeur. Un vertige ou un faux pas pourrait vous jeter dans le précipice; plus d'un voyageur y a trouvé la mort dans les flots. On dit que ce chemin est dû au roi de Macédoine, qui avait fait élever une tour fortifiée pour en garder l'issue; il est certain que tous les peuples y ont passé. Ici finit la plaine de Tyr, et du côté opposé se trouve la limite de la Galilée. A l'horizon paraissent les sommets du Carmel, au pied duquel est bâtie l'antique Acco, ou Acca, Saint-Jean-d'Acre. Cette ville fut donnée par Josué à la tribu d'Aser. Plus tard elle fut conquise et rebâtie par un roi d'Égypte du nom de Ptolémée, qui l'appela *Ptolémaïs,* Ptolémaïde, nom sous lequel elle fut connue durant nos guerres d'outre-mer. Sous le règne de l'empereur Claude, elle devint colonie romaine; au vi[e] siècle, les Arabes s'en emparèrent. En 1104, elle tomba au pouvoir de Baudouin Ier, et elle joua le plus grand rôle durant les expéditions de la croisade. Ptolémaïde, en effet, occupe une position favorable, communiquant d'un côté avec la plaine, et de l'autre côté ouvrant son port aux navigateurs de l'Europe et de l'Asie. Au milieu des flots, une jetée solide, terminée par une bastille, défendait l'entrée du port. Des murs soutenus par des tours élevées de distance en distance et baignées de fossés larges et profonds, en rendaient l'accès impossible du côté de la terre ferme. En 1187, Saladin, vainqueur de l'armée chrétienne dans les champ d'Hittin, entra dans Ptolémaïde; mais Richard Cœur-de-Lion et Philippe-Auguste rendirent la ville aux chrétiens, à la suite du siége mémorable ouvert le 1er août 1189, et continué deux années entières. Ce siége a été comparé à celui de Troie; mais il le surpasse, en outre de sa certitude historique, par l'enthousiasme des soldats, la bravoure des chefs, l'ardeur de l'attaque, l'opiniâtreté de la défense, la force des deux armées et la grandeur des intérêts débattus. Un Homère a manqué au siége de Ptolémaïde.

Le camp des chrétiens ressemblait à une ville, où il y avait des églises, des marchés, des places publiques et des rues remplies d'artisans. Les Français, les Anglais, les Allemands, les Vénitiens, les Lombards, les Tyriens, les Danois, les Pisans et les Frisons en habitaient les différents quartiers. Les chevaliers du Temple et ceux de Saint-Jean ne faisaient pas défaut à la cause commune. On y vit, spectacle qui peint bien les mœurs du temps, les archevêques de Ravenne, de Pise, de Cantorbéry, de Besançon, de Nazareth, de Montréal; les évêques de Beauvais, de Salisbury, de Cambrai, de Ptolémaïde, de Bethléem, revêtus de la cotte de mailles, la tête couverte du casque et guidant les soldats au combat.

En face, et sur les collines du Kisan, étaient campés les infidèles commandés par Saladin.

Nous ne redirons pas les assauts, les luttes, les exploits qui signalèrent nos troupes sous les murs de la ville assiégée. Soixante mille chrétiens y perdirent la vie, et les Sarrasins y laissèrent un nombre incalculable de leurs meilleurs soldats. Mais nous ne pouvons passer sous silence ce trait héroïque d'une femme française qui, travaillant avec une ardeur extrême à porter du bois et des pierres pour aider à combler les fossés de la ville, fut atteinte d'une flèche et blessée à mort. Son mari, escorté de plusieurs compagnons, vole à son secours, et arrive au moment où elle va rendre le dernier soupir. Chacun s'apitoie sur son sort; mais elle, recueillant ses forces près de s'éteindre, leur dit : « Jetez mon corps dans les fossés, afin qu'après ma mort je sois encore utile aux travaux du siége. »

Enfin Ptolémaïde fut vaincue; mais la victoire coûta cher aux croisés : la discorde se mit entre les chefs, grâce à la hauteur du roi d'Angleterre. Philippe-Auguste revint en France, ayant acquis la certitude qu'il ne lui restait plus rien à faire en Orient pour sa gloire. Léopold d'Autriche devait bientôt faire expier dans un cachot à l'intraitable Richard les outrages dont il croyait avoir à se plaindre.

En 1250, saint Louis restaura les fortifications de Ptolémaïde. Le xiiie siècle n'était pas fini que les infidèles étaient encore les maîtres, et cette fois pour toujours, de ce dernier boulevard de la puissance chrétienne en Orient. Tout l'islamisme prit les armes pour frapper ce grand coup. Deux cent mille mahométans se rencontrèrent sous les murs de Saint-Jean-d'Acre, conduits par le soudan d'Égypte et d'autres émirs fanatiques. Les chrétiens firent des prodiges de valeur; mais ils furent accablés sous le nombre. L'Europe, en cette fatale extrémité, oublia la Terre-Sainte; l'Occident n'envoya aucun secours. Quand Ptolémaïde tomba, ses rues furent inondées de sang et souillées des crimes les plus affreux. Il y avait dans le camp des infidèles, à la honte de la chrétienté, des renégats nombreux; voulant faire disparaître les derniers témoins de leur apostasie, ils se ruaient avec une impétuosité sauvage sur tous les chrétiens, qu'ils passaient au fil de l'épée. Les églises furent profanées, pillées, incendiées; les femmes et les filles chrétiennes outragées, les enfants égorgés. De tous côtés on entendait des cris de détresse, les blasphèmes des infidèles et le râle des mourants. Au milieu de la cité se dressait le château des Templiers. Les chevaliers s'y battaient comme des lions, et une foule de malheureux y avaient cherché un refuge. Touché de leur héroïsme, le sultan leur offrit une capitulation honorable : ils auraient la liberté de sortir avec ceux qui se trouvaient dans la forteresse. Ces conditions étant acceptées, trois cents hommes furent introduits afin de veiller à l'exécution du traité. Enivrés du succès, les musulmans insultèrent les femmes ; alors les chevaliers indignés massacrèrent ces infidèles jusqu'au dernier. Le sultan ordonna d'attaquer la citadelle; au moment où les musulmans montaient à l'assaut, elle s'écroula tout à coup et ensevelit sous ses ruines vainqueurs et vaincus.

Ainsi tomba le royaume chrétien de Jérusalem, cette *France* d'Orient, arrosée de tant de sang, témoin de tant de vaillance, objet de tant de luttes, vers laquelle s'étaient dirigés l'élite de la chevalerie et les flots d'une multitude de pieux guerriers. La gloire des Francs, sur cette terre lointaine, n'a pas entièrement péri : l'honneur survit aux revers jusque dans les âges les plus reculés.

En 1799, le drapeau français parut au pied des remparts de Saint-Jean-d'Acre. Bonaparte commandait l'armée; mais comment réussir, sans artillerie, à prendre une place forte? La flottille qui nous apportait des munitions et des armes avait été prise par les Anglais. On manquait de boulets pour le service des quelques pièces de campagne que nos soldats avaient amenées d'Égypte. On imagina un singulier stratagème afin de s'en procurer. Quelques cavaliers venaient caracoler sous les murs de la ville. Les assiégés faisaient feu de toutes les pièces de leur artillerie; et les soldats français allaient gaiement ramasser les boulets au milieu de la canonnade. Un pareil expédient ne pouvait se prolonger. Après deux mois d'efforts héroïques, mais inutiles, il fallut songer à la retraite.

La ville actuelle est une des plus animées du Levant. Le commerce, comme à Beyrouth et à Jaffa, y est assez actif; des caravanes s'y rendent de divers points du littoral et des régions les plus reculées dans les terres. Malheureusement le port est embarrassé, et les gros navires n'y peuvent plus entrer. Les environs sont arrosés et fertiles. La plaine d'Acre est parfois inondée;

de ses bas-fonds marécageux s'exhalent des émanations pestilentielles. La plupart des rues sont étroites et sales. Le khan français, comme à Sidon, est un des établissements les plus considérables. Les débris de deux vieilles églises dédiées à saint Jean-Baptiste conservent le souvenir des chevaliers de Saint-Jean, qui s'y fixèrent en 1192, et qui donnèrent à Ptolémaïde le nom qu'elle porte aujourd'hui, le seul connu des chrétiens de Syrie. La grande mosquée s'élève sur l'emplacement du château où les Templiers trouvèrent un glorieux tombeau.

Les pachas turcs sont connus ici, comme ailleurs, par leurs rapines, leur fanatisme et leur froide cruauté. Djezzar-Pacha surpassa encore ses prédécesseurs par d'horribles forfaits; pendant un demi-siècle il fit peser un joug de fer sur la population; et pourtant ce monstre est mort paisiblement dans son lit à l'âge de quatre-vingt-huit ans. La justice des Turcs n'a pas de bandeau sur les yeux, car elle fait toujours acception des personnes, et les plateaux de sa balance penchent du côté de celui qui les remplit d'une plus lourde somme d'or. Chacun des tribunaux peut remettre en mémoire cette épigramme française :

> Ci-gît Cléon, ce président avare,
> Qui vend cher la justice à chaque citoyen,
> Croyant qu'une chose si rare
> Ne doit pas se donner pour rien.

En sortant des portes de Saint-Jean-d'Acre, nos regards se tournent involontairement vers les hauteurs du Carmel. Cette montagne nous rappelle les plus saints souvenirs. Derrière ces coteaux boisés s'abrite Nazareth, la ville de Marie, la patrie de JÉSUS ! Nous saluons avec émotion, et pour la dernière fois, ces lieux témoins des plus augustes mystères, berceau de notre foi, symbole de nos espérances. Adieu, terre vraiment sainte, foulée par les pieds du Sauveur et de la plus pure des Vierges ! Malgré l'état de désolation dans lequel je t'ai contemplée avec tristesse, jamais les émotions que j'ai éprouvées en parcourant tes villes, tes champs, tes montagnes et tes vallées, ne s'effaceront de mon souvenir ! Un cœur chrétien pourrait-il donc oublier Nazareth, Bethléem, Jérusalem !

FIN

TABLE

Introduction 3

ARABIE PÉTRÉE

CHAP. I. Le Sinaï. — Départ d'Égypte. — Suez. — Passage de la mer Rouge. — Le désert. — Fontaines de Moïse. — Le simoun. — Défilés des montagnes sinaïtiques. — L'Ouadi-Feyran. — Ruines de l'antique cité de Feyran ou Pharan. — Le monastère Sainte-Catherine. — Ascension du Sinaï, du mont Sainte-Catherine et de l'Horeb . . . 9

CHAP. II. Désert. Pétra. — Départ du Sinaï. — L'Ouadi-Ghazalet. — Le golfe et la ville d'Akabah. — Mœurs des Arabes. — Rapacité des Bédouins. — Désert de Tyh ou de l'Égarement. — Le mont Hor. — Pétra; ruines admirables. — Scènes affreuses et presque tragiques. — L'Ouadi-Arabah. — L'ancien lit du Jourdain. — Les frontières de la civilisation 27

JUDÉE

CHAP. III. Hébron. — Repas sous la tente. — Mœurs patriarcales. — Ancienne route de Pétra. — Puits de Bersabée. — Agar et Ismaël. — Chênes de Membré. — Ville d'Hébron. — Tombeau des patriarches. — Le champ *Damascène*. — Noé et la vigne. — En route pour Jérusalem. — Piscines de Salomon. — Fontaine scellée. — Jardin fermé. — Voie de Salomon 43

CHAP. IV. Authenticité des sanctuaires chrétiens. — Premières impressions du pèlerin. — Les Franciscains. — Les infidèles ouvrent et ferment les portes de l'église du Saint-Sépulcre. — Visite et prière au tombeau de Jésus-Christ. — Quels sont les ennemis des traditions chrétiennes. — Les chrétiens n'ont jamais quitté Jérusalem. — Autorité des monuments. — Temple bâti sous Constantin. — Invention de la vraie croix.   57

CHAP. V. Le Saint-Sépulcre. — L'église composée de trois églises : le Sépulcre, le Calvaire, l'Invention de la sainte croix. — Plan à deux absides. — Origine du plan des cathédrales de Mayence, Worms, Besançon, Nevers, etc. — Le centre de la terre. — Tombeaux des rois chrétiens de Jérusalem. — Tombeau d'Adam. — Rocher du Calvaire. — Description des lieux. — L'église du Saint-Sépulcre est occupée par toutes les nations chrétiennes. — On reconnaît, en plus d'un endroit, l'influence de l'architecture française au moyen âge. . 75

CHAP. VI. Le Calvaire. Stations. — Colonne de la Flagellation. — Prison de notre Seigneur. — Division des vêtements. — Invention de la sainte croix. — Église Sainte-Hélène. — Colonne d'*impropère*. — Chapelle du Crucifiement. — Chapelle de la Plantation de la croix. — Pierre de l'onction. — Le tombeau de Jésus-Christ. — Marie-Madeleine. — Chapelle de la Sainte-Vierge. — Voie douloureuse. — Histoire des reliques de la passion. 90

CHAP. VII. Jérusalem. — État actuel de la ville. — Topographie générale. — Population. — Quartier des Juifs. — Les Arméniens et les Grecs. — Quartier des musulmans. — Enceinte de la ville actuelle. — — Intérieur ; rues ; boutiques ; maisons. — Condition des propriétés privées. — Citernes. — Fontaine de Siloé. — Souterrains du Temple. 107

CHAP. VIII. Jérusalem. Résumé historique. — Origine de la ville. — Citadelle des Jébuséens. — Travaux de David et de Salomon. — Construction du Temple. — Vicissitudes du royaume et de la capitale. — Travaux d'Hérode. — Siége et renversement de Jérusalem par Titus. — Vaine tentative de Julien l'Apostat pour rebâtir le Temple. — Conquêtes d'Omar. — Aaron-al-Raschid et Charlemagne. — Le sultan Hakem. — La première croisade. — Royaume chrétien. — Saladin reprend Jérusalem en 1187. 123

CHAP. IX. Jérusalem. Monuments et ruines. — Montagne de Sion. — Palais et tombeau de David. — Église du Cénacle. — Tour de David. Palais d'Hérode. — Temple protestant. — Maison du grand prêtre Anne. — Huttes des lépreux. — Léproseries ou ladreries. — Le mont Moriah. — Mosquée d'Omar. — La roche El-Sachrah. — Le Temple et les Templiers. — Mosquée El-Aksa, ancienne église de la Présentation. — Monastères des Grecs schismatiques. — Couvent des religieuses françaises. — Hôpital. — Séminaire. 143

CHAP. X. Souvenirs de la sainte Vierge a Jérusalem. — Prophétie d'Isaïe. — Maison *probatique* de saint Joachim et de sainte Anne. — Lieu de la nativité de Marie. — Église Sainte-Anne. — Ce lieu fut donné à la France en 1856. — Présentation de la sainte Vierge au Temple. — Trois sanctuaires dédiés à Notre-Dame. — Maison de Marie près du Cénacle. — Elle y rendit le dernier soupir. — Son tombeau à Gethsémani. — Église de l'Assomption. — Tombeaux de Joachim, de sainte Anne et de saint Joseph. — Marie est le type de la femme régénérée. — Assujettissement des femmes en Orient. 162

CHAP. XI. Le mont des Oliviers. Environs de Jérusalem. — Murs d'enceinte. — Portes. — Vallées de Gihon et de la Géhenne. — Haceldama, le champ du potier. — Vallée de Josaphat. — Le Cédron. — Mont des Oliviers. — Gethsémani. — Tombeaux des Prophètes. — Le symbole des Apôtres. — Basilique de l'Ascension. — Coup d'œil magnifique. 176

CHAP. XII. Vallée de Josaphat. — Sépulture chez les Hébreux. — Sépulcres blanchis. — Tombes de la vallée. — Siloan. — Béthanie. — Bethphagé. — Tombeau des rois. 194

CHAP. XIII. Souvenirs français des croisades a Jérusalem. — Pèlerinages antérieurs aux croisades. — Urbain II et Pierre l'Hermite. — Les chefs de la première croisade. — Organisation du royaume chrétien de Jérusalem. — Chevaliers du Temple. — Chevaliers de Saint-Jean. — L'oriflamme de Saint-Denis en Asie. — La France d'Orient. — Philippe-Auguste à Ptolémaïs. — Influence française. — *Assises* de Jérusalem. — Mœurs. — Influence des croisades. 206

CHAP. XIV. Bethléem. — De Jérusalem à Bethléem. — Campagne de Bethléem. — Population. — Sympathies pour la France. — Grotte de la Nativité. — Oratoire de saint Jérôme. — Tombeau de sainte Paule et de sainte Eustochie. — Basilique bâtie par sainte Hélène : — Franciscains, Arméniens et Grecs. — École de religieuses françaises. — Village des Pasteurs. — Rama. — Tombeau de Rachel. — Mont des Francs. 221

CHAP. XV. Saint-Jean-du-Désert. — Couvent de Sainte-Croix. — Église des religieuses. — Vignobles. — Village de Saint-Jean. — Basilique de la Nativité-de-Saint-Jean-Baptiste. — Fontaine de Marie. — Ruines de l'église de la Visitation. — Le désert. — Le caroubier et les sauterelles. — Beit-Djala. 236

CHAP. XVI. Ramleh et Jaffa. — Vallée du Térébinthe. — Victoire de de David. — Kalonieh. — Emmaüs. — Gabaon et Ramatha. — Victoire de Josué. — Samuel. — Modin et les Machabées. — Saint Jérémie. — Abrou-Gosh. — Latroun. — Le bon larron. — Légende. — Ramleh. — Bonaparte et les soldats de l'armée d'Égypte. — Inscription curieuse. — Plaines de Ramleh. — Jaffa. 247

CHAP. XVII. Saint-Sàbas. — Course à Thécué. — Les bergers de Bethléem. — Plus d'inspiration poétique. — Récit sous la tente. — Admiration des Arabes pour les faits d'armes de notre armée d'Égypte. — *En avant, marche!* — Cavernes d'Odollam. — Mont des Francs. — Hérodium. — Saint-Sabas. 267

CHAP. XVIII. Le Jourdain. — Caravane nombreuse. — Autrefois le pèlerinage au Jourdain était dangereux. — Fontaine des Apôtres. — Adonim. — Vue du Jourdain. — Cours du fleuve. — Fontaine d'Élisée. — Mont de la Quarantaine. — Rihha, Jéricho. — Galgala. — Lieu de l'immersion des pèlerins. — Le pays de Moab. — Kérak. — Moïse. — Machéronte, où saint Jean-Baptiste fut décapité. 279

CHAP. XIX. La mer Morte. — La vallée de Cédron aux abords de la mer Morte. — Description. — Profondeur du bassin. — Émanations délétères. — Détails à ce sujet par M. Lynch. — Oiseaux morts à la surface de l'eau. — Rien de vivant dans ces eaux épaisses et chargées de sel. — Analyse chimique. — Ruines de Masada. — Restes de Sodome. — Preuves de la vengeance céleste. 306

SAMARIE

CHAP. XX. Naplouse. — Adieu à Jérusalem. — Sapha. — Alexandre et le grand prêtre Jaddus. — Réflexions sur le sol et le climat de la Judée. — Volney. — Gabaa. — L'honneur d'une femme. — Éphraïm. — Gischala, patrie de saint Paul. — El-Bir. — Restes d'une église à ogives. — Béthel. — Silo. — Le puits de Jacob. — La Samaritaine. — L'Hébal et le Garizim. — Scène des bénédictions et des malédictions. — Sichem. — Naplouse. 323

CHAP. XXI. Samarie, *Sébastieh.* — Restes de la secte des Samaritains. — Un exemplaire de la Loi de Moïse. — Mémoire de M. Sylvestre de Sacy. — Ruines de l'antique Samarie. — Restes de l'église Saint-Jean. — La colonnade d'Hérode. — Sébastieh. — Un enfant chrétien. — Mœurs antiques. — Sanour. — L'ancienne Béthulie. — Première vue de la Galilée. 341

GALILÉE

CHAP. XXII. Le Thabor. — Bourg de Djennin. — Guérison des dix lépreux. — Plaine d'Esdrelon. — Zérin, antique Jezraël. — Achab et Jézabel. — Néin, l'ancienne Naïm. — Endor. — Le Cison. — Le mont Thabor. — Bataille du mont Thabor, gagnée par les Français le 16 avril 1799. — Vue du sommet de la montagne.. 353

CHAP. XXIII. Nazareth. — Rapports entre les villes de Nazareth, de Bethléem et de Jérusalem. — Description de la ville. — Sanctuaire de l'Annonciation. — Chambre de Jésus. — Maison de Nazareth à Lorette. — Atelier de Joseph. — Ancienne synagogue. — Église des Arméniens. — Montagne du Précipice. — Notre-Dame-de-l'Effroi. — Fontaine de Marie. — *Mensa Christi*. — Souvenirs des croisades. — Jacquelin de Maillé. — Saint Louis. — Désastres. — La famille Koubroussi. . . . 364

CHAP. XXIV. Cana et le Carmel. — Bourg de Cana. — Église sur l'emplacement de la maison des noces. — Urnes de Cana. — Vin de Galilée. — Fontaine où fut puisée l'eau changée en vin. — Séphoris; ruines. — Séfurieh. — Caïpha. — Le Carmel. 379

CHAP. XXV. Tibériade. — Roches volcaniques. — Hittin. — Bataille d'Hittin ou de Tibériade. — Mer de Tibériade. — Ville. — Ecole rabbinique. — Vocation des Apôtres. — Jésus enseigne de la barque de Pierre. — Tempête apaisée. — Emmaüs de Galilée. — Montagne des Béatitudes. — Multiplication des pains. — Medjel, l'ancienne Magdala. — Bethsaïde. — Corozaïn. — Ruines de Capharnaüm. 390

SYRIE

CHAP. XXVI. Damas et Balbeck. — Safed. — Le lac Houlé. — Papyrus. — Banias. — Source du Jourdain. — Campagne de Damas. — Souvenirs de saint Paul. — Fanatisme des musulmans. — Funestes divisions des croisés devant Damas. — Population de la ville. — Luxe intérieur des maisons. — Bazars. 410

CHAP. XXVII. Damas et Balbeck. (*Suite*.) — Damas fut toujours une cité vaincue. — Citadelle. — Grande mosquée. — Églises. — Couvents. — Sœurs de Charité. — Maison de saint Jean Damascène. — Les quarante martyrs. — Grotte de saint Georges. — La caverne qui pleure. — Liban et Anti-Liban. — Cœlésyrie. — Balbeck. 430

CHAP. XXVIII. Le Liban. — Climat de la Cœlésyrie. — Les Maronites. — Les Druses. — Les Métoualis — Deir-el-Ackmar. — Hospitalité en l'honneur de la France. — Festin. — Le lac Éliammouni. — Sommets du Liban. — Les cèdres. — Kanobin. — Culture dans les montagnes. — Caractère des Maronites. — Le *tantour* ou corne, ornement des femmes. — Éden. — Le monastère Saint-Antoine. 450

CHAP. XXIX. Beyrouth. — Tripoli. — Mosquée. — Bazar. — Cimetière. — Deuil. — Batroun. — Djébaïl. — Le fleuve Adonis. — Harissa. — Antoura. — Ghazir. — Zouck. — Le Lycus. — Inscriptions antiques. — Défilé de Béryte. — Origine de l'antique Béryte. — Ville actuelle de Beyrouth. 467

CHAP. XXX. Tyr et Sidon. — Route au bord de la Méditerranée. — La fièvre et les coups de soleil. — Origine de Sidon. — Son antique gloire. — Alexandre le Grand et Abdolonyme. — Passage de Jésus-Christ à Sidon. — Saint Paul. — Les croisés. — Saint Louis. — Population. — La ville actuelle. — Jardins. — Catholiques. — Sarepta. — Le Nahr-Kasmieh. — Tyr. — Ruines. — Prophéties. 480

CHAP. XXXI. Saint-Jean-d'Acre. — Puits de Salomon. — Leur profondeur. — Souvenirs des armées d'Alexandre et de celles de la croisade. — Le cap Blanc, Ras-el-Abiad. — Acca ou Acco ; Ptolémaïde, Saint-Jean-d'Acre. — Siége de 1189. — Ouvrages de saint Louis. — Chute du royaume chrétien. — Siège de 1799 par Bonaparte. — Ville actuelle. — Adieux à la Terre-Sainte. 494

www.ingramcontent.com/pod-product-compliance
Lightning Source LLC
Chambersburg PA
CBHW060505230426
43665CB00013B/1391